Perfect Law How Series 1

이혼 · 재산분할 · 위자료 및 상속 소송

최종배 저

법률출판사

머리말

Preface

이 글을 쓰는 이유랄까 목적은 법률지식이 조금 부족한 사람도 남의 도움 없이 일상의 법률문제를 스스로 해결하도록 돕는 데에 있다. 인터넷에서 아무리 많은 정보와 지식이 제공되어도 법률문제를 스스로 해결하는 것은 쉽지 않다. 이 글은 여기에 초점을 맞추어 해결방법을 모색하며 고민한 결과물임을 밝혀 둔다.

글의 큰 구성은 친족법, 상속법, 가사소송법, 절차의 비용과 서류 및 생활법률 서류작성의 다섯 개 분야로 나누어 편성하였다.

친족법에서는 원칙적으로 민법 중 가족법 조문의 편성 순서에 충실하도록 노력하면서도 보다 더 중요한 부분에서는 지면을 많이 할애하였다. 개명(이름 바꾸기), 이혼, 이혼에는 필연적으로 따르는 문제들인 재산분할, 위자료, 자녀의 양육비, 친권자의 문제 등이다.

상속법 분야에서는 여러 명의 상속인들이 받게 되는 상속지분, 상속지분의 침해문제인 유류분 및 상속회복청구의 문제 등 보통 어렵게 생각하는 부분을 가능한 범위 안에서 쉽게 풀어보았다. 이해를 돕기 위해 필요한 부분에서는 도표 및 계산식을 빠뜨리지 않았다. 그리고 상속과 관련하여 꼭 알아 두어야 하는 유언과 관련한 문제도 충분히 다루었다.

가사소송법은 친족법과 상속법에서 규정하는 여러 가지의 권리를 실현하는 방법 또는 권리의 침해를 받지 않기 위하여 알아두어야 하는 내용을 중심으로 다루었다. 그리고 그러한 절차를 스스로 수행할 수 있도록 꼼꼼히 챙겨 두었다.

절차의 비용과 서류라는 부제를 붙인 곳에서는 앞의 내용 중에서 소개한 각종의 서류들만으로는 미흡할 수도 있으므로, 이 글이 직접 소개하지 못한 서류들을 스스로 작성하는 사람을 위한 부분이다. 어렵지 않도록 인지대, 송달료 등 각종의 절차비용을 일목요연하게 정리하였다. 그리고 각종의 청구서 및 신청서에 붙여야 하는 서류가 무엇인지도 정리하였다.

생활법률 서류작성이라고 이름 붙인 부분에서는 대부분의 소송절차에서 공통적으로 사용되면서도 반드시 알아야 하는 서류의 작성 등을 다루었고, 간편한 절차들을 빠짐없이 소개하였다. 소장, 답변서, 준비서면, 증거신청서 등의 작성과 재판의 전체적인 절차를 쉽게 이해하도록 설명하였다. 주택과 상가건물의 임대차와 관련한 문제에 관하여도 충분히 설명하였다.

또 재판이 끝난 뒤에 권리를 실현하는 절차인 강제집행절차, 특히 경매절차를 전반적으로 이해할 수 있도록 하였고, 경매절차에서 필요하고도 중요한 서류들을 소개하였다. 여기에서 유치권에 관계된 내용도 충실히 다루었다.

여기에 덧붙여 맨 뒤에는 "**조상 땅 찾는 법**"을 설명하였는데, 이 책의 전체적인 내용과는 조금 동떨어진 내용이라고 생각할 수도 있겠으나, 관심 있는 사람에게는 천군만마를 얻은 느낌으로 다가올 것이라고 잘라 말할 수 있다.

안내하는 글을 마치면서 당부하고 싶은 말이 있다. 법률문제를 스스로 해결하려는 대부분의 사람들이 두려움으로 인하여 능력발휘를 하지 못하는 경우가 많다. 법률을 판단하고 집행하는 관계자들도 사람이다. 자기의 법률문제를 스스로 해결하는 사람이 실수를 저지르는 것은 당연하다. 중대하지 않은 실수는 보완할 수 있는 기회가 충분히 주어진다. 따라서 두려움을 버리라는 조언을 하고 싶은 것이다. 망중한을 이용하여 꼼꼼히 읽어둔다면 쓸모 있는 글이 되리라고 믿는다. 시간의 제약으로 어렵다면 목차만이라도 정독을 당부한다.

2014. 2.

저자 최종배

[일러두기]

판례의 표시 : 이 책에 실린 판례는 대부분 대법원의 판결이다. 해당 판결의 사건번호를 표시함에 있어서는 선고일자는 생략하였다. 다만, 전원합의체판결의 경우에는 선고일자도 함께 표시하였다. 예를 들면 (2001다39947)은 대법원의 일반 재판부의 판결이고, (1994. 5. 13.선고 92스21)과 같이 표시된 것은 전원합의체판결이다. 전원합의체판결은 주로 과거의 견해를 변경할 때에 대법관 14명 모두가 관여하는 판결이다. 간혹 대법원판결이 아닌 하급심판결을 인용할 때에는 사건번호의 앞에 그 법원을 표시하였다.

법조문의 표시 : 민법의 조문을 표시할 때에는 (제500조)처럼 간단히 표시하는 것을 원칙으로 하였다. 친족과 상속에 관한 장에서 민법이 아닌 법률의 조문을 표시할 때에는 조문 앞에 법률명을 표기하였다. 이를테면 (상법 제500조)와 같은 요령이다. 또 같은 요령으로 가사소송의 장에서는 단순히 조문만을 표시한 때에는 가사소송법의 규정이다.

한자의 병기(倂記) : 민법을 비롯한 각종 법률이 과거에 한자로 사용하던 용어들을 모두 한글로만 표기하거나 한자를 병기하고 있는데, 한자를 병기하지 않고 있는 용어 중에는 과거 어려운 한자로 사용하던 용어를 그대로 한글로만 바꾸어 사용하고 있는 경우가 많다. 이 책에서는 이해를 쉽게 하도록 하거나 다른 용어와 구별할 필요가 있는 경우에는 한자를 병기하였다.

서식의 소개 : 이 책에서 소개한 서식은 가사소송, 민사소송 및 민사집행의 각 절차에서 자주 쓰이는 것을 엄선하되, 지면을 고려하여 각 절차마다 대표적인 것을 하나씩만 소개하는 것을 원칙으로 하였다. 그리고 소개한 서식만으로 그와 유사한 실무를 응용함에 있어 어려움이 없도록 청구취지 또는 신청취지를 소개하였다. 그리고 중요한 내용은 다소 중복이라고 느껴지더라도 강조하는 노력을 하였다.

차 례
Contents

제1장 친족법

제2장 상속법

제3장 가사소송법

제1장 친족법

제1절 가족법의 이해

가족법은 친족법과 상속법으로 규정되어 있다. 친족법은 친족인 혈족(血族)과 인척(姻戚), 즉 피로 맺어진 친족인 혈족 및 혼인으로 맺어진 친족인 인척의 관계, 부모와 자, 후견(後見), 부양(扶養)에 관한 규정으로 편성되어 있으며, 상속법은 재산상속과 유언에 관하여 규정한다. 2007년 호주제도(戶主制度)가 폐지됨에 따라 호주상속도 삭제되었으므로, 앞으로는 상속을 말할 때는 특별히 재산상속이라는 표현을 사용하기보다는 단순히 "상속"이라고 표기하기로 한다.

제1관 가족법의 법원(法源)

가족법의 법원으로는 「민법」 제4편의 친족과 제5편의 상속에 관한 규정이 일반법이다. 이에 관한 특별법으로는 「가사소송법」, 「가족관계의 등록 등에 관한 법률」, 「국제사법」, 「비송사건절차법」, 「소년법」, 「입양특례법」, 「혼인신고특례법」 등이 있다. 이 중에서 가장 중요한 관계가 있는 법률은 가사소송법이며, 가족관계의 등록 등에 관한 법률도 밀접한 관계를 맺고 있다.

제2관 민법총칙과의 관계

민법총칙의 규정 중 신의성실의 원칙 · 주소 · 실종 · 물건 · 반사회질서의 법률행위 및 기간의 계산 등은 가족법에도 일반적으로 적용된다. 그러나 법인에 관한 규정 · 의사표시 · 대리 · 조건 · 기한 및 시효 등은 가족법에는 친하지 않다.

가족법에만 특유한 것으로는 상속과 유증에 관하여는 태아(胎兒)에게도 권리능력을 인정하는 점이다. 그리고 신분법에서는 특별한 규정이 없는 한 행위능력을 요구하지 아니하므로 의사능력만 있으면 충분하다.

피한정후견인은 재산법에서는 미성년자와 같은 취급을 하지만, 가족법에서의 피한정후견인에게는 아무런 제한을 하지 않는다.

가족법에는 법정대리가 있으므로 민법총칙의 대리는 원칙적으로 적용되지 않고, 가족법상의 행위가 무효나 취소되더라도 제3자를 보호지 않는다.

제3관 신분등록

제1항 성(姓)의 취득과 변경

> 第781조(자의 성과 본) ① 자는 부(父)의 성과 본(本)을 따른다. 다만, 부모가 혼인신고를 함에 있어 모(母)의 성과 본을 따르기로 협의한 경우에는 모의 성과 본을 따른다.
>
> ② 부가 외국인인 경우에는 자는 모의 성과 본을 따를 수 있다.
>
> ③ 부를 알 수 없는 자는 모의 성과 본을 따른다.
>
> ④ 부모를 알 수 없는 자는 법원의 허가를 받아 성과 본을 창설한다. 다만, 성과 본을 창설한 후 부 또는 모를 알게 된 때에는 부 또는 모의 성과 본을 따를 수 있다.
>
> ⑤ 혼인외의 출생자가 인지(認知)된 경우 자는 부모의 협의에 따라 종전의 성과 본을 계속 사용할 수 있다. 다만, 부모가 협의할 수 없거나 협의가 이루어지지 아니한 경우에는 자는 법원의 허가를 받아 종전의 성과 본을 계속 사용할 수 있다.
>
> ⑥ 자의 복리를 위하여 자의 성과 본을 변경할 필요가 있을 때에는 부, 모 또는 자의 청구에 의하여 법원의 허가를 받아 이를 변경할 수 있다. 다만, 자가 미성년자이고 법정대리인이 청구할 수 없는 경우에는 제777조의 규정에 의한 친족(8촌 이내의 혈족, 4촌 이내의 인척 및 그 배우자) 또는 검사가 청구할 수 있다.

혼인외(婚姻外)의 출생자라 함은 부모가 혼인신고를 하지 아니하여 법률상 부부가 아닌 상태에서 태어난 자를 말하며, "인지"는 혼인외의 자를 그 생부(生父) 또는 생모가 자기의 자라고 인정하는 행위를 말하며, 또는 재판에 의하여 부모와 자의 관계가 강제되는 것을 말한다.

그러나 생모의 인지에는 특별한 절차를 필요로 하지 않는다. 생모의 가족관계등록부에 출생신고를 하면 그것이 곧 인지를 한 것이기 때문이다.

제2항 가족관계의 등록 등에 관한 법률

1. 가족관계의 등록에 관한 이해

「가족관계의 등록 등에 관한 법률」은 구 호적법이 폐지되면서 이를 대체하기 위하여 제정된 법률로서 2008. 1. 1.부터 시행되고 있다. 가족관계등록에 관한 사무의 처리는 대법원장의 위임을 받은 시·읍·면의 장이 처리하고 있으며, 그 감독은 가정법원이 한다(제3조, 제4조).

이 법은 국민의 출생·혼인·사망 등 가족관계의 발생 및 변동사항에 관한 등록과 그 증명에 관한 사항을 규정하는 것을 목적으로 하는 법률이다(제1조).

2. 가족관계의 등록

출생 그 밖의 사유로 처음으로 가족관계를 등록함에는 등록기준지를 정하여야 한다. 이 등록기준지는 구 호적법에서는 "본적"이라고 하였다. 등록기준지는 등록을 신청하는 사람이 결정하고, 그 후로도 변경이 가능하다(제10조).

가족관계등록부에는 등록기준지·성명·본·성별·출생연월일·주민등록번호·혼인·사망 등에 대한 발생 및 변동에 관한 사항을 기록한다(제9조).

3. 가족관계등록사항의 증명

이 법에 의하여 발행되는 5종류의 가족관계기록사항증명서와 그 기록사항은 대략 다음과 같다.

① "가족관계증명서"는 본인·배우자·부모·자녀에 대한 등록기준지·성명·성별·본(本)·출생연월일 및 주민등록번호를 기록한 증명서이다. 이는 과거의 "호적등본"에 해당하는 것이다.

② "기본증명서"는 본인의 등록기준지·성명·성별·본·출생연월일·주민등록번호·출생·사망·국적의 상실 및 취득과 국적회복 등에 관한 사항을 기록한 증명서이다. 이는 과거의 "호적초본"에 해당하는 것이다.

③ "혼인관계증명서"는 본인 및 배우자의 등록기준지·성명·성별·본·출생연월일·주민등록번호, 혼인 및 이혼에 관한 사항을 기록한 증명서이다.

④ "입양관계증명서"는 본인의 등록기준지·성명·성별·본·출생연월일·주민등록번호, 친생부모·양부모·양자의 성명·성별·본·출생연월일·주민등록번호, 입양 및 파양에 관한 사항을 기록한 증명서이다.

⑤ "친양자입양관계증명서"는 본인의 등록기준지·성명·성별·본·출생연월일·주민등록번호, 친생부모·양부모·친양자의 성명·성별·본·출생연월일·주민등록번호, 입양 및 파양에 관한 사항을 기록한 증명서이다.

이 법에 의하여 신고함으로써 등록이 되는 사항으로는 출생·인지·입양·파양·친양자입양·친양자파양·혼인·이혼, 친권자지정·변경, 미성년후견개시·종료, 사망·실종, 국적의 취득과 상실, 성·본의 변경·개명 등이다.

「구 호적법」과 「가족관계의 등록 등에 관한 법률」의 용어 비교표

구 호적법	가족관계 등의 등록에 관한 법률	비고
호적부	가족관계등록부	읍(邑)·면(面)·동(洞)에 있음
제적부	폐쇄가족관계등록부	위와 같음
본적	등록기준지	등록기준지는 본인의 신고에 의하여 바꿀 수 있다
호적등본	가족관계증명서	
호적초본	기본증명서	
제적등본	폐쇄가족관계등록부등본	2007. 12. 31. 이전에 사망한 사람은 제적등본만 있다
	혼인관계증명서	구 호적법에는 없던 것임. 구 호적법에서는 이혼사실을 숨길 수 없었기 때문에 새로이 만든 것임
	친양자입양관계증명서	구 호적법에는 없던 것임

* 위 증명서는 원칙적으로 ① 본인, 배우자, 직계혈족 및 형제자매가 발급받을 수 있고, 대리인은 위임장과 신분증명서를 제시하여야 한다. ② 국가 또는 지방자치단체가 직무상 필요한 경우, ③ 소송·비송·민사집행에서 필요한 경우 및 ④ 법령에서 본인 등에 관한 증명서를 제출하도록 요구하는 경우에도 발급이 허용된다.

그리고 정당한 이해관계가 있는 사람도 발급을 받을 수 있는데, 여기에 해당하는 사람은

① 민법상의 법정대리인, ② 채권·채무의 상속과 관련하여 상속인의 범위를 확인하기 위해서 필요한 사람, ③ 수사기관의 공무원 등 공익상 합리적인 이유가 있는 사람이 있다.

* 위 증명서는 인터넷으로도 발급하는데, 발급을 받을 수 있는 사람은 ① 본인, ② 배우자, ③ 부모 및 ④ 자녀이다.
* 위 증명서는 시·군·구청에 설치된 무인발급기에서도 발급이 되는데, 이 경우에는 본인이 아니면 발급받을 수 없다.

4. 개명(改名)

1) 의의

개명이라고 함은 가족관계등록부에 등록된 이름을 다른 이름으로 고치는 것을 말한다. 이름을 바꾸는 이유는 여러 가지가 있겠으나, 이름을 바꾸는 것은 개명의 당사자는 물론 사회생활 관계에서도 큰 혼란이 있을 수 있기 때문에 그 신중을 기하기 위하여 개명은 법원의 허가를 받아야만 가능하도록 하고 있다.

2) 법령의 규정

가족관계의 등록 등에 관한 법률 제99조(개명신고) ① 개명하고자 하는 사람은 주소(재외국민의 경우 등록기준지)를 관할하는 가정법원의 허가를 받고 그 허가서의 등본을 받은 날부터 1개월 이내에 신고를 하여야 한다.

② 신고서에는 다음 사항을 기재하여야 한다.

1. 변경 전의 이름
2. 변경한 이름
3. 허가연월일

③ 제2항의 신고서에는 허가서의 등본을 첨부하여야 한다.

가족관계의 등록 등에 관한 법률 시행규칙 제87조(허가사건의 처리절차) ① 다음 각 호의 사건의 처리절차에 관하여는 비송사건절차법을 준용한다.

2. 법 제99조에 따른 개명허가

② 제1항 제1호부터 제3호까지의 허가신청은 미성년자도 할 수 있다.

③ 제1항 각 호의 허가신청서에는 사건본인의 성명·출생연월일·등록기준지 및 주소를 기재하여야 한다.

비송사건절차법 제9조(신청서의 기재사항, 증거서류의 첨부) ① 신청서에는 다음 각 호의 사항을 적고 신청인이나 그 대리인이 기명날인하여야 한다.

1. 신청인의 성명과 주소
2. 대리인에 의하여 신청할 때에는 대리인의 성명과 주소
3. 신청의 취지와 그 원인이 되는 사실
4. 신청연월일
5. 법원의 표시

② 증거서류가 있을 때에는 그 원본 또는 등본을 신청서에 첨부하여야 한다.

3) 개명이 허용되는 사유

과거 법원에서 개명을 허가한 예로는 ① 가족이나 같은 지역에 같은 이름이 있는 경우, ② 출생신고 당시 착오로 인하여 다른 이름이 등록된 경우, ③ 이름의 의미(뜻)가 부정적인 경우(중대한 범죄자의 이름, 놀림의 대상인 이름, 욕설과 유사한 이름 등), ④ 한글로만 된 이름, ⑤ 이름의 발음(發音)이 불명확한 경우, ⑥ 어려운 한자이름, ⑦ 성별의 혼란이 있는 이름(여자 이름과 유사한 남자의 이름 또는 그 반대의 경우), ⑧ 항렬(行列)과 일치하지 않는 이름 등을 바꾸는 경우 등이다. 항렬이라고 하는 것은 한자이름의 "돌림자"를 뜻한다.

일반적으로 성년보다는 미성년자, 남자보다는 여자의 개명이 더 쉽게 허가되고 있는 것이 과거의 실무관행이었다.

이름은 통상 부모에 의해서 일방적으로 결정되어지고, 그 과정에서 이름의 주체인 본인의 의사가 개입될 여지가 없어 본인이 그 이름에 대하여 불만을 가지거나 그 이름으로 인하여 심각한 고통을 받는 경우도 있을 수 있는데, 그런 경우에도 평생 그 이름을 가지고 살아갈 것을 강요하는 것은 정당화 될 수도 없고 합리적이지도 아니한 점, 이름이 바뀐다고 하더라도 주민등록번호는 변경되지 않고 종전 그대로 존속하게 되므로 개인의 혼동으로 인하여 초래되는 법률관계의 불안정은 그리 크지 않으리라고 예상되는 점, 개인보다는 사회적·경제적 이해관계가 훨씬 더 크고 복잡하게 얽혀질 수 있는 법인, 그 중에서도 특히 대규모기업 등과 같은 상사법인에 있어서도 상호의 변경에 관하여는 관계법령에서 특별한 제한을 두고 있지 아니할 뿐만 아니라 실제로도 자유롭게 상호를 변경하는 경우가 적지 아니한 점, 개명으로 인하여 사회적

폐단이나 부작용이 발생할 수 있다는 점을 지나치게 강조하여 개명을 엄격하게 제한할 경우 헌법상의 개인의 인격권과 행복추구권을 침해하는 결과를 초래할 우려가 있는 점 등을 종합하여 보면 개명을 허가할만한 상당한 이유가 있다고 인정되면 원칙적으로 개명을 허가함이 상당하다고 할 것이다(2005스26).

이 판례가 상사법인(商事法人)의 상호변경과 개명을 막바로 비교하고 있으나 이는 법리(논리)의 비약이라고 해석된다. 이 둘은 그 공시방법이 다르기 때문이다. 법인의 등기부와는 달리 가족관계등록부는 누구에게나 공시되는 것은 아니다. 그러나 개명을 적극적으로 허가하고자 하는 의지의 표명이라고 해야 할 것이다.

4) 개명의 제한

법원이 개명허가신청을 박은 때에는 허가를 할 것인지 여부는 법원의 재량사항이다. 그리고 개명허가신청사건은 비송사건(非訟事件)이다. 즉 소송사건이 아니다. 비송사건은 소송사건과는 달리 법원이 스스로(당사자가 제출하지 않더라도) 증거나 기타 필요한 자료를 찾을 수 있도록 하고 있다. 이를 직권탐지주의라고 하는데, 법원이 필요하다고 판단하면 개명허가 여부를 결정하기 전에 경찰관서에 범죄경력조회를 할 수도 있다.

범죄를 기도 또는 은폐하거나 법령에 따른 각종 제한을 회피하려는 불순한 의도나 목적이 개입되어 있는 등 개명신청권의 남용으로 볼 수 있는 경우가 아니라면 원칙적으로 개명허가를 하여야 한다(2009스65).

대법원의 이 판례는 개명은 원칙적으로 허가하여야 한다고 선언하고 있지만 개명을 허가하지 않는 경우도 있다. 그러한 사유로는 ① 사주팔자(四柱八字)를 알아본 결과 개명을 하여야 한다는 이유, ② 작명가(作名家)의 말에 의하면 개명하는 것이 좋다는 것 등이다. 미신(迷信) 또는 미신에 가까운 이유는 개명이 필요하지 아니한 사유로 보는 것이다.

(개명허가신청서)

개 명 허 가 신 청

사건본인 성명 박 ○ ○(000000-0000000)

등록기준지 인천 남동구 구월동 000-00

주소 등록기준지와 같은 곳

사건본인은 미성년자이므로 법정대리인 친권자 아버지 박 ○○

어머니 성 ○○

법정대리인들의 등록기준지 및 주소는 사건본인과 같음

법정대리인의 전화번호 010-0000-0000, 032)000-0000

신 청 취 지

등록기준지 인천 남동구 구월동 000-00의 가족관계등록부 중 사건본인의 이름 "박한올"을 "박○○(朴○○)"로 개명하는 것을 허가한다.

라는 결정을 구합니다.

신 청 이 유

1. 신청인의 이름 "한올"은 듣는 사람에게는 "하놀", "하늘", "한을" 등 그 발음이 정확히 전달되지 않는 단점이 있고, 이 이름을 성(姓)과 함께 부를 때는 연음 현상에 의하여 "바카늘"로 전달되어 전혀 다른 이름으로 불립니다. 그리고 신청인의 이름에는 한자이름이 없습니다.
2. 신청인은 이제 초등학교의 입학을 앞두고 있어 앞으로 사회생활을 시작하게 되는데, 위와 같이 정확한 발음이 어려운 이름으로 사회생활을 시작하는 것은 신청인의 장래를 위하여 바람직하지 아니한 것으로 생각됩니다.
3. 따라서 가족회의 결과 새로운 이름 "박○○(朴○○)"로 개명하기로 결정하였으며, 사건본인도 매우 만족스러워하고 있으므로 개명허가를 신청하게 되었으니 허가하여 주시기 바랍니다.

첨 부 서 류

1. 사건본인의 기본증명서 1통.
1. 사건본인의 가족관계증명서 1통.
1. 사건본인의 주민등록등본 1통.
1. 부모의 가족관계증명서 각1통.

2014. 1. .

위 신청인 겸 사건본인의 법정대리인 아버지 박 ○ ○ (인)
어머니 성 ○ ○ (인)

인천지방법원 귀중

* 수수료는 1,000원이며, 송달료는 2회분×3,250원이다.
* 인우보증서(人友保證書)는 첨부할 것이라면 신청인과 밀접한 생활관계에 있는 사람이 작성하여야 하며, 그 내용은 개명의 필요성에 대한 인우보증인의 생각이 된다. 이 경우에는 인우보증인의 인감증명서 또는 주민등록등(초)본을 함께 첨부하여야 한다. 이는 현행 법령에서는 요구하고 있지 않지만, 구 호적법에서는 2명의 인우보증서를 제출하도록 규정하고 있었다.
* 만약 부모 중 2007. 12. 31. 이전에 사망한 사람이 있는 경우에는 사망일자가 적힌 "제적등본"을 제출하여야 한다. 이 제적등본은 상속관계 등 다른 이유로 가족관계등록사항을 소명하는 때에도 같은 용도로 사용된다.
* 개명절차는 소송사건이 아니므로 변론기일 또는 심문(신문)기일이 없다. 따라서 법원이 사건본인이나 신청인을 부르는 경우는 없고, 서류의 심사에 의하여 허가 여부를 결정한다. 따라서 그 처리기간도 매우 단기간이다.

제2절 친족(親族)

제1관 친족의 의의 및 종류

배우자, 혈족 및 인척을 친족으로 한다(제767조). 배우자(配偶者)는 혼인으로 결합된 남녀(男女)를 말하며, 부(夫)는 처(妻)를, 처는 부를 각각 배우자로 한다. 여기서 말하는 혼인은 법률혼, 즉 가족관계등록부에 혼인신고가 등록된 혼인을 뜻한다.

따라서 사실혼의 배우자는 친족에 포함되지 않는다. 사실혼(事實婚)이라고 함은 당사자는 부부가 될 의사가 있고, 생활관계도 부부의 실질을 갖추었지만 「가족관계의 등록 등에 관한 법률」에 의한 혼인신고를 하지 아니하였기 때문에 법률상으로는 부부로 인정을 받지 못하는 혼인관계를 말한다.

사실혼에서는 법률상 혼인관계에서 인정되는 친족관계는 발생하지 않지만, 대법원의 판례(관습)에 의하여 일정한 경우에는 법률혼과 같이 취급되는 경우가 있다. 그리고 각종 연금과 관련한 특별법에서는 사실혼의 배우자를 법률혼과 마찬가지로 취급하는 경우가 있다. 또 「주택임대차보호법」에서는 사실혼 배우자가 임차인의 지위를 승계하도록 하는 규정을 두고 있기도 하다.

혈족에는 직계혈족(直系血族)과 방계혈족(傍系血族)이 있다. “직계혈족”은 다시 직계존속(直系尊屬)과 직계비속(直系卑屬)으로 구분하고, “방계혈족”은 직계가 아닌 곁가지의 혈족을 말한다. 직계존속으로는 부모·조부모·증조부모·자·손자·증손자 등이 있고, 방계혈족에 해당하는 사람으로는 형제자매와 형제자매의 직계비속, 직계존속의 형제자매와 그 형제자매의 직계비속이 있다(제768조).

혈족의 배우자, 배우자의 혈족 및 배우자의 혈족의 배우자를 인척으로 한다(제769조). “인척(姻戚)”은 혼인으로 인하여 맺어진 친족이다.

제2관 친족의 범위 및 촌수(寸數)

가족관계로 인한 법률상 효력은 민법과 다른 법률에 특별한 규정이 없는 한 8촌 이내의 혈족, 4촌 이내의 인척 및 배우자에게 미친다(제777조). 이것이 “친족의 범위"이다.

"촌(寸)"이라고 함은 친족 사이의 가깝고 먼 관계를 수(數)로 표시한 것을 뜻한다. 직계혈족 사이의 촌수는 본인을 기준으로 세수(世數)를 단위로 계산하며, 방계혈족 사이의 촌수는 공동시조에 이르는 세수를 통산(通算)한다.

가령 나와 아버지는 1촌이지만 아버지의 형제가 3촌인 이유는 아버지와 3촌의 공동시조인 할아버지까지의 세수를 계산하기 때문이다. 즉 나와 아버지가 1촌, 아버지와 그의 아버지(할아버지)가 1촌, 할아버지와 그의 아들인 삼촌이 1촌이므로 이를 통산하여 3촌(寸)이 되는 것이다.

1990. 1. 13. 법률 제4199호로 민법이 개정됨으로써 계모(繼母)는 더 이상 법률상의 모(母)는 아닌 것으로 되었으나, 피보험자의 계모가 부(父)의 배우자로 실질적으로 가족의 구성원으로 가족공동체를 이루어 생계를 같이 하고, 피보험자의 어머니의 역할을 하면서 피보험자동차를 이용하고 있다면 위 보험약관조항을 둔 취지에 비추어 볼 때 이러한 경우의 위 약관상의 모에 포함된다고 봄이 상당하다고 할 것이다(96다53857).

계모는 아버지의 후취(後娶) 또는 재취(再娶)를 말한다. 계모는 현행 민법상으로는 인척에 해당한다. 계부(繼父), 즉 의붓아버지도 의붓어머니인 계모와 같이 보아야 할 것이다.

현행 민법에서는 적모(嫡母)와 서자(庶子)의 관계도 인척으로 분류된다. "적모"는 서자의 입장에서는 아버지의 정실(正室), 즉 아버지의 본처(本妻)를 뜻하며, "서자"는 첩(妾)에게서 태어난 자식을 말한다. 고전에 나오는 홍길동이 서자이다.

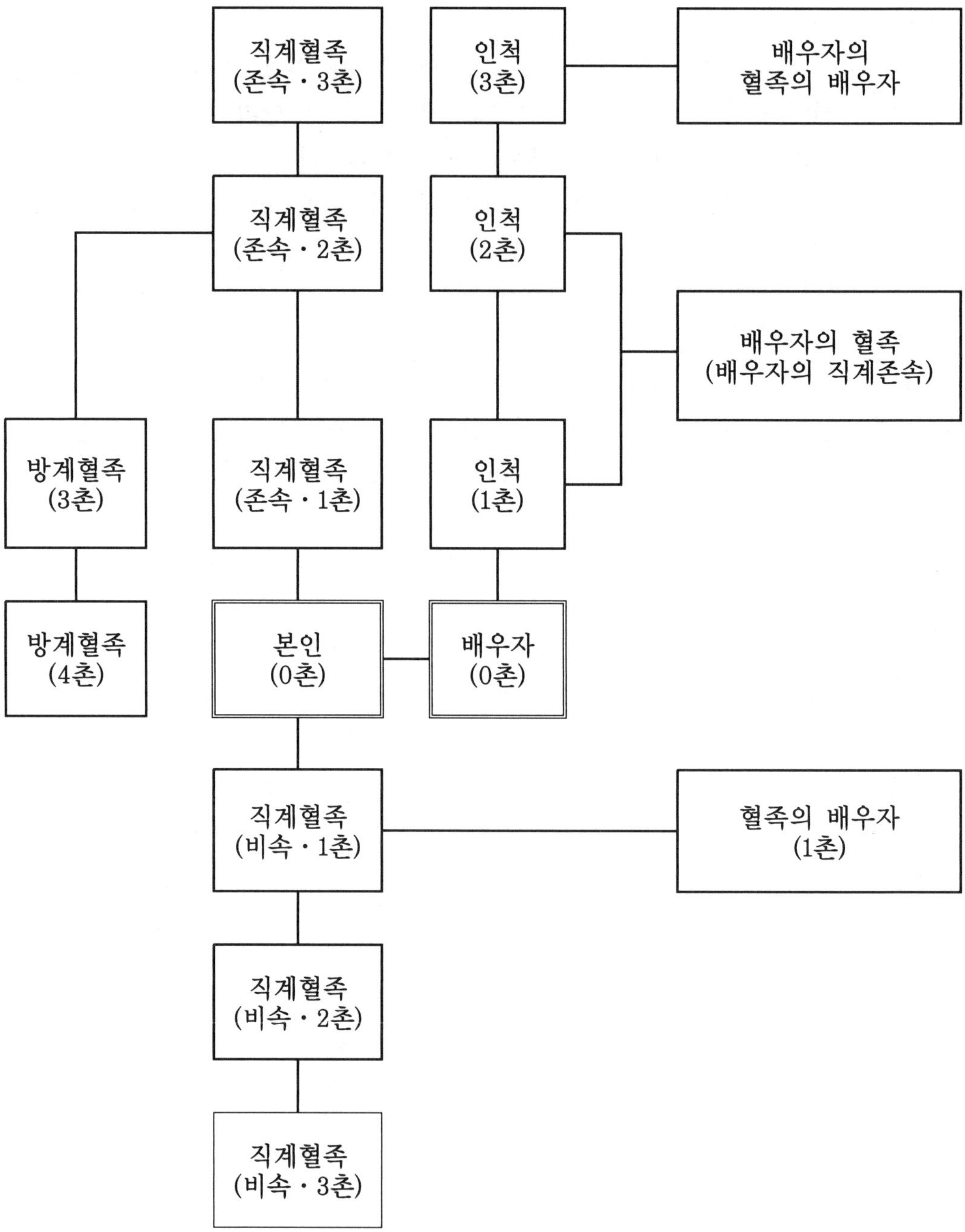
직계혈족
(존속 · 3촌)
인척
(3촌)
배우자의
혈족의 배우자
직계혈족
(존속 · 2촌)
인척
(2촌)
배우자의 혈족
(배우자의 직계존속)
방계혈족
(3촌)
직계혈족
(존속 · 1촌)
인척
(1촌)
방계혈족
(4촌)
본인
(0촌)
배우자
(0촌)
직계혈족
(비속 · 1촌)
혈족의 배우자
(1촌)
직계혈족
(비속 · 2촌)
직계혈족
(비속 · 3촌)

(촌수의 계산 그림표)

제3관 약혼

제1항 의의

약혼은 혼인할 의사가 있는 남녀가 장래에 혼인할 것을 약정하는 계약을 말한다. 혼인할 의사가 있어야 하므로 혼인할 의사 없이 동거생활을 하는 "동서(同棲)"와 다르고, 혼인할 당사자가 아닌 혼인할 남녀 양가(兩家)의 주혼자(主婚者)들이 결정하는 정혼(定婚)은 약혼이라고 할 수 없다. 사실혼도 여기서 말하는 약혼이 아니다.

일반적으로 약혼은 특별한 형식을 거칠 필요 없이 장차 혼인을 체결하려는 당사자 사이에 합의가 있으면 성립하는 데 비하여, 사실혼은 주관적으로는 혼인의 의사가 있고, 또 객관적으로는 사회통념상 가족질서의 면에서 부부공동생활을 인정할만한 실체가 있는 경우에 성립한다(98므961).

제2항 약혼의 성립

성년이 된 사람은 자유로이 약혼할 수 있다(제800조). 18세가 된 사람은 부모나 미성년후견인의 동의를 받아 약혼할 수 있다. 미성년자가 약혼하는 경우에는 부모의 동의를 얻어야 하며, 부모 중 한쪽이 동의권을 행사할 수 없을 때에는 다른 한쪽의 동의를 받아야 하고, 부모가 모두 동의권을 행사할 수 없을 때에는 미성년후견인의 동의를 받아야 한다(제801조, 제808조).

피성년후견인은 부모나 성년후견인의 동의를 받아 약혼할 수 있다(제802조, 제808조). 피성년후견인은 민법이 개정되기 전에는 "금치산자"라고 불리었다.

제3항 약혼의 효과

약혼은 강제이행을 청구하지 못한다(제803조). 강제이행을 할 수는 없지만 손해배상을 청구할 수 있는 사유는 될 수 있다.

제4항 약혼의 해제

1. 약혼의 해제사유

제804조가 규정하는 약혼의 해제사유는 다음과 같다.

① 약혼 후 자격정지 이상의 형을 선고받은 경우
② 약혼 후 성년후견개시나 한정후견개시의 심판을 받은 경우
③ 성병, 불치의 정신병, 그 밖의 불치의 병질(病疾)이 있는 경우
④ 약혼 후 다른 사람과 약혼하거나 혼인을 한 경우
⑤ 약혼 후 다른 사람과 간음(姦淫)한 경우
⑥ 약혼 후 1년 이상 생사(生死)가 불명(不明)한 경우
⑦ 정당한 이유 없이 혼인을 거절하거나 그 시기를 늦추는 경우
⑧ 그 밖에 중대한 사유가 있는 경우

약혼은 혼인할 것을 목적으로 하는 혼인의 예약이므로 당사자 일방은 학력, 경력 및 직업과 같은 혼인의사를 결정하는 데 있어 중대한 영향을 미치는 사항에 관하여 이를 상대방에게 사실대로 고지할 신의성실의 원칙상의 의무가 있다고 할 것이다. 따라서 이를 속인 것이 약혼 후에 밝혀진 경우에는 「민법」 제804조 제8호 소정의 "기타 중대한 사유가 있는 때"에 해당한다고 할 것이므로 약혼해제는 적법하다고 할 것이다(94므1676,1683).

2. 약혼해제의 방법

약혼의 해제는 상대방에 대한 의사표시로 한다. 그러나 상대방에 대하여 의사표시를 할 수 없는 때에는 그 해제의 원인 있음을 안 때에 해제된 것으로 본다(제805조).

3. 약혼해제의 효과

1) 손해배상

약혼을 해제한 때에는 당사자 일방은 과실 있는 상대방에 대하여 이로 인한 손해의 배상을 청구할 수 있다. 이 경우에는 재산상 손해 외에 정신상 고통에 대하여도

손해배상의 책임이 있다. 정신상 고통에 대한 배상청구권은 양도 또는 승계하지 못한다. 그러나 당사자간에 그 배상에 관한 계약이 성립되거나 소를 제기한 후에는 그러하지 아니하다(제806조).

2) 약혼예물의 반환

약혼예물의 수수는 혼인불성립을 해제조건으로 하는 증여와 유사한 성질의 것인바, 원심이 같은 취지로 피고가 원고에게 교부한 이 사건 약혼예물은 원고와 소외 김현영의 혼인이 성립되어 상당기간 지속된 이상 원고의 소유라고 본 조치는 정당하다(94므895).

약혼예물의 수수는 혼인불성립을 해제조건으로 하는 증여와 유사한 성질의 것이나 약혼의 해제에 관하여 과실이 있는 유책자(有責者)로서는 그가 제공한 약혼예물을 적극적으로 반환청구 할 권리가 없다(76므41,42).

약혼예물의 수령자 측이 혼인 당초부터 성실히 혼인을 계속할 의사가 없고 그로 인하여 혼인의 파국을 초래하였다고 인정되는 등 특별한 사정이 인정되는 경우에는 신의칙 내지 형평의 원칙에 비추어 혼인불성립에 준하여 예물반환의 의무를 인정함이 상당하다고 할 것이다(96다5506).

제4관 혼인의 성립

제1항 실질적 요건

1. 혼인의사의 합치

혼인의 합의란 법률혼을 채택하고 있는 우리나라 법제 아래에서는 법률상 유효한 혼인을 성립하게 하는 합의를 말하는 것이므로, 비록 사실상 혼인관계에 있는 당사자 일방이 혼인신고를 한 경우에도 상대방에게 혼인의사가 결여되었다고 인정되는 한 그 혼인은 무효라 할 것이나, 상대방의 혼인의사가 불분명한 경우에는 혼인의 관행과 신의성실의 원칙에 따라 사실혼관계를 형성시킨 상대방의 행위에 기초하여 그 혼인의사의 존재를 추정할 수 있으므로, 이와 반대되는 사정, 즉 혼인의사를 명백히 철회하였다거나 당사자 사이에 사실혼관계를 해소하기로 합의하였다는 등의 사정이 인정되지 아니하는 경우에는 그 혼인을 무효라고 할 수 없다(2012므2451).

2. 혼인적령(婚姻適齡)

만 18세가 된 사람은 혼인할 수 있다(제807조). 만 18세 이상을 혼인적령이라고 한다. 혼인적령에 이르지 못한 사람의 혼인은 각 당사자 또는 법정대리인이 취소할 수 있다(제817조).

3. 동의권자의 동의

미성년자가 혼인을 하는 경우에는 부모의 동의를 받아야 하며, 부모 중 한쪽이 동의권을 행사할 수 없는 때에는 다른 한쪽의 동의를 받아야 하고, 부모 모두가 동의를 할 수 없을 때에는 미성년후견인의 동의를 받아야 한다. 피성년후견인은 부모나 성년후견인의 동의를 받아 혼인할 수 있다(제808조). 만 19세는 성년이므로 미성년자로서 동의를 필요로 하는 사람은 18세이다. 피한정후견인은 19세 이상이면 동의를 필요로 하지 않는다.

4. 근친혼(近親婚)의 금지

8촌 이내의 혈족(친양자의 입양 전의 혈족을 포함한다) 사이에서는 혼인하지 못한다(제809조 제1항). 6촌 이내의 혈족의 배우자, 배우자의 6촌 이내의 혈족, 배우자의 4촌 이내의 혈족의 배우자인 인척이거나 이러한 인척이었던 자 사이에서는 혼인하지 못한다. 6촌 이내의 양부모계(養父母系)의 혈족이었던 자와 4촌 이내의 양부모계의 인척이었던 자 사이에서는 혼인하지 못한다(제809조 제2항 · 제3항).

1997. 7. 16. 헌법재판소가 제809조 제1항에 대하여 헌법불합치결정(95헌가6내지13)을 하였다. 헌법불합치결정을 받은 법률조항은 "동성동본(同姓同本)인 혈족 사이에서는 혼인하지 못한다."고 규정하고 있었다. 이에 따라 개정된 법률조항이 위 제809조 제1항이다.

5. 중혼(重婚)의 금지

배우자 있는 자는 다시 혼인하지 못한다(제810조). 배우자 있는 자가 다시 혼인한 경우 뒤의 혼인을 "중혼"이라고 한다. 중혼인지 여부는 혼인신고, 즉 가족관계등록부의 기재를 기준으로 판단한다. 중혼은 일단 혼인으로 성립하지만 후혼(後婚)이 혼인의 취소사유가 된다.

가령 甲이 乙을 상대로 한 이혼심판청구사건의 승소확정심판에 따라 이혼신고를 마치고 丙과 다시 혼인신고를 마쳤으나, 乙의 재심청구에 따라 위 이혼심판청구를 기각하는 재심심판이 선고되고, 그 심판이 확정되었다면 위 甲과 丙의 혼인은 중혼에 해당되어 취소사유가 된다(85므35).

이 밖에도 가족관계등록사무를 담당하는 공무원의 실수로 혼인신고를 이중으로 수리한 경우, 실종선고 뒤에 재혼하였는데 실종자가 생존하여 귀환함으로써 실종선고가 취소된 경우 등에 중혼이 성립한다.

제2항 형식적 요건(혼인신고)

1. 일반적 신고방식

혼인은 「가족관계의 등록 등에 관한 법률」의 정한 바에 의하여 신고함으로써 그 효력이 생긴다. 이 신고는 당사자 쌍방과 성년자인 증인(證人) 2인의 연서(連書)한 서면에 의하여 하여야 한다(제812조). 여기서 말하는 증인이라고 함은 "인우보증인(人友保證人)"을 말하는 것이므로 소송법상의 증인과는 다른 의미이다. 혼인신고는 대리인에 의하여 할 수 없다(가족관계등록법 제31조).

2. 외국에서의 신고

외국에 있는 본국민 사이의 혼인은 그 외국에 주재하는 대사, 공사 또는 영사에게 신고할 수 있다. 이 신고를 수리한 대사, 공사 또는 영사는 지체 없이 그 신고서류를 본국의 등록기준지를 관할하는 가족관계등록관서에 송부하여야 한다(제814조).

「섭외사법」 제15조 제1항은 "혼인의 성립요건은 각 당사자에 관하여 그 본국법에 의하여 이를 정한다. 그러나 그 방식은 혼인거행지의 법에 의한다."라고 규정하고 있는바, 이 규정은 우리나라 사람들 사이 또는 우리나라 사람과 외국인 사이의 혼인이 외국에서 거행되는 경우 그 혼인의 방식, 즉 형식적 성립요건은 그 혼인거행지의 법에 따라 정하여야 한다는 취지라고 해석되므로, <u>그 나라의 법이 정하는 방식에 따른 혼인절차를 마친 경우에는 혼인이 유효하게 성립되는 것</u>이고, 별도로 우리나라 법에 따른 혼인신고를 하지 않더라도 혼인의 성립에 영향이 없으며, 당사자가 호적법(현행 가족관계의 등록 등에 관한 법률)에 의하여 혼인신고를 하더라도 이는 창설적 신고가 아니라 이미 유효하게 성립한 혼인에 관한 보고적 신고에 불과하다고 할 것이다(94므413).

3. 조정(調停) · 재판에 의한 신고

사실상 혼인관계에 있는 당사자는 상대방이 혼인신고에 협력하지 아니할 때에 「가사소송법」의 규정에 따라 가정법원에 조정을 신청할 수 있고, 조정이 성립하지 아니하면 사실상혼인관계존재확인청구의 소를 제기할 수 있다. 이 조정이 성립하거나 승소가 확정되면 혼인신고를 할 수 있다. 대법원은 이를 창설적(創設的) 신고로 본다. 따라서 혼인신고에 의하여 비로소 혼인의 효력이 생긴다.

4. 신고의 심사 · 수리(受理)

가족관계의 등록 등에 관한 업무를 담당하는 공무원은 혼인의 실질적 요건과 형식적 요건 및 다른 법령에 위반되지 아니하면 혼인신고를 수리하여야 한다(제813조). 혼인신고가 수리되면 창설적 신고의 경우에는 그 때에 혼인이 성립한다. 수리는 접수나 등록(등재)과는 다른 의미이다.

제3항 혼인의 무효

1. 의의

혼인이 무효라고 함은 혼인신고는 있으나 어떤 사정으로 인하여 그 혼인은 처음부터 없었던 것과 같이 취급되는 것을 말한다.

혼인이 유효하기 위해서는 당사자 사이에 혼인의 합의가 있어야 하고, 이러한 혼인의 합의는 혼인신고를 할 당시에도 존재하여야 한다고 할 것이다(94므1089).

2. 무효의 원인

혼인은 다음 중 어느 하나에 해당하면 무효이다(제815조).

① 당사자 사이에 혼인의 합의가 없는 때
② 친양자의 입양 전 혈족을 포함한 8촌 이내의 혈족 사이의 혼인인 때
③ 당사자 사이에 직계인척관계에 있거나 있었던 때
④ 당사자 사이에 양부모계의 직계혈족관계가 있었던 때

「민법」 제815조 제1호가 혼인무효의 사유로 규정하고 있는 "당사자 사이에 혼인의 합의가 없는 때"란 당사자 사이에 사회관념상 부부라고 인정되는 정신적·육체적 결합을 생기게 할 의사의 합치가 없는 경우를 의미하므로, 당사자 일방에게만 그와 같은 참다운 부부관계의 설정을 바라는 효과의사가 있고 상대방에게는 그러한 의사가 결여되었다면, 비록 당사자 사이에 혼인신고 자체에 관하여 의사의 합치가 있어 일응 법률상의 부부라는 신분관계를 설정할 의사는 있었다고 하더라도, 그 혼인은 당사자 사이에 혼인의 합치가 없는 것이어서 무효라고 보아야 한다(2010므574).

3. 무효의 효과

혼인이 무효로 되면 혼인은 처음부터 없었던 것과 같이 되므로 혼인을 전제로 성립한 상속 및 인척관계 등도 무효로 된다. 또 무효혼의 계속 중에 태어난 자는 혼인 외의 출생자가 된다.

4. 무효혼인의 추인(追認)

혼인이 무효인 경우에는 추인하더라도 무효임이 원칙이다. 다만, 대법원은 당사자 사이의 합의를 결여한 혼인신고에 대하여는 예외적으로 혼인관계의 실체관계가 존재하는 경우에는 추인을 인정함으로써 소급하여 유효한 혼인으로 취급하는 경우가 있다.

협의이혼을 한 후 배우자 일방이 일방적으로 혼인신고를 하였다고 하더라도 그 사실을 알고 혼인생활을 계속한 경우, 상대방에게 혼인의 의사가 있었거나 무효인 혼인을 추인하였다고 보아야 한다(95므731).

혼인신고 후 원고와 피고 사이에 혼인의 실체가 존재하였다고 볼 수 없어 그 후

몇 차례의 육체관계로 아들을 낳았다고 하더라도, 이로써 곧 무효인 위 혼인을 추인한 것이라고는 보기 어렵다(93므430).

5. 혼인무효확인의 소

혼인 당사자 중 일방이 사망하면 그 혼인관계는 해소되고, 따라서 기왕의 혼인관계는 과거의 관계로 된다고 볼 수 있는데, 이러한 경우에도 검사를 상대방으로 하여 그 과거의 혼인관계의 무효확인을 구할 수 있도록 한 인사소송법을 둔 근거도 바로 위와 같은 점에 있다고 생각되는데, 다 같은 과거의 혼인관계의 무효확인을 구하는 소의 이익문제에 있어 그 혼인관계가 당사자 일방이 사망함으로써 해소된 경우와 당사자의 협의이혼으로 해소된 경우를 구별하여 취급할 합리적 이유를 찾을 수 없다(78므7).

이 판례가 말하는 인사소송법은 현행 「가사소송법」을 의미하며, 소의 이익은 신분상 또는 재산상 현재의 법률상태에 직접 영향을 주는 경우에만 인정될 수 있을 것이다.

제4항 혼인의 취소

1. 혼인취소의 원인

혼인이 다음 어느 하나에 해당하는 경우에는 법원에 그 취소를 구할 수 있다(제816조).

1) 만 18세 미만인 사람의 혼인

이 경우 취소를 청구할 수 있는 사람은 당사자와 그의 법정대리인이다(제817조). 이 경우에도 혼인 중 포태(胞胎), 즉 임신한 때에는 취소할 수 없다고 보는 것이 일반적인 견해이다.

2) 동의를 받지 아니한 혼인

동의권자로부터 동의를 받지 아니한 미성년자 및 피성년후견인의 혼인은 당사자 또는 그의 법정대리인이 취소를 청구할 수 있다(제817조). 이 경우에는 당사자가 19세가 된 후 또는 성년후견종료심판이 있은 후 3개월이 지나거나 혼인 중에 임신한 경우에는 그 취소를 청구하지 못한다(제819조).

3) 무효혼이 아닌 근친혼(近親婚)

6촌 이내의 혈족의 배우자, 배우자의 6촌 이내의 혈족, 배우자의 4촌 이내의 혈족의 배우자이거나 이러한 관계였던 자, 6촌 이내의 양부모계(養父母系)의 혈족이었던 자, 4촌 이내의 양부모계의 인척이었던 자 사이의 혼인은 취소를 청구할 수 있다. 취소권자는 당사자 및 그 직계존속 또는 4촌 이내의 방계혈족이다(제817조). 다만 당사자가 혼인 중 임신한 때에는 취소하지 못한다(제820조).

4) 중혼(重婚)

이 경우에는 당사자 및 그 배우자, 직계혈족, 4촌 이내의 방계혈족 또는 검사가 취소청구를 할 수 있다(제818조).

개정 전에는 청구권자로 "당사자 및 그 배우자, 직계존속, 8촌 이내의 방계혈족 또는 검사"로 규정하고 있었으나, 2010. 7. 25. 헌법불합치결정(2009헌가8) 이후 "직계존속"을 "직계혈족"으로 개정함으로써 직계비속이 포함되었다.

중혼자가 사망한 후에라도 그 사망에 의하여 중혼으로 인하여 형성된 신분관계가 종료되는 것은 아니므로, 전혼(前婚)의 배우자는 생존한 중혼의 일방 당사자를 상대로 중혼의 취소를 구할 이익이 있다(91므535).

이중의 호적이 무효라 함은 소론의 주장과 같으나, 혼인은 호적법에 따라 호적공무원이 그 신고를 수리함으로써 유효하게 성립하는 것이며, 호적부의 기재는 그 유효요건이 아니어서 호적에 적법하게 기재되는 여부는 혼인성립의 효과에 영향을 미치는 것은 아니므로, 청구인과 피청구인이 일단 혼인신고를 하였다면 그 혼인관계는 성립된 것이고, 그 호적의 기재가 무효한 이중의 호적에 기하였다 하여 그 효력이 좌우되는 것은 아니며, 혼인이 일단 성립되면 그것이 위법한 중혼이라 하더라도 당연히 무효가 되는 것은 아니고, 법원의 판결에 의하여 취소될 때에 비로소 그 효력이 소멸될 뿐이므로 아직 그 혼인취소의 확정판결이 있지 아니한 이 사건에 있어서는 청구인과 피청구인은 법률상의 부부라 할 것인즉 재판상 이혼의 청구도 가능하다(91므344).

이 판례의 취지는 이렇다. 공무원의 잘못으로 인하여 가족관계등록부(구 호적부)가 이중으로 작성되어 혼인신고가 두 개의 가족관계등록부에 따로따로 기록된 경우에, 나중에 된 혼인신고는 취소사유에 해당한다. 그러나 법원의 확정판결에 의하여 뒤의 혼인도 취소되기까지에는 유효한 혼인이므로, 혼인의 취소사유와는 별도로 재판상 이혼사유가 있는 경우에는 후혼(後婚)에 대하여 이혼소송도 제기할 수 있다는 것이다.

5) 악질(惡疾) 등 중대한 사유 있는 혼인

혼인 당시 당사자 일방에 부부생활을 계속할 수 없는 악질 기타 중대한 사유가 있음을 알지 못한 때에는 당사자는 취소할 수 있다(제816조). 그러나 상대방이 그 사유가 있음을 안 날로부터 6월을 경과한 때에는 그 취소를 청구하지 못한다(제822조).

6) 사기 · 강박에 의한 혼인

사기 또는 강박에 의하여 혼인의 의사표시를 한 때에는 상대방의 선의나 악의를 묻지 않고 취소를 청구할 수 있다(제816조). 이 경우에는 사기를 안 날 또는 강박을 면한 날로부터 3월을 경과한 때에는 취소를 청구하지 못한다(제823조).

2. 혼인취소의 절차

혼인을 취소하기 위해서는 먼저 가정법원의 조정을 거쳐야 하고, 조정이 불성립한 경우에는 소를 제기할 수 있다. 이는 조정 또는 소에 의하지 아니하고는 취소할 수 없다(제816조).

3. 혼인취소의 효과

혼인취소의 효력은 기왕에 소급하지 아니한다(제824조). 이 점은 혼인의 무효확인과 다르다. 혼인이 취소되면 혼인으로 인하여 생긴 인척관계는 소멸한다(제775조). 약혼의 해제에 따른 손해배상의 청구에 관한 제806조의 규정은 혼인의 취소에 준용한다(제825조). 따라서 재산적 · 정신적 손해에 대한 배상청구권이 인정된다.

혼인이 취소된 경우에 자(子)가 있는 때에는 제837조(이혼과 자의 양육책임) 및 제837조의2(면접교섭권)의 규정을 준용한다(제824조의2).

혼인이 취소되었음에도 당사자가 자(子)를 양육할 자(者)와 양육방법 등에 관하여 협의를 하지 못한 때에는 당사자의 청구에 의하여 가정법원이 정한다(가사소송법).

제5관 혼인의 효과

제1항 일반적 효과

1. 친족관계의 발생

부부는 혼인에 의하여 친족이 된다. 서로 배우자라는 신분을 취득하고, 촌수(寸數)는 영(zero)이다. "무촌(無寸)" 또는 "동촌(同寸)"이라고 부른다. 부부는 서로 배우자의 4촌 이내의 혈족 및 배우자의 4촌 이내의 혈족의 배우자 사이에 인척(姻戚)이라는 친족(親族)관계가 생긴다.

2. 동거 · 부양 · 협조 · 정조의 의무

부부는 동거하며 부양(扶養)하고 서로 협조하여야 한다. 그러나 정당한 이유로 일시적으로 동거하지 아니하는 경우에는 서로 인용(認容)하여야 한다. 부부의 동거 장소는 부부의 협의에 따라 정한다. 그러나 협의가 이루어지지 아니하는 경우에는 당사자의 청구에 의하여 가정법원이 이를 정한다(제826조).

부부는 정조의무(貞操義務)가 있다. 부부가 위 의무를 이행하지 않는 경우에 부양의무는 강제이행이 가능하지만 나머지 의무는 강제이행이 불가능하므로 이혼 및 손해배상의 원인이 될 뿐이다.

3. 성년의제(成年擬制)

1) 의의

미성년자가 혼인을 한 때에는 성년자로 본다(제826조의2). 미성년자가 혼인할 수 있는 나이는 18세이고, 19세는 성년이므로 결국 혼인에 의하여 성년으로 간주되는 나이는 18세뿐이다. 혼인한 미성년자가 이혼하더라도 성년의제는 계속된다. 즉 다시 미성년자가 되지는 않는다. 이 성년의제는 민법의 적용에서만 인정되는 것이므로 다른 법률에서는 여전히 미성년자이다.

2) 적용범위

혼인한 미성년자에게는 친권과 후견이 종료한다. 따라서 단독으로 법률행위를 할 수 있다. 또 후견인이 될 수 있고, 유언능력과 소송능력이 인정되며, 유언집행자가 될 수 있다.

제2항 재산적 효과

민법이 부부 사이의 재산관계를 규율하는 이유는 부부가 아닌 제3자와의 사이에 분쟁이 생기는 것에 대비하려는 것이다. 민법은 원칙적으로 "부부별산제(夫婦別産制)"를 채택하고 있다. 부부가 재산계약을 체결하면 그에 따르지만 그 계약을 체결하지 아니하면 법정재산제가 이를 보충하게 된다.

1. 부부재산계약

1) 의의

부부재산계약이라고 함은 부부가 될 사람 사이에 장래의(혼인 후의) 재산적 법률관계를 미리 협의하는 것을 말한다.

2) 요건

부부재산계약은 혼인 전(혼인신고 전)에 이루어져야 하며, 방식에는 제한이 없다. 다만 이를 등기(부부재산등기부)하지 아니하면 제3자에게 대항할 수 없다. 대항할 수 없다는 뜻은 부부재산은 공유로 추정되므로 등기하지 아니하면 제3자에 대하여 부나 처의 특유재산(고유재산), 즉 단독 소유의 재산이라는 주장을 할 수 없다는 의미이다.

3) 효과

부부가 혼인성립 전에 그 재산에 관하여 약정한 때에는 혼인 중 이를 변경하지 못한다. 그러나 정당한 이유가 있는 때에는 법원의 허가를 얻어 변경할 수 있다. 이 약정에 의하여 부부의 일방이 다른 일방의 재산을 관리하는 경우에 부적당한 관리로 인하여 그 재산을 위태하게 한 때에는 다른 일방은 자기가 관리할 것을 법원에 청구할 수 있고, 그 재산이 부부의 공유인 때에는 그 분할을 청구할 수 있다.

부부가 재산에 관하여 따로 약정한 때에는 혼인성립까지에 그 등기를 하지 아니하면 이로써 부부의 승계인 또는 제3자에게 대항하지 못한다. 이 규정이나 약정에 의하여 관리자를 변경하거나 공유재산을 분할하였을 때에는 그 등기를 하지 아니하면 이로써 부부의 승계인 또는 제3자에게 대항하지 못한다(제829조).

2012. 2. 12. 민법의 개정 전에는 제828조에서 "부부간의 계약은 혼인 중 언제든지 부부 중 일방이 이를 취소할 수 있다. 그러나 제3자의 권리를 해하지 못한다."고 규정하고 있었다. 이 규정의 해석에 모호성이 있는 등의 반성으로 이 규정은 삭제되었다.

2. 법정재산제

1) 일상가사대리권(日常家事代理權)

① 의의 및 성질

부부는 일상가사에 관하여 서로 대리권이 있다(제827조). 민법이 부부별산제를 채택하고 있으므로 부부는 각자 자기의 재산을 책임재산으로 하여 제3자와 거래하게 된다. 그러나 부부의 공동생활과 관련하여 부부 중 한 사람과 거래하는 상대방은 부부 쌍방과 거래하는 것으로 생각하는 것이 일반적이다. 따라서 거래의 안전을 보호할 필요성에 의하여 일상가사에 관하여는 법으로 대리권을 부여한 것이다. 여기서 문제가 되는 것은 어느 범위까지를 일상의 가사에 포함하여야 하는가에 있다.

② 일상가사의 범위

「민법」 제832조에서 말하는 일상의 가사에 관한 법률행위라고 함은 부부가 공동생활을 영위하는데 통상 필요한 법률행위를 말하므로, 그 내용과 범위는 그 부부공동체의 생활구조, 정도와 그 부부의 생활 장소인 지역사회의 사회통념에 의하여 결정되며, 문제가 된 구체적인 법률행위가 당해 부부의 일상의 가사에 관한 것인지를 판단함에 있어서는 그 법률행위의 종류·성질 등 현실적 생활 상태를 종합적으로 고려하여 사회통념에 따라 판단하여야 할 것이다(98다46877).

금전차용행위도 금액, 차용 목적, 실제 지출용도, 기타의 사정 등을 고려하여 그것이 부부의 공동생활에 필요한 자금조달을 목적으로 하는 것이라면 일상가사에 속한다고 할 것이므로, 아파트 구입비 명목으로 차용한 경우 그와 같은 비용의 지출이 부부공동체를 유지하기 위하여 필수적인 주거공간을 마련하기 위한 것이라면 일상의 가사에 속한다고 볼 여지가 있다.

피고 명의로 분양받은 위 아파트(45평형)는 현재 피고 소유의 유일한 부동산으로서 피고 가족들이 거주하고 있는 것이므로, 위 아파트 분양대금을 납입하기 위한 명목으로 하는 금전을 차용하여 이를 납입하였다면, 이와 같은 금전차용행위는 일상가사에 해당한다고 보아야 할 것이다(98다46877).

「민법」 제827조 제1항의 부부간의 일상가사대리권은 부부가 공동체로서 가정생활상 항시 행하여지는 행위에 한하는 것이라 할 것이므로, 원고의 처인 위 기세순이 별거하여 외국에 체류중인 원고의 재산을 처분한 행위를 부부간의 일상가사에 속하는 것이라 할 수는 없는 것이다.

부동산을 매수하는 자는 특별한 사정이 없는 한 매도인에게 그 부동산을 처분할 권한이 있는지의 여부를 조사해보아야 하고, 그 조사를 하였더라면 매도인에게 처분권이 없음을 알 수 있었을 것임에도 그와 같은 조사를 하지 아니하고 매수하였다면 부동산의 점유에 관하여 과실이 없다고 할 수 없다(93다16369).

부부는 일상가사에 관하여 서로 대리권이 있다고 하여 소위 가사대리권을 규정하고 있으나, 이는 부부가 공동체로서 가정생활상 상시 행하여지는 행위에 한하는 것이라 할 것이니, 피고의 처인 위 김복순이 자가용차를 구입하기 위하여 타인으로부터 금전을 차용하는 행위는 이에 속한다고 할 수 없다(84다카1621).

부부간에 서로 일상가사대리권이 있다고 하더라도, 일반적으로 처가 남편이 부담하는 사업상의 거액(2억 원)의 채무를 남편과 연대하여 부담하기 위하여 남편에게 채권자와의 채무부담약정에 관한 대리권을 수여한다는 것은 극히 이례적인 일이라 할 것이고, 피고 안태중이 피고 이옥희의 남편으로서 그 처의 도장을 쉽사리 입수할 수 있었으며 원고도 이러한 사정을 쉽게 알 수 있었던 점에 비추어보면, 원심이 인정한 사실만으로는 원고가 피고 안○에게 피고 이○○를 대리하여 채무부담약정을 할 대리권이 있다고 믿은 점을 정당화 할 수 있는 객관적인 사정이 있다고 할 수 없다(96다54942).

③ 일상가사의 범위를 넘는 행위와 표현대리

사회통념상 남편이 아내에게 자기 소유의 부동산을 타인에게 근저당권의 설정 또는 소유권이전등기에 관한 등기절차를 이행케 하거나 그 등기의 원인되는 법률행위를 함에 필요한 대리권을 수여하는 것은 이례에 속하는 것이므로, 아내가 특별한 수권 없이 남편 소유 부동산에 관하여 위와 같은 행위를 하였을 경우에 그것이 「민법」 제126조 소정의 표현대리가 되려면 그 아내에게 가사대리권이 었었다는 것 뿐 아니라 상대방의 입장에서 남편이 그 아내에게 그 행위에 관한 대리의 권한을 주었다고 믿었음을 정당화할 만한 객관적인 사정이 있어야 한다(70다2738).

남편이 정신병으로 장기간 병원에 입원함에 있어서 입원비, 생활비, 자녀 교육비 등을 준비하여 두지 않은 경우에, 그 아내에게 가사대리권이 있었고 남편 소유의 가대(家垈)를 적정 가격으로 매도하여 그로서 위 비용에 충당하고 나머지로서 대신 들어가 살 집을 매수하였다면, 매수인이 이러한 사유를 알았건 몰랐건 간에 객관적으로 보아서 그 아내에게 남편의 대리권이 있다고 믿을 만한 정당한 사유가 된다고 보아야 할 것이다(70다1812).

④ 일상가사로 인한 채무의 연대책임

부부의 일방이 일상가사에 관하여 제3자와 법률행위를 한 때에는 다른 일방은 이로 인한 채무에 대하여 연대책임이 있다. 그러나 이미 제3자에 대하여 다른 일방의 책임 없음을 명시한 때에는 그러하지 아니하다(제832조).

2) 부부별산제(夫婦別產制)

부부의 일방이 혼인 전부터 가진 고유재산과 혼인 중 자기의 명의로 취득한 재산은 그의 특유재산으로 한다. 부부의 누구에게 속한 것인지 분명하지 아니한 재산은 부부의 공유로 추정한다(제830조). 부부는 그 특유재산을 각자 관리·사용·수익한다(제831조).

부부의 일방이 혼인 중 그의 명의로 취득한 부동산은 그의 특유재산으로 추정되는 것으로서, 그 부동산을 취득함에 있어 상대방의 협력이 있었다거나 혼인생활에 있어 내조의 공이 있었다는 것만으로는 위 추정을 번복할 수 있는 사유가 되지 못하고, 그 부동산을 부부 각자가 대금의 일부씩을 분담하여 매수하였다거나 부부가 연대채무를 부담하여 매수하였다는 등의 실질적 사유가 주장·입증되는 경우에 한하여 위 추정을 번복하고, 그 부동산을 부부의 공유로 인정할 수 있다고 할 것이다(85다카1337,1338).

3) 공동생활의 비용부담

부부의 공동생활에 필요한 비용은 당사자 사이에 특별한 약정이 없으면 부부가 공동으로 부담한다(제833조). 여기서 말하는 공동생활에 필요한 비용이라고 함은 의식주(衣食住)·출산·자녀의 양육 및 교양 등에 필요한 비용 등을 말한다.

제6관 사망에 의한 혼인의 해소

부부 중 한쪽이 사망하면 부부의 신분이 당연히 소멸한다. 그러나 이혼과는 달리 인척관계에는 변화가 없다. 다만 생존한 배우자가 재혼을 하게 되면 인척관계도 소멸한다. 실종선고는 실종기간이 만료한 때에 사망으로 의제되므로 부부관계가 해소된다.

제7관 협의이혼(協議離婚)

제1항 성립요건

협의이혼이 성립하기 위해서는 당사자 사이의 이혼의사의 합치가 있어야 한다. 피성년후견인이 이혼하기 위해서는 부모 또는 성년후견인의 동의가 있어야 한다(제835조, 제808조).

이혼하려는 당사자는 가정법원의 확인을 받아 이혼신고를 함으로써 이혼의 효력이 생긴다(제836조 제1항). 이 신고는 당사자 쌍방과 성년자인 증인 2인의 연서한 서면으로 하여야 한다(제836조 제2항). 협의이혼신고서에 가정법원의 이혼의사확인서등본을 첨부한 경우에는 증인 2인의 연서가 있는 것으로 본다(가족관계등록법 제76조). 가정법원의 확인은 실질적 심사이다. 가정법원으로부터 송달받은 협의이혼의사확인서등본은 송달받은 날로부터 3개월이 지나면 효력을 상실한다(가족관계등록법 제75조).

가정법원에 이혼의사확인을 신청한 당사자는 이혼안내를 받은 날로부터 양육하여야 할 자(임신 중인 자 포함)가 있는 경우에는 3개월, 그 밖의 경우에는 1개월이 경과하여야 가정법원의 확인을 받을 수 있다. 이 숙려기간(熟慮期間)은 폭력으로 인하여 당사자에게 참을 수 없는 고통이 예상되는 등 이혼을 하여야 할 급박한 사정이 있는 경우에는 가정법원이 단축 또는 면제할 수 있다(제836조의2). 이는 당사자가 신청하여야 한다.

양육하여야 할 자(子)가 있는 경우에는 당사자는 제837조(이혼과 자의 양육책임)에 따른 자의 양육(양육자의 결정, 양육비용의 부담, 면접교섭권의 행사 여부 및 그 방법)과 제909조(친권자) 제4항에 따른 자의 친권자결정에 대한 협의서 또는 제837조(이혼과 양육책임) 및 제909조(친권자) 제4항에 따른 가정법원의 심판정본을 제출하여야 한다(제836조의2).

가정법원은 당사자가 협의한 양육비 부담에 관한 내용을 확인하는 양육비부담조서를 작성하여야 하며, 이 양육비부담조서는 집행권원이 되므로 판결과 같은 효력이 있다(제836조의2, 가사소송법 제41조).

이혼의 효력발생 여부에 관한 형식주의 아래에서의 이혼신고의 법률상 중대성에 비추어, 협의이혼에 있어서의 이혼의 의사는 법률상의 부부관계를 해소하려는 의사를 말한다 할 것이므로, 일시적으로나마 그 법률상의 부부관계를 해소하려는 당사자 사이의 합의하에 협의이혼신고가 된 이상, 그 협의이혼에 따른 다른 목적이 있다 하더라도 양자 사이에 이혼의 의사가 없다고는 말할 수 없고, 따라서 그 협의이혼은 무효로 되지 아니한다고 할 것이다(93므171).

본건과 같은 경우에 협의이혼신고서를 제출하였는데도 당사자 사이에 혼인생활을 실질적으로 폐기하려는 의사는 없이, 단지 강제집행의 회피 기타 다른 목적을 위한 방편으로 일시적으로 이혼신고를 하기로 하는 합의가 있었음에 불과하다고 인정하려면 누구나 납득할 만한 충분한 증거가 있어야 하고, 그렇지 않으면 이혼 당사자 간에 일응 일시나마 법률상 적법한 이혼을 할 의사가 있었다고 인정함이 이혼신고의 법률상 및 사실상의 중대성에 비추어 상당하다고 할 것이다(75도1712).

제2항 협의이혼의 무효 및 취소

이혼의사의 합의가 없거나 의사능력이 없는 상태에서 이루어진 이혼은 무효이다. 사기 또는 강박으로 인하여 이혼의 의사표시를 한 당사자는 가정법원에 그 취소를 청구할 수 있다(제838조). 이혼의 취소는 혼인의 취소와는 달리 소급효가 있다.

제8관 재판상 이혼

제1항 재판상 이혼의 원인

1. 배우자의 부정행위

부정한 행위를 사전 동의나 사후 용서를 한 때 또는 이를 안 날로부터 6월, 그 사유가 있은 날로부터 2년을 경과하면 이혼을 청구할 수 없다(제841조).

「민법」 제840조 제1호에서 재판상 이혼사유로 규정한 "배우자의 부정한 행위"라 함은 간통을 포함하는 보다 넓은 개념으로서, 간통에까지는 이르지 아니하나 부부의 정조의무에 충실하지 않는 일체의 부정한 행위가 이에 포함된다 할 것이다(87므5,6).

2. 악의의 유기(遺棄)

법률에서 일반적으로 사용하는 "악의"는 일반적으로 선의의 반대어로 쓰여 어떤 사실을 알고 있다는 뜻이지만, 여기서의 악의(惡意)는 그보다는 적극적인 의미에서 사회적으로 비난받을 만한 행위라는 의미로 해석하여야 할 것이다.

"유기"란 상대방을 버린다는 뜻인데, 그 방법으로는 상대방을 내쫓는 경우뿐만 아니라 상대방을 버리고 자신이 나가는 경우, 상대방이 나갈 수밖에 없는 환경을 조성한 다음 돌아오지 못하게 하는 방법도 이에 해당할 것이다.

악의의 유기를 원인으로 하는 재판상 이혼청구권이 법률상 그 행사기간의 제한이 없는 형성권으로서 10년의 제척기간에 걸린다고 하더라도, 이 사건에 있어서와 같이 피고 박0천이 피고 신0숙과 부첩관계를 계속 유지함으로써 「민법」 제840조 제2호에 해당하는 배우자가 악의로 다른 일방을 유기하는 것이 이혼청구 당시까지 존속하고 있는 경우에는 기간경과에 의하여 이혼청구권이 소멸할 여지는 없다고 할 것이다(96

므1434).

재판상 이혼사유 여섯 가지 중에서 제척기간의 제한이 있는 것은 제1호와 제6호뿐이다.

악의의 유기라 함은 정당한 이유 없이 배우자를 버리고 부부공동생활을 폐지하는 것인바, 피청구인이 이민문제로 야기된 가정불화가 심화되고, 그로 인하여 청구인 및 그 자녀들의 냉대가 극심하여지자 가장으로서 이를 피하여 자제케 하고 그 뜻을 꺽기 위하여 일시 집을 나와 별거하고 가정불화가 심히 악화된 기간 이래 생활비를 지급하지 아니한 것뿐이고, 달리 부부생활을 폐지하기 위하여 가출한 것이 아니라면 이는 「민법」 제840조 제2호 소정의 악의유기에 해당할 수 없다(85므6).

3. 배우자 또는 그 직계존속에 의한 심히 부당한 대우

부당한 대우라고 함은 신체 및 정신적 학대 또는 명예에 대한 모욕으로 해석하여야 할 것이다. "심히"는 고통이 참기 어려운 정도라고 이해하는 것이 옳겠다.

이혼사유인 "배우자로부터 심히 부당한 대우를 받았을 때"라 함은 혼인관계의 계속을 강요하는 것이 참으로 가혹하다고 여겨질 정도의 폭행이나 학대 또는 모욕을 받았을 때를 말한다고 할 것인바, 배우자를 형사고소 하고 무면허운전 등으로 형사재판을 받게 되자 구속 및 엄벌을 바라는 취지의 탄원서를 2회 제출한 것은 이혼사유에 해당한다고 보기는 어렵다(2003므1890).

남편이 처와 제3자의 관계가 결백함을 알면서도 처를 간통죄로 고소하고, 위 제3자 등으로 하여금 간통사실 등에 관한 거짓진술을 하도록 부탁함으로써 혼인관계가 파탄에 이르게 하였다면 그 행위는 「민법」 제840조 소정의 배우자로부터 심히 부당한 대우를 받은 때 또는 기타 혼인생활을 계속하기 어려운 때에 해당한다(88므504,511).

피청구인이 혼인 초부터 청구인이 아기를 낳을 수 없다는 트집을 잡아 학대를 하고 이혼을 요구하여 왔고, 청구인이 이에 응하지 아니하면 자살하겠다고 하면서 실제로 두 차례에 걸쳐 자살한다고 농약을 마시는 소동을 벌여 이에 견디다 못한 피청구인이 집을 나와 친정에 복귀함으로써 부부사이가 파탄에 빠졌다고 인정하고, 이는 재판상 이혼사유인 배우자로부터 심히 부당한 대우를 받은 때에 해당한다고 판단하였는바, 원심의 사실인정과 판단은 수긍이 된다(90므484,491).

4. 자기의 직계존속에 대한 배우자의 심히 부당한 대우

여기에 해당하는 경우로는 자기의 부모에 대하여 배우자가 폭행을 하거나 무고를 하는 경우 등이 있다.

5. 3년 이상의 생사불명

생사가 분명하지 않다는 것은 죽었는지 살았는지를 알 수 없다는 것이며, 그 원인은 묻지 않는다. 실종선고에 의하여 혼인이 해소된 경우에는 실종자가 살아 돌아오면 혼인이 부활하지만, 여기의 이혼은 살아있음이 확인되더라도 혼인은 부활하지 않는다.

6. 기타 혼인을 계속하기 어려운 중대한 사유

혼인관계가 심각하게 파탄이 나서 돌이킬 수 없는 상태이고, 혼인의 계속을 강요한다면 배우자 일방에게는 참을 수 없는 고통이 되는 경우가 여기에 해당할 것이다. 법원이 인정한 바 있는 것들을 적어본다.

합리적인 이유 없는 피임·성교거부, 불치의 정신병, 애정의 상실, 성격의 심한 불일치, 수년간 계속된 사실상의 별거, 어린 자녀에 대한 모욕 및 가해행위, 종교적 광신(狂信), 알코올·마약 중독, 지나친 사치 및 낭비벽 등이다.

이는 사유를 안 날로부터 6월, 그 사유가 있었던 때로부터 2년이 경과한 후에는 소송을 제기할 수 없다(제842조).

"기타 혼인을 계속하기 어려운 중대한 사유가 있는 때"라 함은 부부간의 애정과 신뢰가 바탕이 되어야 할 혼인의 본질에 상응하는 부부공동생활관계가 회복할 수 없을 정도로 파탄되고, 그 혼인생활의 계속을 강제하는 것이 일방 배우자에게 참을 수 없는 고통이 되는 것을 말하는 것이다(97므612).

온 가족이 헤어날 수 없는 고통을 받더라도 상대방 배우자는 배우자 간의 애정에 터 잡은 의무에 따라 한정 없이 참고 살아가라고 강요할 수는 없는 것이므로, 청구인은 피청구인의 정신분열증의 치료를 위하여 친정으로 돌아간 직후부터 청구외인과 동거하면서 피청구인에게 치료비나 생계비 등을 지급하지 아니하고 소식마저 끊고 지냈다 하더라도, 이는 피청구인의 어머니로부터 새 출발을 하라는 말을 듣고 피청구인과의 혼인관계가 사실상 종료된 것으로 믿은 때문이라고 보아야 하고, 피청구인의 정신분열증은 현재까지도 완치되지 아니한 상태이고, 호전된다 하더라도 재발이 예상되어 정상적인 가정생활은 어렵다는 이유로 청구인과 피청구인 사이의 혼인관계는 어느 쪽에도 책임지울 수 없는 피청구인의 정신분열증으로 인하여 피청구인이 친정으로 돌아갈 때부터 파탄에 이르러 현재까지 그러한 상태가 계속되고 있다고 보아 「민법」 제840조 제6호 소정의 재판상 이혼사유에 해당한다고 한 원심의 판단도 정당하다고 보아야 할 것이다(91므627).

제2항 조정전치주의의 이해

> 가사소송법 제50조(조정전치주의) ① 나류 및 다류 가사소송사건과 마류 가사비송사건에 대하여 가정법원에 소를 제기하거나 심판을 청구하려는 사람은 먼저 조정을 신청하여야 한다.
> ② 제1항의 사건에 관하여 조정을 신청하지 아니하고 소를 제기하거나 심판을 청구한 경우에는 가정법원은 그 사건을 조정에 회부하여야 한다. 다만, 공시송달의 방법이 아니면 당사자의 어느 한쪽 또는 양쪽을 소환할 수 없거나 그 사건을 조정에 회부하더라도 조정이 성립될 수 없다고 인정되는 경우에는 그러하지 아니하다.
>
> 가사소송법 제51조(관할) ① 가사조정사건은 그에 상응하는 가사소송사건이나 가사비송사건을 관할하는 가정법원 또는 당사자가 합의로 정한 가정법원이 관할한다.

* 조정(調停)과 소(訴)의 관계 : 재판상 이혼사건은 나류 가사소송사건이다. 나류 및 다류 가사사건은 원칙적으로 조정을 거쳐야 소송으로 이행(移行)이 가능한 조정전치주의의 적용을 받는 사건이다.

조정이 소와 다른 점은 ① 인지대 및 송달료가 저렴하고, ② 관할의 합의가 가능하다는 것이다. 즉 당사자가 합의하여 조정신청할 법원을 미리 정할 수 있다. 그러나 조정이 성립하지 아니하면 다시 소로 옮겨지므로 시간의 낭비라는 단점도 있다.

따라서 조정을 신청할 것인가 또는 처음부터 소를 제기할 것인가를 잘 판단하여야 하며, 조정의 성립가능성이 없다면 처음부터 소장을 제출하여야 할 것이다. 이 경우에는 조정을 신청하지 아니하는 이유를 충분히 설명하여야 할 것이다.

* 다음 소장을 조정신청서로 바꾼다면 원고는 "신청인", 피고는 "피신청인", 청구취지는 "신청취지", 청구이유는 "신청이유", 판결을 "조정"으로 각 용어를 바꾸고, 인지대와 송달료의 예납액수만을 달리하면 된다.
* 이혼조정의 수입인지는 5,000원이며 송달료는 당사자의 수×5회분×3,250원이다.
* 이혼소장의 수입인지는 20,000원, 송달료는 당사자의 수×12회분×3,250원이다.

(이혼조정신청서)

이 혼 조 정 신 청

신청인　성명
　　　　주민등록번호
　　　　주소
　　　　등록기준지
　　　　전화번호
피신청인　성명
　　　　주민등록번호
　　　　주소
　　　　등록기준지
　　　　전화번호

신 청 취 지

신청인과 피신청인은 이혼한다.
라는 조정을 구합니다.

신 청 이 유

1. 신청인과 피신청인은 2002. 2. 2. 혼인신고를 한 법률상 부부로 슬하에 신청외 박아람(2011. 1. 1.생. 여)을 두고 있습니다.

2. 피신청인은 혼인 초기 약 5년 동안은 성실한 가장이었습니다. 그런데 피신청인의 직업이 소형 화물차 한 대를 가지고 전국 방방곡곡을 돌아다나는 행상을 하다보니 집에 들어오지 않는 때가 많았고, 그러한 생활이 매우 자연스럽게 되었습니다.

3. 위와 같은 생활을 하던 중 2005년 무렵부터는 여러 달씩 귀가하지 않는 경우가 잦았으며, 그 사정을 알고 보니 피신청인은 다른 여자를 만나 동거생활을 하였던 것입니다. 그러나 신청인은 어린 아이의 장래를 생각하여 참고 견뎌왔습니다.

4. 그런데 피신청인은 약 4년 전에는 아예 종적을 감추었습니다. 따라서 신청인은 경찰당국에 가출신고를 하는 한편 피신청인을 찾기 위해 백방으로 알아보았으나 찾을 길이 없었는데, 불과 3개월 전에 불쑥 나타난 피신청인은 그동안의 잘못을 뉘우치기는커녕 거의 매일 술만 마시면서 신청인에 대하여 폭행을 일삼을 뿐만 아니라, 도박자금을 주지 않는다는 이유로 신청인에게 갖가지 방법으로 학대를 하고 있습니다. 따라서 신청인으로서는 더 이상 견딜 수가 없으므로 부득이 이혼을 결심하였습니다.

첨 부 서 류

1. 혼인관계증명서 1통.
1. 주민등록등본 1통.
1. 조정신청서 부본 1통.

2014. . .

위 청구인 ○ ○ ○ (인)

○○ 지방법원(가정법원) 귀중

* 처음부터 소장을 제출하지 아니하고 조정신청을 하였으나, 조정이 성립하지 않아 소송으로 이행이 되면 부족한 인지대와 송달료를 보충하여야 한다.
* 조정이 법원의 관여 아래 이루어진다고는 하지만, 이 또한 당사자의 합의에 불과한 것이다. 그렇다면 조정이 성립할 가능성은 희박하다고 보아야 한다. 조정이 성립할 것이었더라면 협의이혼이 성립했을 것이므로 처음부터 소장을 제출하는 것이 합리적일 경우가 대부분일 것이다. 어차피 조정이든 소송이든 법원으로서는 당사자 모두를 소환하여야 하는 사건이다.

(이혼 등 청구의 소장)

소　　장

원　　고　김 ○ ○(000000-0000000)
　　　　　등록기준지　서울 00구 00동 000-00
　　　　　주소　서울 00구 00동 000-00
　　　　　전화번호　010-0000-0000
피　　고　박 ○ ○(000000-0000000)
　　　　　등록기준지　서울 00구00동 000-00
　　　　　최후주소　서울 00구 00동 000-00
사건본인　박 ○ ○(000000-0000000)
　　　　　사건본인의 등록기준지 및 주소는 원고와 같은 곳임

이혼 등 청구의 소

청 구 취 지

1. 원고와 피고는 이혼한다.
2. 사건본인에 대한 친권행사자 및 양육자로 원고를 지정한다.
3. 피고는 원고에게

가. 사건본인에 대한 양육비로 이 사건 소장 부본을와송달 받은 다음날부터 매월 돈 500,000원을 지급하고,

나. 위자료로 돈 30,000,000원 및 이에 대하여 이 사건 소장을 송달 받은 다음날부터 다 갚는 날까지 연 20%의 비율로 계산한 돈을 지급하라.

4. 소송비용은 피고가 부담한다.

5. 위 제3항 가목 및 나목은 가집행 할 수 있다.

라는 판결을 구합니다.

청 구 원 인

1. 원고와 피고 사이의 혼인관계

원고와 피고는 2000. 2. 2. 혼인신고를 한 법률상 부부로 슬하에 사건본인 박아람(2011.1. 1.생. 여)을 두고 있습니다.

2. 혼인생활의 파탄 및 이혼사유

가. 피고는 혼인 초기 약 5년 동안은 성실한 가장이었습니다. 그런데 피고의 직업이 소형 화물차 한 대를 가지고 전국 방방곡곡을 돌아다니는 행상을 하다 보니 집에 들어오지 않는 때가 많았고, 그러한 생활이 매우 자연스럽게 되었습니다.

나. 위와 같은 생활을 하던 중 2005년 무렵부터는 여러 달씩 귀가를 하지 않는 경우가 잦았으며, 사정을 알고 보니 피고는 다른 여자를 만나 동거생활을 하였던 것입니다. 그러나 원고는 어린 사건본인의 장래를 생각하여 참고 견뎌왔습니다.

다. 그런데 피고는 약 4년 전에는 아예 종적을 감추었습니다. 따라서 원고는 경찰 당국에 가출신고를 하는 한편 피고를 찾기 위하여 백방으로 알아보았으나 찾을 길이 없었는데, 불과 3개월 전에 불쑥 나타난 피고는 그동안의 잘못을 뉘우치기는커녕 거의 매일 술만 마시면서 원고에 대하여 폭행을 일삼을 뿐만 아니라, 도박자금을 주지 않는 다는 이유로 원고에게 갖가지 방법으로 학대를 하고 있습니다. 따라서 원고로서는 더 이상 견딜 수가 없게 되었습니다.

3. 친권행사자 및 양육자의 지정

원고가 그동안 참고 살아온 것은 사건본인의 장래를 고려한 것이 유일한 이유입니다. 이제는 견딜 수 없는 처지가 되었으므로 원고는 피고에게 이혼과 사건본인의 양육에 관하여 협의할 것을 여러 차례 요구하면서 피고를 설득하였습니다. 그러나 피고는 단지 오기를 부리기 위하여 그 협의에 응하지 않고 있고, 초등학생인 어린 딸에게도 학대와 폭행을 일삼고 있어 사건본인은 두려움에 떨고 있습니다.

4. 위자료 및 양육비

원고는 그동안 사건본인을 양육하면서 어렵게 살아왔지만, 피고의 생활 상태를 조사한바 있는 원고의 오빠가 하는 말에 의하면 피고는 뜻밖에도 풍요롭게 살아왔고, 현재도 그렇다고 합니다.

원고는 현재 남이 경영하는 식당을 전전하면서 시간급으로 일하여 겨우 생활을 하고 있어 앞으로 사건본인을 양육하는데 상당한 어려움이 예상됩니다. 따라서 법률의 힘으로라도 사건본인에 대한 양육비를 받아내야만 할 필요성이 절실합니다. 또한 그동안의 유기 및 학대에 대하여도 피고에게 원고가 받은 정신적 고통에 따른 책임을 물어야 할 필요가 있으므로 그 손해도 아울러 청구하는 것입니다.

입증자료 및 첨부서류

1. 갑 제1호증 가족관계증명서 1통.
1. 갑 제1호증의2 혼인관계증명서 1통.
1. 갑 제2호증 주민등록등본(원고) 1통.
1. 갑 제3호증 주민등록초본(피고, 말소사항) 1통.
1. 갑 제4호증 증인진술서(김정배) 1통.
1. 송달료납부서 1통.

2014. . .

위 원고 김 ○ ○ (인)

○○ 지방법원 귀중

* 이혼을 소로 청구하는 경우에는 ① 친권자의 지정, ② 양육자의 지정 및 양육비의 결정, ③ 재산분할의 청구, ④ 위자료의 청구를 병합하여 청구할 수도 있고, 이들을 별도로 청구할 수도 있다. 이 경우 수수료는 합산을 하지만 송달료는 같다. 다만, 이혼을 전제로 하지 아니하는 다른 것의 청구는 불가능하다.
* 인지대는 이혼소장은 20,000원, 친권자의 지정은 미성년자녀(사건본인)마다 10,000원, 양육비는 청구금액과 관계없이 미성년 자녀마다 10,000원, 재산분할청구는 재산의 가액과 무관하게 10,000원이다. 그리고 위자료는 일반 소장과 같이 1천만 원 이상 1억 원 미만을 적용할 경우 「소가 × 0.0045 + 5,000원」이다.
* 이혼소장에 붙여야 할 서류는 당사자가 부부라는 사실을 증명하는 가족관계증명서(구 호적등본) 또는 혼인관계증명서, 주소를 소명하는 자료로 주민등록등본(상대방이 다른 곳에 주소를 둔 경우에는 주민등록초본도 함께), 이혼의 원인이 소재불명인 경우에는 가출신고를 한 사실을 증명하는 서류, 폭행 등 가혹행위가 원인인 경우에는 상해진단서, 부정행위인 경우에는 간통으로 고소한 사실을 증명하는 서류, 기타 혼인을 계속하기 어려운 중대한 사유인 경우에는 그 사실을 증명할 수 있는 자료(증인이 될 수 있는 사람의 자술서 등) 등이 있다.
* 재산분할을 청구함에 있어 그 재산이 부동산인 경우에는 공시지가 내지 표준시가를 소명하는 서류로 토지대장·건축물관리대장·임야대장과 부동산등기부등본을 붙인다. 이는 법원이 재산분할의 액수를 결정함에 필요한 자료가 된다.
* 붙여야 할 인지와 첨부서류는 일단 소장을 제출한 뒤에도 보충하여 제출하면 된다. 법원이 인지의 부족분은 보충을 명하지만, 증거의 제출에 관하여는 명령이나 권고할 수 없다.
* 법원이 위자료를 결정하는 기준은 일률적이라고는 말할 수 없지만, 대부분 혼인기간과 상대방의 혼인파탄초래사실, 현재의 수입 정도 및 가정에 기여한 정도 등이 참작된다. 위자료의 액수를 결정하는 것은 오직 가정법원의 재량에 맡겨져 있지만 일반적으로 3천만 원을 기준으로 증감하는 것으로 보인다. 혼인기간이 중요한 판단기준이 된다.
* 자녀에 대한 친권자 및 양육자를 지정함에는 여러 가지를 참작하지만 자녀와의 친밀도도 매우 중요한 요소가 된다. 양육비도 일률적으로 말할 수는 없지만 일반적으로 미성년자인 자녀 한 사람에 대하여 월 30만원 안팎의 금액을 기준으로 결정하는 것으로 보인다. 이는 상대방의 수입에 따라 큰 차이가 생길 수 있는 부분이다.
* 신청사건이나 청구사건을 불문하고 송달료를 예납하는 경우에는 그 영수증을 신청(청구)서에 붙여야 한다.
* 이혼소송의 일반적인 절차는 ① 소장제출 → ② 법원이 상대방(피고)에 소장 부본 송달 →

③ 상대방의 답변서 제출 → ④ 법원이 원고에게 답변서 송달 → ⑤ 원고의 준비서면 제출 → ⑥ 법원의 피고에 대한 준비서면의 송달 → ⑦ 법원의 변론기일 지정 및 원・피고의 소환 → ⑧ 변론 및 선고기일의 지정 ⑨판결의 선고 → ⑩ 판결 정본 송달일로부터 2주 안에 쌍방의 항소 없으면 판결 확정과 동시에 이혼의 효력 발생 → ⑪ 읍・면・동에 이혼신고이다.

제3항 유책배우자(有責配偶者)의 이혼청구 허용 여부

혼인의 파탄에 관하여 책임 있는 배우자가 그 파탄을 원인으로 이혼을 청구할 수 없음은 당원이 누차에 걸쳐 판시한 바이기는 하나, 이는 이혼을 자초한 자에게 재판상 이혼청구권을 인정하는 것은 혼인제도가 요구하고 있는 도덕성에 근본적으로 배치되고, 배우자 일방의 의사에 의한 이혼 내지는 축출이혼(逐出離婚)을 시인하는 부당한 결과가 되므로, 혼인의 파탄에도 불구하고 이혼을 희망하지 않고 있는 상대 배우자의 의사에 반하여서는 이혼을 할 수 없도록 하려는 것일 뿐이다(86므28).

혼인생활의 파탄에 대하여 주된 책임이 있는 배우자는 원칙적으로 그 파탄을 사유로 하여 이혼을 청구할 수 없고, 다만 상대방도 그 파탄 이후 혼인을 계속할 의사가 없음이 객관적으로 명백한데도 오기나 보복적 감정에서 이혼에 응하지 아니하고 있을 뿐이라는 등 특별한 사정이 있는 경우에 한하여 예외적으로 유책배우자의 이혼청구가 허용되는 것이다(2009므844).

혼인 파탄에 있어 유책성은 혼인파탄의 원인이 된 사실에 기초하여 평가할 일이며, 혼인과계가 완전히 파탄 된 뒤에 있은 일을 가지고 따질 것은 아니라 할 것이다(2003므1890).

제9관 이혼의 효과

제1항 이혼의 효력발생시기 및 일반적 효과

협의이혼은 가정법원의 확인을 받아 이혼신고서가 수리(受理)된 때, 재판상 이혼은 이혼판결이 확정된 때에 효력이 생긴다. 즉 협의이혼은 창설적 신고이고, 재판상 이혼은 보고적 신고이다.

이혼에 의하여 부부 사이의 배우자관계는 장래에 향하여 소멸하고, 당사자의 혈족 사이에 존재하던 인척관계도 소멸한다.

제2항 자(子)에 대한 효과

1. 친권자(親權者)의 결정

혼인외의 자가 인지된 경우와 부모가 이혼하는 경우에는 부모의 협의로 친권자를 정하여야 하고, 협의할 수 없거나 협의가 이루어지지 아니하는 경우에는 가정법원은 직권으로 또는 당사자의 청구에 따라 친권자를 지정하여야 한다. 다만 부부의 협의가 자의 복리에 반하는 경우에는 가정법원은 보정을 명하거나 직권으로 친권자를 정한다(제909조 제4항).

가정법원은 자의 복리를 위하여 필요하다고 인정하는 경우에는 자의 4촌 이내의 친족의 청구에 의하여 정하여진 친권자를 다른 일방으로 변경할 수 있다(제909조 제6항).

자의 양육을 포함한 친권은 권리이자 의무로서 미성년자의 복지에 직접적인 영향을 미치는 것이므로, 부모가 이혼하는 경우에 부모 중 누구를 미성년자인 자(子)의 친권을 행사할 자(者) 및 양육자로 정할 것인가를 결정함에 있어서는 미성년인 자의 성별과 연령, 그에 대한 부모의 애정과 양육의사의 유무는 물론 양육에 필요한 경제적 능력의 유무, 부 또는 모와 미성년인 자의 친밀도, 미성년인 자의 의사 등의 모든 요소를 종합적으로 고려하여 미성년인 자의 성장과 복지에 가장 도움이 되고 적합한 방향으로 판단하여야 한다(2008므3105,3112).

원래 혼인과 가정생활은 개인의 존엄과 양성의 평등을 기초로 성립되고 유지되어야 하는 것으로, 혼인과 그 해소에 있어서 양성의 평등은 우리 법률 전체를 통괄하는 하나의 지도이념이라고 할 것이므로, 친권과 분리하여 자의 양육에 관한 사항을 정함에 있어서 아버지만이 친권자가 된다는 이유를 들어 아버지에게 어떤 우월성을 주는 쪽으로 법률을 해석하여서는 아니 될 것이다(90므828,835).

(친권자 지정 청구서)

친권자 지정 청구

청구인 성명 임 ○ ○(000000-0000000)
주소 서울 00구 00동 00-000
전화번호 02)0000-0000, 010-0000-0000
사건본인과의 관계 : 사건본인의 어머니
사건본인 성명 임 ○ ○(000000-0000000)
주소 서울 00구 00동 0000길 00
등록기준지 서울 00구 00동 000-00

청 구 취 지

사건본인의 친권자로 청구인을 지정한다.
라는 심판을 구합니다.

청 구 원 인

1. 청구인은 2001. 3. 9. 청구외 박미란과 혼인하여 슬하에 사건본인을 두었으나 2008. 8. 8. 협의이혼하면서 사건본인의 친권자로 사건본인의 어머니인 박미란이 지정되었습니다.
2. 위 박미란은 사건본인을 양육하며 생활하던 중 2012. 12. 30. 사망하였습니다.
3. 따라서 사건본인의 복리를 위하여 사건본인의 아버지인 청구인을 사건본인의 친권자로 지정하여 줄 것을 청구합니다.

첨 부 서 류
1. 가족관계증명서 및 기본증명서 각1통. 1. 주민등록등본 각1통. 1. 송달료납부서 1통. 2014. 1. . 위 청구인 임 ○ ○ (인) ○○ 지방법원(가정법원) 귀중

* 수입인지는 사건본인마다 5,000원을 붙이고, 송달료는 당사자 2명×8회분×3,250원을 예납한다.
* 가족관계증명서와 기본증명서는 청구인, 사건본인 및 앞의 친권자의 것을 모두 붙이며, 주민등록등본은 청구인과 사건본인의 것을 붙인다.
* 관할법원은 미성년자의 주소지를 관할하는 법원이다.
* 이 신청사건은 소송사건이 아니므로 서류심사만으로 간단히(빠른 기간) 안에 종결된다.

2. 양육(養育)에 관한 권리 · 의무

1) 의의

양육권이라고 함은 일반적으로 미성년의 자녀를 보호하고 교육할 권리 · 의무라고 정의한다. 그러나 권리적인 요소보다는 의무적인 요소가 더 많기 때문에 "양육의무"라고 표현하는 것이 더 합당할 수도 있다. 친권도 마찬가지이다. 어쨌거나 법문(法文)에 충실하기 위해서 양육권과 친권이라는 용어를 사용하기로 한다.

양육권은 친권과 구별하여야 한다. 양육권은 자녀를 보호 · 교양하는 권리 · 의무임에 대하여 친권은 자녀의 신분 및 재산에 관한 권리 · 의무이다. 즉 가족행위에 대한 대리권 및 동의권, 자녀의 재산에 관한 권리 · 의무(대리 · 동의)를 그 내용으로 한다.

양육권자와 친권자를 달리 정할 수도 있다.

부양의무자인 부모가 이혼함에 있어 부모 중 일방을 자의 양육자로 지정하고, 타방은 이에 대하여 양육비를 지급하기로 협정하였다면 이는 「민법」 제837조, 제976조, 제977조의 규정에 의하여 유효하다고 할 것이다(84므86).

2) 양육자의 결정

당사자는 자의 양육에 관한 사항을 협의에 의하여 정하여야 한다. 협의사항에 포함하여야 할 내용은 양육자의 결정, 양육비용의 부담에 관한 사항, 면접교섭권의 행사여부 및 그 방법이다. 당사자의 협의가 자의 복리에 반하는 경우에는 가정법원은 보정을 명하거나 직권으로 그 자(子)의 의사·연령과 부모의 재산상황, 그 밖의 사항을 참작하여 양육에 필요한 사항을 정한다. 양육에 관한 사항의 협의가 이루어지지 아니하거나 협의할 수 없는 때에는 가정법원은 직권으로 또는 당사자의 청구에 따라 이에 관하여 결정한다. 이상의 결정은 양육에 관한 사항 외에는 무모의 권리·의무에 영향을 주지 아니한다(제837조).

3) 양육자의 변경

가정법원은 자의 복리를 위하여 필요하다고 인정하는 경우에는 부·모·자 및 검사의 청구 또는 직권으로 자의 양육에 관한 사항을 변경하거나 다른 적당한 처분을 할 수 있다(제837조 제5항). 이 변경이나 처분은 양육에 관한 사항 외에 부모의 권리·의무에는 영향을 미치지 아니한다(제837조 제6항).

4) 양육비의 부담

양육비에 관하여 민법은 양육자가 비양육자에 대하여 양육비청구권이 있다는 점에 관하여 규정할 뿐 청구할 수 있는 금액의 범위에 관하여는 구체적으로 규정하지 않았다. 다만, 실무상으로는 상대방의 월 소득을 기준으로 그 소득의 30%를 범위로 하여 미성년인 자녀 한 사람당 매월 최소 30만 원을 보장하려는 것으로 읽힌다.

어떠한 사정으로 인하여 부모 중 어느 한쪽만이 자녀를 양육하게 된 경우에, 그와 같은 일방의 양육이 그 양육자의 이기적이고 일방적인 목적이나 동기에서 비롯한 것이라거나 자녀의 양육을 위하여 도움이 되지 아니하거나 그 양육비를 상대방에게 부담시키는 것이 오히려 형평에 어긋나는 등 특별한 사정이 있는 경우를 제외하고는,

양육하는 일방은 상대방에 대하여 현재 및 장래에 있어서의 양육비 중 적정금액의 분담을 청구할 수 있음은 물론이고, 부모의 자녀양육은 특별한 사정이 없는 한 자녀의 출생과 동시에 발생하는 것이므로, 과거의 양육비에 대해서도 상대방이 분담함이 상당하다고 인정되는 경우에는 그 비용의 상환을 청구할 수 있다고 보아야 한다.

다만 한쪽의 양육자가 양육비를 청구하기 이전의 과거의 양육비 모두를 상대방에게 부담시키게 되면 상대방은 예상하지 못하였던 양육비를 일시에 부담하게 되어 지나치고 가혹하며 신의성실의 원칙이나 형평의 원칙에 어긋날 수도 있으므로, 이와 같은 경우에는 반드시 이행청구 이후의 양육비와 동일한 기준에서 정할 필요는 없고, 여러 사정을 고려하여 적절하다고 인정되는 분담의 범위를 정할 수 있다고 할 것이다(1994. 5. 13.선고 92스21).

청구인과 상대방이 1998년 이혼하면서 그 사이에 출생한 사건본인의 친권자 및 양육자를 상대방으로 지정하는 내용의 조정이 성립된 사실을 인정할 수 있는데, 이러한 경우 그 조정조항상의 양육방법이 그 후 다른 협정이나 재판에 의하여 변경되지 않는 한 청구인에게 사건본인을 양육할 권리가 없고, 그럼에도 불구하고 청구인이 법원으로부터 위 조정조항을 임의로 변경하는 「가사소송법」 제62조 소정의 사전처분 등을 받지 아니한 채 임의로 사건본인을 양육하였다면 이는 상대방에 대한 관계에서는 상대적으로 위법한 양육이라고 할 것이니, 이러한 청구인의 임의적 양육에 관하여 상대방이 청구인에게 양육비를 지급할 의무가 있다고 할 수 없다(2005스18,19).

미성년인 자를 양육한 자가 공동양육의무자인 다른 쪽 상대방에 대하여 과거 양육비의 지급을 구하는 권리는 당초에는 기본적으로 친족관계를 바탕으로 하여 인정되는 하나의 추상적인 법적 지위였던 것이 당사자의 협의 또는 당해 양육비의 내용 등을 재량적·형성적으로 정하는 가정법원의 심판에 의하여 구체적인 청구권으로 전환됨으로써 비로소 보다 뚜렷하게 재산적 권리로서의 성질을 가지게 되는 것으로서, 당사자의 협의 또는 가정법원의 심판에 의하여 구체적인 지급청구권으로 성립되기 전에는 과거 양육비에 관한 권리는 양육자가 그 권리를 행사할 수 있는 재산권에 해당한다고 할 수 없으므로, 그 상태에서는 소멸시효가 진행할 여지가 없다고 보아야 한다(2010스85).

가정법원의 심판에 의하여 구체적인 청구권의 내용과 범위가 확정된 후의 양육비채권 중 이미 이행기에 도달한 후의 양육비채권은 완전한 재산권(손해배상청구권)으로서 친족법상의 신분으로부터 독립하여 처분이 가능하고, 권리자의 의사에 따라 포기, 양도 또는 상계의 자동채권으로 하는 것도 가능하다고 할 것이다(2006므751).

3. 면접교섭권

1) 의의

자를 직접 양육하지 아니하는 부모의 일방과 자는 상호 면접교섭 할 수 있는 권리를 가진다(제837조의2 제1항). 이 권리는 이혼의 취소 또는 인지(認知)에 의하여 부모 중 어느 한쪽이 친권자가 된 경우에도 적용되며, 사실혼의 취소에도 유추적용이 된다. 그리고 대법원은 이 권리를 형제에게도 확대적용하고 있다.

2) 내용

면접교섭권의 구체적인 내용으로는 면접 · 서신교환 · 전화통화 · 선물교환 · 숙박 등이라고 할 수 있다.

甲과 乙이 이혼하면서 자녀 丙과 丁의 각 친권자 및 양육자로 결정되었는데, 형제간인 丙과 丁의 면접교섭을 인정할 것인지 문제된 사안에서, 민법상 명문으로 형제간의 면접교섭권을 인정하고 있지는 아니하나 형제에 대한 면접교섭권은 헌법상 행복추구권 또는 「헌법」 제36조 제1항에서 규정한 개인의 존엄을 기반으로 하는 가족생활에서 도출되는 헌법상의 권리로서, 특별한 사정이 없는 한 이혼한 전 배우자에 대한 적대적인 감정을 이유로 자녀들이 서로 면접교섭 하는 것을 막는 것은 부모의 권리남용이고, 丙과 丁이 서로를 정기적으로 면접교섭 하는 것을 간절히 원하고 있다는 등의 이유로 丙과 丁의 면접교섭권을 인정하여야 한다고 한 판례(2013브33).

양육친(養育親)의 주장과 같이 설령 비양육친이 "아이를 낳아 주고 이혼해주면 돈을 주겠다."는 대리모약정(代理母約定)에 따라 자를 임신하고 출산하였다 하더라도, 비양육친의 자녀에 대한 면접교섭권은 천부적인 권리인바, 이를 전면적으로 배제하는 당사자 사이의 합의는 「민법」 제103조 선량한 풍속 기타 사회질서에 위반한 사항을 내용으로 하는 법률행위로써 효력이 없으므로, 면접교섭권을 인정하여야 한다고 한 판례(2009브16).

갑과 을이 부부이지만 이혼하지 않은 상태에서 을이 갑에게 이혼소송을 제기하였다가 기각당하는 등 서로에 대한 감정이 악화되어 별거하는 경우에, 자녀를위양육하지 않는 어머니인 갑은 그 자녀들을 면접교섭 하는 데 현실적으로 어려움이 있다고 보여지므로, 부부간의 협조의무를 규정한 「민법」 제826조를 적용하거나 제837조의2를 유추적용 하여 갑은 구체적으로 그 자녀들을 면접교섭 할 수 있는 권리를 행사할 수 있다(서울가정법원 94브45).

3) 면접교섭권의 제한

가정법원은 자의 복리를 위하여 필요한 때에는 당사자의 청구 또는 직권에 의하여 면접교섭권을 제한하거나 배제할 수 있다(제837조의2 제2항).

4) 자(子)의 신분

부모가 이혼하더라도 자와 부 또는 자와 모의 신분관계에는 영향을 미치지 않는다. 혼인 종료의 날로부터 300일 안에 출생한 자는 혼인 중에 포태한(임신한)것으로 추정한다(제844조 제2항).

(면접교섭 허가심판청구서)

면접교섭 허가심판청구

청구인 성명 한 ○ ○(000000-0000000)
주소 00시 00동 000-00
등록기준지 00시 00구 00동 00
전화번호 010-0000-0000

상대방 성명 안 ○ ○
주소 서울 00구 00동 000
등록기준지 서울 00구 00동 000
전화번호 010-0000-0000

사건본인 성명 한 ○ ○
주소 서울 00구 00동 000
등록기준지 서울 00구 00동 000
전화번호 010-0000-0000

청 구 취 지

1. 청구인은 매월 첫째 주 토요일 10:00부터 그 다음 날 17:00까지 청구인이 원하는 장소에서 사건본인을 만나 함께 지낼 수 있다.
2. 상대방은 청구인과 사건본인의 면접이 원만히 이루어질 수 있도록 협조하여야 하며, 이를 방해하여서는 아니 된다.
3. 심판비용은 상대방의 부담으로 한다.

라는 심판을 구합니다.

청 구 원 인

1. 청구인과 상대방은 2000. 5. 15. 혼인한 뒤 사건본인(여, 12세)을 양육하던 중 성격차이로 협의이혼을 하였습니다. 2010. 1. 5. 협의이혼을 하면서 사건본인에 대한 친권자 및 양육자를 상대방으로 지정하고, 청구인은 매월 양육비로 350,000원을 상대방에게 지급하기로 약정하였습니다. 이와 더불어 면접교섭에 관하여는 청구인과 상대방 사이에 "청구인은 사건본인과 매월 첫째 주 토요일부터 그 다음 날까지는 함께 생활한다."는 약속을 한 사실이 있습니다.
2. 그 후 청구인은 위와 같은 약정에 따라 매월 양육비지급의무를 현재까지 성실히 이행하고 있습니다.
3. 그런데 상대방은 약 5개월 전부터는 정당한 이유 없이 청구인과 사건본인의 면접교섭을 허락하지 않고 있습니다.
4. 따라서 사건본인의 교양 및 복리를 위하여 부득이 청구취지와 같이 면접교섭을 할 수 있도록 청구하오니 허가하여 주시기 바랍니다.

첨 부 서 류
1. 가족관계증명서 1통. 1. 주민등록등본 1통. 1. 송달료납부서 1통. 2014. 1. . 위 청구인 한 ○ ○ (인) ○○ 지방법원(가정법원) 귀중

* 수입인지는 사건본인마다 10,000원을 붙인다.

* 송달료는 당사자 2명×12회분×3,250원을 예납한다.

* 관할법원은 상대방의 주소지를 관할하는 지방법원(또는 지원)이다.

* 가족관계증명서 및 주민등록등본은 청구인의 것을 붙인다.

제3항 재산분할청구권

1. 의의

협의상 이혼한 자의 일방은 다른 일방에 대하여 재산분할을 청구할 수 있다. 재산분할에 관하여 협의가 되지 아니하거나 협의할 수 없는 때에는 가정법원은 당사자의 청구에 의하여 당사자 쌍방의 협력으로 이룩한 재산의 액수 기타 사정을 참작하여 분할의 액수와 방법을 정한다(제839조의2 제1항 · 제2항).

위 규정은 협의상 이혼과 재판상 이혼에 함께 적용된다. 이혼에 따른 재산분할의 법적 성질에 관하여는 공평의 관점에서 부부가 협력으로 이룬 재산을 분배하는 한편, 경제력이 약한 상대방에 대한 부양적 요소도 있는 것으로 이해하는 것이 대법원의 입장이다.

2. 분할의 대상인 재산

1) 부부 협력으로 구축한 재산

제839조의2 제2항은 "쌍방의 협력으로 이룩한 재산"이라고 규정하고 있는데, 이 협력에는 한쪽 당사자의 가사노동도 포함되는 것으로 이해하는 것이 대법원의 입장이다.

혼인 중에 쌍방의 협력으로 이룩한 부부의 실질적인 공동재산은 부동산은 물론 현금 및 예금자산 등도 포함하여 그 명의가 누구에게 있는지 그 관리를 누가 하고 있는지를 불문하고 재산분할의 대상이 되는 것이고, 부부의 일방이 별거 후에 취득한 재산이라도 그것이 별거 전에 쌍방의 협력에 의하여 형성된 유형·무형의 자원에 기한 것이라면 재산분할의 대상이 된다고 할 것이다(96므1397).

재판상 이혼을 전제로 한 재산분할을 함에 있어서 분할의 대상이 되는 재산과 그 액수는 이혼소송의 사실심 변론종결일을 기준으로 하여 정하여야 하는바, 이혼소송의 사실심 변론종결일 당시에 부부 중 일방이 직장에서 일하다가 명예퇴직을 하고, 통상의 퇴직금 이외에 별도로 명예퇴직금 명목의 금원을 미리 수령한 경우, 명예퇴직금이 정년까지 계속 근로로 받을 수 있는 수입의 상실이나 새로운 직업을 얻기 위한 비용지출 등에 대한 보상의 성격이 강하다고 하더라도 일정기간 근속을 요건으로 하고 상대방 배우자의 협력이 근속요건에 기여하였다면, 명예퇴직금은 그 전부를 재산분할의 대상으로 삼을 수 있다고 할 것이다(2009므2628,2635).

2) 배우자의 특유재산

「민법」 제843조, 제839조의2의 규정에 의한 재산분할의 경우 부부 일방의 특유재산은 원칙적으로 분할대상이 되지 아니하나, 특유재산일지라도 다른 일방이 적극적으로 특유재산의 유지에 협력하여 감소를 방지하였거나 증식에 협력하였다고 인정되는 경우에는 분할대상이 될 수 있고, 또 부부 일방이 혼인 중 제3자에게 부담한 채무는 일상가사에 관한 것 이외에는 원칙적으로 개인채무로서 청산대상이 되지 않으나, 공동재산의 형성에 수반하여 부담한 채무인 경우에는 청산대상이 된다(95므1192,1208).

부부 중 일방이 상속받은 재산이거나 이미 처분한 상속재산을 기초로 형성된 부동산이더라도 이를 취득하고 유지함에 있어 상대방의 가사노동이 직·간접으로 기여한 것이라면 재산분할의 대상이 되는 것이다(96므1434).

3) 장래의 수입

부부 일방이 아직 퇴직하지 아니한 채 직장에 근무하고 있을 경우, 그의 퇴직일과 수령할 퇴직금이 확정되었다는 등의 특별한 사정이 없다면 그가 장차 퇴직금을 받을 수 있다는 개연성이 있다는 사정만으로 그 장래의 퇴직금을 청산의 대상이 되는 재산에 포함시킬 수 없고, 장래 퇴직금을 받을 개연성이 있다는 사정은 「민법」 제839조의2 제2항 소정의 재산분할의 액수와 방법을 정하는데 필요한 "기타 사정"으로 참작되면 족하다고 할 것이다(2002스36).

4) 배우자의 개인채무

이혼당사자 각자가 보유한 적극재산에서 소극재산을 공제하는 등으로 재산 상태를 따져본 결과 재산분할청구의 대상인 상대방이 그에게 귀속되어야 할 몫보다 더 많은 적극재산을 보유하고 있거나 소극재산의 부담이 더 적은 경우에는 적극재산을 분배하거나 소극재산을 분담하도록 하는 재산분할은 어느 것이나 가능하다고 보아야 하고, 후자의 경우라고 하여 당연히 재산분할청구가 배척되어야 한다고 할 것은 아니다.

그러므로 소극재산의 총액이 적극재산의 총액을 초과하여 재산분할을 한 결과가 결국 채무의 분담을 정하는 것이 되는 경우에도 법원은 그 채무의 성질, 채권자와의 관계, 물적 담보의 존부 등 일체의 사정을 참작하여 이를 분담하게 하는 것이 적합하다고 인정되면 그 구체적인 분담의 방법 등을 정하여 재산분할청구를 받아들일 수 있다 할 것이다.

이것이 부부가 혼인 중 형성한 재산관계를 이혼에 즈음하여 청산하는 것을 본질로 하는 재산분할제도의 취지에 맞고, 당사자 사이의 실질적 공평에도 부합한다.

다만, 재산분할청구사건에 있어서는 혼인 중에 이룩한 재산관계의 청산뿐 아니라 이혼 후의 당사자들의 생활보장에 대한 배려 등 부양적 요소도 함께 고려할 대상이 되므로, 재산분할에 의하여 채무를 분담하게 되면 그로써 채무초과 상태가 되거나 기존의 채무초과 상태가 더욱 악화되는 것과 같은 경우에는 제반 사정을 종합적으로 고려하여 채무를 분담하게 할지 여부 및 그 분담의 방법 등을 정할 것이고, 적극재산을 분할할 때처럼 재산형성에 대한 기여도 등을 중심으로 일률적인 비율로 정하여 당연히 귀속 분할되게 하여야 한다는 취지는 아니라는 점을 덧붙여 밝혀둔다(2013. 6.20.선고 2010므4071,4088).

전원합의체판결인 이 판결에 의하면 부채(負債), 즉 빚의 분할만을 목적으로 하는 재산분할청구도 가능하다는 것이다.

3. 재산분할청구권의 행사

1) 분할의 방법 및 절차

재산을 분할하는 방법으로는 적극재산과 소극재산을 함께 고려하여 현물분할, 현금분할, 장래에 취득하게 될 재산의 이전을 약정하는 방법 및 이들을 혼합하는 방법 등이 있다. 반드시 금액으로 특정하지 않더라도 비율로 분할할 수도 있다. 분할의 절차는 당사자의 협의가 우선이지만, 협의가 성립하지 아니하거나 불가능하면 법원의 판단에 따르게 된다.

2) 재산분할청구권의 행사기간

재산분할청구권은 이혼한 날로부터 2년을 경과한 때는 소멸한다(제839조의2 제3항). 대법원은 이 기간을 제척기간으로 이해한다. 제척기간은 소멸시효와는 달리 중단이나 정지가 없는 불변기간이다.

재산분할청구권은 이혼한 날로부터 2년 내에 행사하여야 하고, 그 기간이 경과하면 소멸되어 이를 청구할 수 없는바, 이때의 2년이라는 기간은 일반 소멸시효기간이 아니라 제척기간으로서, 그 기간이 도과하였는지 여부는 당사자의 주장에 관계없이 법원이 당연히 조사하여 고려하여야 할 사항이다(94다17536). 소멸시효기간은 당사자의 주장이 없으면 법원은 직권으로 판단할 수 없다.

4. 관련문제

1) 위자료청구권과의 관계

일부 견해에 의하면 재산분할청구권에는 손해배상적 요소가 포함되므로 별도로 위자료를 청구할 수 없다고 하지만, 대법원은 재산분할청구와 위자료의 청구는 양립(兩立)하는 권리로 보아 위자료청구를 허용하고 있다.

2) 채권자대위권 · 채권자취소권 등과의 관계

부부의 일방이 다른 일방의 재산분할청구권 행사를 해함을 알면서도 재산권을 목적으로 하는 법률행위를 한 때에는 다른 일방은 제406조 제1항을 준용하여 그 취소 및 원상회복을 가정법원에 청구할 수 있다. 이는 제406조 제2항의 기간 내에 제기하여야 한다(제839조의3).

제406조 제2항은 채권자취소권의 행사기간으로 취소원인을 안 날로부터 1년, 법률행위가 있은 날로부터 5년으로 규정하고 있다. 이 취소권은 부부사이에만 적용되는 규정이며, 제3자인 일반채권자는 제839조의3의 규정이 아닌 제406조에 의하여 채권자취소권을 행사할 수 있다. 다만, 그 행사요건은 매우 제한적이다.

이혼으로 인한 재산분할청구권은 이혼이 성립한 때에 그 법적 효과로서 비로소 발생하는 것일 뿐만 아니라, 협의 또는 심판에 의하여 그 구체적 내용이 형성되기까지는 그 범위 및 내용이 불명확·불확정하기 때문에 구체적으로 권리가 발생하였다고 할 수 없으므로, 협의 또는 심판에 의하여 구체화 되지 않은 재산분할청구권은 채무자의 책임재산에 해당하지 아니하고, 이를 포기하는 행위 또한 채권자대위권의 대상이 될 수 없다고 할 것이다(2013다7936).

이미 채무초과 상태에 있는 채무자가 이혼을 하면서 배우자에게 재산분할로 일정한 재산을 양도함으로서 결과적으로 일반채권자에 대한 공동담보를 감소시키는 결과로 되어도, 그 재산분할이 「민법」 제839조의2 제2항의 규정취지에 따른 상당한 정도를 벗어나는 과대한 것이라고 인정할만한 특별한 사정이 없는 한 사해행위로서 취소되어야 할 것은 아니라고 할 것이고, 다만 상당한 정도를 벗어나는 초과부분에 대하여는 적법한 재산분할이라고 할 수 없기 때문에 이는 사해행위에 해당하여 취소의 대상으로 될 수 있을 것이고, 위와 같이 상당한 정도를 벗어나는 과대한 재산분할이라고 볼만한 특별한 사정이 있다는 점에 관한 입증책임은 채권자에게 있다고 보아야 할 것이다(2000다63516).

민법상의 재산분할청구권은 이혼을 한 당사자의 일방이 다른 일방에 대하여 재산분할을 청구할 수 있는 권리로서, 이혼이 성립한 때에 그 법적 효과로서 발생하는 것이다. 따라서 당사자가 이혼이 성립하기 전에 이혼소송과 병합하여 재산분할의 청구를 하고, 법원이 이혼과 동시에 재산분할을 명하는 판결을 하는 경우에도 이혼판결은 확정되지 아니한 상태이므로, 그 시점에서 가집행을 허용할 수는 없다(96므1193).

재산분할에 관한 협의는 그 협의 후 당사자가 약정한대로 협의상 이혼이 이루어진 경우에 한하여 그 협의의 효력이 발생하는 것이지, 어떠한 이유로든지 협의상 이혼이 이루어지지 아니하고 혼인이 존속하게 되거나 당사자 일방이 제기한 이혼청구의 소에 의하여 재판상 이혼(화해 또는 조정에 의한 이혼을 포함한다)이 이루어진 경우에는 위 조건의 불성취로 인하여 효력이 발생하지 않는다고 보아야 할 것이다(99다33458).

당사자가 협의이혼을 하기로 하면서 재산분할을 함께 약정한 경우, 재산분할의 협의는 협의이혼을 정지조건부로 하는 재산분할계약으로 본 것이다.

재판상의 이혼청구권은 부부의 일신전속의 권리이므로 이혼소송의 계속 중 부부 일방이 사망한 때에는 상속인이 그 절차를 수계할 수 없음은 물론이고, 또 그러한 경우에 검사가 이를 수계할 수 있는 특별한 규정도 없으므로 이혼소송은 종료되고, 이에 따라 이혼의 성립을 전제로 하여 이혼소송에 부대한 재산분할청구 역시 이를 유지할 이익이 상실되어 이혼소송의 종료와 동시에 종료한다고 할 것이다(94므253).

3) 유책배우자(有責配偶者)의 재산분할청구권 인정 여부

유책배우자라고 함은 이혼의 원인을 제공한 배우자를 말한다. 유책배우자가 이혼을 청구함에는 상대방이 보복적 감정이나 오기로 이혼에 협력하지 아니하는 등 특별한 경우에만 허용되듯이, 재산분할을 청구함에도 유사한 제한을 받는다.

혼인 중에 쌍방이 협력하여 이룩한 재산이 있는 경우에는 혼인관계의 파탄에 대하여 책임이 있는 배우자라도 그 분할을 청구할 수 있다(93스6).

(사해행위취소 및 원상회복청구의 소장)

소 장

원 고 강○○
서울 00구 00동 231-14 진달래아파트 203동 1203호
전화 010-0000-0000
메일주소 00022@00000.000

피 고 한○○
서울 00구 00동 000-00
전화 010-0000-0000

사해행위취소 등 청구의 소

청 구 취 지

1. 피고와 소외 한찬일 사이에 별지목록 기재 부동산에 관하여 2013. 12. 25. 체결한 부동산매매계약을 취소한다.
2. 피고는 원고에게 위 부동산에 관하여 ○○지방법원 ○○등기소 2013. 12. 26. 접수 제0000호, 2013. 12. 25. 매매를 원인으로 마친 소유권이전등기의 말소등기절차를 이행하라.
3. 소송비용은 피고의 부담으로 한다.

라는 판결을 구합니다.

청 구 원 인

1. 피고는 원고의 법률상 배우자인 소외 한찬일의 동생입니다. 원고는 2013. 11. 30. 위 한찬일을 상대로 귀원에 이혼 및 위자료청구의 소를 제기한 상대입니다(소제기증명 및 소장 부본 참조).
2. 위 부동산은 원고가 2008. 8. 8. 원고의 아버지로부터 증여를 받은 원고 특유의 재산으로서 원고가 위 한 ○○에게 그 소유명의만을 신탁한 부동산인데, 위 한 ○○은 원고가 명의신탁해지를 원인으로 또는 이혼에 따른 재산분할을 원인으로 위 부동산의 소유권을 원고에게 이전할 것을 요구하자 이를 면탈할 목적으로 그의 동생인 피고와 통모하여 매매를 가장하고, 피고 명의로 소유권이전등기를 한 것입니다.
3. 따라서 원고는 명의신탁해지 또는 이혼에 따른 재산분할을 원인으로 위 부동산의 명의를 원고 앞으로 이전받기 위하여 피고와 위 한○○ 사이의 부동산매매계약을 취소하고, 이를 원상회복하기 위하여 본 청구에 이르게 되었습니다.

입 증 방 법

1. 갑 제1호증의1, 2 부동산등기부등본 각1통.
1. 갑 제2호증 토지대장등본 1통.
1. 갑 제3호증 건축물대장등본 1통.

1. 갑 제4호증 소제기증명서 1통.
1. 갑 제5호증 소장부본 1통.
1. 갑 제6호증 증여 및 명의신탁 관계 확인 공정증서 1통.

첨 부 서 류

1. 위 갑호증 각 1통.
1. 소장부본 1통
1. 송달료납부서 1통

2014. 1. .

위 원고 강 ○○ (인)

○○ 지방법원 귀중

(별지)

부동산의 표시

1동 건물의 표시
서울 00구 00동 231-14 진달애아파트 203동

전유부분의 건물표시
건물의 번호 : 203-12-3
구조 : 철근콘크리트조 슬래브지붕
면적 : 12층 1203호 84.86㎡

대지권의 표시
토지의 표시 : 서울 00구 00동 231-14

대12,301㎡

대지권의 종류 : 소유권

대지권의 비율 : 000000분의0000. 끝.

* 인지대의 계산은 토지대장 및 건축물대장의 공시지가와 시가표준액을 기준으로 계산하며, 이와 같이 계산된 액수를 청구금액으로 하여 인지대를 계산한다. 인지대의 계산표는 제4장 절차의 비용을 참조하기 바란다.

* 부동산의 수가 많거나 분할할 재산의 종류가 많아 인지대의 계산식이 간단하지 않다면 계산표를 일목요연하게 정리할 필요가 있다. 보통 소장표지를 만들어서 맨 앞에 붙이고 있다. 이와 관련해서는 부록의 "소장"에 관한 설명에서 함께 다룬다.

* 제1심 소장의 송달료는 당사자의 수×15회분×3,250원이다.

* 부동산 관련 소송에서는 청구취지 및 부동산의 목록을 작성할 때에는 부동산의 표시는 반드시 부동산등기부상의 기재와 동일하게 작성하여야 한다. 관할법원은 부동산이 있는 곳으로 한다.

* 부부 사이에 하는 채권자취소권의 행사(사해행위취소의 소)는 가사소송법 중 다류 가사소송사건이므로 조정전치주의는 적용을 받지만, 이 분쟁의 성질상 조정을 청구할 이유는 거의 없을 것이다. 따라서 소장에는 조정의 성립가능성이 없다는 점에 대한 충분한 설명이 필요할 것이다.

* 사해행위취소의 소에서는 반드시 수익자(受益者) 또는 전득자(轉得者)로 지정하여야 한다. 어떤 경우에도 채무자(배우자)는 피고가 될 수 없다. 이 부분은 민법의 채권편에서도 가장 어려운 부분이므로 이 소송을 시작하려는 사람은 아래에서 설명하는 "채권자취소권"에 관하여 충분히 검토하기를 권한다.

* 사해행위취소소송의 절차는 ① 원고의 소장제출 → ② 법원의 피고에 대한 소장 부본 송달 → ③ 피고의 답변서 제출 → ④ 법원의 원고에 대한 답변서 부본의 송달 → ⑤ 원고의 준비서면 제출 → ⑥ 법원의 피고에 대한 준비서면 부본 송달 → ⑦ 피고의 준비서면 제출 → ⑧ 법원의 변론기일 지정 및 당사자의 소환 → ⑨ 변론 후 선고기일의 지정 → ⑩ 판결의 선고로 진행된다. 이 판결이 확정된 다음에 재산분할청구를 하게 된다. 다만, 사해행위취소의 대상이 아닌 다른 재산에 대하여는 이 소송과는 별도로 분할청구가 가능하다. 이 경우에는 일부청구라는 사실을 분명히 밝혀야만 나중에 추가로(별도의 소) 소를 제기할 수 있게 된다.

* 위 소송이 위의 절차처럼 여러 달에 걸쳐 진행되는 점을 감안하여 소를 제기하기 전에 피고가 될 사람에 대하여 보전처분(가압류 또는 처분금지가처분)을 할 필요가 있을 것이다. 이와 관련한 문제는 제3장 가사소송법 중 제6절 "이행의 확보"에서 다룬다.

〈채권자취소권〉

Ⅰ. 채권자취소권의 이해

1. 법률의 규정

제406조(채권자취소권) ① 채무자가 채권자를 해함을 알고 재산권을 목적으로 한 법률행위를 한 때에는 채권자는 그 취소 및 원상회복을 법원에 청구할 수 있다. 그러나 그 행위로 인하여 이익을 받은 자나 전득(轉得)한 자가 그 행위 또는 전득 당시에 채권자를 해함을 알지 못한 경우에는 그러하지 아니하다.

② 전항의 소는 채권자가 취소원인을 안 날로부터 1년, 법률행위 있은 날로부터 5년 내에 제기하여야 한다.

제839조의3(재산분할청구권 보전을 위한 사해행위취소권) ① 부부의 일방이 다른 일방의 재산분할청구권 행사를 해함을 알면서도 재산권을 목적으로 하는 법률행위를 한 때에는 다른 일방은 제406조 제1항을 준용하여 그 취소 및 원상회복을 가정법원에 청구할 수 있다.

② 제1항의 소는 제406조 제2항의 기간 내에 제기하여야 한다.

2. 의의

채권자취소권 또는 사해행위취소권(詐害行爲取消權)이라고 함은 채무자가 채권자를 해롭게 함을 알면서 자기의 일반재산을 감소시키는 행위를 한 경우에 채권자가 소송으로써 그 법률행위를 취소하여 그 재산을 원상으로 회복하는 권리를 말한다.

가령 甲의 채무자 乙이 자기의(乙의) 부동산을 丙에게 처분하고, 丙은 다시 이를 丁에게 양도한 경우에 甲에게는 장차 乙의 재산에 대한 강제집행을 함에 장애가 발생하였으므로, 甲으로서는 乙이 甲의 강제집행 등 권리행사를 해롭게 하였다는 것을 이유로 乙의 丙에게 한 부동산 처분행위를 취소하고, 그 부동산을 乙에게 원상회복하도록 하는 것을 말한다. 이렇게 되어야 甲이 乙의 재산에 대하여 강제집행을 할 수 있기 때문이다.

여기서 甲을 "채권자", 乙을 "채무자", 丙을 "수익자", 丁을 "전득자"라고 부르며, 여기서 다시 丁으로부터 戊가 그 부동산을 취득한 경우라면 戊도 전득자이다. 그리고 채권자가 채무자에 대하여 갖고 있는 채권을 "피보전채권"이라고 한다. 채권자의 이 권리는 형성권인 취소권과 원상회복청구권이 결합된 권리이다.

제839조의3은 부부 사이의 재산분할청구권의 행사를 보호하기 위해서 특별히 규정한 제406조의 특칙이다. 그 특별한 내용은 ① 부부의 한쪽이 상대방 배우자에 대하여, ② 재산분할청구권의 보전을 위하여, ③ 가정법원에 청구한다는 점이다. 나머지의 요건 및 절차 등은 제406조의 채권자취소권과 동일하다. 다만, 부부 사이에 제3자를 해롭게 할 목적으로 하는 법률행위를 한 때에도 제406조에 의한 사해행위취소권의 행사는 가능하지만, 이 경우에는 부부가 사해행위의 당사자이므로 제839조의3의 규정을 적용할 수 없음은 물론이다.

Ⅱ. 요건

1. 피보전채권(채권자의 채권)

1) 원칙적으로 금전채권일 것

채권자취소권을 특정물에 대한 소유권이전등기청구권을 보전하기 위하여 행사하는 것은 허용되지 않는다(98다56690). 그러나 특정채권이 어떤 사정으로 인하여 이행불능으로 되어 금전채권(손해배상채권)으로 변한 경우에는 피보전채권이 될 수 있다.

2) 사해행위 이전에 발생된 채권일 것

채권자취소권에 의해서 보호될 수 있는 채권은 원칙적으로 사해행위라고 볼 수 있는 행위가 행하여지기 전에 발생된 것임을 요하나, 그 사해행위 당시에 이미 채권성립의 기초가 되는 법률관계가 발생되어 있고, 가까운 장래에 그 법률관계에 기하여 채권이 성립되리라는 점에 대한 고도의 개연성이 있으며, 실제로 가까운 장래에 그 개연성이 현실화 되어 채권이 성립된 경우에는 그 채권도 채권자취소권의 피보전채권이 될 수 있다(98다56690).

2. 채무자의 무자력(無資力)

채무자의 무자력이라 함은 채권자취소권을 행사하려는 채권자를 비롯하여 채무자의 모든 채권자의 채무를 변제하기에는 채무자의 재산이 부족한 경우를 말한다. 즉 적극재산보다 소극재산이 더 많음을 뜻한다. 여기의 채무자에는 보증인도 포함된다. 즉 보증인이 채권자를 해롭게 하는 자기 재산의 처분행위를 하는 경우에도 채권자는 사해행위취소를 법원에 청구할 수 있다.

3. 사해행위

사해행위는 무자력(無資力) 상태를 만드는 것이다. 모든 채권자의 채무를 변제하기에 부족한 상태를 만드는 행위를 말한다.

당사자간 서로 통모하여 한 허위행위도 역시 「민법」 제406조의 이른바 법률행위에 해당하므로 사해행위 취소권의 목적이 된다고 볼 것이다(63다493). 이 판례는 통정한 허위표시도 법률행위라고 보아 채권자취소권 행사의 대상이라고 하였다. 그러나 통정한 허위표시는 처음부터 무효이므로 법률행위가 존재하지 아니한 것으로 취급되는 행위이다. 채권자를 두텁게 보호하고자 하는 것으로 이해된다.

4. 사해의사

채권자취소권을 행사하기 위해서는 채무자, 수익자 또는 전득자에게 사해의사, 즉 채권자를 해롭게 한다는 인식이 있어야 한다.

1) 채무자의 사해의사

채권자취소권의 주관적 요건인 채무자가 채권자를 해함을 안다는 이른바 채무자의 악의(惡意), 즉 사해의사(詐害意思)는 채무자의 재산 처분행위에 의하여 그 재산이 감소되고, 채권의 공동담보에 부족이 생기거나 이미 부족상태에 있는 공동담보가 한층 더 부족하게 됨으로써 채권자의 채권을 만족시킬 수 없게 된다는 사실을 인식하는 것을 의미하며, 그러한 인식은 일반채권자에 대한 관계에서 있으면 충분하고, 특정의 채권자를 해한다는 인식이 있어야 하는 것은 아니며, 채무자의 재산이 채무의 전부를 변제하기에 부족한 경우에 채무자가 그의 유일한 재산인 부동산을 무상양도하거나 일부채권자에게 대물변제로 제공하였다면 특별한 사정이 없는 한 이러한 행위는 사해행위가 되는 것이다(97다57320).

여기서 말하는 "공동담보"는 채무자의 각 채권자 또는 모든 채권자에 대하여 현실적으로 담보를 제공한 것은 아니지만, 채무자의 모든 재산이 채권자들의 모든 채권을 변제하는 데에 필요한 것 그 자체를 의미한다. 채무자의 사해의사에 대한 입증책임은 채권자가 부담한다.

2) 수익자 · 전득자의 사해의사

사해행위의 취소에 있어서 수익자가 악의라는 점에 대하여는 그 수익자 자신에게 선의(善意)임을 입증할 책임이 있다(97다6711). 대법원은 전득자에게도 이와 같이 입증책임을 전환한다.

이 입증책임의 전환, 즉 수익자 또는 전득자의 악의 추정은 채권자가 채무자의 사해의사를 입증하였을 때에 적용되는 것이다. 그러나 법원은 채무자가 무자력 상태를 초래하기만 하면 대부분은 채권자가 그를 입증한 것으로 처리하고 있으므로, 채권자의 증명이 그리 어려운 것은 아니다.

채권자가 사해행위의 취소로써 수익자를 상대로 채무자와 사이의 법률행위의 취소를 구함과 아울러 전득자를 상대로도 수익자와의 사이의 전득행위의 취소를 구함에 있어서, 전득자의 악의라 함은 전득행위 당시 그 행위가 채권자를 해한다는 사실, 즉 사해행위의 객관적 요건을 구비하였다는 인식을 의미하는 것이므로, 전득자의 악의를 판단함에 있어서는 단지 전득자가 전득행위 당시 채무자와 수익자 사이의 법률행위의 사해성(詐害性)을 인식하였는지 여부만이 문제가 될 뿐이지, 수익자와 전득자 사이의 전득행위가 다시 채권자를 해하는 행위로서 사해행위 요건을 갖추어야 하는 것은 아니라고 하여야 할 것이다(2004다61280).

Ⅲ. 채권자취소권의 행사(사해행위취소의 소)

1. 취소권자(원고)

채권자취소권의 행사는 소에 의해서만(재판상으로만) 행사할 수 있는 형성소권(形成訴權)이다. 따라서 채권자는 반드시 원고가 되어야 한다, 따라서 수익자나 전득자에게 내용증명우편을 보낸 사실만으로는 채권자취소권을 행사한 것이 되지 못한다.

채권자취소권의 요건을 갖춘 각 채권자는 고유의 권리로서 채무자의 재산 처분행위를 취소하고 그 원상회복을 구할 수 있는 것이므로, 여러 명의 채권자가 동시에 또는 시기를 달리하여 사해행위취소 및 원상회복의 소를 제기한 경우 이들 소가 중복제소(重複提訴)에 해당하지 아니할 뿐만 아니라, 어느 한 채권자가 동일한 사해행위에 관하여 사해행위취소 및 원상회복청구를 하여 승소판결을 받아 그 판결이 확정되었다는 것만으로는 그 후에 제기된 다른 채권자의 동일한 청구가 권리보호의 이익이 없게 되는 것은 아니고, 그에 기하여 재산이나 가액의 회복을 마친 경우에 비로소 다른 채권자의 사해행위취소 및 원상회복청구는 그와 중첩되는 범위 내에서 권리보호의 이익이 없게 된다고 보아야 할 것이다(2005다51457).

2. 취소의 상대방(피고)

사해행위취소의 소에서 상대방(피고)은 ① 수익자와 전득자가 모두 악의인 때에는 수익자를 상대로 가액(價額)의 반환을 청구할 수 있으며, 전득자를 상대로 원물반환을 청구할 수도 있다. ② 수익자가 선의이고 전득자가 악의인 때에는 전득자만을 피고로 하여 원물의 반환을 청구할 수 있다. ③ 수익자는 악의이나 전득자가 선의이면 수익자를 상대로 원상회복만을 청구할 수 있다. 이상의 각 경우에 원상회복이 불가능한 때에는 가액배상을 청구할 수 있음은 물론이다.

채권자가 채권자취소권을 행사하려면 사해행위로 이익을 받은 자(수익자)나 전득자를 상대로 그 법률행위의 취소를 청구하는 소송을 제기하여야 되는 것으로서, 채무자를 상대로 그 소송을 제기할 수는 없다(91다13717).

채권자가 전득자를 상대로 하여 사해행의 취소와 함께 책임재산의 회복을 구하는 사해행위취소의 소를 제기한 경우에 그 취소의 효과는 채권자와 전득자 사이에서만 상대적인 관계에서만 생기는 것이고, 채무자 또는 채무자와 수익자 사이의 법률관계에는 미치지 않는 것이므로, 이 경우 취소의 대상이 되는 사해행위는 채무자와 수익자 사이에서 행하여진 법률행위에 국한되고, 수익자와 전득자 사이의 법률행위는 취소의 대상이 되지 않는다고 할 것이다(2004다21923).

이 판례의 취지는 이렇다. 채권자가 전득자를 피고로 소를 제기할 때에도 그 취소의 대상인 법률행위는 채무자와 수익자의 법률행위이고, 이 소의 결과는 채무자와 수익자의 법률행위를 취소하는 것일 뿐이지 수익자와 전득자의 법률행위를 취소하는 것은 아니라는 것이다. 이렇게 되면 수익자는 채무자에 대하여, 전득자는 수익자에 대하여 각각 부당이득반환 또는 손해배상청구를 할 수 있게 된다.

3. 제척기간

채권자취소권은 채권자가 취소원인을 안 날부터 1년, 법률행위가 있은 날로부터 5년의 제척기간 안에 행사하여야 한다. 즉 이 기간 안에 소를 제기하여야 한다. 가사소송법의 적용을 받는 부부간의 재산분할청구권의 보전을 위한 채권자취소의 경우에도 조정전치주의의 적용을 받지 않는 다류 가사소송사건이다.

채권자취소권의 행사에 있어서 제척기간의 기산점인 채권자가 "취소원인을 안 날"이라 함은 채권자가 채권자취소권의 요건을 안 날, 즉 채무자가 채권자를 해함을 알면서 사해행위를 하였다는 사실을 알게 된 날을 의미하고, 채권자가 취소원인을 알았다고 하기 위해서는 단순히 채무자가 재산의 처분행위를 하였다는 사실을 아는 것만으로는 부족하고, 구체적인 사해행위의 존재를 알고, 나아가 채무자에게 사해의 의사가 있었다는 사실까지 알 것을 요하며, 사해의 객관적 사실을 알았다고 하여 취소의 원인을 알았다고 추정할 수는 없다(2004다61280).

채권자가 「민법」 제406조 제1항에 따라 사해행위의 취소와 원상회복을 청구함에 있어 사해행위의 취소만을 먼저 청구한 다음 원상회복을 나중에 청구할 수 있으며, 이 경우 사해행위취소청구가 민법 제406조 제2항에 정하여진 기간 안에 제기되었다면 원상회복의 청구는 그 기간이 지난 뒤에도 할 수 있다(2001다14108).

채무자 소유의 부동산에 관하여 수익자 명의로 소유권이전청구권의 보전을 위한 가등기가 경료 되었다가 가등기에 기한 소유권이전의 본등기가 경료 된 경우에, 가등기의 등기원인인 법률행위와 본등기의 등기원인인 법률행위가 명백히 다른 것이 아닌 한 본등기의 기초가 된 가등기의 등기권인을 제쳐놓고 본등기의 등기원인인 법률행위만이 취소의 대상이 되는 사해행위라고 볼 것은 아니므로, 가등기의 등기원인인 법률행위가 있은 날이 언제인지와 관계없이 본등기가 경료 된 날로부터 사해행위취소의 소의 제척기간이 진행된다고 볼 수 없다(96다26329). 제척기간의 기산점은 가등기를 한 때라는 의미이다.

4. 취소권의 행사범위

1) **취소의 범위**

사해행위 취소의 범위는 다른 채권자가 배당요구를 할 것이 명백하거나 목적물이 불가분(不可分)인 경우와 같이 특별한 사정이 있는 경우에는 취소채권자의 채권액을 넘어서까지도 취소를 구할 수 있다(97다10864). 원래 채권자는 자신의 채권액의 범위 안에서 채권자취소권을 행사할 수 있는 것이지만, 채무자의 사해행위로 인하여 그 법률행위가 취소된 이후에 취소채권자 또는 다른 채권자에 의하여 그 목적물이 경매절차에서 채무자의 일반채권자들에게 매각대금이 배당되는 경우에는 취소채권자 외에 다른 채권자도 그 배당절차에 참가할 것이 명백히 예상되면 취소채권자의 채권액을 넘어서도 취소권의 행사가 허용된다는 취지이다. 불가분물은 가분물이 아닌 모든 물건을 의미하므로, 수익자나 전득자가 취득한 물건이 부동산이면 전부취소의 대상이 된다.

2) **원상회복의 방법 및 범위**

(1) **원물반환(원칙)**

채권자가 수익자 또는 전득자를 상대로 사해행위를 취소(채무자와 수익자의 법률행위를 취소)하고, 원상회복을 하는 방법은 원칙적으로 원물을 채무자에게 원상복구하는 것이다.

자기 앞으로 소유권을 표상하는 등기가 되어 있었거나 법률에 의하여 소유권을 취득한 자가 진정한 등기명의를 회복하기 위한 방법으로는 그 등기의 말소를 구하는 외에 현재의 등기명의인을 상대로 직접 소유권이전등기절차의 이행을 구하는 것도 허용되어야 한다는 것이 대법원의 확립된 견해인바, 이러한 법리는 사해행위취소소송에 있어서 취소 목적 부동산의 등기명의를 수익자로부터 채무자 앞으로 복귀시키고자 하는 경우에도 그대로 적용된다고 할 것이다(99다53704).

여기서 자기 앞으로 소유권을 표상하는 등기가 되어 있었거나 법률에 의하여 소유권을 취득한 자라고 할 때의 "자기 앞으로 소유권을 표상하는 등기가 되어 있었다"고 하는 것은 정당한 소유권자 명의의 등기가 어떤 사유로 불법적인 말소등기가 된 경우를 말하고, "법률에 의하여 소유권을 취득한 자"는 아직 자기 앞으로 등기를 한 적은 없지만 자기의 명의로 등기를 할 수 있는 권리가 있는 사람을 의미한다. 즉 자기의 조상이 일본 제국주의가 우리 국토를 강점하던 시기에 사정(査定)받은 토지가 여기에 해당한다.

(2) **가액반환(예외)**

어느 부동산에 관한 법률행위가 사해행위에 해당하는 경우에는 원칙적으로 그 사해행위를 취소하고 소유권이전등기의 말소 등 부동산 자체의 회복을 명하여야 하는 것이나, 저당권이 설정되어 있는 부동산에 관하여 사해행위가 이루어진 경우에 그 사해행위는 부동산의 가액에서 저당권의 피담보채권액을 공제한 잔액의 범위 내에서만 성립한다고 보아야 할 것이므로, 사해행위 후 변제 등에 의하여 저당권설정등기가 말소된 경우, 사해행위를 취소하여 그 부동산 자체의 원상회복을 명하는 것은 당초 일반채권자들의 공동담보로 되어 있지 아니하던 부분까지 회복시키는 것이 되어 공평에 반하는 결과가 되므로, 그 부동산의 가액에서 저당권의 피담보채권액을 공제한 잔액의 한도에서 사해행위를 취소하고 그 가액의 배상을 명할 수 있을 뿐이라고 할 것이다.

위와 같은 가액 산정의 기준시는 사해행위의 취소시인 사실심 변론종결시라고 보아야 할 것이다(97다6711).

이 판례의 내용을 정리하면 이렇다. 채무자 乙의 소유인 부동산을 乙이 수익자 丙에게 1억 원을 받고 매도하였는데, 이 부동산에는 처분 이전에 이미 제3자인 다른 채권자 A가 채권최고액 5천만 원의 근저당권을 설정해두고 있었다. 이 부동산을 매수한 丙은 어떤 이유(변제 등)로 위 근저당권등기를 말소하였다. 이 경우에는 취소채권자 甲으로서는 피고 丙에게 5천만 원의 금전만을 청구할 수 있을 뿐이라는 것이다.

변제자가 누구인지에 따라 그 방법을 달리한다고는 볼 수 없는 것이며, 원고가 사해행위인 계약 전부의 취소와 부동산 자체의 반환을 구하는 청구취지 속에는 일부취소를 하여야 할 경우 그 일부취소와 가액배상을 구하는 취지도 포함되어 있다고 보아, 청구취지의 변경이 없더라도 바로 가액반환을 명할 수 있다(99다20612).

Ⅳ. 사해행위취소의 효과

1. 상대적 효력

사해행위취소판결의 기판력은 그 취소권을 행사한 채권자와 그 상대방인 수익자 또는 전득자와의 상대적인 관계에서만 미칠 뿐 그 소송에 참가하지 아니한 채무자 또는 채무자와 수익자 사이의 법률관계에는 미치지 아니한다(87다카1989).

즉 채권자와 수익자 사이의 소송은 채무자와 수익자 사이 또는 수익자와 전득자 사이의 법률행위에는 아무런 영향을 미치지 아니하므로, 그들 상호간의 법률관계는 통정허위표시나 반사회질서의 법률행위가 아닌 한 여전히 유효하다. 또 채권자가 전득자를 상대로 소를 제기한 결과는 채무자와 수익자 또는 수익자와 전득자 사이의 법률관계는 유효하다.

2. 채권자에 대한 효과

채권자가 채권자취소권을 행사한 결과 수익자 또는 전득자로부터 채무자에게 반환된 목적물은 채무자에 대한 모든 채권자의 공동담보가 된다. 따라서 취소채권자가 채권의 만족을 얻기 위해서는 채무자의 재산에 대하여 자신이 직접 강제집행에 착수하거나 다른 채권자가 강제집행(경매)을 하는 기회에 배당요구를 하여야 할 것이다. 다만, 취소채권자의 채권(자동채권)이 상계적상(相計適狀)에 있고, 취소채권자가 가액배상을 직접 반환받은 때에는 그 받은 금전과 상계함으로써 우선변제를 받는 것과 같은 효과를 거둘 수는 있게 된다.

사해행위의 취소에 따른 원상회복은 원칙적으로 그 목적물 자체의 반환에 의하여야 하는바, 이 때 사해행위의 목적물이 동산이고 그 현물반환이 가능한 경우에는 취소채권자는 직접 자기에게 그 목적물의 인도를 청구할 수 있다(99다23468, 23475).

3. 채무자에 대한 효과

사해행위취소의 결과 목적물이 채무자에게 반환되더라도 이는 일반채권자들의 강제집행의 목적물이 될 뿐 채무자가 임의로 처분할 수 없는 성질이 것이 된다,

4. 수익자 · 전득자에 대한 효과

채무자에 대하여 원물을 반환하였거나 채권자에게 가액배상을 한 수익자 또는 전득자는 법률행위의 상대방(재무자 또는 수익자)에 대하여 부당이득의 반환을 구하는 등의 법률문제가 생길 뿐이다.

제4항 위자료청구권

재산분할청구와는 별도로 위자료청구가 허용됨은 앞에서 설명하였다. 위자료의 액수에 관하여 민법에는 아무런 규정이 없다. 따라서 위자료의 액수를 결정하는 것은 법원의 재량에 속한다. 다만, 실무관행은 대략 3천만 원을 기준으로 혼인생활의 기간 등을 고려하여 가산하거나 감산하는 것으로 보인다.

(이혼 및 재산분할청구의 소장)

소 장

원 고 성명 김 ○ ○(000000-0000000)
주소
등록기준지
전화

피 고 성명 박 ○ ○(000000-0000000)
주소
등록기준지
전화

이혼 등 청구의 소

청 구 취 지

1. 원고와 피고는 이혼한다.
2. 피고는 원고에 대하여 재산분할로 돈 90,000,000원을, 위자료로 돈 40,000,000원 및 위 금액을 합한 130,000,000원에 대하여 이 사건 소장 부본이 송달된 다음날부터 다 갚는 날까지 연 20%의 비율로 계산한 돈을 지급하라.

라는 판결을 구합니다.

청 구 원 인

1. 혼인관계

* 여기에서는 혼인의 성립과 자녀관계, 공동생활관계 등을 간략히 적는다.

2. 이혼의 원인 및 위자료

* 혼인생활의 파탄에 대한 책임이 전적으로 상대방에게 있고, 혼인생활을 더

이상은 할 수 없는 사유는 구체적으로 적어야 하고, 이를 뒷받침할 수 있는 자료는 가능하면 모두 제출하여야 한다. 그러나 증거자료를 반드시 소장에 붙여야 하는 것은 아니므로, 소장의 제출단계에서 준비가 되지 아니한 경우에는 소가 계속되는 과정에서도 제출할 수 있다.

* 위자료는 정신적 고통에 대한 손해배상이지만 이것을 직접 증명하여야 하는 것은 아니며, 위자료의 액수는 혼인생활의 파탄책임, 상대방의 수입, 혼인생활의 기간 등을 참작하여 법원이 재량으로 결정한다.

3. 재산의 분할

* 재산분할을 청구함에 있어서 청구원인에 돋보이게 적어야 할 내용은 청구인이 부부공동재산의 형성에 기여한 내용이다. 단순히 가사노동에 충실하였다는 것 이상의 어떤 행위를 말한다. 대법원의 판례 중에는 이른바 재테크(財tech)도 재산형성에 기여한 것이라고 판단한 것이 있다.

* 재판상 이혼소송을 청구(또는 심판청구)함에는 그에 수반되는 재산분할, 위자료, 친권자 및 양육자의 지정, 양육비를 동시에 청구할 수 있고, 이들의 청구는 이혼소송과 별도로 청구할 수도 있다.
* 인지대(수수료), 송달료 및 첨부서류에 관하여는 제4장 절차의 비용을 참고하면 될 것이다. 인지대 또는 송달료가 너무 많이 납부 된 상태에서 소송이 종결되면 반환받을 수 있다. 이와 관련한 문제는 부록 중 “인지대환급청구서”에서 다룬다.
* 이혼소송과 관련하여 꼭 알아두어야 할 것으로는 소를 제기하기 전에 부부가 이혼하기로 협의를 하면서 재산분할에 관하여도 협의를 하는 경우이다. 이와 같이 이혼 등의 협의를 한 뒤에 어떤 사정으로 인하여 협의한 내용과 같이 이혼이 성립되지 않아 소를 제기할 때에는 앞서 협의한 모든 내용은 효력이 없다는 사실을 알아야 한다. 그 협의내용은 부부 사이의 계약이며, 이 계약은 “협의이혼을 정지조건으로 하는 계약”이다. 그런데 재판상의 이혼을 하는 경우에는 정지조건의 불성취로 인하여 협의내용인 계약 자체가 무효라는 것이 대법원의 입장이다. 따라서 이 경우에 재판상 이혼을 청구할 때에는 재산분할과 양육비 등을 함께 청구하는 것이 옳을 것이다.

제5항 손해배상청구권

재판상 이혼에 따른 손해배상청구에 관하여는 제806조를 준용한다(제843조). 제806조는 "약혼을 해제한 때에는 당사자 일방은 과실 있는 상대방에 대하여 이로 인한 손해배상을 청구할 수 있다."고 규정하였다.

따라서 이혼에 있어 유책배우자의 상대방은 재산분할과는 별도로 상대방 배우자에게 손해배상을 청구할 수 있고, 제3자에게도 책임이 있는 경우(이를테면 간통)에는 제3자에게도 손해배상을 청구할 수 있다.

처가 있는 남자임을 알면서도 그 남자와 부첩관계를 맺고 동서생활(同棲生活)을 함으로써 그 처에게 자기 남편과의 정상적인 부부생활을 하지 못하게 하였다면, 그 처된 권리를 침해한 것이므로 이로 인한 손해배상의 책임이 있다고 할 것이다(67다99). 여기의 동서생활은 부부가 아니면서 동거생활을 하는 것을 말한다.

처에 대한 강간미수행위 그 자체만으로도 남편의 정신적 안정을 손상한 것이 되므로, 남편에 대한 불법행위가 성립된다 할 것이다(65다1582,1583).

제10관 사실혼(事實婚)

제1항 의의

사실혼이란 혼인의 의사가 있고, 사회적으로 정당한 혼인관계로 보이는 혼인의 실체가 있으면서도, 혼인신고가 없기 때문에 법률혼으로 인정받지 못하는 부부관계를 말한다.

이는 장차 부부가 되기로 하는 합의만 있고, 부부로써의 실체가 없는 약혼과 구별이 되며, 부부가 될 의사도 없는 사통(私通)과도 구별하여야 한다. 「민법」에는 규정이 없지만 판례가 인정하는 혼인의 일종이다.

제2항 성립요건

1. 혼인의사의 존재

주관적 요건으로는 혼인의 의사가 있어야 한다. 혼인의 의사란 사회적·관습적으로 정당시되는 부부관계를 맺을 의사를 말한다.

객관적 요건으로는 부부로서의 생활의 실체가 있어야 한다. 보호할 가치가 있는지 여부에 따라 사실혼과 사통을 구별할 수 있을 것이다. 보호가치가 없는 경우로는 근친혼(近親婚) 있다. 그러나 재혼금지기간(再婚禁止期間) 안의 사실혼이나 부모의 동의를 얻지 아니한 사실혼의 경우에는 사실혼으로 인정할 수 있을 것이다.

일반적으로 약혼은 특별한 형식을 거칠 필요 없이 장차 혼인을 체결하려는 당사자 사이의 합의가 있으면 성립하는 데 비하여, 사실혼은 주관적으로는 혼인의 의사가 있고, 또 객관적으로는 사회통념상 가족질서의 면에서 부부공동생활을 인정할 만한 실체가 있는 경우에 인정된다(98므961).

청구인과 피청구인 사이의 간헐적인 정교관계만으로는 비록 그들 사이에 자식이 태어났다 하더라도 서로 혼인의사의 합치가 있었다고 보여지지 아니할뿐더러 혼인생활의 실체가 존재한다고 보여지지 아니하여 사실상의 혼인과계가 성립되었다고는 볼 수 없다(84므45).

2. 혼인의 실체형성

사실혼은 당사자 사이에 혼인할 의사가 있고, 객관적으로도 사회관념상 가족질서적인 면에서 부부공동생활을 인정할 만한 혼인생활의 실체가 있으면 일단 성립하는 것이고, 비록 우리 법제가 일부일처주의(一夫一妻主義)를 채택하여 중혼(重婚)을 금지하는 규정을 두고 있다고 하더라도, 이를 위반한 때를 혼인무효사유로 규정하지 않고 단지 혼인취소의 사유로만 규정하고 있는 까닭에 중혼에 해당하는 혼인이라 하더라도 취소되기 전까지는 유효하게 존속하는 것이고, 이는 중혼적 사실혼이라 하여 달리 볼 것은 아니다.

또한 중혼적 사실혼관계일지라도 법률혼인 전(前) 혼인이 사실상 이혼상태에 있다는 등의 특별한 사정이 있다면, 법률혼에 준하는 보호를 할 필요가 있을 수 있다(2009다64161).

제3항 사실혼의 효과

1. 부부공동생활의 효과

부부 사이의 동거・부양・정조 및 협조의무가 인정되고, 부부간의 일상가사대리권 및 일상가사의 범위 안에서는 부부의 연대책임에 관한 규정도 준용된다. 제3자의 불법행위로 인한 손해배상을 청구함에 있어 배우자는 위자료도 함께 청구할 수 있다.

2. 자(子)에 대한 효과

사실혼 중에 태어난 자는 혼인외의 출생자가 된다. 아버지의 인지(認知)가 없으면 자는 모의 성과 본을 따른다.

3. 혼인신고를 전제로 하는 법률상의 효과

사실혼에도 혼인신고를 전제로 하지 않는 것은 법률혼을 유추적용 한다. 다만, 혼인신고를 전제로 하는 친족관계, 중혼문제, 성년의제 및 재산상속에 관하여는 민법의 규정이 적용될 수 없다.

가족관계등록에 변경이 없으므로 친족관계가 생기지 않으며, 사실혼 중의 사람이 다시 혼인을 하더라도 중혼(重婚)이 되지 않는다. 미성년자가 혼인을 하였다고 하여 성년의제(成年擬制)가 적용될 수 없으며, 자(子)는 혼외자(婚外子)가 된다. 그리고 재산상속권이 인정되지 않는다. 상속권이 인정되지는 않지만 특별연고자에 대한 분여제도(分與制度)는 이 경우에 효용성이 있을 것이다(민법 제1057조).

자의 양육자지정청구가 허용되는 경우는 이혼 당사자의 신청에 의하거나 혼인의 무효 또는 취소의 판결 당시 그 당사자의 신청이 있는 경우만으로 한정이 되어 있고, 그 외의 사실혼관계나 일시적인 정교관계로 출생한 자의 생모가 그 자의 생부를 상대로 양육자지정청구를 할 수 있는 법률상 근거가 없어 현행법상 이는 허용되지 아니한다(79므3).

4. 기타의 효과

어느 쪽의 재산인지 분명하지 아니한 재산은 공유(共有)로 추정한다. 「주택임대차보호법」은 사실혼 배우자에게 임차권 및 채권적 전세권(미등기전세권)의 승계(상속)를 인정하고 있다. 「공무원연금법」, 「군인연금법」, 「형사보상법」, 「근로기준법」, 「국민연금법」, 「고용보험법」, 「산업재해보상보험법」 등에서는 사실상 혼인관계에 있던 사람을 배우자로 인정하고 있다.

제4항 사실혼의 해소

1. 해소의 원인

사실혼은 당사자의 사망, 사실혼 해소의 합의, 혼인신고 및 한쪽 당사자의 일방적 파기 등으로 인하여 해소된다.

일방적 파기의 경우에는 책임 있는 사람의 상대방은 손해배상과 재산분할을 청구할 수 있다는 것이 대법원의 태도이다. 그러나 이혼 후의 자(子)의 양육(養育)에 관하여 규정하고 있는 「민법」 제837조를 유추적용(類推適用)하는 문제에 대하여는 부정적이다.

2. 해소의 효과

사실혼이라 함은 당사자 사이에 혼인의 의사가 있고, 객관적으로 사회관념상으로 가족질서적인 면에서 부부공동생활을 인정할 만한 혼인생활의 실체가 있는 경우이므로 법률혼에 대한 민법의 규정 중 혼인신고를 전제로 하는 규정은 유추적용 할 수 없다고 할 것이나, 부부재산의 청산의 의미를 갖는 재산분할에 관한 규정은 부부의 생활공동체라는 실체에 비추어 인정되는 것이므로, 사실혼관계에도 준용 또는 유추적용 할 수 있다고 할 것이다(94므1379,1386).

일반적으로 결혼식(또는 혼례식)이라 함은 특별한 사정이 없는 한 혼인할 것을 전제로 한 남녀의 결합이 결혼으로서 사회적으로 공인되기 위하여 거치는 관습적인 의식이라고 할 것이므로, 당사자가 결혼식을 올린 후 신혼여행까지 다녀온 경우라면 단순히 장래에 결혼할 것을 약속한 정도인 약혼의 단계는 이미 지났다고 할 수 있으나, 이미 부부공동생활을 하기에까지 이르지 못하였다면 사실혼으로서도 아직 완성되지 않았다고 할 것이다.

그러나 이와 같이 사실혼으로 완성되지 못한 경우라고 하더라도 통상의 경우라면 부부공동생활로 이어지는 것이 보통이고, 또 그 단계에서의 남녀 간의 결합의 정도는 약혼과는 확연히 구별되는 것으로서 사실혼에 이른 남녀 간의 결합과 크게 다를 바가 없다고 할 것이므로, 이러한 단계에서 일방 당사자에게 책임 있는 사유로 파탄에 이른 경우라면 다른 당사자는 사실혼의 부당파기에 있어서와 마찬가지로 책임 있는 일방 당사자에 대하여 그로 인한 정신적인 손해배상을 구할 수 있다고 할 것이다(98므961).

사실혼관계 당사자 이외의 제3자가 사실혼 파기에 가담한 경우에는 그 제3자에게는 불법행위로 인한 손해배상책임이 있다(69므37).

제5항 사실상혼인관계존재확인 청구

사실혼관계에 있으면서 한쪽 당사자가 혼인신고에 협력하지 않는 경우에 상대방은 가정법원에 조정을 신청할 수 있고, 조정이 성립하지 않는 때에는 사실상 혼인관계존재확인청구를 할 수 있다. 그러나 혼인을 강제하는 이 제도가 어떤 실익이 있는지는 의문이다.

사실혼관계에 있던 당사자 일방이 사망하고 난 후 과거의 사실혼관계 존부확인청구를 하는 경우에 동 청구가 신분관계 존부확인청구의 일종이라는 점에서 친생자관계 존부확인청구에 관한 「민법」 제865조와 인지청구에 관한 제863조의 규정을 유추해석 하여야 하므로 그러한 소제기의 제척기간에 관한 규정도 유추적용 되어야 할 것이다(81므76). 따라서 "사망한 사실을 안 날로부터 2년 안에 검사를 상대로 그 확인을 청구여야 한다."고 해석하고 있는 것이다.

제3절 부모와 자

제1항 혼인중의 출생자

1. 친생추정을 받는 자(子)

처가 혼인 중에 포태한 자는 부의 자로 추정한다. 혼인성립의 날로부터 200일 후 또는 혼인관계 종료의 날로부터 300일 내에 출생한 자는 혼인 중에 포태한 것으로 추정한다(제844조). 여기의 포태(胞胎)는 임신을 뜻한다.

이를 다시 정리하면 혼인신고를 한 날로부터 200일 후부터 혼인이 종료한 날로부터 300일까지 사이에 태어난 자(子)는 부(父)의 자(子)로 추정(推定)을 받는다.

이 추정은 강력한 추정이다. 따라서 이를 뒤집기 위해서는 강력한 반증(反證)이 있을 때만 가능하다고 할 것이나 우리 법원은 반증조차도 허용하지 아니하려는 태도를 취하고 있다. 이 추정을 깨뜨릴 수 있는 반증이 있는 경우에는 뒤에서 살피게 될 친생부인의 소로만 가능하다.

「민법」 제844조 제1항에 의한 친생자관계의 추정은 그 부부의 한쪽이 장기간에 걸쳐 해외에 있거나 사실상의 이혼으로 부부가 별거하고 있는 경우 등 동서(同棲)의 결여로 처가 부의 자를 포태할 수 없는 것이 외관상 명백한 경우에만 미치지 않을 뿐, 부부가 동거를 하고 있는 이상 그 부가 생식불능(生殖不能)이라고 하더라도 그 추정은 유지된다.

타인의 친생자로 추정되는 자에 대하여는 친생부인의 소에 의하여서만 그 친생자관계를 부인할 수 있으므로, 그에 대한 친생부인의 심판이 확정되기 전에는 아무도 인지를 할 수 없고, 가사 그에 대한 친생자관계부존재확인심판이 확정되어 있다 하더라도 그 심판의 기판력에 의하여 위 추정이 번복되지 아니하므로, 그에 대한 인지청구의 소는 부적법하다(서울고법 91르483).

친생추정을 규정한 「민법」 제844조의 규정은 가정의 평화를 유지하기 위한 규정이므로 가정이 유지되고 있는 한 예외 없이 적용되어야 하나, 당해 가정이 이미 파탄되어 위 규정의 목적 기반이 상실된 경우라면 부부의 동서(同棲)의 결여, 혈액형 배치의 경우뿐만 아니라, 나아가 유전자형 배치의 경우에도 친생추정의 효력은 미치지 않는다고 보아야 한다(서울가법 94드61780).

「민법」 제844조 제1항의 친생자추정의 규정, 즉 혼인중 처가 포태한 자에 대한 부의 자로서의 친생추정은 다른 반증을 허용하지 않는 강한 추정이므로, 처가 혼인 중에 포태한 이상 예외적인 사유가 없는 한 아무도 그 자가 부의 친생자가 아님을 주장할 수 없고, 이와 같은 추정을 번복하기 위하여는 부 측에서 제846조, 제847조가 규정하는 친생부인의 소를 제기하여 그 확정판결을 받아야 하며, 친생부인의 소의 방법이 아닌 제865조 소정의 친생자관계부존재확인의 소의 방법에 의하여 그 친생자관계의 부존재확인을 구하는 것은 부적법하다는 것이라는 원심의 이유설시는 정당하다(91므566).

제846조(자의 친생부인) 부부의 일방은 제844조의 경우에 그 자가 친생자임을 부인하는 소를 제기할 수 있다.

제847조(친생부인의 소) ① 친생부인의 소는 부(夫) 또는 처(妻)가 다른 일방 또는 자(子)를 상대로 하여 그 사유가 있음을 안 날부터 2년 내에 이를 제기하여야 한다.
② 제1항의 경우에 상대방이 될 자가 모두 사망한 때에는 그 사망을 안 날로부터 2년 내에 검사를 상대로 하여 친생부인의 소를 제기할 수 있다.

제844조(부의 친생자의 추정) ① 처가 혼인 중에 출생한 자는 부(夫)의 자(子)로 추정한다.
② 혼인성립의 날로부터 200일 후 또는 혼인관계 종료의 날로부터 300일 내에 출생한 자는 혼인 중에 포태한 것으로 추정한다.

2. 친생자관계존부확인의 소(자의 추정을 받지 못하는 자)

> 제865조(다른 사유를 원인으로 하는 친생관계존부확인의 소) ① 제845조, 제846조, 제848조, 제850조, 제851조, 제862조와 제863조의 규정에 의하여 소를 제기할 수 있는 자는 다른 사유를 원인으로 하여 친생자관계존부의 확인의 소를 제기할 수 있다.
> ② 제1항의 경우에 당사자 일방이 사망한 때에는 그 사망을 안 날로부터 2년 내에 검사를 상대로 하여 소를 제기할 수 있다.
> (제소권자)
> 제845조(법원에 의한 부의 결정) : 재혼한 여자가 해산한 경우의 당사자
> 제846조(자의 친생부인) : 부부의 일방
> 제848조(성년후견과 친생부인의 소) : 부모가 피성년후견인인 경우의 성년후견인
> 제850조(유언에 의한 친생부인) : 부 또는 처의 유언집행자
> 제851조(부의 자 출생 전 사망 등과 친생부인) : 사망한 부 또는 처의 직계존속·직계비속
> 제862조(인지에 대한 이의의 소) : 자 기타 이해관계인
> 제863조(인지청구의 소) : 자, 그의 직계비속 또는 법정대리인

「민법」 제844조는 친생자(혼인중의 출생자)에 관하여 ① 처가 혼인 중에 포태한 자는 부의 자로 추정한다. ② 혼인성립의 날로부터 200일 후 또는 혼인관계 종료의 날로부터 300일 내에 출생한 자는 혼인 중에 포태한 것으로 추정한다고 규정하고, 제846조 이하에 그 추정을 받는 경우의 친생부인의 소를 규정하고 있으나, 위 제844조는 부부가 동거하여 처가 부의 자를 포태할 수 있는 상태에서 자를 포태한 경우에 적용되는 것이고, 부부의 한쪽이 장기간에 걸쳐 해외에 나가 있거나 사실상의 이혼으로 부부가 별거하고 있는 경우 등 동서(同棲)의 결여로 처가 부의 자를 포태할 수 없는 것이 외관상 명백한 사정이 있는 경우에는 그 추정이 미치지 않는다고 할 것이다.

이 사건에 있어서 청구인의 주장에 의하면 피청구인의 모인 청구외 ○○○이 위에서와 같은 이유로 가출을 하여 그때부터 청구인과 별거하였고, 별거한지 약 2년 2개월 후에 피청구인을 출산하였다는 것이므로, 이와 같은 경우에는 위에서 설시한 바와

같이 위 제844조의 추정이 미치지 아니하고, 따라서 친자관계부존재확인청구소송을 제기할 수 있다고 보아야 할 것이다(1983. 7. 12.선고 82므59).

여기서 말하는 "동서(同棲)"는 부부가 한 집에 살면서 성교를 하는 것을 뜻한다. 대법원이 지금까지 인정하는 친생자추정의 예외사유, 즉 친생자추정이 미치지 않는 사유는 ① 부부 한쪽이 장기간 해외체류를 하였거나, ② 사실상 이혼상태에서 장기간 별거를 한 경우뿐이다.

이 두 경우에 해당하는 때에는 "친생부인의 소"가 아닌 "친생자관계부존재확인의 소"에 의하여 부(父)의 친생자가 아님을 확인할 수 있다.

제3자가 타인 사이에 친자관계가 존재하지 않는 것을 주장하고 그 확인을 구하는 소를 제기할 수 있음은 그 부존재를 확정함에 관하여 법률상의 이익이 있는 경우라야 할 것이고, 이와 같은 이익이 있으려면 그 타인 사이에 친자관계의 존재하지 아니함을 확정함으로 인하여 자기의 권리관계에 직접의 이해관계가 미치는 경우라야 할 것인데, 본건에 있어서 보면 청구인은 그 성씨관계를 바로잡기 위한다는 것으로서 이는 청구인이 즉시 그 확인을 구함에 관하여 이익을 가졌다 할 수 없다(76므3).

당사자가 양친자관계를 창설할 의사로 친생자출생신고를 하고 거기에 입양의 실질적 요건이 모두 구비되어 있다면 그 형식에 다소 잘못이 있더라도 입양의 효력이 발생하고, 양친자관계는 파양에 의하여 해소될 수 있는 점을 제외하고는 법률적으로 친생자관계와 똑같은 내용을 갖게 되므로, 이 경우의 허위의 친생자출생신고는 법률상의 친자관계인 양친자관계를 공시하는 입양신고의 기능을 발휘하게 되는 것이며, 이와 같은 경우 파양에 의하여 양친자관계를 해소할 필요가 있는 등 특별한 사정이 없는 한 그 호적(현행 가족관계등록) 기재 자체를 말소하여 법률상 친자관계를 부인하게 하는 친생자관계부존재확인청구는 허용될 수 없는 것이다(2001. 5. 24.선고 2000므1493).

3. 친생부인(親生否認)의 소

부부의 일방은 제844조의 경우에 그 자가 친생자임을 부인하는 소를 제기할 수 있다(제846조). "제844조의 경우"라고 함은 "자(子)가 혼인신고의 날로부터 200일 이후에 태어났고, 혼인이 해소된 날로부터 300일 이내에 태어난 자(子)"가 자신의 아들이나 딸이 아니라는 사실을 증명할 수 있을 때에는 소를 제기할 수 있다는 의미이다.

친생부인의 소는 부(夫) 또는 처(妻)가 다른 일방 또는 자(子)를 상대로 하여 그 사유가 있음을 안 날로부터 2년 내에 이를 제기하여야 한다. 이 경우에 상대방이 될 자(者)가 모두 사망한 때에는 그 사망을 안 날부터 2년 내에 검사를 상대로 하여 친생부인의 소를 제기할 수 있다(제847조).

피청구인들의 생부(生父)가 이미 사망한 상태에서 피청구인들의 생모와 재혼한 계부(繼父)가 당시 7세, 4세에 불과한 피청구인들을 친자식처럼 기르기로 합의하고 친생자로 출생신고 하였다면, 그 의사(意思) 속에는 법률상 친자관계 이상의 관계를 맺으려는 의사, 적어도 양친자관계(養親子關係)를 창설하려는 의사가 당연히 포함되었다고 볼 수 있고, 그 의사는 위 출생신고에 의하여 확실하게 표시되었으며, 친자적인 공동생활관계가 계속됨으로써 더 확고하게 보증되었다고 할 것이므로, 입양 당사자 사이에 입양의사의 합치가 있고, 입양의 다른 실질적 요건도 갖추어진 것으로 보이는 이 사건에 있어서 위 출생신고는 형식에 있어 다소 잘못이 있더라도 입양신고로서의 기능을 발휘한다고 할 것이어서 계부와 피청구인들 사이에는 양친자관계가 존재한다고 할 것이고, 양친자관계를 해소할 필요가 있는 등의 특별한 사정이 없는 한 그 호적기재 자체를 말소하여 법률상 친자관계의 존재를 부정하게 되는 이 사건 친생자관계부존재확인청구는 확인의 이익이 없어 부적법하다고 할 것이다(89므1108).

여기서 말하는 "계부"는 의붓아버지를 뜻하고, "호적"은 "가족관계등록부"를 말한다. 무효인 출생신고를 유효한 입양신고로 보았다. 민법총칙에서 말하는 "무효인 법률행위의 전환"에 해당한다.

부부의 한쪽이 장기간에 걸쳐 해외에 나가 있거나 사실상의 이혼으로 부부가 별거하고 있는 경우 등 동서의 결여로 처가 부의 자를 포태(胞胎)할 수 없는 외관상 명백한 사정이 있는 경우를 제외하고는 처가 혼인 중에 포태한 자는 부의 자로 추정된다고 할 것인바, 이 사건에 있어서 기록에 의하여 살펴보면 청구인과 청구외인은 법률상 부부인 신분관계를 가지고 동서(同棲)하던 중 피청구인을 포태하여 출산한 사실을 인정하기에 충분하므로 피청구인은 청구인의 친생자로 추정된다 할 것이고, 이러한 경우 청구인이 그 친생을 부인하려면 「민법」 제846조, 제847조에 규정한 친생부인의 소에 의하여야 하고, 제865조 제1항에 규정한 친생자관계부존재확인심판을 구할 수 없다 할 것이며, 이와 같은 친생부인의 출소기간 2년이라 함은 자의 출생을 안 날로부터 기산하는 것이고, 그 자가 자기의 아들이 아님을 안 여부와는 관계가 없다 할 것이다(87므73).

4. 부(父)를 정하는 소

재혼한 여자가 해산(解産)한 경우에 제844조의 규정에 의하여 자의 부를 정할 수 없는 때에는 법원이 당사자의 청구에 의하여 이를 정한다(제845조).

모가 재혼한 뒤에 출생한 자(子)의 부(父)를 정할 수 없는 경우에 부를 결정하는 소송이다. 자가 청구하는 경우에는 그 상대방은 모·모의 배우자 및 전배우자, 모가 청구하는 때에는 배우자 및 전배우자, 배우자가 청구하는 때에는 모와 전배우자, 전배우자가 청구하는 때에는 모와 현배우자가 상대방이 된다.

제2항 혼인외의 출생자

혼인외의 출생자란 혼인관계가 없는 남녀 사이에서 출생한 자를 말한다. 사실혼관계·부첩관계(夫妾關係)·사통관계(私通關係)·무효혼(無效婚)인 경우의 자가 여기에 해당한다.

부를 알 수 없는 자는 모의 성과 본을 따른다. 부모를 알 수 없는 자는 법원의 허가를 받아 성과 본을 창설한다. 다만, 성과 본을 창설한 후 부 또는 모를 알게 된 때에는 부 또는 모의 성과 본을 따를 수 있다(제781조 제2항·제3항).

혼인외의 출생자는 그 생부나 생모가 인지(認知)할 수 있다. 부모의 혼인이 무효인 때에는 출생자는 혼인외의 출생자로 본다. 혼인외의 출생자는 부모가 혼인한 때에는 그때로부터 혼인중의 출생자로 본다(제855조).

혼인외의 출생자와 생모 간에는 그 생모의 인지나 출생신고를 기다리지 않고 자의 출생으로 당연히 법률상의 친족관계가 생긴다고 해석함이 타당하다(67다1791). 그러나 기아(버려진 아이)의 경우에는 이 판례를 적용할 수 없다.

제3항 인지(認知)

1. 의의

인지라고 함은 혼인외의 출생자를 그의 생부 또는 생모가 자기의 자라고 인정하는 가족법상의 행위를 말한다. 인지에는 임의인지와 강제인지가 있다.

2. 임의인지

1) 인지자와 피인지자

혼인외의 출생자는 그 생모 또는 생부가 인지할 수 있다(제855조 제1항). 아버지가 피성년후견인인 경우에는 성년후견인의 동의를 받아야 인지할 수 있다(제856조). 자가 사망한 후에도 그 직계비속이 있는 때에는 인지할 수 있다(제857조). 부는 포태중(胞胎中)에 있는 자에 대하여도 인지할 수 있다(제858조). 인지는 유언으로도 할 수 있다(제859조 제2항).

2) 인지의 방식

인지는 「가족관계의 등록 등에 관한 법률」의 정하는 바에 의하여 신고함으로써 그 효력이 생긴다. 유언에 의한 인지는 유언집행자가 이를 신고하여야 한다(제859조).

혼인외의 자와 부와의 친생자관계는 부의 인지에 의하여서만 발생하는 것이므로 혼인외의 출생자인 피청구인이 청구인의 친생자로서의 신분을 취득하려면 청구인의 인지가 있어야 하고, 그 인지가 있었다는 자료가 없는 한 법률상 청구인과 피청구인 사이의 친생자관계는 생기지 않는 것이라 할 것이다(84므73).

3) 인지의 무효 및 취소

인지의 무효는 당연무효이므로 확인의 소이다. 따라서 다른 소송에서 선결문제로도 그 확인을 구할 수 있다고 해석된다.

사기·강박 또는 중대한 착오로 인하여 인지를 한 때에는 사기나 착오를 안 날 또는 강박을 면한 날로부터 6월내에 가정법원에 그 취소를 청구할 수 있다(제861조).

자 기타 이해관계인은 인지의 신고 있음을 안 날로부터 1년 내에 인지에 대한 이의의 소를 제기할 수 있다(제862조). 부 또는 모가 사망한 때에는 그 사망을 안 날로부터 2년 내에 검사를 상대로 하여 인지에 대한 이의의 소를 제기할 수 있다(제864조).

생부의 인지 없이 생모에 의해 임의로 생부의 출생신고 되었다는 것을 이유로 한 인지무효확인의 확정심판은 생부 스스로 자를 그의 친자로 인정하여 출생신고를 한 바 없는데도 생모에 의해 그러한 행위를 한 것처럼 호적상 기재가 되어 있으니, 그 출생신고에 의한 임의인지가 무효임을 확인하는 것이 심판대상임이 명백하고, 따라서 그 기판력(旣判力) 역시 생부의 출생신고에 의한 임의인지가 무효라는 점에 한하여 발생할 뿐이며, 나아가 생부와 자 사이에 친생자관계가 존재하는지 여부에 대해서까지 그 확정심판의 효력이 미치는 것은 아니므로, 그 확정심판의 효력은 자와 생부 사이에 친생자관계가 존재함을 전제로 하여 재판상 인지를 구하는 청구에는 미치지 아니한다(98므1698).

3. 강제인지(인지청구의 소)

1) 의의

자와 그 직계비속 또는 그 법정대리인은 부 또는 모를 상대로 하여 인지청구의 소를 제기할 수 있다(제863조). 이 경우 부 또는 모가 사망한 때에는 그 사망을 안 날로부터 2년 내에 검사를 상대로 하여 인지청구의 소를 제기할 수 있다(제864조).

인지청구의 소는 확인의 소라고 이해하는 것이 대법원의 입장이다(67다1791). 따라서 이 판결에 터 잡은 인지신고는 보고적 신고이다. 보고적 신고는 창설적 신고와는 달리 신고를 하지 않더라도 그 효력은 발생한다.

2) 소의 절차

인지청구의 소를 제기하기 위해서는 먼저 가정법원에 조정을 신청하여야 한다. 조정이 성립되는 경우에는 조정을 신청한 당사자가 1개월 이내에 그 조정조서를 첨부하여 인지신고를 하여야 한다. 조정이 성립하지 아니한 때에는 제소신청을 할 수 있고, 그 소가 확정되어 인지가 성립되는 때에는 역시 당사자가 1개월 이내에 재판의 등본과 확정증명서를 첨부하여 인지신고를 하여야 한다.

인지청구권은 본인의 일신전속적인 신분관계상의 권리로서 포기할 수도 없으며, 포기하였더라도 그 효력이 발생할 수 없는 것이고, 이와 같이 인지청구권의 포기가 허용되지 않는 이상 거기에 실효(失效)의 법리가 적용될 여지가 없다(2001므1353). 즉 부 또는 모를 상대로 하는 인지청구권의 행사기간에는 제한이 없다.

4. 인지의 효과

1) 친자관계의 소급효

인지는 그 자의 출생시에 소급하여 효력이 생긴다. 그러나 제3자의 취득한 권리를 해하지 못한다(제860조). 여기의 제3자에는 피인지자보다 후순위상속인은 포함되지 않는다.

「민법」 제860조는 인지의 소급효는 제3자가 이미 취득한 권리에 의하여 제한 받는다는 취지를 규정하면서, 다시 제1014조에서 상속개시 후의 인지 또는 재판의 확정에 의하여 공동상속인이 된 자가 그 상속분에 상응한 가액의 지급을 청구할 권리가 있다고 규정하여 위 제860조 소정의 제3자의 범위를 제한하고 있는 취지에 비추어볼 때, 혼인외의 출생자가 부의 사망 후에 인지의 소에 의하여 그 친생자로 인지 받은 경우 피인지자보다 후순위상속인인 피상속인의 직계존속 또는 형제자매 등은 피인지자의 출현과 함께 자신이 취득한 상속권을 소급하여 잃게 되는 것으로 보아야 하고, 그것이 제860조 단서의 규정에 따라 인지의 소급효 제한에 의하여 보호받게 되는 제3자의 기득권에 포함된다고 볼 수 없다 할 것이다(92다48512).

2) 피인지자의 성과 본

혼인외의 출생자가 인지된 경우 자는 부모의 협의에 따라 종전의 성과 본을 계속 사용할 수 있다. 다만, 부모가 협의할 수 없거나 협의가 이루어지지 아니하는 경우에는 자는 법원의 허가를 받아 종전의 성과 본을 계속 사용할 수 있다(제781조 제5항).

3) 과거의 양육비청구권

어떠한 사정으로 인하여 부모 중 한쪽만이 자녀를 양육하게 된 경우에, 그와 같은 일방에 의한 양육이 그 양육자의 일방적이고 이기적인 목적이나 동기에서 비롯한 것이라거나 자녀의 이익을 위하여 도움이 되지 아니하거나 그 양육비를 상대방에게 부담시키는 것이 오히려 형평에 어긋나는 등 특별한 사정이 있는 경우를 제외하고는, 양육하는 일방은 상대방에 대하여 현재 및 장래에 있어서의 양육비 중 적정금액의 분담을 청구할 수 있음은 물론이고, 부모의 자녀 양육의무는 특별한 사정이 없는 한 자녀의 출생과 동시에 발생하는 것이므로, 과거의 양육비애 대하여도 상대방이 분담함이 상당하다고 인정되는 경우에는 그 비용의 상환을 청구할 수 있다고 보아야 할 것이다(1994. 5. 13.선고 92스21).

4) 상속권

상속개시 후의 인지 또는 재판의 확정에 의하여 공동상속인이 된 자가 상속재산의 분할을 청구할 경우에 다른 공동상속인이 이미 분할 기타 처분을 한 때에는 그 상속분에 상당한 가액의 지급을 청구할 권리가 있다(제1014조).

(인지청구의 소장)

소　　장

원　고　성명 강 ○ ○
주민등록번호 000000-0000000
주소 경기도 00군 00면 00리 00
등록기준지 서울 00구 00동 000-00
위 원고는 미성년자이므로 그 법정대리인
친 권 자　어머니 강 ○ ○
주민등록번호 000000-0000000
주소 및 등록기준지는 원고와 같은 곳
전화 010-0000-0000

피 고 성명 안○○
주민등록번호 000000-0000000
주소 서울 00구 00동 00-0
등록기준지 서울 00구 00동 00-0

인지청구의 소

청 구 취 지

1. 피고는 원고를 인지한다.
2. 소송비용은 피고의 부담으로 한다.
라는 판결을 구합니다.

청 구 원 인

1. 원고는 사건외 강선자와 피고 사이의 사통에 의하여 태어났고, 위 강선자는 원고를 혼인외의 자로 출생신고를 하였습니다.
2. 위 강선자는 피고가 법률상 배우자 있는 자라는 사실을 알지 못하였으므로 피고와 혼인을 전제로 사실혼관계를 맺고 원고를 출산하였던 것이나, 원고를 출산한 뒤에 비로소 피고에게 법률상의 배우자가 있다는 사실을 알게 되었던 것입니다.
3. 따라서 원고의 신분관계를 명확히 해 둘 필요가 있으므로 이 청구를 하기에 이르렀습니다.

입증자료 및 첨부서류

1. 가족관계증명서(원고 및 법정대리인) 1통.
1. 주민등록등본(원고) 1통.
1. 출산증명서 1통.
1. 가족관계증명서(피고) 1통.

1. 주민등록등본(피고) 1통.
1. 소장 부본 1통.
1. 송달료납부서 1통.

2013. . .

위 원고 강 ○ ○
원고는 미성년자이므로 법정대리인 어머니 강 ○ ○ (인)

서울 ○○지방법원 귀중

* 수입인지는 20,000원이며, 송달료는 당사자의 수×12회분×3,250원이다. 법정대리인은 당사자가 아니므로 이 소장의 당사자는 2명이다.
* 소장은 피고의 보통재판적, 즉 피고의 주소지를 관할하는 지방법원 또는 지원에 제출한다.
* 소장 부본은 상대방의 수만큼 붙인다.
* 상대방이 될 피고가 사망한 경우에는 검사를 상대로 소를 제기하며, 이때의 관할법원은 피고의 마지막 주소지를 관할하는 법원이다. 소송비용은 국가가 부담한다.

제4항 준정(準正)

혼인외의 출생자는 그 부모가 혼인한 때에는 그 때로부터 혼인 중의 출생자로 본다(제855조 제2항). 이를 준정이라고 한다. 준정은 인지와는 달리 부모가 혼인신고를 한 때부터 장래에 향하여 혼인 중의 출생자로 되므로 소급효가 없다.

제5항 친생자관계존부확인의 소

1. 법률의 규정

제845조(법원에 의한 부의 결정), 제846조(자의 친생부인), 제848조(성년후견과 친

생부인의 소), 제850조(유언에 의한 친생부인), 제851조(부의 자 출생 전 사망과 친생부인), 제862조(인지에 대한 이의의 소)와 제863조(인지청구의 소)의 규정에 의하여 소를 제기할 수 있는 자는 다른 사유를 원인으로 하여 친생자관계존부의 확인의 소를 제기할 수 있다. 이 경우에 당사자 일방이 사망한 때에는 그 사망을 안 날로부터 2년 내에 검사를 상대로 하여 소를 제기할 수 있다(제865조).

2. 소의 청구권자

이 소는 "친생자관계존재확인의 소"와 "친생자관계부존재확인의 소"가 있다. 이들 소의 청구권자는 부(父)·부의 후견인·부의 유언집행자·부의 직계존속·부의 직계비속, 모, 자·자의 법정대리인·자의 직계비속·자의 직계비속의 법정대리인 및 이해관계인이다. 이해관계인은 소의 이익이 있는 사람을 말한다.

3. 소의 상대방

자가 친생자관계의 존부확인을 구하는 때에는 그 상대방이 부모가 됨은 당연하다. 그러나 자가 부 또는 모 중 어느 한쪽만을 상대로 확인을 구할 때는 한쪽만이 상대방으로 된다. 이 경우에 그 상대방이 되어야 할 부나 모가 사망한 때에는 검사가 상대방이 된다. 부모가 자를 상대로 확인을 구하는 경우에는 부모가 공동소송인이 되어야 한다.

친자관계부존재확인의 소는 생존하고 있는 부모 및 자를 공동피고로 하여 그들 사이에 합일적으로 확정하여야 할 필요적 공동소송이다(70므1). 이 경우는 제3자가 소송을 제기하는 경우이다. 제3자가 이 소를 제기하려면 소의 이익이 있어야 한다는 점에 관하여는 앞에서 검토하였다.

4. 소의 절차 및 효력

이 소는 제척기간이 없다. 다만, 상대방이 될 당사자가 모두 사망한 때에는 그 사실을 안 때로부터 2년 안에 검사를 상대로 소를 제기하여야 한다. 이 소의 효력은 제3자에게도 미친다.

(친생자관계부존재확인청구의 소장)

소 장

원 고 성명 김 ○ ○
주민등록번호 000000-0000000
주소 서울 00구 00동 000-00
등록기준지 경기도 00군 00읍 00리 00
전화번호 02)0000-0000, 010-0000-0000

피 고 성명 양 ○ ○
주민등록번호 000000-0000000
주소 서울 00구 00동 00 대원연립 20동 302호
등록기준지 서울 관악구 신림2동 000-00
전화번호 010-0000-0000

친생자관계부존재확인의 소

청 구 취 지

1. 원고는 피고의 친생자가 아님을 확인한다.
2. 소송비용은 피고의 부담으로 한다.

라는 판결을 구합니다.

청 구 원 인

1. 원고는 가족관계등록부에 원고의 친생부(아버지)인 청구외 김길수와 피고 사이에 태어 난 자로 등록이 되어 있으나, 사실은 위 김길수와 생모인 청구외 김명자 사이에 태어났습니다.
2. 그런데 원고의 생부와 생모는 동성동본이었으므로 원고가 태어날 당시의 법

률에 의하면 혼인신고를 할 수 없었고, 따라서 원고에 대하여 출생신고를 하지 못하다가 피고가 위 김길수와 혼인신고를 한 뒤에 출생신고만을 위 김길수 및 피고 사이에 출생한 자인 것처럼 하였을 뿐 당사자들 사이에 양자를 하기로 하는 합의가 없었으며, 현재도 그와 같은 신분관계는 형성되어 있지 않습니다.

3. 따라서 원고로서는 피고와는 친생자관계가 없음을 확인받아 신분관계를 실제 관계와 맞게 정리할 필요가 있으므로 이 청구를 하게 되었습니다.

입증자료 및 첨부서류

1. 가족관계등록부(원고 및 피고) 각 1통.
1. 주민등록등본(원고 및 피고) 각 1통.
1. 소장 부본 1통.
1. 송달료납부서 1통.

2014. . .

위 원고 김 한 수 (인)

서울 ○○지방법원 귀중

* 인지대(수입인지)는 20,000원이며, 송달료는 당사자의 수×12회분×3,250원이다.

* 소장 부본은 상대방의 수만큼 붙인다.

* 당사자(부 · 모, 자)가 아닌 제3자가 청구하는 경우에는 당장 확인할 필요가 있어야 한다. 즉 소의 이익이 없는 제3자는 확인의 소를 제기할 수 없다.

* 소장은 상대방의 주소지를 관할하는 지방법원(또는 지원)에 제출한다.

제4절 양자(養子)

제1항 양자제도의 이해

양자란 친생자라는 혈연관계가 없는 자를 법률상 혈연관계가 있는 것으로 의제함으로써 인위적으로 친자간계를 창설하는 것을 말한다. 양자는 과거 가(家)의 대를 잇게 할 목적으로 이용하던 제도였으나 현대적 의미는 자의 복리를 위한 제도로 변화하는 추세에 있다.

「아동복지법」에 따른 요보호아동의 입양에 관하여는 「입양특례법」이 입양의 조건 등을 규정하고 있으며, 이 법에 의하여 입양된 아동은 친양자와 동일한 자격을 취득하도록 하고 있다.

친양자는 뒤에서 살펴보기로 하고 여지서는 일반적인 양자에 관하여 다루며, 법문에 충실하게 “양자”라고만 표기한다.

제2항 입양의 실질적 요건

1. 당사자의 합의

양자가 성립하기 위해서는 당사자 사이에 친자관계를 성립시키려는 의사의 합치가 있어야 한다. 이 합의는 절대적인 요건이다. 따라서 당사자는 모두 의사능력이 있어야 한다. 「민법」은 13세 이상의 미성년자에게는 입양에 관하여 의사능력을 인정하고 있다.

피성년후견인은 성년후견인의 동의를 받아야 입양을 할 수 있고, 양자가 될 수 있다(제873조 제1항). 배우자가 있는 사람은 배우자와 공동으로 입양하여야 한다(제874조 제1항).

입양이 개인간의 법률행위임에 비추어 보면 부부는 공동입양이라고 하여도 부부 각자에 대하여 별개의 입양행위가 존재하여 부부 각자와 양자 사이에 각각 양친자관계가 성립한다고 할 것이므로, 부부의 공동입양에 있어서도 부부 각자가 양자와의 사이에 민법이 규정한 입양의 일반요건을 갖추는 이외에 나아가 위와 같은 부부공동입양의 요건을 갖추어야 하는 것으로 풀이함이 상당하다(97므25).

당사자가 입양의 의사로 친생자출생신고를 하고 거기에 "입양의 실질적 요건"이 모두 구비되어 있다면 그 형식에 다소 잘못이 있더라도 입양의 효력이 발생하고, 양친자관계는 파양에 의하여 해소될 수 있는 점을 제외하고는 법률적으로는 친생자관계와 똑같은 내용을 갖게 되므로, 이 경우 허위의 출생자신고는 법률상의 친자관계인 양친자관계를 공시하는 입양신고의 기능을 발휘한다.

그리고 입양의 실질적 요건이 구비되어 있다고 하기 위해서는 입양의 합의가 있을 것, 15세 미만 자는 법정대리인의 대락(代諾)이 있을 것, 양자는 양부모의 존속(尊屬) 또는 연장자(年長者)가 아닐 것 등 「민법」 제883조 각 호 소정의 입양무효사유가 없어야 함은 물론 감호(監護)·양육 등 양친자로서의 신분적 생활사실이 반드시 수반되어야 한다(2009므2321).

「민법」 제883조 제1호의 입양무효의 사유인 "당사자 간에 입양의 합의가 없는 때"라 함은 당사자 간에 실제로 양친자로서의 신분적 생활관계를 형성할 의사를 가지고 있지 아니한 경우를 말하므로, 입양신고가 형식상 호적상으로만 형식적으로 입양한 것처럼 가장하기로 하여 이루어진 것일 뿐 당사자 사이에 실제로 양친자로서의 신분적 생활관계를 형성한다는 의사의 합치가 없었던 것이라면 이는 당사자 간에 입양의 합의가 없는 때에 해당하여 무효라고 보아야 한다(2003므2411).

2. 양자에 관한 요건

1) 대낙입양(代諾入養)

양자가 될 사람이 13세 미만인 경우에는 법정대리인이 그를 갈음하여 입양을 승낙한다(제869조 제2항). 이를 "대낙입양"이라고 한다.

2) 양자 될 자에 대한 동의

양자가 될 미성년자는 ① 13세 이상이어서 법정대리인의 동의를 받았거나 13세 미만이어서 법정대리인이 승낙한 경우, ② 부모 모두가 친권상실의 선고를 받은 경우, ③ 부모의 소재를 알 수 없는 등의 사유로 동의를 받을 수 없는 경우가 아니면 부모의 동의를 받아야 한다. 이 동의는 가정법원의 입양허가가 있기 전에는 철회할 수 있다(제870조).

양자가 될 사람이 성년인 경우 부모의 동의를 받아야 한다. 다만, 부모의 소재를 알 수 없는 등의 사유로 동의를 받을 수 없는 경우 등에는 그러하지 아니하다(제871조 제1항).

3) 양자 될 자가 부부인 경우

배우자가 있는 사람은 배우자와 공동으로 입양하여야 한다. 배우자 있는 사람은 그 배우자의 동의를 받아야만 양자가 될 수 있다(제874조). 이를 위반하면 입양취소사유가 된다.

4) 존속(尊屬) · 연장자(年長者)의 입양금지

존속이나 연장자를 입양할 수 없다(제877조). 이를 위반한 입양은 무효가 된다.

「민법」은 존속 또는 연장자를 양자로 하지 못하도록 규정하고 있을 뿐 소목지서(昭穆之序)를 요구하고 있지는 아니하므로 위법하다고 할 수 없고, 사후양자가 소목지서에 어긋나는 것이 우리의 종래의 관습에 어긋난다고 하여도 민법은 위와 같이 양자의 요건을 완화하고 있으므로 이것이 공서양속(公序良俗)에 위반되어 무효라고 할 수 없다(90므347).

원래 소목지서는 신주(神主)를 사당(祠堂)에 모시는 순서를 의미하던 말이나 여기서는 양자로 될 사람은 양친이 될 사람과 같은 항렬(行列)에 있는 남계혈족(男系血族)의 남자이어야 한다는 구 관습을 뜻한다.

3. 양친(養親)에 관한 요건

배우자가 있는 사람은 배우자와 공동으로 입양하여야 한다(제874조 제1항). 양친은 모두 성년자이어야 한다(제884조 제1호). 성년일 것을 위반한 경우에는 입양의 취소사유가 된다.

4. 법원의 허가 등

1) 미성년양자

미성년자를 입양하려고 하는 사람은 가정법원의 허가를 받아야 한다. 가정법원은 양자가 될 미성년자의 복리를 위하여 그 양육 상황, 입양의 동기, 양부모의 양육능력 그 밖의 사정을 고려하여 입양의 허가를 하지 아니할 수 있다(제867조).

가정법원은 법정대리인이 정당한 이유 없이 동의 또는 승낙을 거부하는 경우(다만, 법정대리인이 친권자인 때에는 부모가 3년 이상 자녀에 대한 부양의무를 이행하지 아니한 경우, 부모가 자녀를 학대 또는 유기하거나 그 밖에 자녀의 복리를 현저히 해친 경우에 한한다) 및 법정대리인의 소재를 알 수 없는 사유 등으로 동의 또는 승낙을 받을 수 없는 경우에는 동의나 승낙이 없더라도 입양의 허가를 할 수 있다(제869조 제3항).

가정법원은 부모가 3년 이상 자녀에 대한 부양의무를 이행하지 아니하는 경우 및 부모가 자녀를 학대 또는 유기하거나 그 밖에 자녀의 복리를 현저히 해친 경우에는 부모가 동의를 거부하더라도 입양을 허가할 수 있다(제871조 제2항).

2) 성년양자

양자가 될 사람이 성년인 경우에, 가정법원은 부모가 정당한 이유 없이 동의를 거부하는 경우에 양부모가 될 사람이나 양자가 될 사람의 청구에 따라 부모의 동의를 갈음하는 심판을 할 수 있다. 이 경우에 가정법원은 부모를 심문하여야 한다(제871조 제2항).

제3항 입양의 형식적 요건

입양은 「가족관계의 등록 등에 관한 법률」에 따라 신고함으로써 효력이 생긴다(제878조). 외국에서 입양신고를 하는 경우에는 그 외국에 있는 대사, 공사 또는 영사에게 신고할 수 있다(제882조, 제814조).

친생자로 출생신고를 한 것은 입양신고로서의 기능을 발휘한다고 할 것이므로, 따라서 파양에 의하여 양친자관계를 해소할 필요가 있는 등 특별한 사정이 없는 한 호적의 기재를 말소하여 법률상 친자관계를 부정하게 되는 이 사건 친자관계부존재확인의 소는 확인의 이익이 없는 것으로서 부적법하다(1994. 5. 24.선고 93므119).

제4항 입양의 효력

양자와 양부모 및 그 혈족, 인척 사이의 친계(親系)와 촌수(寸數)는 입양한 때로부터 혼인 중의 출생자와 동일한 것으로 본다. 양자의 배우자, 직계비속과 그 배우자는 양자의 양가(養家) 친계를 기준으로 하여 촌수를 정한다(제772조).

「민법」 제776조는 "입양으로 인한 친족관계는 입양의 취소 또는 파양으로 인하여 종료한다."라고 규정하고 있을 뿐 "양부모의 이혼"을 입양으로 인한 친족관계의 종료 사유로 들고 있지 않고, 구관습시대에는 오로지 가계계승(家系繼承)을 위하여만 양자관계가 인정되었기 때문에 입양을 할 때 처는 전혀 입양의 당사자가 되지 못하였으므로, 양부모가 이혼하여 양모가 부의 가를 떠났을 때에는 입양 당사자가 아니었던 양모와 양자의 친족관계가 소멸하는 것은 논리상 가능하였으나, 처를 부와 함께 입양당사자로 하는 현행 민법 아래에서는(1990. 1. 13. 개정 전 민법 제874조 제1항은 "처가 있는 자는 공동으로 함이 아니면 양자를 할 수 없고, 양자가 되지 못한다."고 규정하였고, 개정 후 현행 「민법」 제874조 제1항은 "배우자 있는 자가 양자를 할 때에는 배우자와 공동으로 하여야 한다."고 규정하고 있다.) 부부공동입양제가 되어 처도 부와 마찬가지로 입양당사자가 되기 때문에, 양부모가 이혼하였다고 하여 양모를 양부와 다르게 취급하여 양모자관계만 소멸한다고 볼 수는 없는 것이다(2001. 5. 24. 선고 2000므1493).

제5항 입양의 무효와 취소

입양의 무효는 처음부터 효력이 생기지 않는다. 그러나 입양의 취소는 소급효가 없다. 입양이 무효 또는 취소된 경우에는 책임 있는 상대방은 손해배상의 책임이 있다(제897조).

1. 입양의 무효원인(제883조)

① 당사자 사이에 입양의 합의가 없는 경우
② 가정법원의 허가를 받지 아니한 미성년자 및 피성년후견인의 입양

③ 법정대리인의 승낙이 없는 13세 미만자의 입양

④ 존속 또는 연장자를 입양한 경우

2. 입양의 취소원인(제884조)

① 미성년자가 양친이 된 경우

② 법정대리인의 동의를 받지 아니한 13세 이상의 자에 대한 입양

③ 가정법원이 법정대리인의 소재불명 등을 이유로 그의 동의나 승낙을 받을 수 없다고 판단하여 입양허가를 하였으나, 법정대리인의 동의 또는 승낙이 가능하였던 경우

④ 미성년자가 부모의 동의를 받지 아니한 채 양자가 된 경우

⑤ 성년자가 부모의 동의를 받지 아니한 채 양자가 된 경우

⑥ 피성년후견인이 성년후견인의 동의 없이 입양을 하거나 양자가 된 경우

⑦ 부부공동입양을 위반한 경우

⑧ 배우자의 동의 없이 양자가 된 경우

⑨ 입양 당시에 양자나 양부모 중 악질(惡疾) 또는 그 밖에 중대한 사유가 있음을 알지 못한 경우

⑩ 입양의 의사표시가 사기 또는 강박에 의한 경우

제6항 파양(罷養)

1. 협의에 의한 파양

양부모와 양자는 협의하여 파양할 수 있다. 다만, 양자가 미성년자 또는 피성년후견인인 경우에는 그러하지 아니하다(제898조). 파양은 신고함으로써 효력이 생긴다(제904조).

파양이 사기 또는 강박으로 인한 때에는 사기를 안 날 또는 강박을 면한 날로부터 6월 이내에 가정법원에 그 취소를 청구할 수 있다(제904조).

2. 재판에 의한 파양

1) 파양의 원인(제905조)

① 양부모가 양자를 학대 또는 유기하거나 그 밖에 양자의 복리를 현저히 해친 경우

② 양부모가 양자로부터 심히 부당한 대우를 받은 경우

③ 양부모나 양자의 생사가 3년 이상 분명하지 아니한 경우

④ 그 밖에 양친자관계를 계속하기 어려운 중대한 사유가 있는 경우

2) 파양청구권의 단기소멸

파양청구권은 위 파양사유 중 ③의 경우를 제외하고는 그 사유가 있음을 안 날로부터 6월, 그 사유가 있었던 날로부터 3년이 지나면 소멸한다(제907조).

3. 파양의 효과

파양으로 인하여 입양으로 맺어진 친족관계는 장래에 향하여 소멸한다. 따라서 양자와 양친 사이의 양육·상속·친권 관계는 소멸하고, 양자가 미성년자인 경우에는 친생부모의 친권은 부활한다. 그리고 책임 있는 상대방에 대한 손해배상도 청구할 수 있다.

제5절 친양자(親養子)

제1관 친양자제도의 이해

친양자제도는 기존의 양자제도에 비하여 양자의 요건을 강화하여 양자가 되는 미성년자의 복리를 고려하였다는 점이 특색 중의 하나이다. 또한 친양자가 될 수 있는 사람을 미성년자로 한정하였고, 기존의 양자제도에 비하여 법원이 관여하는 범위를 더 확대하였다는 점도 특징이라고 할 수 있다.

그리고 「가족관계의 등록 등에 관한 법률」에서 친양자에 관한 정보를 공개함에 있어 그 공개의 범위를 확장한 것도 특색이 있다.

친양자에 관하여 규정하지 아니한 사항에 관하여는 그 성질이 허용하는 범위에서 기존 양자에 관한 규정을 준용하도록 하였다(제908조의8).

제2관 친양자 입양의 요건

① 3년 이상의 혼인중인 부부로서 공동으로 입양할 것. 다만, 1년 이상 혼인중인 부부의 한쪽이 그 배우자의 친생자를 친양자로 하는 경우에는 그러하지 아니하다.

② 친양자가 될 사람이 미성년자일 것

③ 친양자가 될 사람의 친생부모가 친양자 입양에 동의할 것. 다만, 부모가 친권상실을 받거나 소재를 알 수 없거나 그 밖의 사유로 동의할 수 없는 경우에는 그러하지 아니하다.

④ 친양자가 될 사람이 13세 이상인 경우에는 법정대리인의 동의를 받아 입양을 승낙할 것

⑤ 친양자가 될 사람이 13세 미만인 경우에는 법정대리인이 그를 갈음하여 입양을 승낙할 것

다만, 위 ③, ④ 및 ⑤의 경우에는 다음 중 어느 하나에 해당하면 가정법원은 동의 또는 승낙이 없어도 친양자 입양청구를 인용할 수 있다(제908조의2 제1항 · 제2항).

ⓐ 법정대리인이 정당한 이유 없이 동의 또는 승낙을 거부하는 경우. 다만, 법정대리인이 친권자인 경우에는 ② 또는 ③의 사유가 있어야 한다.

ⓑ 친생부모가 자신에게 책임 있는 사유로 3년 이상 자녀에 대한 부양의무를 이행하지 아니하고 면접교섭을 하지 아니한 경우

ⓒ 친생부모가 자녀를 학대 또는 유기하거나 그 밖에 자녀의 복리를 현저히 해친 경우

가정법원은 친양자로 될 자의 복리를 위하여 그 양육 상황, 친양자 입양의 동기, 양친의 양육능력 그 밖의 사정을 고려하여 친양자 입양이 적당하지 아니하다고 인정되는 경우에는 그 청구를 기각할 수 있다(제908조의2 제3항).

제3관 친양자 입양의 효과

친양자는 부부의 혼인 중 출생자로 본다. 친양자의 입양 전의 친족관계는 입양이 확정된 때에 종료한다. 다만, 부부의 일방이 그 배우자의 친생자를 단독으로 입양한 경우에 있어서의 배우자 및 그 친족과 친생자 사이의 가족관계는 그러하지 아니하다(제908조의3 제1항 · 제2항).

제4관 친양자 입양의 취소

친양자로 될 사람의 친생의 아버지 또는 어머니는 자신에게 책임이 없는 사유로 인하여 동의를 할 수 없었던 경우 친양자 입양의 사실을 안 날로부터 6개월 안에 가정법원에 친양자 입양의 취소를 청구할 수 있다. 친양자 입양에는 제883조(입양무효의 원인) 및 제884조(입양취소의 원인)의 규정은 적용하지 않는다(제908조의4).

친양자 입양이 취소된 때에는 친양자관계는 소멸하고, 입양 전의 친족관계는 부활한다. 친양자 입양의 취소의 효력은 소급하지 않는다(제908조의7).

제5관 친양자의 파양(罷養)

양친, 친양자, 친생의 부 또는 모나 검사는 ① 양친이 친양자를 학대 또는 유기하거나 그 밖에 친양자의 복리를 현저히 저해하는 때, ② 친양자의 양친에 대한 패륜행위(悖倫行爲)로 인하여 친양자관계를 유지시킬 수 없게 된 때 중 어느 하나에 해당하는 때에는 가정법원에 친양자의 파양을 청구할 수 있다. 제898조(협의상 파양) 및 제905조(재판상 파양의 원인)의 규정은 친양자의 파양에 이를 적용하지 않는다(제908조의5).

친양자 입양이 파양된 때에는 친양자관계는 소멸하고, 입양 전의 친족관계는 부활한다(제908조의7 제1항).

제6절 친권(親權)

제1관 의의

친권이라고 함은 부모가 미성년인 자를 보호·교양하는 권리·의무를 말한다. 민법은 이를 권리라고 규정하고는 있지만 사실은 의무적인 요소가 더 많고, 더 중요하므로 권리이자 의무라고 정의되는 것이 일반적이다.

친권에는 미성년인 자의 신분과 재산상에 미치는 영향이 크므로 친권을 행사하는 부모는 행위능력자이어야 한다. 따라서 제한능력자는 원칙적으로 친권자가 되지 못한다.

제2관 친권자

제1항 법정(法定)의 친권자

부모는 미성년자인 자의 친권자가 된다. 양자(養子)의 경우에는 양부모가 친권자가 된다. 친권은 부모가 혼인중인 때에는 부모가 공동으로 행사한다. 그러나 부모의 의견이 일치하지 아니하는 경우에는 당사자의 청구에 의하여 가정법원이 이를 정한다. 부모 중 일방이 친권을 행사할 수 없을 때에는 다른 일방이 이를 행사한다(제909조 제1항·제2항·제3항).

제2항 가정법원의 지정에 의한 친권자

혼인외의 자가 인지된 경우와 부모가 이혼하는 경우에는 부모의 협의로 친권자를 정하여야 하고, 협의할 수 없거나 협의가 이루어지지 아니하는 경우에는 가정법원은 직권으로 또는 당사자의 청구에 따라 친권자를 지정하여야 한다. 다만, 부모의 협의가 자의 복리를 위반하는 경우에는 가정법원은 보정을 명하거나 직권으로 친권자를 정한다. 가정법원은 혼인의 취소, 재판상 이혼 또는 인지청구의 소의 경우에는 직권으로 친권자를 정한다. 가정법원은 자의 복리를 위하여 필요하다고 인정되는 경우에는 자의 4촌 이내의 친족의 청구에 의하여 정하여진 친권자를 다른 일방으로 변경할 수 있다(제909조 제4항 · 제5항 · 제6항).

제3관 친권에 따르는 자(子)

친권에 따르는 자는 원칙적으로 미성년인 자이다. 즉 19세 미만의 자가 여기에 해당한다. 다만, 18세의 자라도 혼인한 경우에는 성년으로 간주되므로 부모의 친권에 복종하지 않는다.

제4관 친권의 내용

제1항 신분에 관한 권리 · 의무

1. 보호 · 교양에 관한 권리 · 의무

친권자는 자를 보호하고 교양하여야 할 권리 · 의무가 있다(제913조). 보호 · 교양의무라고 함은 미성년인 자에 대한 포괄적인 권리 · 의무를 말하는 것이다. 이로부터 여러 가지의 구체적인 권리와 의무가 친권자에게 부여된다.

「민법」 제750조에 대한 특별규정인 제755조 제1항에 의하여 책임능력 없는 미성년자를 감독할 법정의 의무 있는 자가 지는 손해배상책임은 그 미성년자에게 책임이 없음을 전제로 하여 이를 보충하는 책임이고, 그 경우에 감독의무자 자신이 감독의무를 게을리 하지 아니하였음을 입증하지 아니하면 책임을 면할 수 없는 것이나, 반면에 미성년자가 책임능력이 있어 그 스스로 불법행위책임을 지는 경우에도 그 손해가 당해 미성년자의 감독의무자의 의무위반과 상당인과관계가 있으면 감독의무자는 일반불법행위자로서 손해배상책임이 있다고 할 것이다(93다13605).

이와 관련하여 우리 법원은 미성년자에게 책임능력(불법행위에 대한 책임능력)이 있다고 하더라도 감독의무자의 책임은 사실상 무과실책임으로 운용하고 있다.

2. 거소지정권

자는 친권자가 지정한 장소에서 거주하여야 한다(제914조). 「민법」은 거소지정권이라고 표현하고 있지만, 사실은 미성년인 자의 보호・양육에 유해한 환경을 피하여야 할 친권자의 의무적인 요소가 더 강조되어야 할 것이다.

3. 징계권

친권자는 그 자를 보호 또는 교정하기 위하여 필요한 징계를 할 수 있고, 법원의 허가를 얻어 감화(感化) 또는 교정기관(矯正機關)에 위탁할 수 있다(제915조). 여기의 감화・교정기관에 해당하는 것으로는 법무부 산하 보호관찰소 등이 될 것이다. 징계권의 행사가 지나친 경우에는 친권의 남용이 문제될 수 있다.

4. 자(子)의 자(子)에 대한 친권대행

친권자는 그 친권에 따르는 자를 갈음하여 그 자에 대한 친권을 행사한다(제910조). 손자에 대한 친권을 행사할 수 있다는 뜻이다. 자(子)가 혼인한 경우에는 성년으로 보게 되므로, 제910조가 적용될 수 있는 경우는 자가 혼인외의 자를 출산한 때가 될 것이다.

5. 신분상의 대리권・동의권

친권을 행사하는 부 또는 모는 미성년인 자의 법정대리인이 된다(제911조). 법정대리권과 동의권은 일반적으로 적용되지만 가족법에서는 특별한 규정이 있는 경우에만 대리권이 허용된다.

「민법」이 가족법상의 대리권을 규정하고 있는 것으로는 친생부인의 소(제847조), 인지청구의 소(제863조), 입양대낙(제869조), 입양의 취소(제885조・제886조), 파양청구(제906조) 등이 있다.

제2항 재산에 관한 권리 · 의무

1. 재산의 관리

자가 자기의 명의로 취득한 재산은 그 특유재산으로 하고, 법정대리인인 친권자가 이를 관리한다(제916조). 친권자가 그 자에 대한 법률행위의 대리권 또는 재산관리권을 행사함에는 자기의 재산에 관한 행위와 동일한 주의를 하여야 한다(제922조).

여기서 말하는 "자기의 재산에 관한 행위와 동일한 주의"는 일반적으로 말하는 주의의무, 즉 추상적 경과실책임을 묻는 주의의무보다는 가벼운 주의를 뜻한다.

2. 재산관리권의 제한

무상으로 자에게 재산을 수여한 제3자가 친권자의 관리에 반대하는 의사를 표시한 때에는 친권자는 그 재산을 관리하지 못한다. 이 경우에 제3자가 재산관리인을 지정하지 아니한 때에는 법원은 재산의 수여를 받은 자 또는 제777조의 규정에 의한 친족(8촌 이내의 혈족, 4촌 이내의 인척 및 그 배우자)의 청구에 의하여 관리인을 선임한다. 제3자가 지정한 관리인의 권한이 소멸하거나 관리인을 개임할 필요가 있는 경우에 제3자가 다시 관리인을 지정하지 아니한 때에도 같다(제918조).

법정대리인인 친권자가 자의 재산에 관하여 대리권을 행사함에 있어 자의 행위를 목적으로 하는 채무를 부담할 경우에는 본인의 동의를 얻어야 한다(제920조).

친권자의 재산관리권이 종료한 때에는 위임의 종료에 관한 규정을 준용한다(제919조). 법정대리인인 친권자의 권한이 소멸한 때에는 그 자의 재산에 대한 관리의 계산을 하여야 한다(제923조 제1항).

3. 자의 재산으로부터의 과실취득(果實取得)

법정대리인인 친권자의 재산관리에 관한 권한이 소멸하여 자의 재산에 대한 관리의 계산을 하는 경우에 그 자의 재산으로부터 수취한 과실은 그 자의 양육 및 재산관리의 비용과 상계한 것으로 본다. 그러나 무상으로 재산을 수여한 제3자가 반대의 의사를 표시한 때에는 그 재산에 관하여는 그러하지 아니하다(제923조 제2항).

제5관 이해상반행위

제1항 이해상반행위의 이해

법정대리인인 친권자와 그 자 사이에 이해상반 되는 행위를 함에는 친권자는 법원에 그 자의 특별대리인의 선임을 청구하여야 한다. 법정대리인인 친권자가 그 친권에 따르는 수인(數人)의 자 사이에 이해상반 되는 행위를 함에는 법원에 그 자 일방의 특별대리인의 선임을 청구하여야 한다(제921조).

이해상반 되는 행위는 ① 친권자에게는 이익이 되지만 미성년의 자에게는 불이익이 되는 행위, ② 친권에 따르는 여러 명의 자 중에서 일부의 자에게는 이익이 되고, 다른 자에게는 불이익이 되는 행위를 말한다. 이와 관련한 대법원의 태도는 비록 친권에 따르는 미성년의 자에게는 불이익이 되더라도, 친권자 또는 친권에 복종하는 다른 자에게만 이익이 되지 않는다면 이해상반의 행위가 아니라고 보는 것으로 해석된다.

「민법」 제921조의 이해상반행위란 행위의 객관적 성질상 친권자와 그 자 사이 또는 친권에 복종하는 수인의 자 사이에 이해의 대립이 생길 우려가 있는 행위를 가리키는 것으로서, 친권자의 의도나 그 행위의 결과 실제로 이해의 대립이 생겼는지 여부는 묻지 아니하는 것이다(96다10270).

법정대리인인 친권자와 그 자 사이의 이해상반의 유무는 전적으로 그 행위 자체를 객관적으로 관찰하여 판단하여야 할 것이지, 그 행위의 동기나 연유를 고려하여 판단하여야 할 것은 아니다(2001다65960).

친권자가 미성년자와 이해상반 되는 행위를 특별대리인에 의하지 않고 한 경우에는 특별한 사정이 없는 한 그 행위는 무효이다(2010두27189).

제2항 이해상반행위에 해당하는 사례

상속재산에 대하여 그 소유의 범위를 정하는 내용의 공동상속재산 분할협의는 그 행위의 객관적 성질상 상속인 상호간의 이해의 대립이 생길 우려가 없다고 볼 만한 특별한 사정이 없는 한 이해상반 하는 행위에 해당된다(2007다17482).

제3항 이해상반행위에 해당하지 않는 사례

법정대리인인 친권자가 부동산을 미성년자인 자에게 명의신탁 하는 행위는 친권자와 사이에 이해상반 되는 행위에 속한다고 볼 수 없으므로, 이를 특별대리인에 의하여 하지 아니하였다고 하여 무효라고 볼 수는 없다(97다4005).

이 경우는 「부동산실권리자등기명의 등에 관한 법률」에 의하여 명의신탁에 의한 등기는 무효이고, 그 소유권은 명의수탁자인 자에게 귀속된다. 설령 명의신탁이 무효가 아닐지라도 자에게 손해가 되는 행위라고 볼 수는 없을 것이다.

「민법」 제124조의 자기계약 또는 쌍방대리라고 하더라도 친권에 복종하는 미성년자에게 이익만이 있는 경우에는 자기계약이나 쌍방대리가 되는 경우에도 유효하다고 해석하여야 할 것이다(81다649).

자기계약은 가령 미성년자 甲의 재산을 매도함에 있어 미성년자의 법정대리인인 친권자 乙이 매수인이 되어 甲과 乙 사이의 매매계약을 체결하는 경우를 말하고, 쌍방대리는 제3자 甲의 재산을 미성년자 丙이 매수함에 있어 법정대리인인 친권자 乙이 양쪽을 대리하는 것을 의미한다. 이는 원칙적으로 무효이다.

<u>성년이 되어 친권자의 친권에 복종하지 아니하는 자와 친권자의 친권에 복종하는 미성년인 자 사이에 이해상반 되는 경우에는 친권자는 미성년자인 자를 위한 법정대리인으로 그 고유의 권리를 행사할 수 있을 것</u>이므로, 그러한 친권자의 법률행위는 이해상반행위에 해당한다고 할 수 없다(75다2340).

미성년자의 친권자인 모가 자기 오빠의 제3자에 대한 채무의 담보로 미성년자 소유의 부동산에 근저당권을 설정하는 행위가 채무자를 위한 것으로서 미성년자에게는 불이익만을 주는 것이라고 하더라도, 「민법」 제921조 제1항에 규정된 “법정대리인인 친권자와 그 자 사이에 이해상반 되는 행위”라고 볼 수 없을 것이다(91다32466).

이 판례는 친권자의 이러한 행위가 친권남용에도 해당하지 않는다고 보았다. 그러나 찬성하기는 어렵다.

제4항 특별대리인의 선임

실무상으로는 친권자가 이해상반의 행위를 이유로 특별대리인 선임을 신청함에 있어서는 친권자가 특별대리인으로 선임되어야 할 사람을 추천하고 있다. 법원이 이 추전에 구속되는 것은 아니지만 특별한 사정이 없는 경우에는 대부분 추천된 사람을 특별대리인으로 선임하고 있다. 결국 특별대리인은 친권자와 같은 사람이라고 보아도 지나치지 않다.

특별대리인 1인이 수인의 미성년자를 대리하여 상속재산분할협의를 하였다면 이는 「민법」 제921조에 위반된 것으로서, 이러한 대리행위에 의하여 성립된 재산분할협의는 피대리자의 전원에 의한 추인이 없는 한 무효이다(94다6680). 즉 특별대리인은 미성년자마다 각각 선임하여야 한다.

(특별대리인 선임심판청구)

특 별 대 리 인 선 임 심 판 청 구

청 구 인　박 ○○(전화번호 : 010-0000-0000)
주소　00도 00군 00면 00리 00
주민등록번호　000000-2000000
등록기준지　00도 00군 00면 00리 00

사건본인　홍 ○○
주소　00도 00군 00면 00리 00
주민등록번호　000000-1000000
등록기준지　00도 00군 00면 00리 00

청 구 취 지

청구인은 사건본인과 공동상속인으로서 망 홍 ○○ 소유의 별지 목록에 적힌 부동산을 협의분할 함에 있어 사건본인의 특별대리인으로 서울 00구 00동 00-0 홍 ○○을 선임한다. 라는 심판을 구합니다.

청 구 원 인

청구인은 사건본인 홍 ○○의 어머니로서 청구인의 남편이자 사건본인의 아버지인 홍 ○○의 사망으로 인하여 청구인과 사건본인은 공동상속인이 되었는바, 별지 목록에 적은 부동산을 협의분할 함에 있어 사건본인이 미성년자이므로 청구인과 사건본인은 이해가 상반되는 법률행위입니다. 따라서 민법 제921조에 의하여 사건본인을 위한 특별대리인으로 사건본인의 작은아버지인 홍 ○○을 선임하여 주시기 바랍니다.

특별대리인의 추천 홍○○
주소 : 서울 00구 00동 00-0
관계 : 사건본인의 숙부

첨 부 서 류

1. 기본증명서(망 홍○○) 1통.
1. 가족관계증명서(청구인 및 사건본인) 1통.
1. 가족관계기록사항증명서(망 홍○○) 1통.
1. 주민등록등본(청구인 및 사건본인 1통, 대리인 1통) 각1통.
1. 부동산등기부등본 1통.
1. 송달료납부서 1통.
1. 신원증명서(특별대리인) 1통.

2014. . .

위 청구인 박 ○○ (인)

○○ 지방법원 귀중

부동산의 표시
1. 서울 성동구 성수동1가 00-000 대 2525㎡ 2. 위 지상 벽돌조 슬래브지붕 2층 단독주택 지층 720㎡ 1층 850㎡ 2층 850㎡

* 피상속인이 2007. 12. 31. 이전에 사망한 경우에는 기본증명서 대신 "제적등본"을 붙인다.
* 인지대는 사건본인마다 5,000원을, 송달료는 10회분이므로 32,500원을 예납한다.
* 부동산등기부등본은 이해상반에 해당하는 것만을 붙이면 된다.
* 관할법원은 사건본인의 주소지이다.
* 미성년자가 여러 명이면 미성년자마다 특별대리인을 선임하여야 한다는 점은 앞에서 설명하였다. 이 경우에 특별대리인도 각각 다른 사람이어야 한다.
* 어떤 사람이 특별대리인이 되어야 하는지에 관하여는 법률에는 아무런 규정이 없다. 그러나 미성년자와 인적(人的) 관계가 전혀 없는 사람을 추천하는 것은 허용되지 않는다고 해석하여야 할 것이다.
* 이 청구에 대하여는 서류의 심사만으로 결정을 하게 되며, 재산분할의 협의를 언제까지 하여야 한다는 제한은 없다.

제6관 친권 · 재산관리권의 소멸 및 상실

제1항 친권의 소멸

친권이 소멸하는 사유로는 자의 사망·실종, 자의 혼인과 자가 성년이 되는 때, 자가 다른 가(家)에 양자가 된 때, 어떤 사유로 부모의 한쪽만이 친권자로 된 때 및 친권자가 사망(실종선고 포함)하거나 친권상실선고를 받은 때 등이 있다.

제2항 친권의 상실

부 또는 모가 친권을 남용하거나 현저한 비행 기타 친권을 행사시킬 수 없는 중대한 사유가 있는 때에는 제777조의 규정에 의한 사람(8촌 이내의 혈족, 4촌 이내의 인척 및 그 배우자) 또는 검사의 청구에 의하여 그 친권의 상실을 선고할 수 있다(제924조).

친권은 미성년인 자의 양육과 감호(監護) 및 재산관리를 적절히 함으로써 그의 복리를 확보하기 위한 부모의 권리이자 의무의 성격을 갖는 것으로서 「민법」 제924조에 의한 친권상실선고사유의 해당 여부를 판단함에 있어서도 이와 같이 친권의 목적이 결국 자녀의 복리보호에 있다는 점이 판단의 기초가 되어야 할 것이고, 설사 친권자에게 간통 등 어떤 비행이 있어 그것이 자녀들의 정서나 교육 등에 악영향을 줄 여지가 있다 하더라도, 친권의 대상인 자녀의 나이나 건강 상태를 비롯하여 관계인들이 처해 있는 여러 구체적 사정을 고려하여 비행을 저지른 친권자를 대신하여 다른 사람으로 하여금 친권을 행사하게 하거나 후견을 행사하게 하는 것이 자녀의 복리를 위하여 보다 낫다고 인정되는 경우가 아니라면, 선불리 친권의 상실을 인정하여서는 안 될 것이다(93스3).

이 사건은 친권자인 모의 상간자(相姦者)가 미성년자들의 아버지를 상대로 현주건조물방화치사죄를 범하였는데, 친권자인 모에 대하여도 방화치사의 공모에 대한 심증은 농후하나 증거불충분을 이유로 간통죄만으로 기소한 형사사건을 저지른 사례이다. 친권상실을 인용한 사례는 찾아보기 어렵다.

제3항 재산관리권의 상실

가정법원은 법정대리인인 친권자가 부적당한 관리로 인하여 자녀의 재산을 위태롭게 한 경우에는 제777조에 따른 자녀의 친족(8촌 이내의 혈족, 4촌 이내의 인척 및 그 배우자) 또는 검사의 청구에 따라 그 법률행위의 대리권과 재산관리권의 상실을 선고할 수 있다(제925조).

미성년자에게 친권자가 없거나 친권자가 법률행위의 대리권과 재산관리권을 행사할 수 없는 경우에는 미성년후견인을 두어야 한다(제928조).

친권과 재산관리권은 구별하여야 한다. 친권은 재산관리권을 포함하지만 재산관리권이 상실되었다고 하여 친권도 상실되는 것은 아니다.

친권자가 자를 대리하는 법률행위는 친권자와 자 사이에 이해상반행위에 해당하지 않는 한, 그것을 할 것인가 아닌가는 자를 위하여 친권을 행사하는 친권자가 자를 둘러 싼 여러 사정을 고려하여 행사할 수 있는 재량에 맡겨진 것으로 보아야 할 것이므로, 이와 같이 친권자가 자를 대리하여 행한 자 소유의 재산의 처분행위에 대해서는 그것이 사실상 자의 이익을 무시하고 친권자 본인 혹은 제3자의 이익을 도모하는 것만을 목적으로 하여 이루어졌다고 하는 등 친권자에게 자를 대리할 권한을 수여한 법의 취지에 현저히 반한다고 인정되는 사정이 존재하지 않는 한, 친권자에 의한 대리권의 남용에 해당한다고 쉽게 단정지울 수 없다 할 것이다(2008다73731).

제4항 대리권 · 재산관리권의 사퇴 및 회복

법정대리인인 친권자는 정당한 사유가 있는 때에는 법원의 허가를 얻어 그 법률행위의 대리권과 재산관리권을 사퇴할 수 있다. 이 경우에 그 사유가 소멸한 때에는 친권자는 법원의 허가를 얻어 사퇴한 권리를 회복할 수 있다(제927조).

제7절 후견(後見)

제1관 의의

후견이라고 함은 어떤 사유로 인하여 자기의 일을 스스로 처리할 수 없는 사람(미성년자 · 피한정후견인 · 피성년후견인 등)을 위하여 그 사람의 신분행위 및 재산행위에 관한 일을 법원의 감독 아래 돌보아주는 제도를 말한다.

후견에 관하여 「민법」이 규정하지 아니한 내용은 그 성질이 유사한 신분행위에 대하여는 친권에 관한 규정을, 재산행위에 대하여는 위임에 관한 규정을 준용하고 있다.

제2관 미성년후견

제1항 후견개시의 사유

미성년자에게 친권자가 없거나 법률행위의 대리권과 재산관리권을 행사할 수 없는 경우에는 미성년후견인을 두어야 한다(제928조).

제2항 후견인

1. 후견인에 관한 사항

1) 후견인의 수

미성년후견인의 수는 한 명으로 한다(제930조 제1항). 그러나 한 명의 후견인이 여러 명의 미성년자를 후견하는 것은 가능하다고 해석된다.

2) 후견인의 선임

미성년자에게 친권을 행사하는 부모는 유언으로 미성년후견인을 지정할 수 있다. 다만, 법률행위의 대리권과 재산관리권이 없는 친권자는 그러하지 아니하다. 가정법원은 위와 같이 미성년후견인이 지정된 경우라도 미성년자의 복리를 위하여 필요하면 생존하는 부 또는 모, 미성년자의 청구에 의하여 후견을 종료하고, 생존하는 부 또는 모를 친권자로 정할 수 있다(제931조).

가정법원은 제931조에 따라 지정된 미성년후견인이 없는 경우에는 직권으로 또는 미성년자, 친족, 이해관계인, 검사, 지방자치단체장의 청구에 의하여 미성년후견인을 선임한다. 미성년후견인이 없게 된 때에도 또한 같다. 가정법원은 친권상실의 선고나 대리권 및 재산관리권상실의 선고에 따라 미성년후견인을 선임할 필요가 있는 경우에는 직권으로 미성년후견인을 선임한다. 친권자가 대리권 및 재산관리권을 사퇴한 경우에는 지체 없이 가정법원에 미성년후견인의 선임을 청구하여야 한다(제932조). 법정후견인제도는 2011년 민법이 개정되면서 삭제되었다.

3) 후견결격자(제937조)

① 미성년자
② 피성년후견인, 피한정후견인, 피특정후견인, 피임의후견인
③ 회생절차개시결정 또는 파산선고를 받은 자
④ 자격정지 이상의 형의 선고를 받고 그 형기(刑期) 중에 있는 사람
⑤ 법원에서 해임된 법정대리인
⑥ 법원에서 해임된 성년후견인, 한정후견인, 특정후견인, 임의후견인과 그 감독인
⑦ 행방이 불분명한 사람
⑧ 피후견인을 상대로 소송을 하였거나 하고 있는 자 또는 그 배우자와 직계혈족

4) 후견인의 사임 및 변경

후견인은 정당한 사유가 있는 때에는 가정법원의 허가를 받아 사임할 수 있다. 이 경우 그 후견인은 사임청구와 동시에 가정법원에 새로운 후견인의 선임을 청구하여야 한다(제939조).

가정법원은 피후견인의 복리를 위하여 후견인을 변경할 필요가 있다고 인정하면 직권으로 또는 피후견인, 친족, 후견감독인, 검사, 지방자치단체의 장의 청구에 의하여 후견인을 변경할 수 있다(제940조).

2. 후견사무의 내용

1) 후견인취임 당시의 사무

후견인은 (취임 후) 지체 없이 피후견인의 재산을 조사하여 2개월 내에 그 목록을 작성하여야 한다. 다만, 정당한 사유가 있는 경우에는 법원의 허가를 받아 그 기간을 연장할 수 있다. 후견감독인이 있는 경우 위 재산조사와 목록작성은 후견감독인의 참여가 없으면 효력이 없다(제941조).

후견인과 피후견인 사이에 채권·채무의 관계가 있고 후견감독인이 있는 경우에 후견인은 재산목록을 작성하기 전에 그 내용을 후견감독인에게 제시하여야 한다. 후견인이 피후견인에 대한 채권이 있음을 알고도 위 제시를 게을리 한 경우에는 그 채권을 포기한 것으로 본다(제942조).

2) 피후견인의 신분에 관한 사무

미성년후견인은 제913조(보호·교양의 권리·의무), 제914조(거소지정권) 및 제915조(징계권)에 규정한 사항에 관하여는 친권자와 동일한 권리와 의무가 있다. 다만, ① 친권자가 정한 교육방법, 양육방법 또는 거소를 지정하는 방법, ② 미성년자를 교정기관이나 감화기관에 위탁하는 경우, ③ 친권자가 허락한 영업을 취소하거나 제한하는 경우에는 미성년후견감독인이 있으면 그의 동의를 받아야 한다(제945조).

3) 피후견인의 재산에 관한 사무

후견인은 피후견인의 재산을 관리하고 그 재산에 관한 법률행위에 대하여 피후견인을 대리한다. 그러나 피후견인의 행위를 목적으로 하는 채무를 부담할 경우에는 본인의 동의를 얻어야 한다(제949조, 제920조 단서).

후견인이 대리행위 또는 미성년자의 행위에 동의를 함에 있어 ① 영업에 관한 행위, ② 금전을 빌리는 행위, ③ 의무만을 부담하는 행우, ④ 부동산 또는 중요한 재산에 관한 권리의 득실변경을 목적으로 하는 행위, ⑤ 소송행위, ⑥ 상속의 승인, 한정승인 또는 포기 및 상속재산의 분할에 관한 협의의 경우에는 후견감독인이 있으면 그의 동의를 받아야 한다(제950조 제1항).

후견감독인의 동의가 필요한 행위에 대하여 후견감독인이 피후견인의 이익이 침해될 우려가 있음에도 동의를 하지 아니하는 경우에는 가정법원은 후견인의 청구에 의하여 후견감독인의 동의를 갈음하는 허가를 할 수 있다. 후견감독인의 동의가 필요한 법률행위를 후견인이 후견감독인의 동의 없이 하였을 때에는 피후견인 또는 후견감독인이 그 행위를 취소할 수 있다(제950조 제2항·제3항).

후견인이 피후견인에 대한 제3자의 권리를 양수하는 경우에는 피후견인은 이를 취소할 수 있다. 이 권리의 양수의 경우 후견감독인이 있으면 후견인은 후견감독인의 동의를 받아야 하고, 후견감독인의 동의가 없는 경우에는 피후견인 또는 후견감독인이 이를 취소할 수 있다(제951조).

제950조 및 제951조의 경우에는 제15조(제한능력자의 상대방의 확답을 촉구할 권리)를 준용한다(제952조). 따라서 취소원이 있는 때에는 상대방은 피후견인 또는 후견감독인에 대하여 추인 여부의 확답을 최고할 수 있다. 취소는 추인할 수 있는 날로부터 3년, 법률행위를 한 날로부터 10년 안에 하여야 한다.

여기에서의 "추인할 수 있는 날"이라 함은 취소원인이 종료한 후를 의미하므로, 피후견인이 스스로 법률행위를 취소함에 있어서는 피후견인이 능력자가 된 날로부터 3

년 내에 그 취소권을 행사하여야 한다(97다3828).

법원은 후견인의 청구에 의하여 피후견인의 재산상태 기타 사정을 참작하여 피후견인의 재산 중에서 상당한 보수를 후견인에게 수여할 수 있다(제955조). 후견인이 후견사무를 수행하는데 필요한 비용은 피후견인의 재산 중에서 지출한다(제956조).

제681조(수임인의 선관주의의무) 및 제918조(제3자가 무상으로 자에게 제공한 재산의 관리)의 규정은 후견인에게 준용한다(제956조).

3. 후견감독인

미성년후견인을 지정할 수 있는 사람은 유언으로 미성년후견감독인을 지정할 수 있다(제940조의2).

가정법원은 유언에 따라 지정된 미성년후견감독인이 없는 경우에 필요하다고 인정하면 직권으로 또는 미성년자, 친족, 미성년후견인, 검사, 지방자치단체의 장의 청구에 의하여 미성년후견감독인을 선임할 수 있다. 가정법원은 미성년후견감독인의 사망, 결격 그 밖의 사유로 없게 된 경우에는 직권으로 또는 미성년자, 친족, 미성년후견인, 검사, 지방자치단체의 장의 청구에 의하여 미성년후견인을 선임한다(제940조의3). 후견인의 가족은 후견인이 될 수 없다(제940조의5).

후견감독인은 후견인의 사무를 감독하며, 후견인이 없는 경우 지체 없이 가정법원에 후견인의 선임을 청구하여야 한다. 후견감독인은 피후견인의 신상이나 재산에 대하여 급박한 사정이 있는 경우 그의 보호를 위하여 필요한 행위 또는 처분을 할 수 있다. 후견인과 피후견인 사이에 이해가 상반되는 행위에 관하여는 후견감독인이 피후견인을 대리한다(제940조의6).

이 밖에도 후견감독인에게는 위임에 관한 규정과 후견인의 임무에 관한 규정들을 준용한다(제940조의7).

4. 후견의 종료

1) 종료원인

후견은 피후견인의 사망·혼인·성년도달에 의하여 종료한다. 또 피후견인에게 친권자가 있게 되거나 타인의 양자가 된 때에도 후견은 종료한다.

후견인의 사망(실종선고 포함)·사퇴·해임·결격사유의 발생으로 후견인은 후견사무에서 떠난다.

2) 종료의 효과

후견인의 임무가 종료 된 때에는 후견인 또는 그 상속인은 1개월 내에 피후견인의 재산에 관한 계산을 하여야 한다. 다만, 정당한 사유가 있는 경우에는 법원의 허가를 받아 그 기간을 연장할 수 있다. 이 계산은 후견감독인이 있는 경우에는 그가 참여하지 아니하면 효력이 없다(제957조).

후견인이 피후견인에게 지급할 금액이나 피후견인이 후견인에게 지급할 금액에는 계산종료의 날로부터 이자를 부가하여야 한다. 후견인이 자기를 위하여 피후견인의 금전을 소비한 대에는 그 소비한 날로부터 이자를 부가하고, 피후견인에게 손해가 있으면 이를 배상하여야 한다(제968조).

제691조(위임종료시의 긴급처리) 및 제692조(위임종료의 대항요건)의 규정은 후견의 종료에 이를 준용한다(제959조).

제3관 성년후견

제1항 성년후견제도

1. 성년후견개시의 요건

가정법원은 질병, 장애, 노령, 그 밖의 사유로 정신적 제약으로 사무를 처리할 능력이 지속적으로 결여된 사람에 대하여 본인, 배우자, 4촌 이내의 친족, 미성년후견인, 미성년후견감독인, 한정후견인, 한정후견감독인, 특정후견인, 특정후견감독인, 검사 또는 지방자치단체의 장의 청구에 의하여 청년후견개시의 심판을 한다. 가정법원은 성년후견의 심판을 할 때 본인의 의사를 고려하여야 한다(제9조).

2. 피성년후견인의 행위능력

피성년후견인의 법률행위는 취소할 수 있다. 이에도 불구하고 가정법원은 취소할 수 없는 피성년후견인의 법률행위의 범위를 정할 수 있다. 가정법원은 본인, 배우자, 4촌 이내의 친족, 성년후견인, 성년후견감독인, 검사 또는 지방자치단체의 장의 청구에 의하여 법률행위의 범위를 변경할 수 있다. 이상의 규정에도 불구하고 일용품의 구입 등 일상생활에 필요하고 그 대가가 과도하지 아니한 법률행위는 성년후견인이 취소할 수 없다(제10조).

피성년후견인은 자신의 신상에 관하여 그의 상태가 허락하는 범위에서 단독으로 결정한다(제947조의2 제1항).

제2항 성년후견인의 선임 · 변경 · 사임

1. 후견인의 선임

가정법원의 성년후견개시심판이 있는 경우에는 그 심판을 받은 사람의 성년후견인을 두어야 한다(제929조). 성년후견인은 피성년후견인의 신상과 재산에 관한 모든 사정을 고려하여 여러 명을 둘 수 있다. 법인도 성년후견인이 될 수 있다(제930조 제2항 · 제3항). 이 부분은 한정후견 및 특정후견에도 똑같이 적용된다. 미성년후견인은 2명 이상을 둘 수 없고, 법인에게는 후견인의 자격이 주어지지 아니하는 점과는 다르다.

성년후견인은 가정법원이 직권으로 선임한다. 가정법원은 성년후견인이 사망, 결격, 그 밖의 사유로 없게 된 경우에도 직권으로 또는 피성년후견인, 친족, 이해관계인, 검사, 지방자치단체의 장의 청구에 의하여 성년후견인을 선임한다. 가정법원은 성년후견인이 선임된 경우에도 필요하다고 인정되면 직권으로 또는 위 청구권자나 성년후견인의 청구에 의하여 추가로 성년후견인을 선임할 수 있다. 가정법원이 성년후견인을 선임할 때에는 피성년후견인의 의사를 존중하여야 하며, 그 밖에 피성년후견인의 건강, 생활관계, 재산상황, 성년후견인이 될 사람의 직업과 경험, 피성년후견인과의 이해관계의 유무(법인이 성년후견인이 될 때에는 사업의 종류나 내용, 법인이나 그 대표자와 피성년후견인 사이의 이해관계의 유무를 말한다) 등의 사정도 고려하여야 한다(제936조).

2. 후견인의 변경 및 사임

후견인은 정당한 사유가 있는 경우에는 가정법원의 허가를 받아 사임할 수 있다. 이 경우에 후견인은 그 사임청구와 동시에 가정법원에 새로운 후견인의 선임을 청구할 수 있다(제939조).

가정법원은 피후견인의 복리를 위하여 후견인을 병경할 필요가 있다고 인정되면 직권으로 또는 피후견인, 친족, 후견감독인, 검사, 지방자치단체의 장의 청구에 의하여 후견인을 변경할 수 있다(제940조).

제3항 성년후견인의 임무

후견인은 피성년후견인의 법정대리인이 된다. 가정법원은 성년후견인이 가지는 법정대리권을 제한할 수 있다. 가정법원은 성년후견인이 피성년후견인의 신상에 관하여 결정할 수 있는 권한의 범위를 정할 수 있다. 이와 같이 정해진 법정대리인의 권한의 범위가 적절하지 아니하게 된 경우에 가정법원은 본인, 배우자, 4촌 이내의 친족, 성년후견인, 성년후견감독인, 검사 또는 지방자치단체의 장의 청구에 의하여 그 범위를 변경할 수 있다(제938조).

성년후견인이 피성년후견인을 대리하여 피성년후견인이 거주하고 있는 건물 또는 그 대지에 관하여 매도, 임대, 전세권 설정, 저당권 설정, 임대차의 해지, 전세권의 소멸, 그 밖에 이에 준하는 행위를 하는 경우에는 가정법원의 허가를 받아야 한다(제947조의2 제5항).

후견인은 (취임 후) 지체 없이 피후견인의 재산을 조사하여 2개월 내에 그 목록을 작성하여야 한다. 다만, 정당한 사유가 있는 경우에는 법원의 허가를 받아 그 기간을 연장할 수 있다. 후견감독인이 있는 경우 재산조사와 목록작성은 후견감독인의 참여가 없으면 효력이 없다(제941조).

후견인과 피후견인 사이에 채권·채무관계가 있고, 후견감독인이 있는 경우에는 후견인은 재산목록을 작성하기 전에 그 내용을 후견감독인에게 제시하여야 한다. 후견인이 피후견인에 대한 채권이 있음을 알고도 이 제시를 게을리 한 경우에는 그 채권을 포기한 것으로 본다(제942조).

성년후견인은 피성년후견인의 재산관리와 신상보호를 할 때 여러 사정을 고려하여 그의 복리에 부합하는 방법으로 사무를 처리하여야 한다. 이 경우 성년후견인은 피성년후견인의 복리에 반하지 아니하면 피성년후견인의 의사를 존중하여야 한다(제947조).

성년후견인이 피성년후견인을 치료 등의 목적으로 정신병원이나 그 밖의 다른 장소에 격리하려는 경우에는 가정법원의 허가를 받아야 한다. 피성년후견인의 신체를 침해하는 의료행위에 대하여 피성년후견인이 동의할 수 없는 경우에는 성년후견인이 그를 대신하여 동의할 수 있다. 대신하여 동의할 경우 피성년후견인이 의료행위의 직접적인 결과로 사망하거나 상당한 장애를 입을 위험이 있을 때에는 가정법원의 허가를 받아야 한다(제947조의2 제2항 · 제3항 · 제4항).

가정법원은 (성년후견인이 여러 명인 경우) 직권으로 여러 명의 성년후견인이 공동으로 또는 사무를 분장하여 그 권한을 행사하도록 정할 수 있다. 가정법원은 직권으로 이 권한을 변경 또는 취소할 수 있다. 여러 명의 성년후견인이 공동으로 권한을 행사하여야 하는 경우에 어느 성년후견인이 피성년후견인의 이익이 침해될 우려가 있음에도 법률행위의 대리 등 필요한 권한행사에 협력하지 아니할 때에는 가정법원은 피성년후견인, 성년후견인, 후견감독인 또는 이해관계인의 청구에 의하여 그 성년후견인의 의사표시를 갈음하는 재판을 할 수 있다(제949조의2).

제4항 성년후견감독인

성년후견감독인제도는 민법이 개정(2011년)되기 전에는 친족회가 그 권한을 행사하던 것이었는데, 유명무실한 친족회제도를 폐지하면서 그 제도를 보완한 제도이다.

가정법원은 필요하다고 인정하는 경우에는 직권으로 또는 피성년후견인, 친족, 성년후견인, 검사, 지방자치단체의 장의 청구에 의하여 성년후견감독인을 선임할 수 있다. 가정법원은 성년후견감독인이 사망, 결격 그 밖의 사유로 없게 된 경우에는 직권으로 또는 피성년후견인, 친족, 성년후견인, 검사, 지방자치단체의 장의 청구에 의하여 성년후견감독인을 선임한다(제940조의4). 제779조에 다른 후견인의 가족은 후견감독인이 될 수 없다(제740조의5).

후견감독인은 후견인의 사무를 감독하며, 후견인이 없는 경우 지체 없이 가정법원에 후견인의 선임을 청구하여야 한다. 후견감독인은 피후견인의 신상이나 재산에 대하여 급박한 사정이 있는 경우 그의 보호를 위하여 필요한 행위 또는 처분을 할 수 있다. 후견인과 피후견인 사이에 이해가 상반되는 행위에 관하여는 후견감독인이 피후견인을 대리한다(제940조의6).

후견인이 피후견인을 대리하여 ① 영업에 관한 행위, ② 금전을 빌리는 행위, ③의무만을 부담하는 행위, ④ 부동산 또는 중요한 재산에 관한 권리의 득실변경을 목적으로 하는 행위, ⑤ 소송행위, ⑥ 상속의 승인, 한정승인 또는 포기 및 상속재산의 분할에 관한 협의에 해당하는 행위를 할 때에는 후견감독인이 있으면 그의 동의를 받아야 한다(제950조 제1항).

후견감독인의 동의가 필요한 법률행위를 후견인이 후견감독인의 동의 없이 하였을 때에는 피후견인 또는 후견감독인은 그 행위를 취소할 수 있다(제950조 제3항).

후견감독인은 언제든지 후견인에게 그의 임무수행에 관한 보고와 재산목록의 재출을 요구할 수 있고, 피후견인의 재산상황을 조사할 수 있다(제953조).

제5항 성년후견의 종료

성년후견개시의 원인이 소멸한 경우에는 가정법원은 본인, 배우자, 4촌 이내의 친족, 성년후견인, 성년후견감독인, 검사 또는 지방자치단체의 장의 청구에 의하여 성년후견종료의 심판을 한다(제11조).

(성년후견개시 심판청구서)

성년후견개시 심판청구

청 구 인 성명 이 ○○
주민등록번호
주소
등록기준지
전화번호

사건본인 성명 이 ○○
주민등록번호
주소
등록기준지

청 구 취 지

1. 사건본인에 대하여 성년후견을 개시한다.

2. 사건본인의 성년후견인으로 안미자(주민등록번호 : 000000-2000000, 주소 : 00시 00동 00)를 선임한다.

라는 심판을 구합니다.

청 구 원 인

1. 청구인은 사건본인의 아들입니다. 사건본인은 청구외 이 ○○와 혼인하여 청구인을 낳았고, 위 이 ○○는 사망하였으며, 사건본인의 나이는 75세입니다.

2. 사건본인은 약 8년 전부터 노인성 치매로 인하여 치료를 받아왔는데, 약 3년 전부터는 위 질환이 악화되어 지금은 가족을 잘 알아보지 못할 정도로 심각합니다. 사건본인은 현재 서울 00구 00동에 있는 0000병원에서 입원치료를 받고 있으며, 청구인과 청구인의 처인 청구외 안미자가 요양간호를 하고 있습니다. 그러나 사건본인의 위 질병은 앞으로도 호전될 가능성은 없다고 하며, 오히려 더욱 악화될 것이라고 합니다.

3. 사건본인은 현재 일상생활을 스스로 처리할 능력이 전혀 없으며, 청구인 부부는 그동안 아들과 며느리로서 사건본인의 요양·간호를 성실히 해왔고, 앞으로도 그렇게 할 것입니다. 그러나 장기간에 걸친 요양 및 간호로 인하여 경제적 어려움이 있는 데다 사건본인의 재산을 관리하는 일에도 여러 가지 어려움이 있습니다.

4. 따라서 이 사건 심판을 통하여 사건본인의 며느리인 위 안미자가 성년후견인의 지위를 인정받는다면 사건본인의 부동산을 관리하여 그 수익으로 사건본인의 요양 및 간호비등으로 사용하면서 사건본인의 재산에 대한 보존행위도 원만히 처리할 수 있을 것으로 생각하여 이 청구에 이르렀습니다.

5. 추천하는 성년후견인 후보자
   성명 : 안미자(安美子)
   주민등록번호 :

주소 :

직업 :

사건본인과의 관계 : 자부(며느리)

첨 부 서 류

1. 가족관계증명서 및 기본증명서(청구인, 사건본인, 후견인 후보자) 각 1통.
1. 주민등록등본(사건본인) 1통.
1. 진단서 1통.
1. 사전현황설명서 1통.
1. 재산목록 1통.

2014. . .

위 청구인 이 ○○ (인)

○○지방법원(가정법원) 귀중

사 전 현 황 설 명 서

1. 사건본인에 관한 사항	
가. 현재 한정치산자 또는 금치산자인지	예 □ 아니요 □
나. 한정후견 · 특정후견 · 임의후견을 받고 있는지	예 □ 아니요 □
다. 현재의 심신 상태 및 치료 상황	
라. 현 거주지 및 현재 누구와 거주하고 있는지	
마. 재산상황	* 여백이 부족하면 별지에 목록으로 작성 함
바. 의견진술을 위하여 법원 출석이 가능한지 여부	
사. 치료받은 병원이름 및 치료받은 기간	
2. 성년후견을 청구하게 된 동기와 목적(구체적으로 기재)	
3. 이 사건 청구에 관한 사건본인의 선순위 상속인들의 의견	
가. 선순위 상속인들 명단	
나. 동의자(동의서 첨부)	
다. 부동의자	

재산목록

1. 재산내역

가. 부동산(등기사항 전부증명서 첨부)

나. 예금

다. 보험

라. 주식 · 펀드

마. 자동차

바. 현금 · 귀금속

사. 채권

아. 기타 자산

자. 채무

순재산 합계 :

2. 소득 및 지출 내역

가. 소득 목록

1) 급여

2) 임대료수익

3) 이자수입

4) 사회보장수급액

5) 기타

나. 지출목록

1) 정기적 지출

2) 비정기적 지출

순소득액 합계 :

* 수입인지는 5,000원이며, 송달료는 10회분이므로 32,500원이다.
* 청구서는 사건본인의 주소지 지방법원 또는 지원에 제출한다.
* 사전 현황설명서에서 "선순위 상속인"은 청구인보다 선순위를 말하는 것이므로, 동순위는 포함되지 않는다. 상속인이란 피성년후견인이 피상속인이 되는 경우의 상속인을 말한다.
* 재산목록의 작성 대상은 피성년후견인이 되는 사람(사건본인)의 개인 재산을 대상으로 한다.
* 이 청구는 소송사건이 아니므로 서류심사만으로 종결된다.
* 성년후견인으로 추천되는 사람에 대하여는 가정법원이 범죄경력조회를 할 수도 있다.

제4관 한정후견

제1항 한정후견의 개시

가정법원은 질병, 장애, 노령, 그 밖의 사유로 인한 정신적 제약으로 사무를 처리할 능력이 부족한 사람에 대하여 본인, 배우자, 4촌 이내의 친족, 미성년후견인, 미성년후견감독인, 성년후견인, 성년후견감독인, 특정후견인, 특정후견감독인, 검사 또는 지방자치단체의 장의 청구에 의하여 한정후견개시의 심판을 한다. 가정법원은 한정후견심판을 할 때 본인의 의사를 고려하여야 한다(제12조).

제2항 피한정후견인의 행위능력

가정법원은 피한정후견인이 한정후견인의 동의를 받아야 하는 행위의 범위를 정할 수 있다. 가정법원은 본인, 배우자, 4촌 이내의 친족, 한정후견인, 한정후견감독인, 검사 또는 지방자치단체의 장의 청구에 의하여 한정후견인의 동의를 받아야만 할 수 있는 행위의 범위를 변경할 수 있다. 한정후견인의 동의를 필요로 하는 행위에 대하여 한정후견인이 피한정후견인의 이익이 침해될 우려가 있음에도 그 동의를 하지 아니하는 때에는 가정법원은 피한정후견인의 청구에 의하여 한정후견인의 동의를 갈음하는 허가를 할 수 있다. 한정후견인의 동의가 필요한 법률행위를 피한정후견인이 한정후견인의 동의 없이 하였을 때에는 그 법률행위를 취소할 수 있다. 다만, 일용품의 구입 등 일상생활에 필요하고, 그 대가가 과도하지 아니한 법률행위에 대하여는 그러하지 아니하다(제13조).

제3항 한정후견인의 선임

가정법원의 한정개시심판이 있는 경우에는 그 심판을 받은 사람의 한정후견인을 두어야 한다(제959조의2).

한정후견인은 가정법원이 직권으로 선임한다. 한정후견인에 대하여는 제930조(성년후견인의 수와 자격) 제2항·제3항, 제936조(성년후견인의 선임) 제2항부터 제4항까지, 제937조(후견인의 결격사유), 제939조(후견인의 사임), 제940조(후견인의 변경) 및 제949조의3(이해상반행위)을 준용한다(제959조).

제4항 한정후견인의 임무

가정법원은 한정후견인에게 대리권을 수여하는 심판을 할 수 있다. 가정법원은 한정후견인이 피한정후견인의 신상에 관하여 결정할 수 있는 권한의 범위를 정할 수 있다. 이 법정대리인의 권한의 범위가 적절하지 아니하게 된 경우에 가정법원은 본인, 배우자, 4촌 이내의 친족, 성년후견인, 성년후견감독인, 검사 또는 지방자치단체의 장의 청구에 의하여 그 범위를 변경할 수 있다(제959조의4, 제938조 제3항·제4항).

제5항 한정후견감독인

법원은 필요하다고 인정하면 직권으로 또는 피한정후견인, 친족, 한정후견인, 검사, 지방자치단체의 장의 청구에 의하여 한정후견감독인을 선임할 수 있다.

한정후견감독인에 대하여는 제681조(수임인의 선관의무), 제691조(수임인의 위임종료시의 긴급처리), 제692조(위임종료의 대항요건), 제930조(피성년후견인의 수와 자격) 제2항·제3항, 제936조(성년후견인의 선임) 제3항·제4항, 제937조(후견인의 결격사유), 제939조(후견인의 사임), 제940조(후견인의 변경), 제940조의3(미성년후견감독인의 선임) 제2항, 제940조의5(후견감독인의 결격사유), 제940조의6(후견감독인의 직무), 제947조의2(피성년후견인의 신상결정 등) 제3항부터 제5항까지, 제949조의2(성년후견인이 여러 명인 경우 권한의 행사 등), 제955조(후견인에 대한 보수) 및 제955조의2(지출금액의 예정과 지출비용)를 준용한다. 이 경우에 제950조의6 제3항 중 "피후견인을 대리한다."는 "피한정후견인을 대리하거나 피한정후견인이 그 행위를 하는 데 동의한다."로 본다(제959조의5).

제6항 한정후견의 종료

한정후견개시의 원인이 종료한 경우에는 가정법원은 본인, 배우자, 4촌 이내의 친족, 한정후견인, 한정후견감독인, 검사 또는 지방자치단체의 장의 청구에 의하여 한정후견종료의 심판을 한다(제14조).

제5관 특정후견

제1항 특정후견의 이해

성년후견과 한정후견은 피후견인에 대한 지속적이고도 포괄적인 보호를 목적으로 하며, 본인의 의사에도 불구하고 인정되는 제도이다. 이에 반하여 <u>특정후견제도는 본인의 의사에 반할 수 없고, 개별적 법률행위를 대상으로 일시적으로만 적용</u>되는 후견제도라는 데에 근본적인 차이점이 있다. 이는 2011년 민법 개정 당시에 신설한 제도이다.

제2항 특정후견의 내용

가정법원은 질병, 장애, 노령, 그 밖의 사유로 인한 정신적 제약으로 <u>일시적 후원</u>

또는 특정한 사무에 관한 후원이 필요한 사람에 대하여 본인, 배우자, 4촌 이내의 친족, 미성년후견인, 미성년후견감독인, 검사 또는 지방자치단체의 장의 청구에 의하여 특정후견의 심판을 한다. 특정후견은 본인의 의사에 반하여 할 수 없다. 특정후견의 심판을 하는 경우에는 특정후견의 기간 또는 사무의 범위를 정하여야 한다(제14조의2).

피특정후견인의 후원을 위하여 필요하다고 인정하면 가정법원은 기간이나 범위를 정하여 특정후견인에게 대리권을 수여하는 심판을 할 수 있다. 이 경우 가정법원은 특정후견인의 대리권행사에 가정법원이나 특정후견감독인의 동의를 받도록 명할 수 있다(제959조의11).

가정법원은 필요하다고 인정하면 직권으로 또는 피특정후견인, 친족, 특정후견인, 검사, 지방자치단체의 장의 청구에 의하여 특정후견감독인을 선임할 수 있다(제959조의10 제1항).

특정후견감독인에 대하여는 제681조(수임인의 선관의무), 제691조(위임종료시의 긴급처리), 제692조(위임종료의 대항요건), 제930조(피성년후견인의 수와 자격) 제2항·제3항, 제936조(성년후견인의 선임) 제3항·제4항, 제937조(후견인의 결격사유), 제939조(후견인의 사임), 제940조(후견인의 변경), 제940조의5(후견감독인의 결격사유), 제940조의6(후견감독인의 직무), 제949조의2(성년후견인이 여러 명인 경우 권한의 행사 등), 제955조(후견인에 대한 보수) 및 제955조의2(지출금액의 예정과 지출비용)를 준용한다(제959조의10 제2항).

제6관 후견계약

제1항 후견계약의 이해

후견계약은 질병, 장애, 노령 그 밖의 사유로 인한 정신적 제약으로 사무를 처리할 능력이 부족한 상황에 있거나 부족하게 될 상황에 대비하여 자신의 재산관리 및 신상보호에 관한 사무의 전부 또는 일부를 다른 자에게 위탁하고, 그 위탁사무에 관하여 대리권을 수여하는 것을 내용으로 한다(제959조의14 제1항).

후견계약은 2011년에 신설된 제도로서 그 성질은 일종의 위임계약이다. 이는 정신적 제약으로 인하여 사무를 처리할 능력이 부족한 경우는 물론 앞으로 그렇게 될 것을 대비하기 위해서도 가능하도록 하고 있다. 따라서 다른 후견제도에 비하여 법원의 관리·감독 및 그 요건이 보다 엄격하다는 특색이 있다.

제2항 후견계약의 체결 및 효력발생

후견계약은 공정증서로 체결하여야 한다(제959조의14 제2항). 후견계약은 가정법원이 임의후견감독인을 선임한 때부터 효력이 발생한다(제959조의14 제3항). 후견계약은 등기하여야 한다(제959조의15 제1항). 이 등기는 제3자에 대한 대항요건이기도 하다.

제3항 법원의 관리 및 감독

임의후견감독인이 선임되기 전에는 본인 또는 임의후견인은 언제든지 공증인의 인증을 받은 서면으로 후견계약의 의사표시를 철회할 수 있다. 임의후견감독인의 선임 이후에는 본인 또는 임의후견인은 정당한 사유가 있는 때에만 가정법원의 허가를 받아 후견계약을 종료할 수 있다(제959조의18). 임의후견인의 대리권소멸은 등기하지 아니하면 선의의 제3자에게 대항할 수 없다(제959조의19).

임의후견인이 제937조 각 호에 해당하는 자 그 밖에 현저한 비행을 하거나 후견계약에서 정한 임무에 적당하지 아니한 사유가 있는 자인 경우에는 가정법원은 임의후견감독인을 선임하지 아니한다. 임의후견감독인을 선임한 이후 임의후견인이 현저한 비행을 하거나 그 밖에 그 임무에 적합하지 아니한 사유가 있게 된 경우에는 가정법원은 임의후견감독인, 본인, 친족, 검사 또는 지방자치단체의 장의 청구에 의하여 임의후견인을 해임할 수 있다(제959조의17).

임의후견감독인은 임의후견인의 사무를 감독하며, 그 사무에 관하여 가정법원에 정기적으로 보고하여야 한다. 가정법원은 필요하다고 인정하면 임의후견감독인에게 감독사무에 관한 보고를 요구할 수 있고, 임의후견인의 사무 또는 본인의 재산상황에 대한 조사를 명하거나 그 밖에 임의후견감독인의 직무에 관하여 필요한 처분을 명할 수 있다(제959조의16 제1항·제2항).

후견계약이 등기되어 있는 경우에는 가정법원은 본인의 이익을 위하여 특별히 필요할 때에만 임의후견인 또는 임의후견감독인의 청구에 의하여 성년후견인, 한정후견인 또는 특정후견인의 심판을 할 수 있다. 이 경우 후견계약은 본인이 성년후견 또는 한정후견개시의 심판을 받은 때 종료한다. 본인이 피성년후견인, 피한정후견인 또는 피특정후견인인 경우에 가정법원은 임의후견감독인을 선임함에 있어서 종전의 성년후견, 한정후견 또는 특정후견의 종료심판을 하여야 한다. 다만, 성년후견 또는 한정후견 조치의 계속이 본인의 이익을 위하여 특별히 필요하다고 인정하면 가정법원은 임의후견감독인을 선임하지 아니한다(제959조의20).

제4항 임의후견감독인

가정법원은 후견계약이 등기되어 있고, 본인이 사무를 처리할 능력이 부족한 상황에 있다고 인정할 때에는 본인, 배우자, 4촌 이내의 친족, 임의후견인, 검사 또는 지방자치단체의 장의 청구에 의하여 임의후견감독인을 선임한다. 이 경우 본인이 아닌 자의 청구에 의하여 가정법원이 임의후견감독인을 선임할 때에는 미리 본인의 동의를 받아야 한다. 다만, 본인이 의사를 표시할 수 없는 때에는 그러하지 아니하다. 가정법원은 임의후견감독인이 없게 된 경우에는 직권으로 또는 본인, 친족, 임의후견인, 검사 또는 지방자치단체의 장의 청구에 의하여 임의후견감독인을 선임한다. 가정법원은 임의후견감독인이 선임된 경우에도 필요하다고 인정하면 직권으로 또는 위 청구권자의 청구에 의하여 임의후견감독인을 추가로 선임할 수 있다. 임의후견감독인에 대하여는 제940조의5(후견감독인의 결격사유)의 규정을 준용한다(제959의15).

제8절 친족 사이의 부양(扶養)

제1관 부양의 의의

친족 사이의 부양이라고 함은 일정한 범위 안의 가족과 친족이 생활공동체를 구성하여 서로 부조하는 권리·의무를 말한다. 「민법」이 규정하는 부양의무에는 부부 사이의 부양, 미성년 자녀에 대한 부모의 부양 및 친족 사이의 일반적 부양이 있다.

부양받을 권리는 채권에 유사한 일종의 신분적 재산권이라 할 것이므로, 그 권리가 충족되지 않음에 관련되는 일반적인 정신상의 고통은 그 재산권의 실현에 의하여 회복되는 것이라고 봄이 상당하고, 부(父)인 피청구인의 청구인들에 대한 부양의무불이행(생부가 부양하고 있던 기간)으로 인한 회복할 수 없는 정신적 손해는 특별사정으로 인한 손해라 할 것이다(81므78).

제2관 부양당사자

직계혈족 및 그 배우자 사이, 생계를 같이 하는 친족 사이에는 부양의무가 있다(제974조). 직계혈족과 그 배우자 사이에는 생계를 같이 하지 않더라도 서로 부양할 의무가 있다. 기타의 친족 사이에는 생계를 같이 하지 않는 경우에는 부양의무가 없다. 직계혈족은 부계이든 모계이든 묻지 않는다.

부양의 의무가 있는 자가 여러 명인 경우에 부양을 할 자의 순위에 관하여 당사자 사이에 협정이 없는 때에는 법원은 당사자의 청구에 의하여 이를 정한다. 부양을 받을 권리자가 여러 명인 경우에 부양의무자의 자력이 그 전원을 부양할 수 없는 때에도 같다. 이 경우에 법원은 여러 명의 부양의무자 또는 권리자를 선정할 수 있다(제976조).

부양을 할 자 또는 부양을 받을 자의 순위, 부양의 정도 또는 방법에 관한 당사자의 협정이나 법원의 판결이 있은 후 이에 관한 사정변경이 있는 때에는 법원은 당사자의 청구에 의하여 그 협정이나 판결을 취소 또는 변경할 수 있다(제978조).

「민법」 제826조 제1항에 규정된 부부간의 상호부양의무는 부부관계의 본질적 의무로서 부양을 받을 자의 생활을 부양의무자와 같은 정도로 보장하여 부부공동생활의 유지를 가능하게 하는 것을 내용으로 하는 제1차 부양의무이고, 반면 부모가 성년의 자녀에 대하여 직계혈족으로서 제974조 제1호, 제975조에 따라 부담하는 부양의무는 부양의무자가 자기의 사회적 지위에 상응하는 생활을 하면서 생활에 여유가 있음을 전제로 하여 부양을 받을 자가 그 자력 또는 근로에 의하여 생활을 유지할 수 없는 경우에 한하여 그의 생활을 지원하는 것을 내용으로 하는 제2차 부양의무이다.

이러한 제1차 부양의무와 제2차 부양의무는 의무이행의 정도뿐만 아니라 의무이행의 순위도 의미하는 것이므로, 제2차 부양의무자는 제1차 부양의무자보다 후순위로 부양의무를 부담한다(2011다96932).

제3관 부양의무의 발생 및 부양의 정도 · 방법

부양의무는 부양을 받을 자가 자기의 자력 또는 근로에 의하여 생활을 유지할 수 없는 경우에 한하여 이를 이행할 책임이 있다(제975조).

부양의 정도 또는 방법에 관하여 당사자 사이에 협정이 없는 때에는 법원은 당사자의 청구에 의하여 부양을 받을 자의 생활정도와 부양의무자의 자력(資力) 기타 제반사정을 참작하여 이를 정한다(제977조).

제4관 부양료의 구상(求償)

제1항 과거 부양료의 구상

어떠한 사정으로 인하여 부부 중 한쪽만이 자녀를 양육하게 된 경우에, 그와 같은 일방에 의한 양육이 그 양육자의 일방적이고 이기적인 목적이나 동기에서 비롯한 것이라거나, 자녀의 이익을 위하여 도움이 되지 아니하거나 그 양육비를 상대방에게 부담시키는 것이 오히려 형평에 어긋나는 등 특별한 사정이 있는 경우를 제외하고는, 양육하는 일방은 상대방에 대하여 현재 및 장래에 있어서의 양육비 중 적정금액의 분담을 청구할 수 있음은 물론이고, 부모의 자녀 양육의무는 특별한 사정이 없는 한 자녀의 출생과 동시에 발생하는 것이므로, 과거의 양육비에 대하여도 상대방이 분담함이 상당하다고 인정되는 경우에는 그 비용의 상환을 청구할 수 있다고 보아야 할 것이다(1994. 5. 13.선고 92스21).

부부간의 부양의무 중 과거의 부양료에 관하여는 특별한 사정이 없는 한 부양을 받을 사람이 부양의무자에게 부양의무의 이행을 청구하였음에도 불구하고 부양의무자가 부양의무를 이행하지 아니함으로써 이행지체에 빠진 후의 것에 관하여만 부양료의 지급을 청구할 수 있을 뿐이므로, 부양의무자인 부부의 일방에 대한 부양의무 이행청구에도 불구하고 배우자가 부양의무를 이행하지 아니함으로써 이행지체에 빠진 것이거나, 그렇지 않은 경우에는 부양의무의 성질이나 형평의 관념상 이를 허용하여야 할 특별한 사정이 있는 경우에 한하여 이행청구 이전의 과거의 부양료를 지급하여야 한다(2011다96932).

제2항 부양의무자 상호간의 구상

「민법」 제974조, 제975조에 의하여 부양의 의무 있는 자가 여러 사람인 경우에 그 중 부양의무를 이행한 1인은 다른 부양의무자를 상대로 하여 이미 지출한 과거의 부양료에 대하여도 상대방이 분담함이 상당하다고 인정되는 범위에서 그 비용의 상환을 청구할 수 있는 것이고, 이 경우 법원이 분담비율이나 분담액을 정함에 있어서는 과거의 양육에 관하여 부모 쌍방이 기여한 정도, 자녀의 연령 및 부모의 재산상황이나 자력 등 제반 사정을 참작하여 적절하다고 인정하는 분담의 범위를 정할 수 있다(93스11).

제9절 부재와 실종

제1관 부재자(不在者)

제1항 부재자의 이해

부재자란 주소 또는 거소를 떠나 쉽게 돌아올 가망이 없는 사람을 말한다. 전형적인 예로는 한국전쟁 당시에 월북(越北)한 사람이다. 부재자에 관한 문제는 그가 남긴 재산의 관리에 관한 문제로 귀결되는 것이 일반적이다. 경우에 따라서는 실종선고의 문제가 된다. 결국 부재와 실종의 문제는 부재자와 실종자의 신분과 재산의 문제이고, 이에 관하여는 「가사소송법」에서 규율하고 있으므로 친족상속법의 영역이라고 할 수 있다. 그러나 우리 「민법」은 이를 민법총칙에서 규정하고 있다. 이 책에서는 그 성질에 착안하여 부재와 실종을 친족상속법에 편입하여 다루기로 한다.

제2항 부재자의 재산관리

1. 부재자가 재산관리인을 둔 경우

부재자가 떠나기 전에 재산관리인을 두었다면 그 재산관리인은 부재자의 대리인이다. 따라서 당사자 사이에 약정이 있으면 그에 의하고, 약정이 없다면 재산관리인은 보존행위, 이용행위 및 개량행위만을 할 수 있다(제118조). 즉 처분행위는 할 수 없다.

본인의 부재중에 재산관리인의 권한이 소멸한 때에는 법원은 이해관계인이나 검사의 청구에 의하여 재산관리에 필요한 처분을 명해야 한다(제22조 제1항). 그리고 부재자의 생사가 분명하지 않게 된 때에는 법원은 재산관리인, 이해관계인 또는 검사의 청구에 의하여 재산관리인을 개임(改任)할 수 있다(제23조).

2. 부재자가 재산관리인을 두지 아니한 경우

부재자가 재산관리인을 두지 아니한 때에는 법원은 이해관계인 또는 검사의 청구에 의하여 재산관리에 관하여 필요한 처분을 명하여야 한다. 본인이 그 후에 재산관리인을 정한 때에는 법원은 본인, 재산관리인, 이해관계인 또는 검사의 청구에 의하여 위 명령을 취소하여야 한다(제22조).

법원이 선임한 재산관리인(본인이 선임한 재산관리인의 경우에도 본인의 생사불명으로 법원이 선임한 경우 포함)이 재산의 보존·이용·개량행위를 초과하는 행위를 함에는 법원의 허가를 받아야 한다(제25조). 허가를 받지 아니한 처분행위는 무효가 된다.

부재자재산관리인으로서 권한초과행위허가를 받고 그 선임결정이 취소되기 전에 위 권한에 의하여 이루어진 행위는 부재자의 실종선고기간이 만료된 뒤에 이루어졌다고 하더라도 유효하다(80다2668).

부재자재산관리인 선임결정이 있었던 이상 부재자가 사망한 것이 사실이라 하더라도 그 결정이 취소되지 않는 한 관리인의 권한이 당연히 소멸되는 것은 아니다(66다2352).

제3항 부재선고에 관한 특별조치법

제1조(목적) 이 법은 대한민국의 군사분계선 이북지역에서 그 이남지역으로 옮겨 새로 가족관계등록을 창설한 사람 중 군사분계선 이북지역의 잔류자에 대한 부재선고의 절차에 관한 특례를 규정함을 목적으로 한다.

제2조(정의) 이 법에서 "잔류자(殘留者)"라 함은 가족관계등록부에 군사분계선 이북지역에 거주하는 것으로 표시된 사람을 말한다.

제3조(부재선고) 법원은 잔류자임이 분명한 사람에 대하여는 가족이나 검사의 청구에 의하여 부재선고를 하여야 한다.

제4조(부재선고의 효과) 부재선고를 받은 사람은 가족관계등록부를 폐쇄한다. 이 경우 민법 제997조(상속개시의 원인)의 적용 및 혼인에 관하여는 실종선고를 받은 것으로 본다.

제6조(부재선고의 관할법원) 부재선고 또는 그 취소에 관한 사건은 잔류자의 등록기준지의 가정법원이 관할한다.

제9조(준용규정) 이 법에 규정한 것 외에 부재선고 또는 그 취소의 심판절차에 관하여는 가사소송법 중 실종선고에 관한 규정을 준용한다. 다만, 부재선고와 그 취소의 공고는 하지 아니한다.

제10조(부재선고 등의 신고) 부재선고 또는 부재선고 취소에 관한 신고에 관하여는 가족관계등록 등에 관한 법률 중 실종에 관한 규정을 준용한다.

제4항 가사소송규칙

제41조(관리인의 선임·개임) ① 가정법원이 재산관리인을 선임하거나 개임할 경우에는 이해관계인의 의견을 들을 수 있다.

② 부재자가 선임한 재산관리인을 개임할 때에는 그 재산관리인을 절차에 참가하게 하여야 한다.

제42조(선임한 관리인의 개임) ① 가정법원은 언제든지 그 선임한 재산관리인을 개임할 수 있다.

② 가정법원이 선임한 재산관리인이 사임하고자 할 때에는 가정법원에 그 사유를 신고하여야 한다. 이 경우 가정법원은 다시 재산관리인을 선임하여야 한다.

제49조(부재자 재산의 매각) 가정법원이 부재자의 재산을 매각하게 할 경우에는 민사집행법 제3편(담보권실행 등을 위한 경매), 민사집행규칙 제3편의 규정의 의하여 매각하게 할 수 있다.

제50조(처분의 취소) 사건본인이 스스로 그 재산을 관리하게 된 때 또는 그 사망이 분명하게 되거나 실종선고가 있는 때에는 가정법원은 사거본인 또는 이해관계인의 청구에 의하여 그 명한 처분을 취소하여야 한다.

제51조(즉시항고) 부재자가 정한 재산관리인을 개임하는 심판에 대하여는 그 재산관리인이 즉시항고를 할 수 있다.

제2관 실종선고

제1항 의의

실종선고란 부재자의 생사불명 상태가 장기간 계속된 경우에 그의 주소를 중심으로 한 법률관계를 확정시키기 위해서 부재자를 법원의 선고에 의해 사망한 것으로 보는 제도이다. 여기의 법률관계라고 함은 배우자와의 혼인관계 및 재산의 상속관계 등을 말한다.

제2항 요건

1. 실질적 요건

1) 보통실종

부재자의 생사가 분명하지 아니하고, 부재자로부터 마지막 소식이 있은 때로부터 5년이 지나야 한다(제27조 제1항).

2) 특별실종

부재자의 생사가 불분명하고, 다음 어느 하나에 해당하면서 1년이 지나야 한다(제27조 제2항). 전지(戰地)에 임한 사람, 침몰한 선박 안에 있던 사람, 추락한 항공기 안에 있던 사람, 사망의 원인이 될 위난을 당한 사람이 ① 전쟁이 종료한 때, ② 선박이 침몰한 때, ③ 항공기가 추락한 때, ④ 위난이 끝난 때로부터 1년이 지나야 한다.

"사망의 원인이 될 위난"이라고 함은 화재·홍수·지진·화산폭발 등과 같이 일반적·객관적으로 사람의 생명에 명백한 위험을 야기하여 사망의 결과를 발생시킬 가능성이 현저히 높은 외부적 사태 또는 상황을 가리킨다고 할 것이다(97스165).

2. 절차적 요건

실종선고를 청구할 수 있는 사람은 이해관계인과 검사이다(제27조 제1항). 실종의 실체적 요건이 갖추어진 경우에는 법원은 실종선고를 해야 한다. 여기서 이해관계인이라 함은 실종선고에 의하여 직접 권리를 얻거나 의무를 면하는 재산상 또는 신분상의 이해관계가 있는 사람을 말한다. 따라서 제1순위 상속인이 있는 경우에는 제2순위 상속인은 이해관계인이 될 수 없다(92스4).

제3항 실종선고의 효과

「민법」 제28조는 "실종선고를 받은 자는 전조의 기간이 만료한 때에 사망한 것으로 본다."고 규정하였다. 생사불명의 기간이 만료한 때, 즉 보통실종은 5년, 특별실종은 1년이 만료하는 때로 소급하여 실종한 것으로 간주하는 것이다.

제4항 실종선고의 취소

1. 취소의 요건

실종자가 생존한 사실 또는 실종기간 만료일과 다른 시점에 사망한 사실에 관한 증명이 있으면 법원은 본인, 이해관계인 또는 검사의 청구에 의하여 실종선고를 취소하여야 한다(제29조 제1항). 다른 시점에 사망한 사실이 증명된 경우에는 일단 선고된 실종선고를 취소한 후에 재청구에 의하여 다시 실종선고를 하게 될 것이다.

2. 취소의 효과

실종선고가 취소되면 실종선고에 기초하여 이루어진 모든 법률관계는 소급하여 무효가 된다. 실종자가 생존하고 있다는 증명에 의하여 실종선고가 취소된 경우에는 상속은 개시되지 않게 되고, 배우자와의 혼인도 계속 유지된다.

다른 시기에 사망한 것을 이유로 실종선고가 취소된 경우에는 가족관계의 부활은 없고, 상속인의 범위가 바뀔 수는 있다.

실종선고가 취소될 때에 실종선고를 직접 원인으로 하여 재산을 취득한 사람이 선의인 경우에는 그 받은 이익의 현존(現存)하는 한도에서 반환할 의무가 있고, 악의인 경우에는 그 받은 이익에 이자를 붙여서 반환하고, 손해도 배상하여야 한다(제29조). 여기서의 선의(善意)는 실종사자 살아있다는 사실을 모르는 것이다.

실종자 甲의 상속인 乙로부터 재산을 취득한 전득자(轉得者) 丙이 있는 경우에서 丙이 보호되는 경우는 乙과 丙이 모두 선의인 경우에 한한다는 것이 대법원의 입장이다.

따라서 乙이나 丙이 악의인 경우에는 丙은 그 재산의 소유권을 취득하지 못한다.

실종자 甲의 배우자 乙이 丙과 혼인한 경우에는 乙과 丙이 모두 선의이면 甲과 乙의 혼인은 부활하지 않는다. 그러나 乙과 丙 중 어느 한 사람이 악의인 때에는 甲과 乙의 혼인은 부활하나 이 혼인은 이혼사유가 되며(제840조 제1호), 乙과 丙의 혼인은 중혼(重婚)이므로 취소사유가 된다(제810조, 제816조).

제5관 동시사망의 추정

제1항 동시사망 추정의 이해

동시사망의 추정은 두 사람 이상이 같은 위난으로 죽었을 때, 어느 사람이 먼저 죽었는지 알 수 없는 경우에 이들은 동시에 죽은 것으로 추정하는 것을 말한다(제30조).

이는 주로 상속의 순위를 결정하는 데에서 그 중요한 의미를 찾을 수 있다. 그리고 추정(推定)은 간주(看做)와 다르다. 간주는 법규가 "---한 것으로 본다."처럼 규정하며, 이는 번복이 허용되지 않는다. 그러나 추정은 강력한 반증으로도 번복이 가능하다.

「민법」 제30조의 추정은 법률상 추정으로서 이를 번복하기 위해서는 동일한 위난으로 사망하였다는 전제사실에 대하여 법원의 확신을 흔들리게 하는 반증(反證)을 제출하거나 각자 다른 시각에 사망하였다는 점에 대하여 법원에 확신을 줄 수 있는 본증(本證)을 제출하여야 한다(98다8984).

제2항 동시사망 추정의 효과

동시사망이 추정되는 경우에는 유증(遺贈)의 효력은 생기지 않는다. 유증이 성립하기 위해서는 유언자가 죽을 당시에 수유자(受遺者)가 살아 있어야 하기 때문이다.

그러나 대습상속은 허용된다(99다13157). 대습상속은 상속인이 피상속인보다 먼저 죽은 경우에도 인정되는 제도이기 때문이다.

(실종선고심판청구서)

실 종 선 고 심 판 청 구

청 구 인　　　성명　오 ○ ○
(사건본인의 자)　주민등록번호　000000-0000000
주소　경북 00군 00면 00리 00
등록기준지　대구 00구 00동 000-00
전화번호　010-0000-0000

사 건 본 인　　성명　오 ○ ○
(부재자)　　　주민등록번호 000000-0000000
주소　경북 00군 00면 00리 00
등록기준지　대구 00구 00동 000-00

청 구 취 지

부재자 오 ○○의 실종을 선고한다.
라는 심판을 구합니다.

청 구 원 인

1. 청구인은 부재자 오 ○○의 아들입니다. 청구인은 부재자의 마지막 주소지에서 부재자가 집을 떠날 때부터 지금까지 계속하여 거주하고 있습니다.
2. 부재자가 마지막으로 집을 떠난 날은 2005. 12. 24.이며, 서울에 거주하는 친지를 만난다면서 집을 나갔습니다.
3. 부재자가 집을 나선 이후 현재까지 아무런 소식이 없으므로 부재자가 집을 떠난 직후부터 현재까지도 청구인을 비롯한 모든 가족과 친인척이 나서서 부재자를 찾기 위하여 백방으로 노력하였으나, 부재자의 생사를 확인할 길이 없습니다. 따라서 청구취지와 같은 심판을 구하기 위하여 이 청구에 이르렀습니다.

첨 부 서 류

1. 가족관계증명서 1통.
1. 주민등록등본 1통.
1. 공정증서(인우보증서) 2통.
1. 송달료납부서 1통.

2014. 1. .

위 청구인 오 ○ ○ (인)

대구지방법원 귀중

* 청구서에 붙이는 수입인지는 5,000원이다.
* 송달료는 당사자(청구인)의 수×4회분×3,250원을 예납한다.
* 관할법원은 사건본인의 주소지를 관할하는 지방법원 또는 그 지원이다.
* 가족관계증명서와 주민등록등본은 부재자의 것을 붙인다.
* 법령에 규정은 없지만 부재자의 실종에 대한 법원의 심증형성을 위하여 인우보증서를 제출하는 것이 일반적이다. 인우보증인이 될 수 있는 사람은 가족이 아니어도 무방할 것이나, 인우보증인의 신분을 알 수 있는 내용과 부재자와이 관계 및 실종자의 수색활동 내용 등을 적은 인우보증 내용이 되어야 할 것이다. 인우보증인이 공증사무실에 직접 출석하는 것을 꺼리거나 곤란하다면 인감증명서를 붙이는 것도 요령이 될 것이다.
* 청구서를 접수한 법원은 6개월 이상 기간을 정하여 공시최고(수색공고)를 하게 되므로, 신문공고료 33,000원과 관보게재료 15,600원을 납부하여야 한다. 이는 법원의 구내에 있는 지정은행에서 송달료와 함께 현금으로 납부하거나 수입인지를 구매할 수 있다.

(실종선고 취소심판청구서)

실종선고 취소심판 청구

청구인	성명
(사건본인의 처)	주민등록번호
	주소
	등록기준지
	전화번호
사건본인	성명
(부재자)	주민등록번호
	주소
	등록기준지

청 구 취 지

○○지방법원이 같은 법원 2013느단 제00호 사건에 관하여 2013. . . 사건본인에 대하여 한 실종선고는 이를 취소한다.
라는 심판을 구합니다.

청 구 원 인

1. 청구인은 사건본인의 ○○입니다. 귀원에서는 2013느단 제00호 사건에 관하여 2013. . . 사건본인에 대하여 실종선고 심판을 하였습니다.
2. 그러나 현재 사건본인이 생존하여 00도 00군 00읍 00리 000에서 생활하고 있는 사실을 알게 되어 이 청구에 이르렀습니다.

첨 부 서 류

1. 가족관계증명서 1통.

1. 폐쇄가족관계등록부에 의한 가족관계증명서 및 기본증명서 각 1통.
1. 실종선고심판 등본 1통.
1. 인우보증서 및 인감증명서 각 2통.
1. 송달료납부서 1통.

2014. . .

위 청구인 ○ ○ ○ (인)

○○지방법원 귀중

* 청구서에 붙이는 수입인지는 5,000원이다.

* 송달료는 4회분×3,250원을 납부한다.

* 관보게재료는 7,800원을 인지로 붙인다.

* 관할법원은 실종자가 현재 살고 있는 곳을 관할하는 지방법원(또는 지원)이다.

* 인우보증서는 실종선고심판의 청구와 같은 요령으로 작성하여 붙인다.

* 취소심판의 청구는 본인이 직접 청구할 수 있음은 물론이다.

* 이미 실종선고가 확정된 사람은 이 취소심판을 청구하더라도 심판이 종료될 때까지는 아직 살아있는 사람으로는 취급되지는 않는다.

제2장 상속법

제1절 상속

제1관 상속의 이해

상속이란 사람이 사망함으로써 사망한 사람이 가지고 있던 재산 등 권리·의무 일체가 법률이 정한 사람에게 포괄적으로 이전하는 것을 말한다. 여기서 사망한 사람을 "피상속인"이라고 하고, 그 재산 등을 물려받는 사람을 "상속인"이라고 부른다. 그리고 상속인이 한 사람이면 "단독상속"이라고 하며, 상속인이 여러 사람인 경우를 "공동상속"이라고 한다.

또 상속이 피상속인의 유언에 의하여 이루어지는 경우를 "유언상속", 유언이 없으므로 법률의 규정에 의하여 당연히 상속순위에 따라 이루어지는 상속을 "법정상속"이라고 한다. 과거에는 호주상속제도가 있었으나 호주제도는 폐지되었다.

제2관 상속의 개시

상속은 사람(자연인)의 사망에 의해서만 발생한다(제997조). 여기의 사망에는 실종선고가 포함되며, 실종선고의 경우에는 실종기간의 만료 당시에 사망한 것으로 본다. 동시사망이 추정되는 경우에는 사망한 사람끼리는 상속이 생기지 않는다(제30조).

상속은 피상속인의 주소지에서 개시된다(제998조). 피상속인의 주소를 알 수 없거나, 국내에 주소가 없는 경우에는 국내에 있는 거소에서 상속이 개시된다(제19조, 제20조).

상속이 개시되면 상속에 따른 집행비용 등이 발생한다. 상속비용은 상속재산에서 지급한다(제998조의2).

상속에 관한 비용이라 함은 상속재산의 관리 및 청산에 필요한 비용을 의미하는바, 장례비용도 피상속인이나 상속인의 사회적 지위와 그 지역의 풍속 등에 비추어 합리적인 금액의 범위 내라면 이를 상속비용으로 보아야 한다(2003다30968).

제3관 상속인 · 상속능력

상속인은 피상속인의 재산상 지위를 승계하는 사람이다. 상속인이 될 수 있는 일반적인 자격을 "상속능력"이라고 한다. 권리능력이 있는 자는 상속능력이 있다. 그리고 태아(胎兒)에게도 상속능력이 인정된다(제1000조 제3항). 다만, 상속결격자는 상속인이 될 수 없다.

제4관 상속의 순위

> 제1000조(상속의 순위) ① 상속에 있어서는 다음 순위로 상속인이 된다.
> 1. 피상속인의 직계비속
> 2. 피상속인의 직계존속
> 3. 피상속인의 형제자매
> 4. 피상속인의 4촌 이내의 방계혈족
>
> ② 전항의 경우에 동순위의 상속인이 수인인 때에는 최근친을 선순위로 하고, 동친 등의 상속인이 수인인 때에는 공동상속인이 된다.
>
> ③ 태아는 상속순위에 관하여는 이미 태어난 것으로 본다.
>
> 제1003조(배우자의 상속순위) ① 피상속인의 배우자는 제1000조 제1항 제1호와 제2호의 규정에 의한 상속인이 있는 경우에는 그 상속인과 동순위로 상속인이 되고, 그 상속인이 없는 때에는 단독상속인이 된다.

제1항 제1순위(피상속인의 배우자 및 피상속인의 직계비속)

여기의 배우자에는 사실혼(事實婚)의 배우자는 포함되지 않는다. 무효혼의 경우에도 여기에 포함될 수 없다. 그러나 중혼(重婚) 등 취소의 대상인 혼인관계에 있는 사람은 그 혼인이 취소되기 전에는 유효한 혼인이므로 상속권이 인정된다.

직계비속은 친생자는 물론 양자(養子)도 포함되고,로혼인외의 출생자도 포함된다. 그리고 남녀를 불문하며, 기혼이나 미혼을 묻지 않는다. 제1000조 제2항에서 "최근친을 선순위로 한다"는 의미는 직계비속이 1촌(자)도 있고 2촌(손자)도 있을 경우에는 1촌만이 선순위로서 상속인이 된다는 뜻이다.

제2항 제2순위(피상속인의 배우자 및 피상속인의 직계존속)

직계존속은 부계(父系)이든 모계이든 묻지 않는다. 그리고 이혼한 존속도 상속인이 된다. 배우자와 직계비속이 모두 없는 여자가 사망하면 그의 직계존속은 친정의 부모 또는 조부모가 된다.

제3항 제3순위(피상속인의 배우자)

피상속인에게 직계비속과 직계존속이 모두 없는 경우에는 피상속인의 배우자는 단독상속인이 된다. 물론 직계비속이 있으면 직계비속과 공동상속인이 되고, 직계비속이 없으면서 직계존속이 있으면 직계존속과 공동상속인이 된다.

제4항 제4순위(피상속인의 형제자매)

피상속인에게 직계비속, 직계존속 및 배우자가 모두 없는 때에는 피상속인의 형제자매가 상속인이 된다.

제5항 제5순위(피상속인의 4촌 이내의 방계혈족)

여기의 방계혈족(傍系血族), 즉 주된 혈통에서 갈라져 나간 혈족으로는 형제자매의 직계비속, 직계존속의 형제자매를 말한다.

위 상속인이 모두 없는 경우에는 피상속인과 생계를 같이 하였거나 피상속인에 대하여 요양·간호를 하는 등 특별한 연고가 있는 사람에게 상속재산의 전부 또는 일부를 주는 "특별연고자에 대한 분여"가 있고, 특별연고자도 없으면 적극재산에 한하여 국고(國庫)에 귀속된다.

제5관 대습상속(代襲相續)

제1항 의의

제1000조 제1항 제1호(피상속인의 직계비속)와 제3호(피상속인의 형제자매)의 규정에 의하여 상속인이 될 (피상속인의) 직계비속 또는 형제자매가 상속개시 전에 사망하거나 결격자가 된 경우에 그 직계비속이 있는 때에는 그 직계비속이 사망하거나 결격된 자의 순위에 갈음하여 상속인이 된다(제1001조). 이를 "대습상속"이라고 한다. 법문(法文)은 "상속개시 전에 사망"이라고 규정되어 있으나, "피상속인과 동시에 사망"한 경우도 여기에 해당한다.

"상속결격자"는 일정한 패륜행위(悖倫行爲) 또는 상속인의 유언방해행위를 저질렀기 때문에 상속인이 되는 자격을 박탈당한 사람을 말한다.

제2항 대습상속의 상속분(相續分)

제1001조의 규정에 의하여 사망 또는 결격된 자에 갈음하여 상속인이 된 자의 상속분은 사망 또는 결격된 자의 상속분에 의한다. 이 경우에 사망 또는 결격된 자의 직계비속이 수인인 때에는 그 상속분은 사망 또는 결격된 자의 상속분의 한도에서 제1009조(법정상속분)의 규정에 의하여 이를 정한다. 배우자의 경우에도 또한 같다(제1010조).

대습상속은 가령 피상속인 甲이 배우자 乙 및 아들 丙을 둔 상태에서 사망함으로써 상속이 개시되었는데, 丙이 甲보다 먼저 사망한 경우(또는 동시사망 한 경우)에 丙에게 아들 丁이 있으면 丁이 그의 모(母)와 함께 丙을 갈음하여 乙과 공동상속인이 되는 것을 뜻한다.

제3항 관련 판례

① 우리나라에서는 전통적으로 오랫동안 며느리의 대습상속이 인정되어 왔고, 1958. 2. 22. 제정된 민법에서도 며느리의 대습상속을 인정하였으며, 1990. 1. 13. 개정된 민법에서 며느리에게만 대습상속을 인정하는 것은 남녀평등·부부평등에 반한다는 것을 근거로 하여 사위에게도 대습상속을 인정하는 것으로 개정한 점, ② 「헌

법」 제11조 제1항이 누구든지 성별에 의하여 정치적·경제적·사회적·문화적 생활의 모든 영역에 있어서 차별을 받지 아니한다고 규정하고 있고, 「헌법」 제36조 제1항이 혼인과 가족생활은 양성의 평등을 기초로 성립되고 유지되어야 하며 국가는 이를 보장한다고 규정하고 있는 점, ③ 현대사회에서 딸이나 사위가 친정부모 내지 장인·장모를 봉양·간호하거나 경제적으로 지원하는 경우가 드물지 아니한 점, ④ 배우자의 대습상속은 혈족상속과 배우자상속이 충돌하는 부분인데, 이와 관련한 상속순위와 상속권은 입법자가 입법정책적으로 결정할 사항으로서 원칙적으로 입법자의 입법형성의 재량에 속한다고 할 것인 점, ⑤ 상속순위와 상속분은 그 나라 고유의 전통과 문화에 따라 결정될 사항이지 다른 나라의 입법례에 크게 좌우될 것은 아닌 점, ⑥피상속인의 방계혈족에 불과한 피상속인의 형제자매가 피상속인의 재산을 상속받을 것을 기대하는 지위는 피상속인의 직계혈족의 그러한 지위만큼 입법적으로 보호하여야 할 당위성이 강하지 않은 점 등을 고려하여 볼 때, 외국에서 사위의 대습상속권을 인정한 입법례를 찾기 어렵고 피상속인의 사위가 피상속인의 형제자매보다 우선하여 단독으로 대습상속 하는 것이 반드시 공평한 것인지 의문을 가져볼 수는 있다 하더라도, 이를 이유로 곧바로 피상속인의 사위가 피상속인의 형제자매보다 우선하여 단독으로 대습상속 할 수 있음이 규정된 「민법」 제1003조 제2항이 입법형성의 범위의 재량을 일탈하여 행복추구권이나 재산권보장 등에 관한 헌법규정에 위배되는 것이라고 할 수 없다(99다13157).

「민법」 제1000조 제1항, 제1001조, 제1003조의 각 규정에 의하면 대습상속은 상속인이 될 피상속인의 직계비속 또는 형제자매가 상속개시 전에 사망하거나 결격자가 된 경우에 사망자 또는 결격자의 직계비속이나 배우자가 있는 때에는 그들이 사망자 또는 결격자의 순위에 갈음하여 상속인이 되는 것을 말하는 것으로, 대습상속이 인정되는 경우는 상속인이 될 자(사망자 또는 결격자)가 피상속인의 직계비속 또는 형제자매인 경우에 한한다 할 것이므로, 상속인이 될 자(사망자 또는 결격자)의 배우자는 제1003조에 의하여 대습상속인이 될 수는 있으나, 피대습자(사망자 또는 결격자)의 배우자가 상속개시 전에 사망하거나 결격자가 된 경우, 그 배우자에게 다시 피대습자로서의 지위가 인정될 수는 없다(98다64318,64325). 즉 이른바 재대습(再代襲)은 허용되지 않는다.

원래 대습상속제도는 대습자의 상속에 대한 기대를 보호함으로서 공평을 꾀하고 생존배우자의 생계를 보장하여 주려는 것이고, 또한 동시사망규정도 자연과학적으로 엄밀한 의미의 동시사망은 상상하기 어려운 것이나, 사망의 선후를 입증할 수 없는 경우 동시에 사망한 것으로 다루는 것이 결과에 있어 가장 공평하고 합리적이라는 데에 그 입법취지가 있는 것인바, 상속인이 될 직계비속이나 형제자매(피대습자)의 직계비속 또는 배우자(대습자)는 피대습자가 상속개시 전에 사망한 경우에는 대습상속을 하고, 피대습자가 상속개시 후에 사망한 경우에는 피대습자를 거쳐 피상속인의 재산을 본위상속(本位相續)을 하므로 두 경우 모두 상속을 하는데, 만일 피대습자가 피상속인의 사망, 즉 상속개시와 동시에 사망한 것으로 추정되는 경우에만 그 직계비속 또는 배우자가 본위상속과 대습상속의 어느 쪽도 하지 못하게 된다면 동시사망 추정 이외의 경우에 비하여 현저히 불공평하고 불합리한 것이라 할 것이고, 이는 앞서 본 대습상속제도 및 동시사망 추정규정의 입법취지에도 반하는 것이므로, 「민법」 제1001조의 "상속인이 될 직계비속이 상속개시와 동시에 사망한 것으로 추정되는 경우"도 포함하는 것으로 합목적적으로 해석함이 상당하다(99다13157).

피상속인의 자녀가 상속개시 전에 전부 사망한 경우 피상속인의 손자녀(孫子女)는 본위상속이 아니라 대습상속을 한다고 봄이 상당하다(99다13157). 이 사례에서 피상속인의 배우자마저도 사망한 경우라면 손자녀는 본위상속이 된다.

제6관 상속의 결격

제1항 의의

상속의 결격이라고 함은 법률이 정한 사유가 발생하면 당연히 상속인이 되는 자격을 잃게 되는 것을 말한다(제1004조). 인륜(人倫)에 반하는 행위를 한 사람에 대한 제재의 의미가 강한 제도이다.

「민법」 규정들 소정의 상속결격사유로서 "살해의 고의" 이외에 원심이 판시한 바와 같이 "상속에 유리하다는 인식"이 포함되는지 여부에 관하여 살피건데, "피상속인 또는 재산상속의 선순위나 동순위에 있는 자" 이외에 "직계존속"도 피해자에 포함하고 있고, 위 직계존속은 가해자보다도 상속순위가 후순위일 경우가 있는바, 민법이 굳이 동인을 살해한 경우에도 그 가해자를 상속결격자에 해당한다고 규정한 이유는 상속결격 요건으로서 가해의 고의 이외에 상속에 유리하다는 인식을 요구하지 아니한다는 데에 있다고 해석할 수밖에 없으며, 따라서 상속에 유리하다는 인식은 필요로 하지 아니한다고 하지 아니할 수 없다(92다2127).

제2항 상속결격사유

1. 살인

고의로 직계존속, 피상속인, 그 배우자 또는 상속의 선순위나 동순위에 있는 자를 살해하거나 살해하려 한 자는 상속결격자가 된다(제1004조 제1호). 여기의 "살해"에는 예비·음모·교사(教唆)·방조(傍助)를 모두 포함하지만 과실범은 제외된다. 그리고 상속인에는 상속인과 같은 지위에 있는 "수증자(受贈者)", 즉 포괄적 유증을 받은 사람도 포함된다.

태아가 재산상속의 선순위나 동순위에 있는 경우에 그를 낙태하면 「민법」 제1004조 제1호 소정의 상속결격사유에 해당한다(92다2127). 이보다 앞선 대법원의 판례 중에는 남편의 사망으로 인하여 앞으로 태어날 태아를 양육할 자신이 없어 낙태한 경우에서 상속결격이 되지 않는다고 판단한 사례도 있다.

2. 상해

고의로 직계존속, 피상속인과 그 배우자에게 상해를 가하여 사망에 이르게 한 자는 상속인이 될 수 없다(제1004조 제2호). 여기의 "사망에 이르게"는 「형법」상 상해치사(傷害致死)를 의미하므로 단순상해의 경우에는 여기에 포함되지 않는다.

3. 유언방해

사기 또는 강박으로 피상속인의 상속에 관한 유언 또는 유언의 철회를 방해하거나 유언을 하게 한 자는 상속인이 되지 못한다. 피상속인의 상속에 관한 유언서를 위조·변조·파기 또는 은닉(隱匿)한 자도 같다(제1004조 제3호 내지 제5호). 여기의 파기는 녹음기록을 부수는 것 등을 뜻하며, 은닉은 찾지 못하게 감추는 것이다.

제3항 상속결격의 효과

상속결격자가 되면 상속인이나 수증자, 즉 유언을 받는 사람이 되지 못한다(제1064조). 상속개시(피상속인의 사망) 후에 상속결격자가 되는 경우에는 상속 당시로 소급하여 상속인의 자격이 박탈된다.

상속의 결격은 대습상속에는 영향을 주지 않는다. 만일 대습상속을 허용하지 않는다면 이는 연좌제(連坐制)나 마찬가지가 될 것이기 때문이다.

제7관 상속의 효과

상속인은 상속개시 된 때로부터 피상속인의 재산에 관한 포괄적 권리·의무를 승계한다. 그러나 피상속인의 일신(一身)에 전속(專屬)한 것은 그러하지 아니하다(제1005조). 일신에 전속한 것이라고 함은 재산과 관계없거나 재산과 관계가 있더라도 신분적 요소(身分的 要素)가 강한 것을 말한다.

제1항 상속재산

1. 부동산

상속재산이 부동산 및 물권인 경우에는 상속재산은 상속인에게 등기 없이도 이전된다(제187조). 상속인이 2명 이상이면 공유가 된다.

2. 채권·채무

채권과 채무도 원칙적으로 상속된다. 공동상속을 하는 때에는 준공유가 된다. 채권양도의 대항요건을 갖추지 않더라도 무방하다. 그러나 채권자 또는 채무자가 변경되면 그 이행에 큰 차이가 나는 채권과 채무는 상속되지 않는다. 고용계약이 그 대표적인 것이다.

피상속인의 사망이 타인의 불법행위로 인한 경우에는 생명침해로 인한 위자료청구권은 상속된다고 보는 것이 대법원의 입장이다. 그러나 약혼의 해제, 혼인의 무효·취소·이혼, 입양의 무효·취소·파양을 원인으로 하는 위자료청구권은 청구권 자체가 계약으로 성립되었거나 소를 제기한 경우가 아니면 상속될 수 없다는 별도의 규정이 있다.

신원보증관계는 상속성이 없고, 다만 신원보증인이 사망하기 전에 이미 발생된 손해배상채무만이 상속된다고 보아야 한다(66다2240). 신원보증에 관하여는 「신원보증법」이 규율한다.

3. 계약 및 법률상의 지위

채권자대위권 및 채권자취소권도 상속의 대상이 된다. 합자회사의 유한책임사원의 사원권과 주식회사의 주주권은 상속되지만 합명회사의 사원권과 합자회사의 무한책임사원의 사원권은 상속의 대상이 되지 않는다(상법).

소송절차는 당사자가 사망하면 중단되지만 상속인이 이를 수계(受繼)할 수 있다(민사소송법 제233조). 이 경우에도 소송대리인이 있는 때에는 중단되지 않는다(민사소송법 제238조).

대리인의 지위는 민법에서는 상속을 허용하지 않지만(제127조 제1항), 상행위의 대리권은 상속이 허용된다(상법 제50조).

4. 기타의 재산권

분묘(墳墓)에 속한 1정보(町步) 이내의 금양임야(禁養林野)와 600평 이내의 묘토(墓土)인 농지, 족보와 제구(祭具)의 소유권은 제사를 주재하는 자가 이를 승계한다(제1008조의3).

1정보는 약 3천 평을 의미하며, 금양임야는 국어사전적으로는 나무나 풀을 함부로 벨 수 없는 임야를 뜻하지만, 여기서는 선산(先山) 내지 선영(先塋)의 의미로 이해하여야 할 것이다.

제2항 공동상속

공동상속인은 각자의 상속분에 응하여 피상속인의 권리·의무를 승계한다(제1007조). 상속인이 수인(數人)인 때에는 상속재산은 그 공유(共有)로 한다(제1006조).

제3항 상속분(相續分)

1. 의의

상속분이란 공동상속에 있어서 여러 명의 상속인이 전체 상속재산으로부터 받게 될 각각의 상속지분의 비율을 말한다.

2. 상속분의 결정

1) 지정상속분 · 법정상속분

지정상속분이란 피상속인의 유언으로 수증자(상속인)가 받은 수증재산을 말한다. 이 수증재산(受贈財産)이 법정상속분을 초과함으로써 다른 공동상속인의 유류분(遺留分)을 침해하는 경우에는 다른 공동상속인은 유류분반환청구를 할 수 있다. 유류분에 대하여는 뒤에서 검토한다.

법정상속분은 민법이 규정하는 상속의 지분비율을 말하며, 같은 순위의 상속인의 상속분은 균분(均分)으로 한다(제1009조 제1항).

2) 배우자의 상속분

피상속인의 배우자의 상속분은 직계비속과 공동으로 상속하는 때에는 직계비속의 상속분의 5할을 가산하고, 직계존속과 공동으로 상속하는 때에는 직계존속의 상속분의 5할을 가산한다(제1009조 제2항).

3) 대습상속분(代襲相續分)

제1001조의 규정에 의하여 사망 또는 결격된 자에 갈음하여 상속인이 된 자의 상속분은 사망 또는 결격된 자의 상속분에 의한다. 이 경우에 사망 또는 결격된 자의 직계비속이 수인(數人)인 때에는 그 상속분은 사망 또는 결격된 자의 상속분의 한도에서 제1009조(법정상속분)의 규정에 의하여 이를 정한다. 제1003조(배우자의 상속분) 제2항의 경우에도 또한 같다(제1010조).

상속분에는 본위상속분(本位相續分)과 대습상속분(代襲相續分)이 있다. 본위상속분은 대습상속이 없는 경우에 상속인이 받게 되는 본래의 상속분을 말하고, 대습상속분이라고 함은 상속인이 될 사람이 피상속인과 동시에 또는 피상속인보다 먼저 사망한 경우 및 상속결격자가 된 경우에서 먼저 사망(또는 동시사망) 또는 상속결격자가 된 사람의 상속인이 받게 되는 상속분을 말한다.

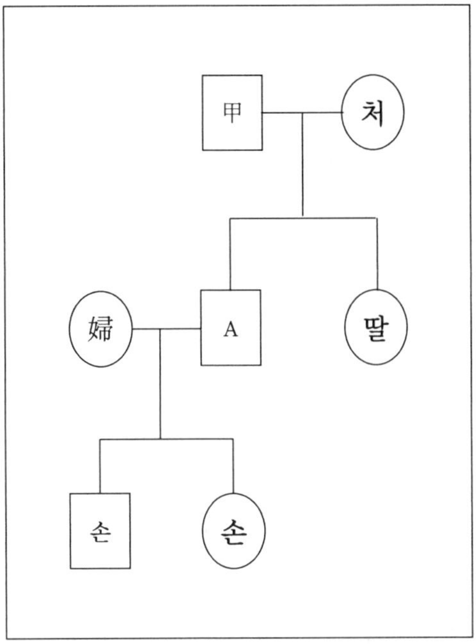

가령 피상속인 甲이 배우자와 아들 A 및 딸이 있었는데, 아들 A가 피상속인보다 먼저 사망하였다고 하자.

이 경우에 피상속인의 배우자와 딸을 본위상속인(本位相續人)이라고 하며, 먼저 사망한 A의 배우자, 아들 및 딸을 "대습상속인"이라고 한다. 왼쪽 그림에서는 피상속인의 며느리와 손자녀가 대습상속인이다.

위 사례에서 A가 살아있다고 가정하면 본위상속분은 피상속인의 배우자가 1.5, A가 1.0, 딸이 1.0이다. 분수식으로 나타내면 아래와 같다.

그리고 A가 배우자와 아들 및 딸을 두고 피상속인보다 먼저 사망(동시사망 포함)하였거나 상속결격자가 된 경우에는 A의 본위상속분($\frac{2}{7}$)에 대하여 그 배우자와 아들 및 딸이 공동상속인이 되어 A가 살아있었더라면 본위상속 하였을 상속지분만을 가지고 법정상속분(法定相續分)으로 상속하게 된다. 이를 수학공식으로 표현하면 다음과 같다.

$$\text{배우자} = \frac{1.5}{1.5+1+1} \times 2 = \frac{3}{7}$$

$$A = \frac{1}{1.5+1+1} \times 2 = \frac{2}{7}$$

$$\text{딸} = \frac{1}{1.5+1+1} \times 2 = \frac{2}{7}$$

* 2를 곱한 이유는 소수점을 제거하기 위한 것이다.

피상속인의 배우자 $\frac{3}{7}$, 피상속인의 딸 $\frac{2}{7}$, 피상속인의 며느리 $\frac{2}{7}\times\frac{3}{7}=\frac{6}{49}$, 피상속인의 손자$\frac{2}{7}\times\frac{2}{7}=\frac{4}{49}$, 피상속인의 손녀 $\frac{2}{7}\times\frac{2}{7}=\frac{4}{49}$가 된다. 이를 공통분모로 정리하면 다음과 같다.

피상속인의 배우자 = $\frac{21}{49}$, 피상속인의 딸 = $\frac{14}{49}$, 피상속인의 며느리(婦) = $\frac{6}{49}$
피상속인의 손자 = $\frac{4}{49}$, 피상속인의 손녀 = $\frac{4}{49}$

3. 특별수익자의 상속분

1) 의의

공동상속인 중에 피상속인으로부터 재산의 증여 또는 유증을 받은 자가 있는 경우에 그 수증재산이 자기의 상속분에 달하지 못한 때에는 그 부족한 부분의 한도에서 상속분이 있다(제1008조).

가령 배우자 없는 피상속인 A가 아들 甲과 딸 乙을 두고 사망함으로써 甲과 乙이 공동상속인이 되었고, A의 전체 재산 100만 원 중에서 40만 원을 甲에게 유언에 의하여 증여하였다고 가정하자. 즉 甲은 40만 원의 유증을 받았다.

이 경우 甲과 乙의 상속분은 각각 50만 원이므로 甲의 상속분은 10만원을 한도로 한다는 뜻이다.

「민법」 제1008조는 공동상속인 중에 피상속인으로부터 재산의 증여 또는 유증을 받은 자가 있는 경우에 그 수증재산이 자기의 상속분에 달하지 못한 때에는 그 부족한 부분의 한도에서 상속분이 있다고 규정하고 있는바, 이는 공동상속인 중에 피상속인으로부터 재산의 증여 또는 유증을 받은 특별수익자가 있는 경우에 공동상속인들 사이의 공평을 기하기 위하여 그 수증재산을 상속분의 선급(先給)으로 다루어 구체적인 상속분을 산정함에 있어 이를 참작하도록 하려는 데 취지가 있는 것이므로, 어떠한 생전증여가 특별수익에 해당하는지는 피상속인의 생전의 자산, 수입, 생활수준, 가정상황 등을 참작하고, 공동상속인들 사이의 공평을 고려하여 당해 생전증여가 장차 상속인으로 될 자에게 돌아갈 상속재산 중의 그의 몫의 일부를 미리 주는 것으로 볼 수 있는지에 의하여 결정하여야 한다(2009다64635).

2) 특별수익의 산정방법

공동상속인 중에 특별수익자가 있는 경우에 각 공동상속인의 상속분을 계산함에는, 상속개시 당시에 피상속인이 가지고 있던 전체 재산(각 상속인이 받은 유증부분을 포함)의 가액에 먼저 증여의 가액을 더한 다음, 여기에 각 상속인들의 상속분율을 곱하고, 다시 특별수익자의 수증 및 유증의 가액을 공제한 가액이 각 공동상속인들의 상속분이 된다. 이를 수식(數式)으로 나타내면 다음과 같다.

(전체 상속재산 가액 + 특별수익자의 생전증여 가액) × 상속분율 − (특별수익자의 생전증여 가액 + 특별수익자의 유증 받은 재산 가액) = 각 공동상속인의 상속분 가액

4. 기여분(寄與分)

1) 의의

공동상속인 중에 상당한 기간 동거·간호 그 밖의 방법으로 피상속인을 특별히 부양하거나 피상속인의 재산의 유지 또는 증가에 특별히 기여한 자가 있을 때에는 상속개시 당시의 피상속인의 재산가액에서 공동상속인의 협의로 정한 그 자의 기여분을 공제한 것을 상속재산으로 보고 제1009조(법정상속분) 및 제1010조(대습상속분)에 의하여 산정한 상속분에 기여분을 가산(加算)한 액으로써 그 자의 상속분으로 한다(제1008조의2 제1항). 여기의 간호는 간호사의 간호가 아니라 무상(無償)으로 돌보는 의미이다.

2) 기여분의 결정

기여분의 결정에 관한 공동상속인들의 협의가 되지 아니하거나 협의할 수 없는 때에는 가정법원은 기여자의 청구에 의하여 기여의 시기·방법 및 정도와 상속재산의 액 기타의 사정을 참작하여 기여분을 정한다(제1008조의2 제2항).

이 청구는 제1013조(협의에 의한 상속재산분할) 제2항(공유물의 분할)의 규정에 의한 청구가 있을 경우 또는 제1014조(상속재산 분할 후의 피인지자 등의 청구권)에 규정하는 경우에 할 수 있다(제1013조 제4항).

3) 기여분 및 공동상속분의 산정

기여분은 상속이 개시된 때의 피상속인의 재산가액에서 유증의 가액을 공제한 액을 넘지 못한다(제1008조의2 제3항). 이는 공동상속인들의 의사보다는 피상속인의 의사를 존중하고자 하는 취지이다.

5. 상속분의 양도·양수

1) 상속분의 양도

상속분의 양도라 함은 상속이 개시된 때로부터 상속재산을 분할하기 전까지 사이에 상속인이 자기의 상속지분을 제3자 또는 다른 공동상속인에게 양도하는 것을 말한다. 여기서 말하는 양도의 대상은 상속인이 자기의 몫으로 받은 적극재산과 소극재산을 포괄하는 상속인의 지위를 양도하는 것을 뜻한다.

2) 다른 공동상속인의 양수(재인수)

공동상속인 중에 그 상속분을 제3자에게 양도한 자가 있는 때에는 다른 공동상속인은 그 가액과 양도비용을 상환하고 그 상속분을 양수할 수 있다. 이 권리는 그 사유를 안 날로부터 3월, 그 사유가 있은 날로부터 1년 내에 행사하여야 한다(제1011조). 이 권리는 형성권으로 해석된다.

제4항 상속재산의 분할

1. 의의 및 분할청구권자

상속재산의 분할이라 함은 상속의 개시로 인하여 공동상속인들이 공유로 된 상속재산을 나누어 갖는 청산행위의 일종이다.

공동상속인, 포괄적 유증(遺贈)을 받은 사람, 대습상속인(代襲相續人), 상속분을 양수한 제3자 및 상속인의 채권자(채권자대위권자)가 분할을 청구할 수 있는 사람이다. 상속을 포기한 상속인이나 상속결격자가 여기에서 제외됨은 물론이다.

2. 분할의 요건

상속재산을 분할하기 위해서는 상속인이 확정되어야 한다. 따라서 상속인 중 일부가 아직 상속의 한정승인이나 포기를 할지 여부를 결정하지 못하고 있는 동안에는 분할을 할 수 없다. 또 상속재산의 범위도 확정되어야 한다.

피상속인은 유언으로 상속개시의 날로부터 5년을 초과하지 아니하는 기간 내에 그 분할을 금지할 수 있다(제1012조). 이 기간을 넘는 기간으로 정한 유언은 5년으로 된다.

금전채무와 같이 급부의 내용이 가분(加分)인 채무가 공동상속 된 경우 이는 상속개시와 동시에 당연히 법정상속분에 따라 공동상속인들에게 분할되어 귀속되는 것이므로, 상속재산분할의 대상이 될 여지가 없다(97다8809).

3. 분할의 방법

1) 지정분할

피상속인이 유언으로 분할방법을 정할 수도 있고, 지정방법의 결정을 제3자에게 위탁할 수 있다(제1012조). 지정의 내용은 피상속인이나 지정수탁자(指定受託者)가 자유롭게 정할 수 있지만, 상속인들의 법정상속분(法定相續分)을 바꿀 수는 없다.

2) 협의분할

공동상속인들은 금지가 없으면 언제든지 협의에 의하여 상속재산을 분할 할 수 있다(제1013조). 가장 많이 활용되는 방법이다. 공동상속인 중 한 사람 또는 일부가 분할협의를 청구하면 다른 상속인들은 협의에 응할 의무가 있다고 할 것이다.

분할의 협의는 정해진 절차와 방식이 없다. 따라서 공동상속인 중 한 사람이 모든 상속재산을 전부 가질 수도 있고, 상속지분을 무시한 협의도 가능하다. 공동소유로 하든 합유(合有)로 하든 자유이다. 현물로 쪼개는 것이 일반적이지만 상속재산을 처분하여 현금으로 분할하는 것도 무방하다.

공동상속인 사이에 협의가 성립하지 않는 경우 각 공동상속인은 가정법원에 분할을 청구할 수 있다(제1013조). 분할방법은 물론 분할을 할 것인지 여부에 관하여 협의가 성립하지 않는 경우에도 청구할 수 있다.

「민법」 제269조(공유물의 분할)를 준용하는 제1013조는 협의가 성립하지 않는 경우만을 규정하고 있지만, 협의를 할 수 없는 경우에도 법원에 청구할 수 있다고 해석된다. 공동상속인 중 한 사람이 행방불명이 된 경우 등이다.

심판을 청구하는 절차는 우선 가정법원에 조정을 신청하고, 조정이 성립되지 않는 경우에는 심판을 청구하게 된다.

상속재산의 협의분할은 공동상속인간의 일종의 계약으로서 공동상속인 전원이 참여하여야 하고 일부 상속인만으로 한 분할협의는 무효라고 할 것이나, 반드시 한자리에서 이루어져야 할 필요는 없고, 순차적으로 이루어질 수도 있으며, 상속인 중 한 사람이 만든 분할원인을 다른 상속인이 후에 돌아가며 승인하여도 무방하다(2003다65438,65445).

공동상속인 상호간에 상속재산에 관하여 협의분할이 이루어짐으로써 공동상속인 중 일부가 고유의 상속분을 초과하는 재산을 취득하게 되었다고 하여도, 이는 상속개시 당시에 소급하여 피상속인으로부터 승계 받은 것으로 보아야 하고, 다른 공동상속인으로부터 증여받은 것으로 볼 수는 없다(2000두9731).

협의에 의한 상속재산의 분할은 공동상속인 전원의 동의가 있어야 유효하고, 공동상속인 중 한 사람의 동의가 없거나 그 의사표시에 대리권의 흠결이 있다면 그 분할은 무효라고 할 것이고, 상속재산분할의 협의를 하는 행위는 「민법」 제921조 소정의 이해상반 되는 행위에 해당하는 만큼, 그 대리권에 흠결이 있으면 무효라고 판단한 원심의 판단은 정당하다(85므80).

이해상반행위의 당사자는 모두가 친권자의 친권에 복종하는 미성년자인 자(子)들이어야 하고, 가령 성년이 되어 친권자의 친권에 복종하지 아니하는 자와 친권에 복종하는 미성년인 자 사이에 이해상반 되는 경우에는, 친권자는 미성년자인 자(子)를 위한 법정대리인으로서 그 고유의 권리를 행사할 수 있을 것이므로, 그러한 친권자의 법률행위는 「민법」 제921조 제2항 소정의 이해상반행위에 해당한다고 할 수 없다(75다2340). 미성년자의 친권자가 2명(부와 모)인 경우에는 공동으로 대리하여야 한다.

4. 분할의 효과

1) 소급효(遡及效)

분할이 성립하면 그 분할의 시기는 상속이 개시된 때(피상속인의 사망 당시)로 소급한다(제1015조). 이 소급효는 상속재산을 현물(現物)로 분할하는 경우에만 적용이 된다. 그리고 소급효는 제3자의 권리를 해할 수 없다(제1015조). 상속이 개시된 때부터 분할이 될 때까지 사이에 거래한 제3자는 보호되어야 마땅하기 때문이다.

2) 공동상속인의 추가 등

「민법」 제1014조는 상속개시 후 인지(認知) 또는 재판의 확정에 의하여 공동상속인이 된 사람이 상속재산의 분할을 청구할 경우에, 다른 공동상속인이 이미 분할 기타 처분을 한 경우에는 그 상속분에 상당한 가액의 반환을 청구할 권리가 있다고 규정하였다.

이기의 "재판의 확정"이란 인지청구의 소 또는 친자확인의 소가 상속이 개시된 이후에 확정이 되어 비로소 공동상속인의 자격을 취득한 경우를 말하는 것이다. 인지에도 소급효가 인정된다. 이 결과 이미 상속재산의 분할에 참가한 공동상속인 중에는 상속인의 자격을 잃게 되는 경우도 있을 것이다.

3) 공동상속인의 담보책임

상속재산의 분할에 의하여 상속재산을 취득한 경우, 실제로 상속재산을 취득한 상속인은 실제로 취득한 지분에 비례하여 다른 상속인에 대하여 매도인과 같은 담보책임(擔保責任)을 부담하다. 이는 분할한 목적물에 숨은 하자가 있는 경우에는 그 목적물을 취득한 공동상속인은 다른 공동상속인에 대하여 손해배상을 청구할 수 있다는 뜻이다. 더 나아가 그 하자(瑕疵)로 인하여 분할을 위한 협의의 내용이 된 목적을 달성할 수 없는 경우에는 분할협의(계약으로 본다)를 해제하여 다시 분할 할 것을 청구할 수도 있다.

4) 상속채무자의 자력(資力)에 대한 담보책임

공동상속인은 다른 상속인이 분할로 인하여 취득한 채권에 대하여 분할 당시 채무자의 자력을 담보한다(제1017조). 이 뜻은 협의분할 과정에서 제3자에 대한 채권을 취득한 공동상속인이 있을 경우, 나중에 그 제3자가 자력이 없어 그 채무의 이행을 하지 못하는 경우에는 다른 공동상속인이 제3자의 채무를 대신 갚아야 한다는 것이다. 여기의 채권은 지명채권이든 유가증권이든 묻지 않는다.

담보의 시기에 관하여는 분할 당시 이미 변제기에 있는 채권에 대하여는 분할 당시의 채무자의 자력을 담보하고, 분할 당시에 아직 변제기가 되지 아니한 채권이나 정지조건부 채권인 경우에는 변제를 청구할 수 있는 때의 채무자의 자력을 담보하게 된다(제1017조). 그리고 담보책임이 있는 공동상속인 중에 상환의 자력이 없는 사람이 있는 때에는 그 사람의 부담부분은 구상권자(求償權者)와 자력이 있는 다른 공동상속인이 그 상속분(실제로 받은 지분)에 비례하여 분담한다(제1018조).

(특별대리인선임청구서)

특 별 대 리 인 선 임 청 구

청 구 인 　　성명 양 ○ ○
주민등록번호
주소
등록기준지
전화번호

사건본인(1) 　　성명 이 ○ ○
주민등록번호
주소
등록기준지

시건본인(2) 　　성명 이 ○ ○
주민등록번호
주소
등록기준지

특별대리인(1) 　　성명 이 ○ ○
주소 서울 00구 00동 00

특별대리인(2) 　　성명 이 ○ ○
주소 안양 00구 00동 00

청 구 취 지

청구인과 사건본인들이 망 이 ○○ 소유의 별지목록 기재 부동산을 협의분할함에 있어 사건본인 이 ○○의 특별대리인으로 서울 00구 00동 00 이 ○○을,

사건본인 이 ○○의 특별대리인으로 안양 00구 00동 00 이 ○○을 각 선임한다.
라는 심판을 구합니다.

청 구 원 인

청구외 망 이 ○○의 사망으로 인하여 청구인과 사건본인들은 공동상속인이 되었는바, 별지목록 기재 부동산을 협의분할 함에 있어 청구인과 사건본인들은 이해가 상반되는 법률행위이므로 사건본인들을 위하여 사건본인 이일남의 특별대리인으로 백부인 이 ○○을, 사건본인 이 ○○의 특별대리인으로 숙부인 이 ○○을 각 선임하여 주시기 바랍니다.

첨 부 서 류

1. 가족관계증명서(청구인 및 사건본인들) 1통.
1. 가족관계증명서(이원길) 1통.
1. 가족관계증명서(이두길) 1통.
1. 주민등록등본(청구인 및 사건본인들) 1통.
1. 주민등록등본(이한길) 1통.
1. 주민등록등본(이두길) 1통.
1. 부동산등기부등본(토지) 1통.
1. 부동산등기부등본(건물) 1통.
1. 부동산목록 1통.
1. 송달료납부서 1통.

2014. . .

위 청구인 양 ○○ (인)

서울00지방법원 귀중

(별지)

부동산의 표시

1. 서울 00구 00동 000-00

   대 000.00㎡

2. 위 지상

   벽돌조 슬래브지붕 2층 단독주택

   지층 00.00㎡

   1층 00.00㎡

   2층 00.00㎡

* 청구서를 제출할 법원은 사건본인(미성년자)의 주소지를 관할하는 지방법원(또는 지원)이다.
* 신청서에는 5,000원의 수입인지를 붙인다.
* 송달료는 사건본인의 수(2명)×4회분×3,250원을 예납한다.
* 분할협의의 대상이 부동산인 때에는 별지에 부동산목록을 작성하여 제출하여야 한다. 이때 부동산이 여러 개가 있더라도 하나의 서류에 한꺼번에 작성하는 것은 무방하다.
* 상속재산분할협의와 관련한 특별대리인을 선임해줄 것을 청구하는 경우는 ① 미성년(만 19세가 되지 아니한 자녀)인 자(子)가 있는 경우이고, ② 미성년인 자녀가 여러 명이면 각각 선임청구를 하여야 하고, ③ 특별대리인도 각각 다른 사람이어야 한다.
* 상속재산 중 등기나 등록에 의하여 공시(公示)되는 재산이 있는 때에 분할협의서를 붙이지 아니하고 상속에 의한 이전등기나 이전등록을 신청하는 경우에는 상속지분에 따라 공유로 처리된다.
* 특별대리인의 선임을 청구함에 있어 청구인이 추천하는 특별대리인은 미성년자의 법정대리인이 아니면 특별한 제한이 없으며(다만, 공동상속인은 제외), 법원은 청구인이 추천하는 사람을 반드시 선임하여야 하는 것은 아니지만 실무에서는 대부분의 경우에 추천된 사람을 선임하고 있다.
* 이는 소송사건이 아니므로 법원이 신청인, 사건본인 및 추천받은 사람을 소환하지 않는다.

제8관 상속의 승인 · 포기

제1항 의의

상속의 승인은 상속을 포기하지 않겠다는 의사표시로서 단순승인과 한정승인이 있다. 상속의 포기는 피상속인의 권리 · 의무가 상속인에게 이전되는 효과를 상속개시 당시로 소급하여 소멸케 하는 의사표시이다.

상속의 승인과 포기는 상대방 없는 단독행위이며, 일신전속적 행위이므로 조건부 또는 기한부가 허용되지 않고, 이를 철회할 수도 없다.

제2항 승인 및 포기의 기간

상속인은 상속개시 있음을 안 날로부터 3월내에 단순승인이나 한정승인 또는 포기를 할 수 있다. 그러나 그 기간은 검사의 청구에 의하여 가정법원이 이를 연장할 수 있다. 상속인은 상속을 승인 · 포기하기 전에 상속재산을 조사할 수 있다. 위 규정에도 불구하고 상속인은 상속채무가 상속재산을 초과하는 사실을 중대한 과실 없이 위 기간 내에 알지 못하고 단순승인(제1026조 제1호 및 제2호의 규정에 의하여 단순승인 한 것으로 보는 경우를 포함한다)을 한 경우에는 그 사실을 안 날부터 3월내에 한정승인을 할 수 있다(제1019조).

제1026조 제1호 및 제2호는 상속인이 상속재산의 처분행위를 하거나 상속이 개시된 때로부터 3개월 안에 한정승인 또는 포기를 하지 아니하는 경우를 말한다.

따라서 상속인이 중대한 과실 없이 상속개시일로부터 3개월 안에 ① 단순승인을 하거나, ② 단순승인으로 간주되는 상속재산의 처분행위를 하거나, ③ 상속포기를 하지 못한 경우에는 중대한 과실이 없었음에도 불구하고 그러한 결과가 된 사실을 안 날로부터 다시 3개월 안에 한정승인을 할 수 있다.

상속인이 제한능력자인 경우에는 승인 및 포기의 기간은 그의 친권자 또는 후견인이 상속이 개시된 것을 안 날부터 기산(起算)한다(제1020조).

상속인이 승인이나 포기를 하지 아니하고 상속이 개시된 날로부터 3월내에 사망한 경우에는 그 상속인이 자기의 상속개시 있음을 안 날로부터 3월의 기간을 기산한다(제1021조).

「민법」 제1019조 제1항은 상속인은 상속개시 있음을 안 날로부터 3월내에 상속포기를 할 수 있다고 규정하고 있는바, 여기서 상속개시 있음을 안 날이라 함은 상속개시의 원인이 되는 사실의 발생을 알고, 이로써 자기가 상속인이 되었음을 안 날을 말한다(2012다59367).

제3항 승인·포기와 상속재산관리

상속인은 그 고유재산에 대하는 것과 동일한 주의로 상속재산을 관리하여야 한다. 그러나 단순승인 또는 포기한 때에는 그러하지 아니하다(제1022조).

상속을 포기한 자는 그 포기로 인하여 상속인이 된 자가 상속재산을 관리할 수 있을 때까지 그 재산의 관리를 계속하여야 한다(제1044조 제1항).

제4항 승인·포기의 취소

상속의 승인이나 포기는 제1019조 제1항의 기간(상속개시의 날로부터 3월) 내에도 이를 취소하지 못한다(제1024조 제1항).

이는 총칙편의 규정에 의한 취소에 영향을 미치지 아니한다. 그러나 그 취소권은 추인할 수 있는 날로부터 3월, 승인 또는 포기한 날로부터 1년 내에 행사하지 아니하면 시효로 인하여 소멸한다(제1024조 제2항).

제1024조 제1항의 "취소"는 "철회"의 의미이다. 그렇기 때문에 민법총칙편에 의한 취소에 영향을 미치지 않는다는 것이다. 그리고 제1024조 제2항에서 말하는 "취소"는 고유의미의 "취소"를 뜻한다. 즉 사기나 강박을 원인으로 하는 취소이다.

상속인으로서의 자격 자체를 좌우하는 상속포기의 의사표시에 사해행위에 해당하는 법률행위에 대하여 채권자 자신과 수익자 또는 전득자 사이에서만 상대적으로 그 효력이 없는 것으로 하는 채권자취소권의 적용이 있다고 하면, 상속을 둘러싼 법률관계는 그 법적 처리의 출발점이 되는 상속인의 확정단계부터 복잡하게 얽히게 되는 것을 면할 수 없다. 따라서 상속의 포기는 「민법」 제406조 제1항에서 정하는 "재산권에 관한 법률행위"에 해당하지 아니하여 채권자취소권의 대상이 되지 아니한다(2011다29307).

제9관 단순승인

상속을 단순승인 한다고 함은 피상속인의 권리·의무를 조건이나 제한 없이 승계하는 것을 말한다(제1026조).

① 상속인이 상속재산의 처분행위를 한 때, ② 상속인이 상속개시의 날로부터 3월 안에 한정승인 또는 포기를 하지 아니한 때, ③ 상속인이 한정승인 또는 포기를 한 후에 상속재산을 은닉하거나 부정소비하거나 고의로 재산목록에 가입하지 아니한 때에는 단순승인을 한 것으로 본다(제1026조).

상속인이 상속을 포기함으로 인하여 차순위 상속인이 상속을 승인한 때에는 전조 ③ 의 사유는 상속의 승인으로 보지 아니한다(제1027조). 즉 상속인이 배신행위를 했음에도 불구하고 차순위 상속인의 지위안정을 위하여 상속의 포기를 인정하는 것이다.

「민법」 제1026조 제1호(위의 ①을 말함)는 상속인이 한정승인 또는 포기를 하기 이전에 상속재산을 처분한 때에만 적용되는 것이고, 상속인이 한정승인 또는 포기를 한 후에 상속재산을 처분한 때에는 그로 인하여 상속채권자나 다른 상속인에 대하여 손해배상책임을 질 경우가 있음은 별론으로 하고, 그것이 위 제3호에 정한 상속재산의 부정소비에 해당되는 경우에만 상속인이 단순승인을 한 것으로 보아야 하며, 나아가 위 제3호(여기에서는 ③)에 정한 "상속재산의 부정소비"라 함은 정당한 사유 없이 상속재산을 써서 없앰으로써 그 재산적 가치를 상실시키는 것을 의미하는 것이라고 봄이 상당하다(2003다63586).

법정단순승인사유인 제1026조 제3호 소정의 "고의로 재산목록에 가입하지 아니한 때"라는 것은 한정승인을 함에 있어 상속재산을 은닉(隱匿)하여 상속채권자를 사해(詐害)할 의사로써 상속재산을 재산목록에 가입하지 않는 것을 의미한다(2003다30968).

상속인이 상속재산에 대한 처분행위를 한 때에는 「민법」 제1026조 제1항에 의하여 단순승인을 한 것으로 보게 되는데, 이에는 피상속인의 채권을 추심하여 변제받은 것도 해당한다(2009다84936).

제10관 상속한정승인

제1항 의의

한정승인(限定承認)이란 상속인이 상속으로 얻을 재산의 한도에서 피상속인의 채무와 유증(遺贈)을 변제하는 조건으로 상속을 승인하는 것을 말한다(제1028조). 조건이 없는 승인은 단순승인이라고 한다.

상속인이 여러 명인 때에는 각 상속인은 그 상속분에 응하여 취득할 재산의 한도에서, 그 상속분에 의한 피상속인의 채무와 유증을 변제할 것을 조건으로 상속을 승인할 수 있다(제1029조).

제2항 방법

상속인은 상속이 개시된 사실(피상속인의 사망)이 있음을 안 때로부터 3개월 안에 상속재산의 목록을 첨부하여 법원에 한정승인의 신고를 할 수 있다(제1030조 제1항). 위 기간 안에 단순승인(단순승인으로 보는 경우를 포함한다)을 하였더라도 상속채무가 상속재산을 초과한 사실을 중대한 과실 없이 알지 못한 경우에는 그 사실을 알게 된 때부터 3개월 안에 한정승인을 할 수 있다.

제3항 효과

한정승인을 했다고 하여 상속인의 상속에 관한 권리와 의무가 소멸하는 것은 아니며(지1031조), 상속인은 상속채권자(피상속인의 채권자)에 대하여 상속으로 얻은 재산의 한도에서만 상속채무를 변제할 의무가 있을 뿐이다. 그러나 상속채무를 모두 변제하고 남은 상속재산(적극재산)에 대하여는 상속권이 인정된다.

한정승인자가 여러 명인 경우에는 법원은 각 상속인이나 이해관계인의 청구에 의하여 공동상속인 중에서 상속재산관리인을 선임할 수 있다. 법원이 선임한 관리인은 공동상속인을 대표하여 상속재산의 관리와 채무의 변제에 관한 모든 행위를 할 권리·의무가 있다(제1040조 제1항·제2항).

제4항 한정승인에 따른 청산절차

한정승인자는 한정승인을 한 날로부터 5일 안에 일반상속채권자와 유증 받은 사람에 대하여 한정승인 사실과 일정한 기간 안에 그 채권 또는 수증(受贈)을 신고할 것을 공고하여야 한다. 그 기간은 2개월 이상이어야 한다(제1032조 제1항). 한정승인자가 알고 있는 채권자에 대해서는 각각 채권신고를 하도록 최고하여야 하고, 이들은 청산에서 제외하지 못한다(제1032조 제2항, 제89조). 한정승인자는 위 신고기간 안에는 변제를 거절할 수 있다(제1033조).

상속채권자에 대한 배당은 위 기간 안에 신고한 상속채권자와 한정승인자가 알고 있는 상속채권자를 대상으로 하며, 우선적으로 변제받을 권리가 있는 사람에게 배당을 한 다음에 일반채권자에게는 그 비율로 배당한다(제1034조).

아직 변제기에 이르지 아니한 상속채권도 변제하여야 한다. 조건 있는 채권 및 존속기간이 확정되지 아니한 채권은 법원이 선임한 감정인의 감정을 받아 변제하여야 한다(제1035조).

위와 같이 변제를 완료하고도 남음이 있으면 유증 받은 사람에게 변제를 한다(제1036조). 변제를 하기 위하여 상속재산의 전부나 일부를 매각할 필요가 있는 때에는 민사집행에 따른 경매를 하여야 한다(제1037조). 상속재산에 대한 특별담보권이 없는 상속채권자 중 신고기간 안에 신고하지 아니한 사람에게는 마지막으로 변제의 순위가 주어진다(제1039조).

제5항 한정승인에 따른 책임 및 구상권

한정승인자가 공고 또는 최고(催告)를 게을리 하거나 법률의 규정에 위반하여 어느 상속채권자나 유증 받은 자에게 변제함으로 인하여 다른 상속채권자나 유증 받은 자에게 변제할 수 없게 된 때에는 한정승인자는 그 손해를 배상하여야 한다. 이 경우에 변제를 받지 못한 상속채권자나 유증 받은 자는 그 사정을 알고 변제를 받은 상속채권자나 유증 받은 자에 대하여 구상권을 행사할 수 있다(제1038조 제1항 · 제2항).

제6항 한정승인 · 포기의 신고

가사소송법 제36조(청구의 방식) ③ 심판청구서에는 다음 각 호의 사항을 적고 청구인이나 대리인이 기명날인하여야 한다.

1. 당사자의 등록기준지, 주소, 성명, 생년월일, 대리인이 청구할 때에는 대리인의 주소와 성명
2. 청구 취지와 청구 원인
3. 청구연월일
4. 가정법원의 표시

가사소송규칙 제75조(한정승인 · 포기의 신고) ① 상속의 한정승인 또는 포기의 신고는 법 제36조 제3항에 규정한 외에 다음 각 호의 사항을 기재하고, 신고인 또는 대리인이 기명날인 또는 서명한 서면에 의하여 한다.

1. 피상속인의 성명과 최후주소
2. 피상속인과의 관계
3. 상속개시 있음을 안 날
4. 상속의 한정승인 또는 포기를 하는 뜻

② 제1항의 신고서에는 신고인 또는 대리인의 인감증명서를 첨부하여야 한다.

(상속한정승인심판청구서)

상 속 한 정 승 인 심 판 청 구

청구인(상속인) 1. 권 일 남
주민등록번호
주소
등록기준지
전화번호

2. 권 이 남
주민등록번호
주소
등록기준지
전화번호

사건본인(피상속인) 권 대 감
주민등록번호
사망일자
등록기준지
최후주소

청 구 취 지

청구인들이 피상속인 망 권대감의 재산을 상속함에 있어 별지 재산목록을 첨부하여 청구한 한정승인은 이를 수리한다.
라는 심판을 구합니다.

청 구 원 인

1. 피상속인은 2014. . . 사망하였고, 청구인들은 위 피상속인의 직계비속으로서 공동상속인들입니다.
2. 피상속인은 생전에 상속인들에게 동인의 재산 상태를 설명하지도 않았을 뿐만 아니라 유언도 남기지 않았으므로, 상속인들은 상속재산의 현황을 정확히 알 수가 없습니다.
3. 따라서 상속인들은 피상속인의 재산을 발견할 수 없으므로 한정승인을 신청합니다. 이를 수리하여 주시기 바랍니다.

첨 부 서 류

1. (청구인들의) 가족관계증명서 및 주민등록등본 각1통.
1. (청구인들의) 인감증명서 각1통.
1. (피상속인의) 기본증명서 1통.
1. (피상속인의) 가족관계증명서 1통.
1. (피상속인의) 주민등록초본(말소자) 1통.
1. 송달료납부서 1통.
1. 상속재산목록 4통.

2014. . .

위 청구인 권 일 남 인

권 이 남 인

○○지방법원 귀중

상 속 재 산 목 록

1. 적극재산

가. 부동산 : 없음

나. 유체동산 : 없음

다. 금전채권 : 없음

2. 소극재산

없음. 끝.

* 인지대(수입인지)는 신청인 한 사람 당 5,000원이다.
* 송달료는 한정승인자 인원수×3,250원×4회분을 예납한다.
* 상속재산목록은 상속인의 수에 2를 더한 수를 제출한다. 상속재산이 없거나 조사를 해보았지만 그 유무를 알 수 없는 경우에도 상속재산목록을 작성하여 제출하여야 한다. 이 점이 상속포기와는 다른 점이다.
* 청구인이 미성년자인 경우에는 법정대리인의 인감증명서를 붙인다. 이 경우에 법정대리인과 미성년자가 상속의 승인방법을 달리하는 경우에는 대리권이 없다고 해석된다. 이를테면 법정대리인은 한정승인을 하면서 미성년자는 단순승인을 하거나 그와 반대의 경우를 말한다. 상속의 포기와 관련해서도 같이 해석하여야 할 것이다.

(상속한정승인심판에 따른 권리신고 공고문)

상속한정승인심판에 따른 권리신고 공고

망 ○○○(000000-0000000)의 사망에 따른 상속한정승인자들은 상속채권자에 대하여 다음과 같이 공고함. 공고일로부터 2개월 안에 채권 또는 수증을 신고하지 아니하면 상속재산의 청산에서 제외됨.

다 음

사건번호 : 00지방법원 2014느단 제00호
공고인 : 000, 000
상속한정승인심판청구 수리일 : 2014. . .
신고기간 : 2014. . .부터 2014. . .까지
연락처 : 서울 00구 00동 000-00 전화번호 02)0000-0000

제11관 상속의 포기

제1항 의의

상속의 포기는 상속인이 아무런 조건 없이 피상속인의 적극재산과 채무를 상속받지 않겠다는 단독의 의사표시이다. 즉 처음부터 상속의 효과가 생기지 않게 하는 것이다. 그렇기 때문에 법원에 신고할 때에 상속재산목록을 제출하지 않아도 되는 점이 상속의 한정승인과 다르다.

제2항 요건

상속인이 상속을 포기할 때에는 상속이 개시된 날로부터 3개월 안에 가정법원에 포기의 신고를 하여야 한다(제1041조). 일단 상속을 포기하면 이를 철회할 수 없다. 상속의 포기는 상속이 개시된 이후에만 가능하다. 따라서 상속개시 이전에 한 포기는 무효가 된다(98다9021).

「민법」 제1019조 제1항은 상속개시 있음을 안 날로부터 3개월 이내에 상속포기를 할 수 있다고 규정하고 있는바, 여기서 상속개시 있음을 안 날이라 함은 상속개시의 원인이 되는 사실의 발생을 알고 이로써 자기가 상속인이 되었음을 안 날을 말한다(2012다59367).

제3항 효과

포기한 상속인의 상속분(相續分)은 같은 순위의 공동상속인이 있는 경우에는 다른 상속인들에게 그 지분비율로 귀속된다(제1043). 자기의 상속분을 특정인에게 주려고 하는 포기는 허용되지 않는다. 이를 원한다면 상속재산의 협의분할을 하여야 할 것이다.

상속을 포기하면 처음부터 상속인이 아니었던 것과 같은 효과가 있지만, 예외적으로 상속을 포기한 후에도 포기한 사람이 관리하던 재산은 다른 상속인이 관리를 할 수 있을 때까지는 관리를 계속하여야 한다(제1044조 제1항). 이 관리는 자기 재산과 같은 주의로 하여야 한다(제1044조, 제1022조).

상속을 포기한 사람에게 직계인속이 있더라도 대습상속(代襲相續)이 허용되지 않는다. 만약 단독상속인이 상속을 포기한 경우라면 직계비속은 본위상속(本位相續)을 하게 된다.

(상속재산포기심판청구서)

상 속 재 산 포 기 심 판 청 구

청 구 인 1. 성명 박 ○ ○
주민등록번호 000000-0000000
주소 서울 00구 00동 00
송달장소 주소지와 같음
전화번호 010-0000-0000

청 구 인 2. 성명 김 ○ ○
주민등록번호
주소
송달장소

청 구 인 3. 성명 김 ○ ○
주민등록번호
주소
송달장소

청 구 인 4. 성명 김 ○ ○
주민등록번호
주소
송달장소
청구인 김 ○○은 미성년자이므로 법정대리인 모 ○ ○ ○

사건본인(피상속인)
성명 김 ○ ○
주민등록번호
사망일자 2013. . .

등록기준지
최후주소

청 구 취 지

청구인들의 망 김상환에 대한 상속포기신고는 이를 수리한다.
라는 심판을 구합니다.

청 구 원 인

청구인들은 피상속인 망 김상환의 상속인들로서 2013. . . 상속개시가 있음을 알았는바, 민법 제1019조에 의하여 상속을 포기하고자 이 심판을 청구하는 것입니다.

첨 부 서 류

1. 가족관계증명서(청구인들) 1통.
1. 주민등록등본(청구인들) 1통.
1. 인감증명서 3통.
1. 가족관계증명서(사건본인) 1통.
1. 기본증명서(사건본인) 1통.
1. 주민등록초본(사건본인) 1통.
1. 송달료납부서 1통.

2014. . .

위 청구인 박 ○ ○ (인)
김 ○ ○ (인)
김 ○ ○ (인)
김 ○ ○
위 김 ○○은 미성년자이므로 법정대리인 모 박 ○ ○ (인)

○○지방법원 귀중

* 수입인지는 청구인마다 5,000원을 붙인다.
* 송달료는 청구인의 수×4회분×3,250원을 예납한다.
* 피상속인의 가족관계등록부 및 기본증명서는 폐쇄가족관계등록부에 있는 것을 말한다.
* 피상속인의 주민등록초본은 말소사항을 말한다.
* 상속재산목록은 제출하지 않는다. 이 점은 한정승인심판청구와 다르다.
* 청구인들이 직계비속이 아닌 경우, 즉 피상속인의 방계혈족 또는 직계존속인 경우에는 "가계도(家系圖)"를 붙여야 한다.
* 상속의 포기가 상속의 한정승인과 결정적으로 다른 점은 만약 피상속인의 적극재산에서 상속채권자(피상속인의 채권자)의 채권을 모두 변제한 뒤에 남는 재산(적극재산)이 있더라도 상속의 포기는 철회할 수 없으므로 상속포기자는 상속이 개시된 때로부터 영원히 상속인이 아닌 것으로 된다는 점이다.

제12관 재산의 분리

제1항 의의

상속재산과 상속인의 고유재산이 혼합되는 경우에는 상속재산이 채무초과일 경우 상속인의 채권자가 불리하게 되고, 상속인의 재산이 채무초과 상태인 때에는 상속채권자에게 불리하다고 해야 한다. 따라서 이해관계인의 청구에 의하여 가정법원이 분리를 명할 수 있도록 하는 제도가 재산분리제도이다.

제2항 재산분리의 절차

상속채권자나 유증을 받은 자 또는 상속인의 채권자는 상속이 개시된 날로부터 3월내에 상속재산과 상속인의 고유재산의 분리를 법원에 청구할 수 있다. 상속인이 상속의 승인이나 포기를 하지 아니하는 동안에는 이 기간이 경과한 후에도 청구할 수 있다(제1045조).

법원이 재산분리를 명한 때에는 그 청구자는 5일 이내에 일반상속채권자와 유증을 받은 자에 대하여 재산분리의 명이 있다는 사실과 일정한 기간 안에 그 채권 또는 수증을 신고할 것을 공고하여야 한다. 그 기간은 2월 이상이어야 한다(제1046조).

제3항 재산분리의 효과

1. 분리 후 상속재산의 관리

법원이 재산분리를 명한 때에는 상속재산의 관리에 관하여 필요한 처분을 명할 수 있다(제1047조 제1항). 재산의 분리는 상속재산이 부동산인 경우에는 이를 등기하지 아니하면 제3자에게 대항하지 못한다(제1049조). 재산의 분리명령이 있더라도 피상속인에 대한 상속인의 재산상 권리・의무는 소멸하지 아니한다(제1050조).

2. 상속채무의 변제

상속인은 공고 및 최고기간이 만료하기 전에는 상속채권자와 유증 받은 자에 대하여 변제를 거절할 수 있다. 이 기간이 만료한 후에 상속인은 상속재산으로써 재산분리의 청구 또는 그 기간 안에 신고한 상속채권자, 유증 받은 자와 상속인이 알고 있는 채권자에 대하여 각 채권액 또는 수증액의 비율로 변제하여야 한다. 그러나 우선권 있는 채권자의 권리를 해하지 못한다(제1051조 제1항・제2항). 즉 우선권 있는 채권을 먼저 변제하여야 한다. 우선권이 있는 채권은 일정한 임금채권 또는 조세채권 등을 말한다.

상속채권자와 유증 받은 자는 상속재산으로써 전액의 변제를 받을 수 없는 경우에 한하여 상속인의 고유재산으로부터 그 변제를 받을 수 있다. 이 경우에 상속인의 채권자는 상속인의 고유재산으로부터 우산변제를 받을 권리가 있다(제1052조).

제13관 상속인의 부존재

제1항 상속재산의 관리

상속인의 존부가 분명하지 아니한 때에는 법원은 제777조의 규정에 의한 피상속인의 친족(8촌 이내의 혈족, 4촌 이내의 인척 및 그 배우자) 기타 이해관계인 또는 검사의 청구에 의하여 상속재산관리인을 선임하고 지체 없이 이를 공고하여야 한다(제1053조 제1항).

관리인은 상속채권자나 유증 받은 자의 청구가 있는 때에는 언제든지 상속재산의 목록을 제시하고 그 상황을 보고하여야 한다(제1054조).

관리인의 임무는 상속인이 상속의 승인을 한 때에 종료한다. 이 경우에는 관리인은 지체 없이 그 상속인에게 관리의 계산을 하여야 한다(제1055조).

제2항 청산절차

상속재산관리의 공고가 있은 날로부터 3월 안에 상속인의 존부를 알 수 없는 때에는 관리인은 지체 없이 일반상속채권자와 유증 받은 자에 대하여 일정한 기간 내에 그 채권 또는 수증을 신고할 것을 공고하여야 한다. 그 기간은 2월 이상이어야 한다(제1056조 제1항).

채권신고의 공고기간이 경과하여도 상속인의 존부를 알 수 없는 때에는 법원은 관리인의 청구에 의하여 상속인이 있으면 일정한 기간 내에 그 권리를 주장할 것을 공고하여야 한다. 그 기간은 1년 이상이어야 한다(제1057조).

제3항 상속재산의 특별연고자에 대한 분여(分與)

1. 의의

상속인이 없는 상속재산에 대하여 상속인수색공고를 하여도 상속인이 나타나지 않는 경우에 피상속인과 특별한 연고가 있었던 사람의 청구에 의하여 법원의 결정으로 그 연고자에게 상속재산의 전부나 일부를 주는 것을 특별연고자에 대한 분여라고 한다. 이 제도의 취지는 사실혼의 배우자에게 의미가 있다고 할 수 있다.

2. 요건 · 효과

특별연고자에 대한 분여는 피상속인과 생계를 같이 하고 있던 사람, 피상속인을 요양·간호 한 사람, 기타 피상속인과 특별한 연고가 있던 사람의 청구가 있어야 한다. 그 청구는 상속인수색공고가 종료한 때로부터 2개월 안에 하여야 한다(제1057조의2). 여기서 말하는 요양·간호는 무상(無償)의 것을 의미한다.

특별연고자는 법원의 결정에 의하여 피상속인의 재산 중 전부 또는 일부를 분여받을 수 있다. 그러나 피상속인의 채무는 여기서 제외된다.

제4항 상속재산의 국가귀속

특별연고자에게 분여되지 아니한 상속재산은 국가에 귀속된다(제1058조). 이 경우에 상속재산으로부터 변제를 받지 못한 상속채권자나 유증을 받은 자가 있는 때에도 국가에 대하여 그 변제를 청구하지 못한다(제1059조).

제14관 상속회복청구권

제1항 의의

상속회복청구권이라고 함은 진정한 상속인이 아닌 자가 진정한 상속인의 상속권을 침해한 경우에 진정한 상속인이 그 상대방(참칭상속인 등)을 상대로 상속인의 권리를 찾는 것을 말한다.

상속회복청구는 자신이 진정한 상속인임을 전제로 그 상속으로 인한 소유권 또는 지분권 등 재산권의 귀속을 주장하면서 참칭상속인(僭稱相續人) 또는 참칭상속인으로부터 상속재산에 관한 권리를 취득하거나 새로운 이해관계를 맺은 제3자를 상대로 상속재산의 반환을 청구하는 것이다(2009다64635).

자신이 진정한 상속인임을 전제로 그 상속으로 인한 소유권 또는 지분권 등 재산권의 귀속을 주장하면서 참칭상속인 또는 참칭상속인으로부터 상속재산에 관한 권리를 취득하거나 새로운 이해관계를 맺은 제3자를 상대로 상속재산인 부동산에 관한 등기의 말소 등을 청구하는 경우, 그 재산권의 귀속 주장이 상속을 원인으로 하는 것인 이상 청구원인이 무엇인지 여부에 관계없이 이는 「민법」 제999조가 정하는 상속회복청구의 소에 해당한다(1991. 12. 24.선고 90다5740).

이 판례에서 설시한 "상속을 원인으로 하는 것인 이상 청구원인이 무엇인지 여부에 관계없이"는 "진정한 상속인임을 전제로 하는 이상 그 청구취지가 무엇인지 여부에 관계없이"라고 해석된다.

제2항 상속회복청구권의 인정요건

1. 상속회복의 청구권자

상속권이 참칭상속권자로 인하여 침해된 때에는 상속권자 또는 법정대리인은 상속회복의 소를 제기할 수 있다(제999조 제1항). 여기의 상속권자에는 진정상속인으로부터 상속분을 양수한 사람은 제1011조의 규정에 의하여 당연히 상속권자의 지위를 승계하므로 상속회복청구권자가 된다. 그리고 포괄적 유증을 받은 사람도 상속인과 같이 보아야 할 것이다.

2. 상대방

1) 참칭상속인(僭稱相續人)

참칭상속인이란 정당한 상속권이 없음에도 재산상속인임을 신뢰케 하는 외관을 갖추거나 상속인이라고 참칭하면서 상속재산의 전부 또는 일부를 점유하면서 진정한 상속인의 재산상속권을 침해하는 자를 말한다(2009다64635).

2) 공동상속인

상속재산인 부동산에 관하여 공동상속인 중 1인 명의로 소유권이전등기가 경료 된 경우 그 등기가 상속을 원인으로 경료 된 것이라면, 등기명의인의 의사와 무관하게 경료된 것이라는 등의 특별한 사정이 없는 한 그 등기명의인은 재산상속인임을 신뢰케 할 외관을 갖추고 있는 자로서 참칭상속인에 해당된다고 할 것이다(96다4688).

3) 제3취득자

진정상속인이 참칭상속인으로부터 상속재산을 양수한 제3자를 상대로 등기말소청구를 하는 경우에도 상속회복청구권의 단기의 제척기간이 적용되는 것으로 풀이하여야 할 것이다.

왜냐하면 상속회복청구권의 단기 제척기간이 참칭상속인에게만 인정되고 참칭상속인으로부터 양수한 제3자에게는 인정되지 않는다면 거래관계의 조기안정을 의도하는 단기의 제척기간제도가 무의미하게 될 뿐만 아니라, 참칭상속인에 대한 관계에 있어서는 제척기간의 경과로 참칭상속인이 상속재산상의 정당한 권원을 취득하였다고 보면서 같은 상속재산을 참칭상속인으로부터 전득한 제3자는 진정상속인의 물권적 청구를 감수하여야 한다는 이론적 모순이 생기기 때문이다(1981. 1. 27.선고 79다854).

제3항 상속회복청구권의 행사방법 및 기간

1. 상속회복청구의 방법

상속회복청구는 재판상 또는 재판 외에서 모두 가능하다. 필요적 공동소송도 아니므로 상속권을 침해 받은 상속인이 단독으로도 행사할 수 있다.

대법원에 의하면 인지심판의 확정으로 공동상속인이 된 자(子)가 다른 공동상속인에 대하여 하는 상속재산처분대금의 반환을 청구하는 소도 상속회복청구의 소에 해당한다고 한다(80므20).

2. 상속회복청구권의 행사기간

상속회복청구권은 그 침해를 안 날부터 3년, 상속권의 침해행위가 있은 날부터 10년을 경과하면 소멸한다(제999조 제2항).

상속회복청구권의 제척기간의 기산점이 되는 “상속권의 침해를 안 날”이라 함은 자기가 진정한 상속인임을 알고 또 자기가 상속에서 제외된 사실을 안 때를 가리킨다(2007다36223).

「민법」 제999조 제2항은 “상속회복청구권은 그 침해를 안 날부터 3년, 상속권의 침해행위가 있은 날부터 10년이 경과하면 소멸한다.”고 규정하고 있는바, 여기서 그 제척기간의 기산점이 되는 “상속권의 침해행위가 있은 날”이라 함은 참칭상속인이 상속재산의 전부 또는 일부를 점유하거나 상속재산인 부동산에 관하여 소유권이전등기를 마치는 등의 방법에 의하여 진정한 상속인의 상속권을 침해하는 행위를 한 날을 의미한다.

또한 제척기간의 준수 여부는 상속회복청구의 상대방별로 각각 판단하여야 할 것이어서, 진정한 상속인이 참칭상속인으로부터 상속재산에 관한 권리를 취득한 제3자를 상대로 제척기간 내에 상속회복청구의 소를 제기한 이상 그 제3자에 대하여 「민법」 제999조에서 정하는 상속회복청구권의 기간이 준수되었으므로, 참칭상속인에 대하여 그 기간 내에 상속회복청구권을 행사한 일이 없다고 하더라도, 그것이 진정한 상속인의 제3자에 대한 권리행사에 장애가 될 수 없다(2009다42321).

이 판례의 뒷부분의 취지는 이렇다. 가령 참칭상속인 乙이 진정상속인 甲에게 귀속되어야 할 상속재산인 부동산을 어떤 이유로 乙의 명의로 소유권이전등기를 한 다음 이를 다시 제3자인 丙에게 양도하였다고 하자. 이 경우에 甲이 乙을 상대로 상속회복청구를 한 사실이 없고, 乙에 대한 제척기간이 경과하였다고 하더라도 甲이 丙을 상대로 상속회복청구를 함에는 장애가 되지 않는다는 것이다.

상속회복청구권이 제척기간의 경과로 소멸하게 되면 상속인은 상속인으로서의 지위, 즉 상속에 따라 승계한 개개의 권리·의무 또한 총괄적으로 상실하게 되고, 그 반사적 효과로서 참칭상속인의 지위는 확정되어 참칭상속인이 상속개시 당시로 소급하여 상속인으로서의 지위를 취득한 것으로 봄이 상당하다(96다37398).

(상속회복청구의 소장)

소　　장

원　고　1. 성명　이 ○ ○
　　　　　주소
　　　　　전화번호
　　　　　메일주소
원　고　2. 성명　유 ○ ○
　　　　　주소
원　고　3. 성명　유 ○ ○
위 원고 유 ○○과 유 ○○는 미성년자이므로 법정대리인 모 이 ○○

피　고　　성명　한 ○ ○
　　　　　주소
　　　　　전화번호

청 구 취 지

1. 피고는 경기 00군 00면 00리 820 임야 5,507.12㎡에 대하여 원고 이 ○○에게 그 7분의3 지분을, 원고 유 ○○에게 그 7분의2 지분을, 원고 유 ○○에게 그 7분의2 지분을 각 진정명의회복을 원인으로 한 각 소유권이전등기절차를 이행하라.
2. 소송비용은 피고의 부담으로 한다.

라는 판결을 구합니다.

청 구 원 인

1. 원고 1.은 소외 망 유 ○○의 배우자, 원고 2.와 3.은 위 유 ○○의 각 자로서 원고들은 위 유 ○○의 공동상속인들입니다.
2. 원래 이 사건 임야는 위 유 ○○의 소유였는데, 2014. . . 위 유 ○○의 대리권이 없는 사건 외 박 ○○가 마치 위 유 ○○의 대리인인 것처럼 가장하여 이 사건 임야를 피고에게 매도하는 계약을 체결하였고, 피고는 위와 같은 무권대리인과의 매매계약에 터 잡아 2014. . . ○○지방법원 ○○등기소 접수 제 00호로 소유권이전등기를 마친 것입니다.
3. 따라서 원고들은 위 임야를 각자 상속지분에 따라 그 진정명의를 회복하기 위하여 이 청구에 이르렀습니다.

입 증 방 법

1. 갑 제1호증의1 부동산등기부등본 1통
1. 갑 제1호증의2 임야대장등본 1통.
1. 갑 제2호증 위임장(위조된 것) 1통.

다른 증거는 변론준비절차 또는 변론절차에서 수시로 제출하겠습니다.

첨 부 서 류

1. 가족관계증명서(원고들) 1통.

1. 폐쇄가족관계증명서(피상속인) 1통.
1. 위 갑호증 각 2통.
1. 공시지가확인원 1통.
1. 소장 부본 2통.
1. 송달료납부서 1통.

2014. . .

위 원고 이 ○ ○
유 ○ ○
유 ○ ○
원고 유 ○○과 유 ○○는 각 미성년자이므로 법정대리인 모 이 ○○ (인)

○○지방법원 귀중

* 소송인지대는 소가(訴價)가 1억 원 이하인 때에는 소송목적의 값 × 0.0045 + 5,000원이고, 1억 원 초과 10억 원까지는 소송목적의 값 × 0.004 + 55,000원으로 계산한다. 소가의 계산방법 및 인지대의 계산은 제4장 중 제1절 "민사소송 등 인지법"에서 설명한다.
* 제1심 소장의 송달료는 당사자의 수 × 15회분 × 3,250원이다.
* 「민법」 제999조 제1항은 "상속권이 참칭상속권자로 인하여 침해된 때에는 상속권자 또는 그 법정대리인은 상속회복의 소를 제기할 수 있다."라고 규정하고 있다. 따라서 상속회복은 소송으로 하도록 하였다. 상속회복의 소인가 아닌가를 구별하는 실익은 제소기간(提訴期間), 즉 제척기간(除斥期間)에서 도드라진다. 상속회복청구의 소인 이 사건의 경우에는 상속회복의 원인이 있다는 사실을 안 날로부터 3년, 상속이 개시된 날로부터 10년 중 어느 하나의 기간이 경과하면 소를 제기할 수 없지만, 만약 이 사건이 제척기간의 제한을 받지 않는다고 가정하면 소유권에 터 잡은 권리이므로 언제든지(영원히) 소를 제기할 수 있고, 원고들의 상속인도 소의 제기가 가능하다.
* 상속회복의 소인가 아닌가의 판단기준으로 대법원은 청구원인이 상속을 원인으로 하는 것이면 모두 상속회복청구의 소라고 이해한다. 상속회복의 소에 해당하는 요건을 정리하면

"상속의 전후를 불문하고 상속재산을 상속인 아닌 사람이 침해하였거나 공동상속인이 정당한 이유 없이 자기의 상속분을 넘는 상속재산을 가져간 경우에 그 반환을 청구하는 소"라고 말할 수 있다.

* 이 사건과 같이 말소되어야 할 등기의 명의인을 피고로 하는 소송에서 진정한 소유자가 소유 명의를 회복하는 방법으로는 이 사건과 같이 진정명의회복을 원인으로 소유권이전등기를 청구하는 방법과 피고 명의의 등기를 말소하라고 청구하는 방법이 있다. 뒤의 경우에는 다시 상속등기를 해야 하므로 간편한 방법인 앞의 것을 선택한 것이다. 그리고 이 경우에는 판결에 의하여 피고로부터 바로 원고들의 공동 명의로 소유권이전등기를 할 수 있다.

제2절 유언

제1관 유언의 이해

유언은 본법이 정한 방식에 의하지 아니하면 효력이 생기지 아니한다(제1060조). 유언은 민법이 규정하고 있는 다섯 가지 외에는 효력이 없으며, 매우 엄격한 방식에 따라야만 효력이 생긴다.

유언은 유언자가 사망한 때에 효력이 생기며, 유언자는 언제든지 유언을 철회할 수 있다. 유언에 정지조건이 있는 경우에 유언자가 사망한 뒤에 그 조건이 성취되면 조건이 성취된 때에 효력이 생긴다(제1073조 제2항).

「민법」 제1065조 내지 제1070조가 유언의 방식을 엄격하게 규정한 것은 유언자의 진의를 명확히 하고, 그로 인한 법적 분쟁과 혼란을 예방하기 위한 것이므로, 법정된 요건과 방식에 어긋난 유언은 그것이 유언자의 진정한 의사에 합치되더라도 무효라고 하지 않을 수 없다2009다9768).

제2관 유언 관련자

제1항 유언능력자

만 17세에 달하지 아니한 자는 유언을 하지 못한다(제1061조). 유언은 의사표시이므로 의사능력을 요구하고 있다. 유언에 관하여는 제한능력에 관한 민법총칙의 규정은 적용하지 않는다(제1062조).

피성년후견인은 의사능력이 회복된 때에만 유언을 할 수 있다. 이 경우에는 의사가 심신회복의 상태를 유언서에 부기(附記)하고 서명날인 하여야 한다(제1063조).

제2항 수증능력자(受贈能力者)

수증능력은 유증을 받을 수 있는 권리능력을 말한다. 유증에 관하여는 태아도 권리능력이 인정된다. 그리고 상속결격자는 수증자가 되지 못한다(제1064조). 의사무능력자, 법인 및 비법인 단체도 수증능력자가 된다.

제3항 유언의 증인결격자

미성년자, 피성년후견인과 피한정후견인, 유언으로 이익을 받을 사람과 그의 배우자 및 직계혈족은 유언에 참여하는 증인이 되지 못한다(제1072조 제1항). 공정증서에 의한 유언은 「공증인법」에 따른 결격자는 증인이 되지 못한다(제1072조 제2항).

공정증서에 의한 유언에 있어서는 2인 이상의 증인이 참여하여야 하는데, 유언에 참여할 수 없는 증인결격자의 하나로 「민법」 제1072조 제1항 제3호가 규정하고 있는 “유언에 의하여 이익을 받을 자”라 함은 유언자의 상속인으로 될 자 또는 유증을 받게 될 수증자 등을 말하는 것이므로, 유언집행자는 증인결격자에 해당한다고 할 수 없다(97다57733).

제3관 유언의 방식

유언(遺言)은 유언자가 사망한 때에 효력이 생기기 때문에, 그 유언의 진정성을 확인하는 것이 곤란하다. 따라서 「민법」은 유언의 방식(형식)에 엄격함을 요구한다. 제

1060조는 유언은 본 법이 정한 방식에 의하지 아니하면, 효력이 생기지 아니한다고 규정하였다. 그리고 민법은 다섯 가지의 방식만을 허용하고 있다.

제1항 자필증서에 의한 유언

자필증서에 의한 유언은 유언자가 그 전문(全文)과 연월일, 주소, 성명을 자서하고 날인하여야 한다(제1066조 제1항). 유언서에 문자의 삽입, 삭제 또는 변경을 함에는 유언자가 이를 자서하고 날인하여야 한다(제1066조 제2항).

유언 중에서 가장 간단한 방법이다. 자서(自書)는 절대적인 요건이다. 연월일의 기재가 없으면 무효지이만, 다른 문구에 의하여 그 연월일을 알 수 있으면 유효하다. 예를 들어 "일흔 살 생일"처럼 표기하는 경우이다. 성명은 호(號), 자(字), 예명(藝名)도 무방하다. 날인은 인장(도장)은 물론 무인(손도장)도 무방하다.

"자필증서에 의한 유언은 유언자가 그 전문과 연월일, 주소, 성명을 자서하고 날인하여야 한다."고 규정하고 있으므로, 연월일의 기재가 없는 자필유언증서는 효력이 없다(2009다9768).

자필증서에 의한 우언은 유언자가 그 전문과 연월일, 주소 및 성명을 자서하는 것이 절대적 요건이므로 전자복사기를 이용한 복사본은 이에 해당하지 아니함은 소론과 같으나, 그 주소를 쓴 자리가 반드시 유언 전문 및 성명이 기재된 지편(紙片)이어야 하는 것은 아니고, 유언서의 일부로 볼 수 있는 이상 그 전문을 담은 봉투에 기재하더라도 무방하며, 그 날인은 인장 대신에 무인에 의한 경우에도 무방하다(97다38510).

유언증서에 문자의 삽입, 삭제 또는 변경을 함에는 유언자가 이를 자서하고 날인하여야 하나, 증서의 기재 자체로 보아 명백한 오기(誤記)를 정정함에 지나지 아니하는 경우에는 그 정정부분에 날인을 하지 않았다고 하더라도 그 효력에는 영향이 없다(97다38503).

제2항 녹음에 의한 유언

녹음에 의한 유언은 유언자가 유언의 취지, 그 성명과 연월일을 구술(口述)하고, 이에 참여한 증인이 유언의 정확함과 그의 성명을 구술하여야 한다(제1067조).

제3항 공정증서에 의한 유언

공정증서에 의한 유언은 유언자가 증인 2명이 참여한 공증인의 면전(面前)에서 유언의 취지를 구수(口授)하고, 공증인이 이를 필기 낭독하여 유언자와 증인이 그 정확함을 승인한 후, 각자 서명 또는 기명날인하여야 한다(제1068조).

제4항 비밀증서에 의한 유언

비밀증서에 의한 유언은 유언자가 필자(筆者)의 성명을 기입한 증서를 엄봉날인(嚴封捺印)하고, 이를 2명 이상의 증인의 면전(面前)에 제출하여 자기의 유언서임을 표시한 후, 그 봉서표면(封書表面)에 제출연월일을 기재하고, 유언자와 증인이 각자 서명 또는 기명날인하여야 한다(제1069조 제1항). 이 유언봉서는 그 표면에 기재된 날로부터 5일 안에 공증인 또는 법원공무원에게 제출하여, 그 봉인에 확정일자 인을 받아야 한다(제1069조 제2항).

이는 유언자가 자기의 생전 동안 유언의 내용을 비밀리에 두고 싶을 때에 사용하는 방식으로 적합하다.

제5항 구수증서(口授證書)에 의한 유언

질병 기타 급박한 사정으로 인하여 앞의 네 가지의 방식에 의할 수 없는 때에, 유언자가 2명 이상의 증인의 참여로 그 한 사람에게 유언의 취지를 구수하고, 그 구수를 받은 사람이 이를 필기 낭독하여 유언자의 증인이 그 정확함을 승인한 후, 각자 서명 또는 기명날인하여야 한다(제1070조 제1항). 이는 증인 또는 이해관계인이 급박한 사유가 종료한 날로부터 7일 안에 법원에 그 검인을 신청하여야 한다(제1070조 제2항). 이 유언은 피성년후견인의 의사능력(意思能力)이 회복되지 아니한 상태에서도 가능하다(제1070조 제3항).

유언자의 질병에 의하여 구수증서의 방식으로 유언을 한 경우에는 특별한 사정이 없는 한 그 유언이 있은 날에 급박한 사유가 종료하였다고 하겠으므로, 유언이 있은 날로부터 7일 이내에 그 검인신청을 하여야 한다(94스16). 이 검인을 신청하지 아니하면 유언의 효력이 생기지 않는다.

제4관 유언의 효력

제1항 유언의 효력발생시기

유언은 유언자가 사망한 때로부터 효력이 생긴다. 유언에 정지조건이 있는 경우에 그 조건이 유언자의 사망 후에 성취한 때에는 그 조건이 성취된 때로부터 유언의 효력이 생긴다(제1073조).

법률에는 규정이 없지만 유언에 해제조건이 있는 때에는 유언자가 사망한 때에 일단 효력이 발생하고, 조건이 성취된 때에 효력을 잃는다고 해석된다.

시기부(始期附) 유언은 유언자가 사망한 때에 효력이 생기고, 그 이행기는 기한이 도래한 때가 된다. 종기부(終期附) 유언은 유언자가 사망한 때에 유언의 효력이 생기고, 기한이 도래한 때에 효력을 잃는다.

제2항 유언의 무효 및 취소

다섯 가지의 방식에 위반한 유언, 17세 미만자의 유언, 수증결격자를 상대로 한 유언, 선량한 풍속 기타 사회질서에 위반하는 내용의 유언, 강행법규 중 효력규정에 위반하는 내용의 유언 등은 무효로 된다.

사기나 강박에 의한 유언, 의사표시의 중요한 부분에 착오가 있는 유언 등은 취소사유가 된다.

부담 있는 유증을 받은 자가 그 부담의무를 이행하지 아니한 때에는 상속인 또는 유언집행자는 상당한 기간을 정하여 이행할 것을 최고하고, 그 기간 내에 이행하지 아니한 때에는 법원에 유언의 취소를 청구할 수 있다. 그러나 제3자의 이익을 해하지 못한다(제1111조).

제3항 유언의 철회

1. 임의철회

유언자는 언제든지 유언 또는 생전행위로써 유언의 전부나 일부를 철회할 수 있다. 유언자는 그 유언을 철회할 권리를 포기하지 못한다(제1108조). 철회의 방식에는 아무런 제한이 없다. 전에 하였던 유언의 내용에 저촉되는(양립할 수 없는) 새로운 유언을 하거나 그에 저촉되는 행위를 하는 것으로도 유언은 철회된다.

2. 법정철회

전후의 유언이 저촉되거나 유언 후의 생전행위가 유언과 저촉되는 경우에는 그 저촉된 부분의 전(前) 유언은 철회한 것으로 본다(제1109조).

유언자가 고의로 유언증서 또는 유증의 목적물을 파훼한 때에는 그 파훼한 부분에 관한 유언은 이를 철회한 것으로 본다(제1110조).

제3절 유증(遺贈)

제1관 유증의 이해

유증이라 함은 유언의 방식에 의하여 다른 사람에게 재산적 이익을 무상(無償)으로 주는 것을 말한다. 유증은 무제한으로 허용되지는 않고, 유류분제도(遺留分制度)의 제한을 받는다.

유증과 유사한 것으로는 “사인증여(死因贈與)”가 있다. 유증과 사인증여는 유언을 한 사람이 죽은 다음에 재산상의 이익을 무상으로 주는 것을 목적으로 하는 점에서는 같다. 그러나 유증은 반드시 유언의 방식으로 해야 하고, 수증자(유언을 받는 사람)의 의사와는 무관한 유언자의 단독행위임에 비하여, 사인증여는 유증자가 살아 있을 때에 수증자와 합의에 의하여 성립하는 불요식의 채권계약이다.

유증의 종류를 나누어보면, “포괄유증”은 상속재산의 전부 또는 일부를 일정한 비율로 표시하는 유증이다. “특정유증”은 목적물을 특정하는 유증이다. “부담부유증”은 유증을 받을 사람에게 일정한 의무를 부과하는 유증을 말한다. 이 밖에도 정지조건부유증, 해제조건부유증, 시기부유증(始期附遺贈) 및 종기부유증(終期附遺贈)이 있다.

증여 · 사인증여 · 유증의 비교

구분	증여	사인증여(死因贈與)	유증(遺贈)
법적 성질	계약	계약	단독행위
형식적 요건	제한 없음	제한 없음	엄격한 방식(유언)
효력의 발생 시기	당사자가 약정한 때	증여자가 사망한 때	유언자가 사망 때
집행자	없음	없음	유언집행자

제2관 수증자(受贈者) 및 유증의무자

제1항 수증자

자연인은 물론 법인, 상속인도 수유자(受遺者)가 될 수 있다. 태아(胎兒)는 유증에 관하여는 이미 출생한 것으로 본다(제1064조). 상속결격자는 수유자도 될 수 없다. 조건부유증에서의 수유자는 조건이 성취될 때까지 살아있어야 수유자가 될 수 있다.

제2항 유증의무자

유증의 이행 의무를 부담하는 사람을 유증의무자라고 한다. 보통의 경우에는 상속인이 유증의무자가 되지만 유언집행자 및 포괄적 수증자가 유증의무자가 될 수도 있다. 그리고 유언집행자가 있는 경우에는 유언집행자만이 유증의무자가 된다.

제3관 포괄적 유증

제1항 의의

포괄적 유증이라고 함은 모든 상속재산(적극재산 및 소극재산) 중 전부 또는 일부를 일정한 비율로 정한 유증을 말한다. 가령 유언자가 유언서에 "나의 재산 3분의1은 막내에게 준다."처럼 특정의 재산(물건이나 채권)이 아닌 지분적 유언이다.

당해 유증이 포괄적 유증인가 특정유증인가는 유언에 사용한 문언 및 그 외 제반 사정을 종합적으로 고려하여 탐구된 유언자의 의사에 따라 결정되어야 하고, 통상은 상속재산에 대한 비율의 의미로 유증이 된 경우는 포괄적 유증, 그렇지 않은 경우는 특정유증이라고 할 수 있지만, 유언공정증서 등에 유증한 재산이 개별적으로 표시되었다는 사실만으로는 특정유증이라고 단정할 수는 없고, 상속재산이 모두 얼마나 되는지를 심리하여 다른 재산이 없다고 인정되는 경우에는 이를 포괄적 유증이라고 볼 수도 있다고 할 것이다.

포괄적 유증을 받는 자는 「민법」 제187조에 의하여 법률상 당연히 유증 받은 부동산의 소유권을 취득하게 되나, 특정유증을 받은 자는 유증의무자에게 유증을 이행할 것을 청구할 수 있는 채권을 취득할 뿐이므로, 특정유증을 받은 자는 유증 받은 부동산의 소유권자가 아니어서 직접 등기명의의 회복을 원인으로 한 소유권이전등기를 청구할 수 없다(2000다73445).

제2항 상속과 다른 점

상속인은 자연인(태아 포함)에 한정되지만 유증을 받는 자(수유자)는 법인 등도 포함된다. 상속에는 대습상속·기여분·상속분의 양도가 인정되지만, 포괄적 수증자에게는 이런 제도가 적용되지 않는다. 그리고 포괄적 유증에는 조건이나 기한이 허용되지 않는다.

제3항 효력

포괄적 유증을 받은 자는 상속인과 동일한 권리·의무가 있다(제1078조). 따라서 상속이 개시된 때(피상속인의 사망 당시)부터 피상속인의 재산에 관하여 포괄적으로 권리와 의무를 승계한다(제1005조).

유증이 그 효력이 생기지 아니하거나 수증자가 이를 포기한 때에는 유증의 목적인 재산은 상속인에게 귀속한다. 그러나 유언자가 유언으로 다른 의사를 표시한 때에는 그 의사에 의한다(제1090조). 포괄유증의 승인 및 포기에 관하여는 상속에 관한 규정이 준용된다.

제4관 특정유증

제1항 의의

특정유증이란 유언자가 재산을 구체적·개별적으로 적시하여 유언하는 경우의 유증이다. 가령 주택은 장남에게, 토지는 차남에게 각각 주는 것이 그것이다.

제2항 승인 및 포기

포괄적 유증을 받은 사람은 상속인과 같은 권리와 의무를 갖기 때문에 유증의 승인과 포기도 상속의 승인과 포기에 관한 규정을 준용한다. 그러나 특정유증의 승인과 포기는 「민법」 제1074조 내지 제1077조를 적용한다.

유증을 받을 자는 유언자가 사망한 후에 언제든지 유언을 승인 또는 포기할 수 있다. 이 승인이나 포기는 유언자가 사망한 때로 소급하여 효력이 있다(제1074조).

유증의 승인이나 포기는 취소하지 못한다. 민법총칙편의 취소(사기·강박에 의한 취소)는 추인할 수 있는 날로부터 3월, 승인 또는 포기한 날로부터 1년 내에 행사하지 아니하면 시효로 인하여 소멸한다(제1075조·제1024조 제2항).

수증자가 승인이나 포기를 하지 아니하고 사망한 때에는 그 상속인은 상속분의 한도에서 승인 또는 포기할 수 있다. 그러나 유언자가 유언으로 다른 의사를 표시한 때에는 그 의사에 의한다(제1076조).

유증의무자나 이해관계인은 상당한 기간을 정하여 승인 또는 포기의 확답을 최고할 수 있고, 그 기간 안에 수유자가 확답을 하지 아니하면 유증을 승인한 것으로 본다(제1077조). 승인과 포기의 방식에 관하여는 아무런 제한이 없다.

제3항 효력

1. 유증 목적물의 과실(果實) 및 비용상환

수증자는 유증의 이행을 청구할 수 있는 때로부터 그 목적물의 과실을 취득한다. 그러나 유언자가 유언으로 다른 의사를 표시한 때에는 그 의사에 의한다(제1079조).

유증의무자가 유언자의 사망 후에 그 목적물의 과실을 수취하기 위하여 필요비를 지출한 때에는 그 과실의 가액의 한도에서 과실을 취득한 수증자에게 상환을 청구할 수 있다(제1080조). 유증의무자가 유증자의 사망 후에 그 목적물에 대하여 비용을 지출한 때에는 제325조의 규정에 따라 이의 상환을 청구할 수 있다(제1081조).

2. 유증의무자의 담보책임

불특정물을 유증의 목적으로 한 경우에는 유증의무자는 그 목적물에 대하여 매도인과 같은 담보책임이 있다. 이 경우에 목적물에 하자가 있는 때에는 유증의무자는 하자 없는 물건으로 인도하여야 한다(제1082조).

3. 유증의 물상대위(物上代位)

유증자가 유증목적물의 멸실, 훼손 또는 점유의 침해로 인하여 제3자에게 손해배상을 청구할 권리가 있는 때에는 그 권리를 유증의 목적으로 한 것으로 본다(제1083조). 이 경우 유언자가 유언으로 다른 의사를 표시한 때에는 그 의사에 의한다(제1086조).

채권을 유증의 목적으로 한 경우에 유언자가 그 변제를 받은 물건이 상속재산 중에 있는 때에는 그 물건을 유증의 목적으로 한 것으로 본다. 이 경우 채권이 금전을 목적으로 한 경우에는 그 변제 받은 채권액에 상당한 금전이 상속재산 중에 없는 때에도 그 금액을 유증의 목적으로 한 것으로 본다(제1084조). 이 경우 유언자가 유언으로 다른 의사를 표시한 때에는 그 의사에 의한다(제1086조).

4. 타인 권리의 유증 등

유증의 목적인 물건이나 권리가 유언자의 사망 당시에 제3자의 권리의 목적인 경우에는 수증자는 유증의무자에 대하여 그 제3자의 권리를 소멸시킬 것을 청구하지 못한다(제1085조). 이 경우 유언자가 유언으로 다른 의사를 표시한 때에는 그 의사에 의한다(제1086조).

제5관 부담 있는 유증

제1항 부담 있는 유증의 이해

부담 있는 유증이라고 함은 유언자가 유언에서 수증자로 하여금 본인 또는 제3자를 위하여 일정한 의무를 이행할 것을 부담으로 정한 유증을 말한다. 이는 유증의 효력에 영향을 주는 것이 아니므로 조건과는 구별된다. 이 부담은 모든 유증에서 적용된다. 부담의 내용에는 제한이 없다.

수증자에게 이 부담의 이행을 청구할 수 있는 사람으로는 상속인, 유언집행자, 부담의 이익을 받게 될 제3자 및 유언에 의하여 부담의 이행청구권자로 지정된 사람이다. 부담을 지는 사람은 수증자와 그의 상속인이다.

제2항 부담 있는 유증의 효력

부담 있는 유증을 받은 자는 유증 목적의 가액을 초과하지 아니하는 한도에서 부담의 의무를 이행할 책임이 있다. 유증 목적의 가액이 한정승인 또는 재산분리로 인하여 감소된 때에는 수증자는 그 감소된 한도에서 의무를 면한다(제1088조).

부담 있는 유증을 받은 자가 그 부담의무를 이행하지 아니한 때에는 상속인 또는 유언집행자는 상당한 기간을 정하여 이행할 것을 최고하고, 그 기간 내에 이행하지 아니한 때에는 법원에 유언의 취소를 청구할 수 있다. 그러나 제3자의 이익을 해하지 못한다(제1111조).

제4절 유언의 집행

제1관 의의

유언의 집행이란 유언의 내용을 법적으로 실현하는 것을 말한다. 유언을 집행하기 위해서는 먼저 유언의 검인과 개봉이라는 절차가 필요하다.

유언의 증서나 녹음을 보관한 자 또는 이를 발견한 자는 유언자의 사망 후 지체 없이 법원에 제출하여 그 검인을 청구하여야 한다. 이 규정은 공정증서나 구수증서에 의한 유언에는 적용하지 않는다(제1091조).

공정증서에 의한 유언은 유언절차에서 이미 공증인에 의하여 일정한 절차를 거쳤을 뿐만 아니라 공증인이 유언증서를 보관하고 있으며, 구수증서에 의한 유언의 경우에는 유언이 있은 직후에 검인을 받았기 때문이다.

「민법」 제1091조에서 규정하고 있는 유언증서에 대한 법원의 검인은 유언증서의 형식·태양(態樣) 등 유언의 방식에 관한 모든 사실을 조사·확인하고, 그 위조·변조를 방지하며, 또한 보존을 확실히 하기 위한 일종의 검증절차 내지는 증거보전절차로서 유언이 유언자의 진의에 의한 것인지 여부나 적법한지 여부를 심사하는 것임이 아님은 물론 직접 유언의 유효 여부를 판단하는 심판이 아니고, 또한 제1092조에서 규정하고 있는 유언증서의 개봉절차는 봉인된 유언증서의 검인에는 반드시 개봉이 필요하기 때문에 그에 관한 절차를 규정한 데 지나지 아니하므로, 적법한 유언은 이러한 검인이나 개봉절차를 거치지 않더라도 유언자의 사망에 의하여 곧바로 그 효력이 생기는 것이다(97다38510).

제2관 유언집행자의 결정

제한능력자와 파산선고를 받은 자는 유언집행자가 되지 못한다(제1098조). 지정 또는 선임에 의한 유언집행자는 상속인의 대리인으로 본다. 제681조(수임인의 권리의무), 제682조(복임권의 제한), 제683조(수임인의 보고의무), 제684조(수임인의 취득물 등의 인도·이전의무), 제685조(수임인의 금전소비의 책임), 제687조(수임인의 비용선급청구권), 제691조(위임종료시의 긴급처리) 및 제692조(위임종료의 대항요건)의 규정은 유언집행자에게 준용한다(제1103조).

제1항 지정유언집행자

유언자는 유언으로 유언집행자를 지정할 수 있고, 그 지정을 제3자에게 위탁할 수 있다(제1093조). 지정에 의한 유언집행자는 유언자의 사망 후 지체 없이 이를 승낙하거나 사퇴할 것을 상속인에게 통지하여야 한다. 상속인 기타 이해관계인은 상당한 기간을 정하여 그 기간 내에 승낙여부를 확답할 것을 지정유언집행자에게 최고할 수 있다. 그 기간 내에 최고에 대한 확답을 받지 못한 때에는 유언집행자가 취입을 승낙한 것으로 본다(제1097조 제1항·제3항).

제2항 법정유언집행자

지정된 유언집행자가 없는 때에는 상속인이 유언집행자가 된다(제1095조). 지정된 유언집행자가 없는 경우는 유언자가 지정을 하지 아니한 경우는 물론 지정된 유언집행자가 사퇴한 경우 등도 포함한다.

제3항 선임유언집행자

유언집행자가 없거나 사망, 결격 기타 사유로 인하여 없게 된 때에는 법원은 이해관계인의 청구에 의하여 유언집행자를 선임하여야 한다. 법원이 유언집행자를 선임한 때에는 그 임무에 관하여 필요한 처분을 명할 수 있다(제1096조).

선임에 의한 유언집행자는 선임의 통지를 받은 후 지체 없이 이를 승낙하거나 사퇴할 것을 법원에 통지하여야 한다. 상속인 기타 이해관계인은 상당한 기간을 정하여 선임에 의한 유언집행자에게 최고할 수 있다. 그 기간 내에 확답을 받지 못한 때에는 유언집행자가 그 취임을 승낙한 것으로 본다(제1097조 제2항·제3항).

「민법」 제1096조에 의한 법원의 유언집행자 선임은 유언집행자가 전혀 없게 된 경우뿐만 아니라 유언집행자의 사망, 사임, 해임 등의 사유로 공동유언집행자에게 결원이 생긴 경우와 나아가 결원이 없어도 법원이 유언집행자의 추가선임이 필요하다고 판단한 경우에 이를 할 수 있는 것이고, 이때 누구를 유언집행자로 선임하느냐는 문제는 제1098조 소정의 유언집행자의 결격사유에 해당하지 않는 한 당해 법원의 재량에 속하는 것이다(95스32).

유언집행자가 2인인 경우 그 중 1인이 나머지 유언집행자의 찬성 내지 의견을 청취하지 아니하고도 단독으로 법원에 공동유언집행자의 추가선임을 신청할 수 있다(86스11).

제3관 유언집행자의 권리 · 의무

유언집행자가 그 취임을 승낙한 때에는 지체 없이 그 임무를 이행하여야 한다(제1099조). 유언이 재산에 관한 것인 때에는 지정 또는 선임에 의한 유언집행자는 지체 없이 그 재산목록을 작성하여 상속인에게 교부하여야 한다. 상속인의 청구가 있는 때에는 재산목록의 작성에 상속인을 참여하게 하여야 한다(제1100조).

유언집행자는 유증의 목적인 재산의 관리 기타 유언의 집행에 필요한 행위를 할 권리 · 의무가 있다(제1101조).

유언집행자가 수인인 경우에는 임무의 집행은 그 과반수의 찬성으로써 결정한다. 그러나 보존행위는 각자가 이를 할 수 있다(제1102조).

유언자가 유언으로 그 집행자의 보수를 정하지 아니한 경우에는 법원은 상속재산의 상황 기타 사정을 참작하여 지정 또는 선임에 의한 유언집행자의 보수를 정할 수 있다(제1104조 제1항). 유언의 집행에 관한 비용은 상속재산 중에서 이를 지급한다(제1107조).

제4관 유언집행자의 임무종료

지정 또는 선임에 의한 유언집행자의 정당한 사유가 있는 때에는 법원의 허가를 얻어 그 임무를 사퇴할 수 있다(제1105조).

지정 또는 선임에 의한 유언집행자에게 그 임무를 게을리 하거나 적당하지 아니한 사유가 있는 때에는 법원은 상속인 기타 이해관계인의 청구에 의하여 유언집행자를 해임할 수 있다(제1106조).

제5절 유류분(遺留分)

제1관 유류분의 이해

제1항 의의

유류분이란 상속재산 중에서 상속인이 받아야 할 상속지분으로 남겨두어야 할 일정한 상속비율을 말한다. 원래 상속재산은 피상속인에게 귀속하였던 재산이므로 피상속인의 처분권을 존중하여야 한다. 그러나 상속인에게도 상속에 대한 기대권이 있고, 그의 생활안정도 고려되어야 하므로 상속인에게 최소한의 비율로 정한 상속권을 인정하고 있는 것이다. 이것을 "유류분"이라고 하며, 이 유류분이 침해된 경우에 상속인이 그 침해된 부분을 원상회복할 수 있는 권리를 "유류분권" 내지 "유류분반환청구권"이라고 한다.

유류분반환청구권이 상속회복청구권과 다른 점은 유류분반환청구권은 피상속인의 처분행위(증여 또는 유증)로 인하여 이전된 재산의 회복을 청구하는 것임에 비하여, 상속회복청구는 피상속인의 처분행위와는 무관하다는 점이다.

제2항 유류분의 성질

유류분을 포함한 상속의 포기는 상속이 개시된 후 일정한 기간 내에만 가능하고, 가정법원에 신고하는 등 일정한 절차와 방식을 따라야만 효력이 있으므로, 상속개시 전에 한 유류분포기약정은 효력이 없다(2010다20409).

유류분반환청구권은 그 행사 여부가 유류분권리자의 인격적 이익을 위하여 그의 자유로운 의사결정에 전적으로 맡겨진 권리로서 행사상의 일신전속성을 가진다고 보아야 하므로, 유류분권리자에게 그 권리행사의 확정적 의사가 있다고 인정되는 경우가 아니라면 채권자대위권의 목적이 될 수 없다(2009다93992).

제2관 유류분의 범위

제1항 유류분권리자 및 유류분의 비율

피상속인의 직계비속 및 배우자는 그 법정상속분의 2분의1, 피상속인의 직계존속 및 형제자매는 그 법정상속분의 3분의1이다(제1112조). 태아는 살아서 태어나면 직계비속으로서의 유류분을 갖는다(제1118조).

제2항 유류분의 산정방법

유류분은 피상속인이 상속개시 당시에 있어서 가진 재산의 가액에 증여재산의 가액을 가산하고, 채무의 전액을 공제하여 이를 산정한다. 조건부의 권리 또는 존속기간이 불확정한 권리는 가정법원이 선임한 감정인의 평가에 의하여 그 가격을 정한다(제1113조).

제3항 유류분 산정의 기초재산

1. 피상속인 사망 당시의 재산

피상속인이 사망할 당시에 가진 재산은 물권, 채권, 무체재산권 등 일체의 적극재산은 물론 소극재산(채무)을 포함한다.

분묘에 속한 1정보 이내의 금양임야(禁養林野)와 600평 이내의 묘토(墓土)인 농지, 족보와 제구(祭具)의 소유권은 제사를 주재하는 사람이 승계하므로(제1008조의3), 이는 피상속인의 사망 당시의 재산에 포함되지 않는다.

2. 증여재산의 가산(加算)

1) 증여재산의 의미

유류분산정의 기초가 되는 재산의 범위에 관한 "증여재산"로란 상속개시 전에 이미 증여계약이 이행되어 소유권이 수증자에게 이전된 것을 가리키는 것이고, 아직 증여계약이 이행되지 아니하여 소유권이 피상속인에게 남아 있는 상태로 상속이 개시된 재산은 당연히 "피상속인의 상속개시 당시에 있어서 가진 재산"에 포함되는 것이므로, 수증자가 공동상속인이든 제3자이든 가리지 아니하고 모두 유류분산정의 기초가 되는 재산을 구성한다(96다13682).

2) 상속인의 특별수익

공동상속인 중에 피상속인으로부터 재산의 증여 또는 유증을 받은 경우에, 이를 "특별수익"이라고 한다. 상속인이 피상속인으로부터 특별수익을 하고 있는 때에는 그것이 상속개시 당시로부터 소급하여 1년이 넘은 것일지라도 그 가액은 증여재산으로 가산한다(제1118조, 제1008조). 수증재산을 상속분의 선급(先給)으로 다루고 있는 것이다. 특별수익의 가액은 다른 상속인을 해할 의사가 있었는지 여부를 묻지 않고 유류분의 산정에서 가산한다.

3) 상속개시 전 1년 안의 증여

증여는 상속개시 전에 1년간에 행한 것에 한하여 제1113조(유류분의 산정)의 규정에 의하여 그 가액을 산정한다(제1114조 전단). 여기서 "상속개시 전에 1년간"이라고 함은 상속이 개시된 때(피상속인이 사망한 때)로부터 소급하여 1년 이내에 증여계약이 이행된 것을 말한다. 예를 들면 피상속인이 2014. 1. 1. 사망하였다면 2013. 1. 1.부터 같은 해 12. 31. 사이에 증여된 것만이 문제되는 것이다. 증여계약의 체결일을 기준으로 판단한다. 그리고 증여는 특별수익에 헤당하지 않는 증여를 말한다.

4) 유류분권리자를 해하는 증여

당사자 쌍방이 유류분권리자에게 손해를 가할 것을 알고 증여를 한 때에는 1년 전에 한 것도 가액에 산정한다(제1114조 후단).

공동상속인이 아닌 제3자에 대한 증여는 원칙적으로 상속개시 전의 1년간에 행한 것에 한하여 유류분반환청구를 할 수 있고, 다만, 당사자 쌍방이 증여 당시에 유류분권리자에게 손해를 가할 것을 알고 증여를 한 때에는 상속개시 1년 전에 한 것에 대하여도 유류분반환청구가 허용된다.

증여 당시 법정상속분의 2분의1을 유류분으로 갖는 직계비속들이 공동상속인으로서 유류분권리자가 되리라고 예상할 수 있는 경우에, 제3자에 대한 증여가 유류분권리자에게 손해를 가할 것을 알고 행해진 것이라고 보기 위해서는 당사자 쌍방이 증여 당시 증여재산의 가액이 증가하고 남은 재산의 가액을 초과한다는 점을 알았던 사정뿐만 아니라, 장래 상속개시일에 이르기까지 피상속인의 재산이 증가하지 않으리라는 점까지 예견하고 증여를 행한 사정이 인정되어야 하고, 이러한 당사자의 가해의 인식은 증여 당시를 기준으로 판단하여야 한다(2010다50809).

제3관 유류분반환청구권

제1항 의의

유류분권리자가 제1114조에 규정된 증여 및 유증(유류분의 산정에 포함될 증여 및 유증)으로 인하여 그 유류분에 부족이 생긴 때에는 부족한 한도에서 그 재산의 반환을 청구할 수 있다. 이 경우에 증여 및 유증을 받은 자가 여러 명인 때에는 각자가 얻은 유증가액에 비례하여 반환하여야 한다(제1115조).

제2항 반환청구권의 행사

1. 반환청구권의 당사자

유류분의 반환을 청구할 수 있는 사람은 유류분권리자와 그 승계인(유류분권리자의 상속인·상속분의 양수인) 및 포괄수유자이다. 그 상대방은 수유자(受遺者)·수증자(受贈者) 및 그들의 상속인이다.

2. 반환청구의 방법

유류분의 반환청구는 재판상 또는 재판 외에서 그 권리를 행사할 수 있다. 반환청구권자가 여러 사람인 때에도 각자가 자기의 침해액을 반환청구 할 수 있다.

우리 민법은 유류분 반환방법에 관하여 별도의 규정을 두지 않고 있으나, 증여 또는 유증 대상 그 자체를 반환하는 것이 통상 반환방법이라고 할 것이다(2005다71947). 만약 원물반환이 불가능하다면 그 가액(價額)을 반환하여야 한다.

유류분권리자가 유류분반환청구를 함에 있어 증여 또는 유증을 받은 다른 공동상속인이 수인일 때에는 각자 증여 또는 유증을 받은 재산 등의 가액이 자기 고유의 유류분액을 초과하는 상속인에 대하여 그 유류분액을 초과한 가액에 따라서 반환을 청구할 수 있고, 공동상속인과 공동상속인 아닌 제3자가 있는 경우에는 그 제3자에게는 유류분이 없으므로 공동상속인에게는 자기 고유의 유류분액을 초과한 가액을 기준으로 하여, 제3자에 대하여는 그 증여 또는 유증 받은 재산액을 기준으로 하여 각각 그 가액의 비율에 따라 반환청구를 할 수 있다(2006다46346).

3. 반환청구의 순서

증여에 대하여는 유증을 반환 받은 후가 아니면 이것을 청구할 수 없다(제1116조). 증여는 계약이고 유증은 피상속인의 단독행위이므로 이를 고려한 것으로 이해할 수 있다.

4. 반환청구권의 소멸

반환의 청구권은 유류분권리자가 상속의 개시와 반환하여야 할 증여 또는 유증을 한 사실을 안 때로부터 1년 내에 하지 아니하면 시효에 의하여 소멸한다. 상속이 개시한 때로부터 10년을 경과한 때에도 같다(제1117조). 대법원은 이를 소멸시효라고 본다.

제3항 유류분반환청구의 범위 및 상대방의 결정

자기의 유류분권이 침해되었음을 이유로 유류분의 반환청구를 하기 위해서는 먼저 상속재산 중 적극재산의 총액을 확정하여야 한다. 그 계산식은 다음과 같다.

(① 적극재산 총액 – ② 소극재산 총액) + ③ 특별수익 + ④ 1년 이내의 증여 + ⑤ 1년 이전의 사해증여(詐害贈與) = ⑥ 실질적인 상속재산 총액(유류분 산정의 기초재산)

* ①은 피상속인이 가졌던 동산, 부동산, 무체재산권 등 모든 적극재산의 합계액

이다.
* ②는 피상속인이 가졌던 모든 채무(부채)의 총액이다.
* ③은 공동상속인 중에서 받은 증여 및 유증의 총액이다.
* ④는 상속인 아닌 사람이 상속개시일로부터 소급하여 1년 이내에 받은 증여의 총액이다.
* ⑤는 유류분권리자에게 해롭게 됨을 알고 한 모든 증여액(1년의 제한 없음)이지만, 이것이 적용될 가능성은 거의 없을 것이다.

위와 같이 계산한 결과 ⑥이 1억 원이라고 가정한다. 그리고 피상속인에게는 직계비속인 甲과 乙이 공동상속인이 되는 경우라고 가정한다. 다른 상속인은 없다.

이 경우 공동상속인 甲과 乙은 법정상속분에 의하면 각각 5천만 원을 상속한다. 따라서 직계비속의 유류분(법정상속분의 2분의1)으로 계산하면 이들은 각각 2천5백만 원을 상속하는 것이 된다. 즉 甲과 乙은 각각 2천5백만 원의 유류분권을 갖는다.

이 사례에서 피상속인이 유언으로, 즉 유증으로 甲에게 4천만 원과 제3자인 A에게 6천만 원을 주었다고 가정한다. 그렇다면 乙은 자기의 유류분 2천5백만 원을 전부 침해당하였고, 甲이 수증(受贈)한 금액은 자기의 유류분 2천5백만 원에서 1천5백만 원을 초과한 재산을 수증하였다. 그리고 A는 유류분이 없으므로 乙은 甲의 1천5백만 원과 A의 6천만 원에서 2천5백만 원을 반환받을 수 있다. 이 때 乙은 甲과 A로부터 안분비례(按分比例)의 방법으로 반환을 받아야 하므로, 이를 계산식으로 표시하면 다음과 같다.

$$\text{甲으로부터 반환 받을 금액} = \frac{\text{1천 오백만}}{\text{1천 오백만} + \text{6천만}} \times \text{2천 5백만} = \text{5백만 원}$$

$$\text{A로부터 반환 받을 금액} = \frac{\text{6천만}}{\text{1천 오백만} + \text{6천만}} \times \text{2천 5백만} = \text{2천만 원}$$

즉 乙이 甲에게는 5백만 원을, A에게는 2천만 원을 각각 청구할 수 있다. 乙로서는 청구하지 아니할 수도 있고, 어느 한 사람에게만 청구할 수도 있으나, 어느 한 사람에게만 안분하여 정해진 금액을 초과하여 청구할 수는 없다.

위 사례에서 甲은 유증을 받았고, A는 증여를 받았다면 乙은 甲으로부터는 1천5백만 원을, A로부터는 1천만 원을 각각 반환받을 수 있다. 반대로 甲이 증여를 받고 A가 유증을 받았다면 乙은 A에게만 2천5백만 원을 청구할 수 있을 뿐 甲에게는 청구할 수 없다. 민법이 유증받은 사람으로부터 반환받지 아니하고는 증여받은 사람에게 반환청구를 할 수 없다고 규정하고 있기 때문이다.

이상의 사례를 토대로 乙이 甲과 A를 피고로 유류분반환청구를 하는 경우의 소장은 다음과 같이 작성된다.

(유류분반환청구의 소장)

소 장

원 고 홍 길 동(000000-000000)
주소 서울 서초구 서초동 0000-1
전화번호 02)0000-0000, 010-0000-0000
메일주소 0000000@00000.000

피 고 홍 장 군(000000-0000000)
주소 대전 서구 둔산동 0000
전화번호 010-0000-0000

피 고 한 국 인
주소 광주 동구 지산2동 000-1
전화 010-0000-0000

유류분반환청구의 소

청 구 취 지

1. 원고에 대하여

가. 피고 홍장군은 돈 5,000,000원 및 이에 대하여 이 소장 부본을 송달받은 다음 날부터 다 갚는 날까지 연 20%의 비율로 계산한 돈을 지급하고,

나. 피고 한국인은 돈 20,000,000원 및 이에 대하여 이 소장 부본을 송달받은 다음 날부터 다 갚는 날까지 연 20%의 비율로 계산한 돈을 지급하라.

2. 소송비용은 피고들의 부담으로 한다.

3. 위 제2항에 한하여 가집행 할 수 있다.

라는 판결을 구합니다.

청 구 원 인

1. 공동상속 및 유류분

원고와 피고 홍장군은 형제로서 피상속인 망 홍대감이 2013. 12. 20. 사망함으로써 그 직계비속의 지위에서 공동상속인이 되었습니다. 따라서 원고와 위 홍장군의 법정상속분은 각각 50%이고, 유류분은 각각 25%입니다.

2. 상속재산 및 유증 관계

피상속인에게는 소극재산은 없으며, 적극재산 중 원고의 유류분을 산정할 수 있는 기초재산은 합계 100,000,000원입니다. 그런데 피상속인은 유언으로 위 홍장군에게 돈 400,000,000원을, 피고 한국인에게 돈 600,000,000원을 각각 증여하였습니다.

3. 피고들의 유류분 반환의무

위 홍장군은 자신의 유류분 250,000,000원에서 150,000,000원을 초과한 400,000,000원을 수증하였으며, 위 한국인은 공동상속인이 아니므로 유류분의 반환의무를 부담하는 전체의 수증액은 600,000,000원입니다. 따라서 원고의 유류분액 250,000,000원을 피고들로부터 안분의 비율로 계산할 때 위 홍장군은 돈 5,000,000원을, 위 한국인은 돈 20,000,000원을 각각 원고에게 반환할 의무가 있습니다.

따라서 위와 같은 내용으로 유언이 집행된 사실을 처음으로 알게 된 2013.

12. 30. 원고는 피고들에게 정당한 유류분의 반환을 청구하였으나, 피고들은 이에 응하지 않고 있으므로 부득이 본 청구에 이르게 되었습니다.

입 증 방 법

1. 갑 제1호증 가족관계증명서 및 기본증명서(피상속인)
1. 갑 제1호의2 (말소사항) 주민등록초본(피상속인)
1. 갑 제1호증의3 가족관계증명서 및 주민등록등본(원고)
1. 갑 제1호증의4 가족관계증명서 및 주민등록등본(피고 홍장군)
1. 갑 제2호증 유언서
1. 갑 제3호증 유언집행계산서

첨 부 서 류

1. 위 갑호증 각1통.
1. 소장 부본 2통.
1. 송달료납부서 1통.

2014. . .

위 원고 홍 길 동 (인)

대전지방법원 귀중

* 소송목적의 값(소가)을 계산함에 있어 부대청구(附帶請求)하는 부분은 계산하지 아니하므로 이 사건의 소가(訴價)는 25,000,000원이다.

* 인지대의 계산식은 25,000,000원×0.0045+5,000원이므로 인지액은 117,500원이다.

* 송달료는 당사자의 수(3명)×15회분×3,250원이므로 146,250원을 예납하여야 한다.

* 이 소장에서 원고가 증명(입증)하여야 할 사항은 ① 상속이 개시된 날짜, ② 상속인의 범

위 및 유류분반환청구의 근거, ③ 유언의 집행사실이다. 당사자들의 주소 및 송달료의 예납사실은 소명하면 된다. 이 사건에서 청구금액이 옳지 아니하다거나 반환할 의무가 없다는 점에 관하여는 피고가 주장할 것이므로, 그 부분에 대한 입증책임(立證責任)은 피고(주장자)가 부담한다.

* 첨부서류 중 피상속인의 가족관계증명서 및 기본증명서는 폐쇄가족관계등록부에 터 잡은 증명서를 의미한다.
* 유류분의 반환청구는 원칙적으로 원물의 반환을 청구하여야 하고, 원물의 반환이 불가능할 때에는 그 가액(價額)의 반환을 청구한다. 만약 원물이 부동산과 같이 불가분물(不可分物)인 경우에는 그 지분의 반환을 청구하여야 한다. 이 소장에서는 불가분물이 없는 것을 전제로 하였다.
* 원고(原告)를 표시함에 있어서 메일주소는 반드시 적어야 하는 것은 아니지만, 전자소송을 할 수도 있으므로 적어두는 것이 바람직하다. 법원에서는 이 밖에도 팩시밀리(FAX)의 번호도 기재할 것을 권장하고 있다.
* 소장은 피고 중 어느 한 사람의 주소지를 관할하는 지방법원 또는 지원에 제출하면 된다. 소가가 2천만 원 이하라면 「소액사건심판법」에 의하여 시·군법원에 제기할 수도 있다.
* 이는 상속회복청구이므로 상속개시의 사실 및 상속분(유류분)의 침해사실을 안 날로부터 3년, 상속개시의 날로부터 10년이라는 제척기간의 적용을 받는다.

제3장 가사소송법

제1절 가사소송의 이해

제1관 가사소송법의 편성 및 특징

제1항 가사소송법의 편성

가사소송법은 모두 6편으로 구성되어 있다. 제1편 총칙에서는 가사소송 및 가사비송과 가사조정에 관한 통칙으로서 특칙을 규정함과 아울러 각 사건을 분류하고 있다.

제2편에서는 가사소송에 관한 통칙, 혼인관계 소송 및 부모와 자녀관계 소송을 규정하고, 제3편에서는 가사비송을, 제4편에서는 가사조정을 규정한 다음 제5편에서는 이행의 확보수단과 그 방법에 관하여 규정하고 있다. 그리고 제6편에서는 벌칙 등을 규정한다.

제2항 가사소송법의 특징

가사소송법의 특징을 설명하자면 첫째로 소송사건과 비송사건이라고 말할 수 있다. 가류 내지 다류 사건은 소송사건으로, 라류 및 마류 사건은 비송사건으로 분류하고 있다. 소송사건은 원칙적으로 「민사소송법」을 준용하며, 비송사건은 「비송사건절차법」을 준용하도록 규정하고 있다.

두 번째의 특징은 조정전치주의를 채용하고 있다는 점이다. 소송사건 중에서는 나류와 다류 소송사건에 대하여, 비송사건에서는 마류 비송사건에 관하여 조정전치주의를 거치도록 하였다. 이 경우에는 「민사조정법」을 준용하도록 하고 있다. 다류 소송사건에 대하여는 조정을 거치도록 하지 않고 있는데, 이는 신분(身分)에 영향이 없는 소송사건(재산권에 관한 사건)이기 때문이다.

조정은 쉽게 표현하자면 가정법원의 관여 아래 당사자가 분쟁을 서로 양보하여 분쟁을 합의로 끝내는 절차라고 할 수 있다. 조정이 끝내 성립하지 아니하는 때에는 나류 및 다류 소송사건은 소송절차로 이행(移行)한다.

세 번째의 특징은 민사소송에서의 원칙인 처분권주의(處分權主義)를 배제하고, 법원의 직권탐지주의(職權探知主義)를 채택하고 있다는 점이다. 그 이유라고 한다면 가사사건은 그 재판이나 심판이 확정되는 경우에 당사자 아닌 제3자에게도 영향을 미치는 특수성에 기인하는 것이라고 할 수 있다.

그 밖에도 「민사집행법」의 특칙으로 보전처분 및 집행절차의 특칙도 일부 규정하고 있으며, 「민법」 채권편의 채권자취소권에 대한 특칙도 규정하고 있다. 또 원활한 절차의 진행을 위하여 일정한 의무를 이행하지 아니한 당사자 및 관계인에 대한 벌칙(과태료, 감치)을 규정하고 있는 점도 특징이라고 할 수 있다.

제2관 가정법원의 이해

가사사건은 가사소송사건과 가사비송사건을 말한다. 이 가사사건은 가정법원이 전속적으로 관할권을 갖는다(제2조 제1항).

법원을 계층적으로 구별하면 최상위에 대법원이 있고, 그 다음으로는 고등법원, 지방법원, 지방법원 지원 및 시법원·군법원이 있다. 그리고 각 지방법원과 그 지원에는 내부적으로 사무를 분장하고 있는데, 민사소송법에 의한 소송사건을 맡아서 심리와 재판하는 법원을 일반적으로 수소법원(受訴法院)이라고 한다. 그리고 민사사건과 가사사건의 재판절차 등이 종결된 뒤 그 확정판결 등 집행권원(執行權原)에 터 잡아 판결 등의 강제집행절차 등을 맡아서 처리하는 법원을 집행법원이라고 한다.

이 법에서 말하는 "가정법원"은 위 지방법원 및 그 지원에서 가사사건을 맡아 처리하는 법원을 말하는 것이므로, 가정법원은 별도의 장소에 존재하는 법원이 아니라 지방법원 및 지원 안에서 사무분장에 따라 가사사건을 전담하는 사무분담기구라고 이해하면 될 것이다. 따라서 가정법원에 제출하는 각종의 서류에는 단순히 지방법원 또는 그 지원의 명칭만을 표시하면 충분하다.

제1항 가사소송사건

1. 가류 사건

① 혼인의 무효
② 이혼의 무효
③ 인지(認知)의 무효
④ 친생자관계존부확인(親生子關係存否確認)
⑤ 입양의 무효
⑥ 파양(罷養)의 무효

2. 나류 사건

① 사실상 혼인관계 존부확인
② 혼인의 취소
③ 이혼의 취소
④ 재판상 이혼
⑤ 아버지의 결정 : 이를 실체법(민법)을 강의하는 서적들은 “부의 결정” 또는 “부를 정하는 소”라고 한다.
⑥ 친생부인(親生否認)
⑦ 인지의 취소
⑧ 인지에 대한 이의(異議)
⑨ 인지청구
⑩ 입양의 취소
⑪ 파양의 취소
⑫ 재판상 파양
⑬ 친양자(親養子) 입양의 취소
⑭ 친양자 파양

3. 다류 사건

① 약혼 해제 또는 사실혼관계 부당파기로 인한 손해배상청구(제3자에 대한 청구를 포함한다) 및 원상회복의 청구

② 혼인의 무효·취소, 이혼의 무효·취소 또는 이혼을 원인으로 하는 손해배상청구(제3자에 대한 청구를 포함한다) 및 원상회복의 청구

③ 입양의 무효·취소, 파양의 무효·취소 또는 파양을 원인으로 하는 손해배상청구(제3자에 대한 청구를 포함한다) 및 원상회복의 청구

④ 민법 제839조의3에 따른 재산분할청구권 보전을 위한 사해행위(詐害行爲) 취소 및 원상회복의 청구

제2항 가사비송사건

1. 라류 사건

① 성년후견개시의 심판과 그 종료의 심판

② 취소할 수 없는 피성년후견인의 법률행위의 범위결정 및 그 변경

③ 한정후견 개시의 심판과 그 종료의 심판

④ 피한정후견인이 한정후견인의 동의를 받아야 하는 행위의 범위 결정과 그 변경 및 한정후견인의 동의를 갈음하는 허가

⑤ 특정후견의 심판과 그 종료의 심판

⑥ 부재자 재산의 관리에 대한 처분

⑦ 친권자 또는 미성년후견인의 임무를 대행할 사람(임무대행자)의 권한을 넘는 행위의 허가

⑧ 실종의 선고와 그 취소

⑨ 성(姓)과 본(本)의 창설허가

⑩ 자녀의 종전 성과 본의 계속 사용허가

⑪ 자녀의 성과 본의 변경허가

⑫ 부부재산약정의 변경에 대한 허가

⑬ 미성년자의 입양에 대한 허가

⑭ 피성년후견인이 입양을 하거나 양자가 되는 것에 대한 허가

⑮ 민법 제871조 제2항에 따른 부모의 동의를 갈음하는 심판

⑯ 양자의 친족 또는 이해관계인의 파양청구에 대한 허가

⑰ 친양자입양의 허가

⑱ 친권행사방법의 결정

⑲ 친권자의 지정, 미성년후견인의 선임 및 임무대행자의 선임

⑳ 후견의 종료 및 친권자의 지정

㉑ 감화(感化) 또는 교정기관에 위탁하는 것에 대한 허가

㉒ 재산관리인의 선임 또는 개임(改任)과 재산관리에 관한 처분

㉓ 특별대리인의 선임

㉔ 친권자의 법률행위대리권 및 재산관리권의 사퇴 또는 회복에 대한 허가

㉕ 친권자의 지정

㉖ 후견의 종료 및 친권자의 지정

㉗ 미성년후견인·성년후견인·한정후견인·특정후견인의 선임 또는 변경

㉘ 성년후견인의 법정대리권의 범위 결정과 그 변경 및 성년후견인이 피성년후견인의 신상에 관하여 결정할 수 있는 권한의 범위 결정과 그 변경

㉙ 미성년후견감독인·성년후견감독인·한정후견감독인·특정후견감독인의 선임 또는 변경

㉚ 미성년후견인·성년후견인·한정후견인·특정후견인·미성년후견감독인·성년후견감독인·한정후견감독인·특정후견감독인·임의후견감독인의 사임에 대한 허가

㉛ 후견인의 재산목록 작성을 위한 기간의 연장허가

㉜ 피성년후견인 또는 피한정후견인의 격리에 대한 허가 및 피성년후견인, 피한정후견인 대한 의료행위의 동의에 대한 허가

㉝ 여러 명의 성년후견인·한정후견인·특정후견인·성년후견감독인·한정후견감독인·특정후견감독인·임의후견감독인의 권한행사에 관한 결정과 그 변경 또는 취소 및 성년후견인·한정후견인·특정후견인·성년후견감독인·한정후견감독인·특정후견감독인·임의후견감독인의 의사표시를 갈음하는 재판

㉞ 미성년후견감독인·성년후견감독인·한정후견감독인의 동의를 갈음하는 허가

㉟ 미성년후견인·피성년후견인·피한정후견인 또는 피특정후견인의 재산상황에 대한 조사 및 그 재산관리 등 후견임무 수행에 관하여 필요한 처분명령

㊱ 미성년자의 재산상황에 대한 조사 및 재산관리 등 임무대항자의 임무수행에 관

하여 필요한 처분명령

㊲ 미성년후견인 · 성년후견인 · 한정후견인 · 특정후견인 · 미성년후견감독인 · 성년후견감독인 · 한정후견감독인 · 특정후견감독인 · 임의후견감독인에 대한 보수(報酬)의 수여

㊳ 후견종료시 관리계산기간의 연장허가

㊴ 한정후견인에게 대리권을 수여하는 심판과 그 범위 변경 및 한정후견인이 피한정후견인의 신상에 관하여 결정할 수 있는 권한의 범위 결정과 그 변경

㊵ 피특정후견인의 후원을 위하여 필요한 처분명령

㊶ 특정후견인에게 대리권을 수여하는 심판

㊷ 임의후견감독인의 선임 또는 변경

㊸ 임의후견감독인에 대한 감독사무에 관한 보고 요구, 임의후견인의 사무 또는 본인의 재산상황에 대한 조사명령 또는 임의후견감독인의 직무에 관하여 필요한 처분명령

㊹ 임의후견인의 해임

㊺ 후견계약 종료의 허가

㊻ 상속의 승인 또는 포기를 위한 기간의 연장허가

㊼ 상속재산 보존을 위한 처분

㊽ 상속의 한정승인신고 또는 포기신고의 수리(受理)와 한정승인 취소신고 또는 포기 취소신고의 수리

㊾ 상속재산 감정인의 선임

㊿ 상속재산의 분리

51 상속재산 분리 후의 상속재산 관리에 관한 처분

52 관리인의 선임 및 그 공고와 재산관리에 관한 처분

53 상속인 수색(搜索)의 공고

54 상속재산의 분여(分與)

55 유언의 검인

56 유언의 증서 또는 녹음의 검인

57 유언증서의 개봉

58 유언집행자의 선임 및 그 임무에 관한 처분

59 유언집행자의 승낙 또는 사퇴를 위한 통지

60 유언집행자에 대한 보수의 결정

61 유언집행자의 사퇴에 대한 허가

㊷ 유언집행자의 해임
㊸ 부담 있는 유언의 취소

2. 마류 사건

① 부부의 동거·부양·협조 또는 생활비용의 부담에 관한 처분
② 부부재산관리자의 변경 또는 부부공유재산의 분할의 처분
③ 자녀의 양육에 관한 처분과 그 변경, 면접교섭(面接交涉)의 제한 또는 배제
④ 이혼에 따른 재산분할에 관한 처분
⑤ 혼인의 무효·취소에 따른 친권자의 지정과 변경
⑥ 친권, 법률행위대리권, 재산관리권의 상실선고 및 실권회복(失權回復)의 선고
⑦ 부양(扶養)에 관한 처분
⑧ 기여분(寄與分)의 결정
⑨ 상속재산의 분할에 관한 처분

가정법원은 다른 법률이나 대법원규칙에서 가정법원의 권한으로 정한 사항에 대하여도 심리·재판한다. 이 경우의 사건에 관한 절차는 법률이나 대법원규칙으로 따로 정하는 경우를 제외하고는 라류 가사비송사건의 절차에 따른다(제2조 제2항·제3항)

제3항 가사소송규칙의 규정에 의한 가사사건

제2조(가정법원의 관장사항) ① 가정법원은 법 제2조 제1항 각 호의 사항 외에 다음 각 호의 사항에 대하여도 이를 심리·재판한다.

1. 미성년후견인의 순위확인
2. 민법 제1014조(분할 후의 피인지자 등의 청구권)의 규정에 의한 피인지자(被認知子) 등의 상속분에 상당한 가액의 지급청구
3. 양친자관계존부확인
4. 민법 제909조의2(친권자의 지정 등) 제5항에 따라 친권자 또는 미성년후견인의 임무를 대행할 사람(이하 "임무대행자"라 한다)의 같은 법 제25조에 따른 권한을 넘는 행위의 허가

5. 민법 제867조(미성년자의 입양에 대한 가정법원의 허가)에 따른 미성년자의 입양에 대한 허가
6. 민법 제873조(피성년후견인의 입양) 제2항에 따라 준용되는 같은 법 제867조에 따른 피성년후견인이 입양을 하거나 양자가 되는 것에 대한 허가
7. 민법 제871조(성년자 입양에 대한 부모의 동의) 제1항에 따른 부모의 동의를 갈음하는 심판
8. 민법 제906조(파양청구권자) 제1항 단서에 따른 양자의 친족 또는 이해관계인의 파양청구에 대한 허가
9. 민법 제909조의2(친권자의 지정 등) 제1항부터 제5항까지(같은 법 제927조의2 제1항 각호 외의 부분 본문에 따라 준용되는 경우를 포함한다)에 따른 친권자의 지정, 미성년후견인의 선임 및 임무대행자의 선임
10. 민법 제909조의2 제6항에 따른 후견의 종료 및 친권자의 지정
11. 민법 제927조의2(친권상실과 친권자의 지정 등) 제2항에 따른 친권자의 지정
12. 민법 제931조(유언에 의한 미성년후견인의 지정 등) 제2항에 따른 후견의 종료 및 친권자의 지정
13. 민법 제909조의2 제5항에 따라 준용되는 같은 법 제954조(가정법원의 후견사무에 관한 처분)에 따른 미성년자의 재산상황에 대한 조사 및 그 재산관리 등 임무대행자의 임무수행에 관하여 필요한 처분명령

② 제1항 제1호·제3호의 사건은 법 및 이 규칙이 정한 가류 가사소송절차에 의하여, 제2호의 사건은 다류 가사소송절차에 의하여, 제4호부터 제13호까지의 사건은 라류 가사비송사건의 절차에 의하여 심리·재판한다.

제2절 가사소송의 특칙

제1관 본인출석주의 및 소송대리허가

제1항 본인의 출석의무

가정법원·조정위원회 또는 조정담당판사의 변론기일·심리기일 또는 조정기일에 소환을 받은 당사자 및 이해관계인은 본인 또는 법정대리인이 출석하여야 한다. 다만, 특별한 사정이 있는 때에는 재판장·조정장 또는 담당판사의 허가를 받아 대리인을 출석하게 할 수 있고, 보조인을 동반할 수 있다(제7조 제1항).

제2항 소송대리허가

변호사 아닌 자가 대리인 또는 보조인이 되려면 미리 재판장·조정장 또는 조정담당판사의 허가를 받아야 한다. 재판장·조정장 또는 조정담당판사는 언제든지 이 허가를 취소할 수 있고, 본인이 법정대리인 또는 대리인과 함께 출석할 것을 명할 수 있다(제7조 제2항·제3항).

(소송대리허가신청서)

소 송 대 리 허 가 신 청

사 건 2014너 제00호
신청인 윤 순 자
상대방 윤 상 윤

위 사건에 관하여 변호사 아닌 아래 사람으로 하여금 신청인을 위하여 상속재산의 처분에 관한 사건의 대리를 할 수 있도록 허가하여 주시기 바랍니다.

아 래

성명 홍 길 동
주소 안양시 만안구 안양6동 000-00

신 청 이 유

위 홍길동은 신청인의 남편으로서 이 사건과 관련한 상속재산의 분할협의 등 모든 내용을 신청인보다 더 잘 알고 있으며, 신청인은 현재 질병으로 인하여 입원치료를 받고 있어 거동이 매우 불편합니다. 따라서 대리인 홍길동으로 하여금 이 사건의 조정절차에서 신청인을 대리하게 하는 것이 적합하다고 생각되어 대리허가를 신청하오니 허가하여 주시기 바랍니다.

붙임 : 가족관계증명서 1통.

2014. 2. 5.

위 신청인 윤 순 자 (인)

수원지방법원 안양지원 귀중

(위임장)

위 임 장

사 건 2014너 제00호
신청인 윤 순 자
상대방 윤 상 윤

위 사건에 관하여 신청인은 안양시 만안구 안양6동 000-00 홍길동에게 가사조정사건의 대리를 위임하고 아래의 권한 일체를 수여합니다.

아 래

1. 일체의 조정 관련행위, 소의 제기 및 응소
2. 재판상 및 재판외의 화해
3. 소의 취하, 청구의 포기 및 인낙
4. 복대리인의 선임
5. 목적물의 수령, 공탁물의 납부, 공탁물 및 이자의 반환청구와 수령
6. 담보권의 신청 및 담보취소신청, 담보와 관련한 항고권의 행사 및 항고권의 포기
7. 기타 위 각 항과 관련한 일체의 부수적 소송행위

위와 같이 가사조정사건의 대리행위를 위임함.

2014. 2. 5.

위 신청인(위임인) 윤 순 자 (인)

수원지방법원 안양지원 귀중

* 소송대리허가신청에는 수입인지 1,000원을 붙인다. 그리고 대리인을 선임할 필요성은 소명하여야 할 것이다.
* 위임사무는 반드시 위에 열거한 모든 내용이 포함되어야 하는 것은 아니다. 다만, 일반적인 소송행위를 제한하는 것은 의미가 없다.
* 「가사소송법」에서는 대리인이 될 수 있는 자격에 관하여 아무런 규정을 두지 않았다. 가사소송법은 특별한 규정이 없는 경우에는 민사소송법을 적용하므로, 가사소송의 비변호사대리에 관하여는 「민사소송법」 제88조를 준용하여야 할 것이다.
* 「민사소송법」 제88조는 "단독판사가 심리・재판하는 사건 가운데 그 소송목적의 값이 일정한 금액 이하인 사건에서 당사자와 밀접한 생활관계를 맺고 있고, 일정한 범위 안의 친족관계를 맺고 있는 사람 또는 당사자와 고용계약 등으로 그 사건에 관한 통상사무를 처리・보조하여 오는 등 일정한 관계에 있는 사람이 법원의 허가를 받은 때에는 변호사대리의 원칙을 적용하지 아니한다."고 규정하였다. 여기서 가사소송은 그 특질로 인하여 고용상의 대리는 성립할 여지가 희박하다고 보면, ① 소가(訴價) 1억 원 이하의 단독사건으로서 ② 당사자와 밀접한 생활관계를 맺고, ③ 일정한 친족관계를 맺고 있는 사람이 대리인이 될 수 있다고 해석된다.
* 소송목적의 값이 5천만 원을 초과하는 마류 가사비소사건, 친생부인사건, 인지청구사건 및 입양취소사건은 합의부가 재판한다(민사 및 가사소송의 사물관할에 관한 규칙 제3조).
* 친족은 8촌 이내의 혈족, 4촌 이내의 인척 및 그 배우자를 말하고(민법 제777조), 밀접한 생활관계를 맺고 있다 함은 동거하는 사람으로 해석된다.
* 보조인의 선임허가신청은 대리인허가신청을 준용하여 그 호칭만을 변경하면 될 것이다.

제2관 사실조사 및 등록・등기의 촉탁

제1항 직권에 의한 사실조사

재판장・조정장・조정담당판사 또는 가사조사관은 사실조사를 위하여 필요한 경우에는 경찰 등 행정기관이나 그 밖에 상당하다고 인정되는 단체 또는 개인에게 사실의 조사를 촉탁하고 필요한 사항을 보고하도록 요구할 수 있다(제8조).

재판장・조정장・조정담당판사 또는 가사조사관은 필요한 때에는 공무소, 은행, 회사, 학교, 관계인의 고용주 기타의 자에 대하여 관계인의 예금, 재산, 수입, 교육관계 기타의 사항에 관한 사실조사를 촉탁하고 필요한 사항의 보고를 요구할 수 있다(규칙 제3조).

제2항 등록 · 등기의 촉탁

가정법원은 대법원규칙으로 정하는 판결 또는 심판이 확정되거나 효력이 발생한 경우에는 대법원규칙으로 정하는 바에 따라 지체 없이 가족관계등록 사무를 처리하는 사람에게 가족관계등록부에 등록할 것을 촉탁하거나 후견등기 사무를 처리하는 사람에게 후견등기부에 등기할 것을 촉탁하여야 한다(제9조).

> 규칙 제5조(가족관계등록부 기록을 촉탁하여야 할 판결 등) ① 법 제9조의 규정에 의하여 대법원규칙으로 정하는 가족관계등록부 기록을 촉탁하여야 할 판결 또는 심판은 다음 각 호의 것으로 한다.
>
> 1. 친권, 법률행위대리권, 재산관리권의 상실선고의 심판 또는 그 실권회복의 심판
> 2. 친권자의 지정과 변경의 판결 또는 심판
>
> 2의2. 미성년후견의 종료 및 친권자의 지정의 심판
>
> 2의3. 친권자 · 미성년후견인의 임무대행자 선임의 심판
>
> 3. 미성년후견인 · 미성년후견감독인의 선임, 변경 또는 사임허가의 심판
> 4. 법 제62조의 규정에 의하여 친권자의 친권, 법률행위대리권, 재산관리권의 전부 또는 일부의 행사를 정지하거나 미성년후견인 · 미성년후견감독인의 임무수행을 정지하는 재판과 그 대행자를 선임하는 재판
>
> ② 제1항 제4호의 재판이 본안심리의 확정, 심판청구의 취하 기타의 사유로 효력을 상실하게 된 때에는 가정법원의 법원서기관, 법원사무관, 법원주사, 법원주사보(이하 "법원 사무관등"이라 한다)는 법 제9조의 예에 의하여 가족관계기록부 등록을 촉탁하여야 한다.
>
> 규칙 제5조의2(후견등기부기록을 촉탁하여야 할 사건 등) ① 법 제9조에 따라 대법원규칙으로 정하는 후견등기부기록을 촉탁하여야 할 심판은 다음 각 호 각 목의 것으로 한다.
>
> 1. 성년후견에 관한 심판

* 여기에서는 각 목의 규정은 기재를 생략한다. 제5호까지 같다.
2. 한정후견에 관한 심판
3. 특정후견에 관한 심판
4. 임의후견에 관한 심판
5. 법 제62조(사전처분)에 따른 재판

② 제1항 제5호의 재판이 본안심판의 확정, 심판청구의 취하 기타의 사유로 효력을 상실한 때와 민법 제959조의20 제1항에 따라 후견계약이 종료된 때에는 가정법원의 사무관등은 법 제9조의 예에 의하여 후견등기부 기록을 촉탁하여야 한다.

규칙 제7조(가족관계등록사무를 처리하는 자에 대한 통지) ① 다음 각 호의 판결이 확정되거나 심판이 효력을 발생한 때에는 법원사무관등은 지체 없이 당사자 또는 사건본인의 등록기준지의 가족관계등록사무를 처리하는 자에게 그 뜻을 통지하여야 한다.

1. 가류 및 나류 가사소송사건의 청구를 인용한 판결. 다만, 사실혼관계존부확인사건을 제외한다.
2. 삭제
3. 실종선고와 그 취소의 재판

3의2. 친양자 입양의 심판

4. 친권자의 법률행위대리권, 재산관리권의 사퇴 또는 회복허가의 심판
5. 삭제
6. 성·본 계속사용 허가의 심판
7. 성·본 변경허가의 심판

② 제1항의 통지에는 제6조의 규정을 준용한다. 다만, 판결 또는 심판서의 등본에 확정일자 또는 효력발생일자를 부기하여 송부함으로써 통지에 갈음할 수 있다.

따라서 에가사소송법」 제9조, 「같은 법 시행규칙」 제5조, 제5조의2 및 제7조의 규정에 의한 사건의 심판 등의 결과는 당사자가 읍·면·동에 별도의 신고를 하지 않는다. 그리고 「가족관계의 등록 등에 관한 법률」에서 요구하는 당사자가 직접 신고하여야 하는 신고사항 중 판결 및 심판 등에 의한 신고사항은 모두 그 판결 등이 확정

된 날로부터 1개월 이내에 신고하도록 규정되어 있다. 다만, 협의상 이혼의사확인을 받은 경우만 3개월 안에 신고하도록 하고 있다.

제3절 가사소송

제1관 통칙

제1항 민사소송법의 적용 및 배제

1. 원칙

가사소송절차에 관하여는 이 법에 특별한 규정이 있는 경우를 제외하고는 「민사소송법」에 따른다(제12조 전단). 민사소송법을 적용하는 사건은 가사사건 중에서 "가사소송사건"에 국한한다. 즉 가류, 나류 및 다류 사건이다.

2. 예외

가류 및 나류 가사소송사건에 관하여는 「민사소송법」 제147조 제2항, 제149조, 제150조 제1항, 제284조 제1항, 제285조, 제349조, 제350조, 제410조의 규정 및 같은 법 제220조 중 청구의 인낙(認諾)에 관한 규정과 같은 법 제288조 중 자백에 관한 규정은 적용하지 아니한다(제12조 후단).

이 법 제12조의 규정에 의하면 가사소송사건 중 "다류" 사건, 즉 제3자에게는 이해관계가 없는 손해배상 및 사해행위취소 관련사건은 「민사소송법」을 모두 적용한다. 그러나 당사자 외에 제3자에게도 효력이 미치는 가류 및 나류 가사소송사건의 경우에는 "청구의 인낙"과 "자백"에 관한 민사소송법의 규정을 적용하지 아니하므로 이른바 처분권주의를 배척하고 있음을 알 수 있다.

처분권주의라고 함은 절차의 개시, 심판의 대상 및 범위, 절차의 종결에 대한 주도권을 당사자에게 주어 그 처분에 맡기는 입장을 말한다. 즉 소송물의 처분권을 당사자에게 맡기는 민사소송에서의 변론 내지 심판의 원칙이다.

(가류 및 나류 사건에서도 그 적용을 배제하는 민사소송법의 규정)

제147조(제출기간의 제한) 제2항 : 재판장이 당사자에 대하여 특정한 사항에 관하여 주장을 제출하거나 증거를 신청할 기간을 정한 경우에, 당사자가 그 기간을 넘긴 때에는 주장을 제출하거나 증거를 신청할 수 없다. 다만, 당사자가 정당한 사유로 그 기간 이내에 제출 또는 신청하지 못하였다는 것을 소명한 경우에는 그러하지 아니하다.

제149조(실기한 공격·방어방법의 각하) ① 당사자가 제146조(적시제출주의)의 규정을 어기어 고의 또는 중대한 과실로 공격 또는 방어방법을 뒤늦게 제출함으로써 소송의 완결을 지연시키게 하는 것으로 인정할 때에는 법원은 직권으로 또는 상대방의 신청에 따라 결정으로 이를 각하할 수 있다.
② 당사자가 제출한 공격 또는 방어방법의 취지가 분명하지 아니한 경우에, 당사자가 필요한 설명을 하지 아니하거나 기일에 출석하지 아니한 때에는 법원은 직권으로 또는 상대방의 신청에 따라 결정으로 이를 각하할 수 있다.

제150조(자백간주) 제1항 : 당사자가 변론에서 상대방이 주장하는 사실을 명백히 다투지 아니한 때에는 그 사실을 자백한 것으로 본다. 다만, 변론 전체 취지로 보아 그 사실에 대하여 다툰 것으로 인정되는 경우에는 그러하지 아니하다.

제284조(변론준비절차의 종결) 제1항 : 재판장은 다음 각 호 가운데 어느 하나에 해당하면 변론준비절차를 종결하여야 한다. 다만, 변론의 준비를 계속 하여야 할 상당한 이유가 있는 때에는 그러하지 아니하다.
1. 사건을 변론준비절차에 부친 뒤 6월이 지난 때
2. 당사자가 제280조 제1항의 규정에 따라 정한 기간 이내에 준비서면 등을 제출하지 아니하거나 증거의 신청을 하지 아니한 때

3. 당사자가 변론준비기일에 출석하지 아니한 때

제285조(변론준비기일을 종결한 효과) ① 변론준비기일에 제출하지 아니한 공격·방어방법은 다음 각 호 가운데 어느 하나에 해당하여야만 변론에서 제출할 수 있다.

1. 그 제출로 인하여 소송을 현저히 지연시키지 아니하는 때
2. 중대한 과실 없이 변론준비절차에서 제출하지 못하였다는 것을 소명한 때
3. 법원이 직권으로 조사할 사항인 때

② 제1항의 규정은 변론에 관하여 제276조(준비서면에 적지 아니한 효과)의 규정을 적용하는 데에 영향을 미치지 아니한다.

③ 소장 또는 변론준비절차 전에 제출한 준비서면에 적힌 사항은 제1항의 규정에 불구하고 변론에서 주장할 수 있다. 다만, 변론준비절차에서 철회되거나 변경된 때에는 그러하지 아니하다.

제349조(당사자가 문서를 제출하지 아니한 때의 효과) 당사자가 제347조(제출신청의 허가여부에 대한 재판) 제1항·제2항 및 제4항의 규정에 의한 명령에 따르지 아니한 때에는 법원은 문서의 기재에 대한 상대방의 주장을 진실한 것으로 인정할 수 있다.

제350조(당사자가 사용을 방해한 때의 효과) 당사자가 상대방의 사용을 방해할 목적으로 제출의무가 있는 문서를 훼손하여 버리거나 이를 사용할 수 없게 한 때에는 법원은 그 문서의 기재에 대한 상대방의 주장을 진실한 것으로 인정할 수 있다.

제410조(제1심의 변론준비절차의 효력) 제1심의 변론준비절차는 항소심에서도 효력을 가진다.

제2항 재판적

> 제13조(관할) ① 가사소송은 이 법에 특별한 규정이 있는 경우를 제외하고는 피고의 보통 재판적이 있는 곳의 가정법원이 관할한다.
>
> ② 당사자 또는 관계인의 주소, 거소(居所) 또는 마지막 주소에 따라 관할이 정하여지는 경우에 그 주소, 거소 또는 마지막 주소가 국내에 없거나 이를 알 수 없을 때에는 대법원이 있는 곳의 가정법원이 관할한다.
>
> ③ 가정법원은 소송의 전부 또는 일부에 대하여 관할권이 없음을 인정한 경우에는 결정으로 관할법원에 이송하여야 한다.
>
> ④ 가정법원은 그 관할에 속하는 가사소송사건에 관하여 현저한 손해 또는 지연을 피하기 위하여 필요한 경우에는 직권으로 또는 당사자의 신청에 의하여 다른 가정법원에 이송할 수 있다.
>
> ⑤ 이송결정과 이송신청의 기각결정에 대하여는 즉시항고를 할 수 있다.

사람의 보통재판적은 그의 주소에 따라 정한다. 다만, 대한민국에 주소가 없거나 주소를 알 수 없는 경우에는 거소에 따라 정하고, 거소가 일정하지 아니하거나 거소도 알 수 없으면 마지막 주소에 따라 정한다(민사소송법 제3조).

가사소송의 재판적은 피고의 ① 주소, ② 거소, ③ 마지막 주소, ④ 대법원 소재지 가정법원(서울중앙지방법원)의 순으로 정해진다.

제3항 관련사건의 병합

> 제14조(관련사건의 병합) ① 여러 개의 가사소송사건 또는 가사소송사건과 가사비송사건의 청구의 원인이 동일한 사실관계에 기초하거나 1개의 청구의 당부(當否)가 다른 청구의 당부의 전제가 되는 경우에는 이를 1개의 소로 제기할 수 있다.
>
> ② 제1항의 사건의 관할법원이 다를 때에는 가사소송사건 중 1개의 청구에 대한 관할권이 있는 가정법원에 소를 제기할 수 있다.
>
> ③ 가류 또는 나류 가사소송사건의 소의 제기가 있고, 그 사건과 제1항과 관계에 있는 다류 가사소송사건 또는 가사비송사건이 각각 다른 가정법원에 계속된

경우에는 가류 또는 나류 가사소송사건의 수소법원은 직권으로 또는 당사자의 신청에 의하여 결정으로 다류 가사소송사건 또는 가사비송사건을 병합할 수 있다.

④ 제1항이나 제3항에 따라 병합된 여러 개의 청구에 관하여는 1개의 판결로 재판한다.

가사소송규칙 제15조(병합신청에 대한 재판 등) ③ 병합결정에 대하여는 즉시항고를 할 수 있다. 그러나 병합신청을 기각한 결정에 대하여는 불복하지 못한다.

제14조의 규정취지를 정리하면 이렇다. 가류 가사소송사건과 나류 가사소송사건의 병합은 자유롭다. 가류 가사소송사건과 다류 가사소송사건 또는 나류 가사소송사건과 다류 가사소송사건의 병합은 가능하나, 다류 가사소송사건이 관할권을 갖지는 못한다. 이는 가류 가사소송사건과 비송사건 또는 나류 가사소송사건과 비송사건의 병합에도 같이 적용한다. 다류 가사소송사건과 비송사건은 병합할 수 없다.

제4항 당사자의 추가 · 경정 및 소송승계

1. 필수적 공동소송

1) 의의

「민사소송법」 제68조 또는 제260조의 규정에 따라 필수적 공동소송인을 추가하거나 피고를 경정(更正)하는 것은 사실심의 변론종결 시까지 할 수 있다(제15조 제1항).

필수적 공동소송이라 함은 공동소송인들에게는 반드시 합일확정(合一確定) 되어야 하는 공동소송 형태를 말한다. 이는 다시 고유필수적 공동소송과 유사필수적 공동소송으로 구별된다.

“고유필수적 공동소송”은 각 공동소송인 사이에 합일확정의 필요가 있을 뿐만 아니라 소송공동이 법률상 강제되는 소송을 말하며, “유사필수적 공동소송”은 각 공동소송인 사이에 합일확정의 필요는 있지만 법률상 소송공동이 강제되지는 않는 소송형

태이다. 그러나 일단 공동소송이 된 이상은 합일확정이 필요하다.

고유필수적 공동소송은 실체법(實體法)에 의하여 소송공동이 강제되는 점에 착안하여 "실체법상의 이유에 의한 필수적 공동소송"이라고도 하며, 유사필수적 공동소송은 "소송법상의 필요에 의한 필수적 공동소송"이라고 한다.

2) 필수적 공동소송의 종류

고유필수적 공동소송으로는 ① 제3자가 제기한 혼인무효·취소의 소(부부 공동피고), ② 제3자가 제기한 친자관계부존재확인의 소(부모 및 자 공동피고), ③ 아버지를 정하는 소(민법 제845조), 공유물분할청구의 소, ④ 공유관계의 경계확정의 소(2000다24207) 및 ⑤ 합유물에 관한 소 등이 있다.

유사필수적 공동소송에 해당하는 것으로는 ① 여러 사람이 제기하는 혼인무효·취소의 소, ② 여러 명의 채권자에 의한 채권자대위소송(93다52808) 및 ③ 여러 명의 압류채권자에 의한 추심소송(민사집행법 제249조) 등이 있다.

3) 필수적 공동소송인의 추가방법

유사필수적 공동소송의 경우에는 공동소송인이 될 수 있는 사람이 누락되더라도 문제될 것이 없지만, 고유필수적 공동소송에서는 한 사람이라도 누락이 되면 당사자적격(當事者適格)의 흠결로 인하여 소는 부적법각하사유가 된다.

누락된 당사자를 보정하는 방법으로는 ①「민사소송법」 제68조에 의한 필수적 공동소송인의 추가, ②「민사소송법」 제83조에 의한 공동소송참가 및 ③ 별소(別訴) 제기 후 변론의 병합이 있다.

4) 소송의 내용 및 효과

합일확정이라고 하는 것은 공동소송인들에게는 판결의 결과가 같아야 한다는 의미이므로, 모든 소송행위를 공동으로 해야 한다는 것은 아니다. 따라서 공동소송인들은 각자가 소송행위를 할 수 있다.

공동소송인 가운데 한 사람의 소송행위는 모두의 이익을 위하여서만 효력을 가진다(민소법 제67조 제1항). 즉 한 사람이 불리한 소송행위(자백, 화해, 소의 취하, 청구의 포기·인낙)를 한 때에는 아무런 효력이 생기지 않는다. 다만, 변론 전체 취지에 의하여 불이익을 받을 수는 있다. 그러나 유리한 행위인 부인, 항변, 기간준수 등은 공동소송인 모두에게 효력이 있다.

공동소송인 가운데 한 사람에 대한 상대방의 소송행위는 공동소송인 모두에게 효력이 있다(민소법 제67조 제2항). 이 경우에는 유·불리를 따지지 않고, 모두에게 효력이 있다.

공동소송인 가운데 한 사람에게 소송절차를 중단 또는 중지하여야 할 이유가 있는 경우 그 중단 또는 중지는 공동소송인 모두에게 효력이 미친다(민소법 제67조 제3항).

「민사소송법」 제67조 제1항의 공동소송인 가운데 한 사람이 상소를 제기한 경우에 다른 공동소송인이 그 상소심에서 하는 소송행위는 제56조 제1항의 규정을 준용한다(민소법 제69조). 즉 다른 공동소송인의 특별한 수권(授權)이 필요 없다.

2. 피고의 경정(更正)

> 제15조(당사자의 추가·경정) ① 민사소송법 제68조 또는 제260조에 따라 필수적 공동소송인을 추가하거나 피고를 경정하는 것은 사실심의 변론종결 시까지 할 수 있다.
>
> ② 제1항에 따라 피고를 경정한 경우에는 신분에 관한 사항에 한정하여 처음의 소가 제기된 때에 경정된 피고와의 사이에 소가 제기된 것으로 본다.

1) 의의

피고의 경정은 원고가 피고의 지정을 잘못한 것이 분명한 경우에 사실심의 변론종결 시까지 피고적격이 있는 사람으로 피고를 교체하는 것을 말한다(제15조 제1항, 민소법 제260조 제1항). 「민사소송법」은 피고의 경정신청을 할 수 있는 시기를 제1심변론종결 시까지로 규정하고 있으나, 「가사소송법」은 사실심변론종결 시까지로 규정함으로써 민사소송의 특칙을 두었다. 즉 항소심의 변론종결 당시까지 경정신청이 가능하다.

2) 요건

> 민사소송법 제260조(피고의 경정) ① 원고가 피고를 잘못 지정한 것이 분명한 경우에는 제1심 법원은 변론을 종결할 때까지 원고의 신청에 따라 결정으로 피고를 경정하도록 허가할 수 있다. 다만, 피고가 본안에 관하여 준비서면을 제출하거나 변론준비기일에서 진술하거나 변론을 한 뒤에는 그의 동의를 받아야 한다.
>
> ② 피고의 경정은 서면으로 신청하여야 한다.

3) 절차 및 효과

> 민사소송법 제260조(피고의 경정) ③ 피고경정신청서는 상대방에게 송달하여야 한다. 다만, 피고에게 소장의 부본을 송달하지 아니한 경우에는 그러하지 아니하다.
>
> ④ 피고가 제3항의 서면을 송달받은 날부터 2주 이내에 이의를 제기하지 아니하면 제1항 단서와 같은 동의를 한 것으로 본다.
>
> 민사소송법 제261조(경정신청에 관한 결정의 송달 등) ① 제260조 제1항의 신청에 대한 결정은 피고에게 송달하여야 한다. 다만, 피고에게 소장의 부본을 송달하지 아니한 때에는 그러하지 아니하다.
>
> ② 신청을 허가하는 결정을 한 때에는 그 결정의 정본과 소장의 부본을 새로운 피고에게 송달하여야 한다.
>
> ③ 신청을 허가하는 결정에 대하여는 동의가 없었다는 사유로만 즉시항고를 할 수 있다.
>
> ④ 신청을 허가하는 결정을 한 때에는 종전의 피고에 대한 소는 취하된 것으로 본다.

「가사소송법」 제15조 제2항은 "피고를 경정한 경우에는 신분에 관한 사항에 한정하여 처음의 소가 제기된 때에 경정된 피고와의 사이에 소가 제기된 것으로 본다."고 규정하여 「민사소송법」에 대한 특칙을 규정하였다. 즉, 재산에 관한 사항은 민사소송법과 마찬가지로 소급효를 인정하지 아니하면서도 신분에 관한 사항은 소를 제기한 때로 소급하는 피고경정의 효력을 인정하였다.

3. 소송승계

> 제16조(소송절차의 승계) ① 가류 또는 나류 가사소송사건의 원고가 사망이나 그 밖의 사유(소송능력을 상실한 경우는 제외한다)로 소송절차를 계속하여 진행할 수 없게 된 때에는 다른 제소권자(提訴權者)가 소송절차를 승계할 수 있다.
> ② 제1항의 승계신청은 승계사유가 생긴 때부터 6개월 이내에 하여야 한다.
> ③ 제2항의 기간 내에 승계신청이 없을 때에는 소가 취하된 것으로 본다.

소송승계는 일반적으로 사망 등 포괄적 승계원인에 의한 당연승계와 소송물의 양도에 의한 특정승계로 나뉘며, 특정승계는 다시 참가승계와 인수승계로 나뉜다.

여기에서 말하는 승계는 "당연승계"이고, 당사자 중 "원고"의 승계만을 규정하고 있다. 그리고 가류 및 나류 가사소송사건에 한정하고 있으므로, 여기에 해당하지 아니하는 사건은 「민사소송법」 및 「비송사건절차법」의 일반규정에 따르게 된다.

이 법이 규정하는 소송절차의 승계요건은 ① 가류 또는 나류 가사소송사건일 것, ② 원고의 포괄승계일 것, ③ 승계사유의 발생으로부터 6개월 안에 승계할 것이며, 이에 더하여 규칙 제16조 제1항은 ④ 서면으로 신청할 것을 요구한다.

제5항 직권조사(처분권주의의 배제)

가정법원이 가류 또는 나류 가사소송사건을 심리할 때에는 직권으로 사실조사 및 필요한 증거조사를 하여야 하며, 언제든지 당사자 또는 법정대리인을 신문할 수 있다(제17조).

제6항 상소

제19조(항소) ① 가정법원의 판결에 대하여 불복하는 경우에는 판결정본이 송달된 날부터 14일 이내에 항소할 수 있다. 다만, 판결정본 송달 전에도 항소할 수 있다.

② 항소법원의 소송절차에는 제1심 법원의 소송절차에 관한 규정을 준용한다.

③ 항소법원은 항소가 이유 있는 경우에도 제1심 판결을 취소하거나 변경하는 것이 사회정의와 형평의 이념에 맞지 아니하거나 가정의 평화와 미풍양속을 유지하기에 적합하지 아니하다고 인정하는 경우에는 항소를 기각할 수 있다.

제20조(상고) 항소법원의 판결에 대하여 불복하는 경우에는 판결정본이 송달된 날부터 14일 이내에 대법원에 상고할 수 있다. 다만, 판결정본 송달 전에도 상고할 수 있다.

제7항 기판력(旣判力)의 주관적(主觀的) 범위

가류 또는 나류 가사소송사건의 청구를 인용(認容)한 확정판결은 제3자에게도 효력이 있다. 이 청구를 배척한 판결이 확정된 경우에는 다른 제소권자는 사실심의 변론종결 전에 참가하지 못한 데 대하여 정당한 사유가 있지 아니하면 다시 소를 제기할 수 없다(제21조).

기판력의 주관적 범위 내지 인적(人的) 범위를 규정한 이 규정은 신분에 관한 소송인 가류 및 나류 소송사건에만 적용되므로 다류 가사소송사건에는 적용되지 아니한다.

제2관 혼인관계소송

제1항 재판적

제22조(관할) 혼인의 무효나 취소, 이혼의 무효나 취소 및 재판상 이혼의 소는 다음 각 호의 구분에 따른 가정법원의 전속관할로 한다.

1. 부부가 같은 가정법원의 관할 내에 보통재판적이 있을 때에는 그 가정법원
2. 부부가 마지막으로 같은 주소를 가졌던 가정법원의 관할구역 내에 부부 중 어느 한쪽의 보통재판적이 있을 때에는 그 가정법원
3. 제1호와 제2호에 해당되지 아니하는 경우로서 부부 중 어느 한쪽이 다른 한쪽을 상대로 하는 경우에는 상대방의 보통재판적이 있는 곳의 가정법원, 부부 모두를 상대로 하는 경우에는 부부 중 어느 한쪽의 보통재판적이 있는 곳의 가정법원
4. 부부 중 어느 한쪽이 사망한 경우에는 생존한 다른 한쪽의 보통재판적이 있는 곳의 가정법원
5. 부부가 모두 사망한 경우에는 부부 중 어느 한쪽의 마지막 주소지의 가정법원

제2항 당사자에 관한 특칙

제23조(혼인무효 및 이혼무효 소의 제기권자) 당사자, 법정대리인 또는 4촌 이내의 친족은 언제든지 혼인무효나 이혼무효의 소를 제기할 수 있다.

제24조(혼인무효·취소 및 이혼무효·취소의 소의 상대방) ① 부부 중 어느 한쪽이 혼인의 무효나 취소 또는 이혼무효의 소를 제기할 때에는 배우자를 상대방으로 한다.

② 제3자가 제1항에 규정된 소를 제기할 때에는 부부를 상대방으로 하고, 부부 중 어느 한쪽이 사망한 경우에는 그 생존자를 상대방으로 한다.

③ 제1항과 제2항에 따라 상대방이 될 사람이 사망한 경우에는 검사를 상대방으로 한다.

④ 이혼취소의 소에 관하여는 제1항 및 제3항을 준용한다.

제3항 친권자지정 등 협의권고

> 제25조(친권자 지정등에 관한 협의권고) ① 가정법원은 미성년자인 자녀가 있는 부부의 혼인의 취소나 재판상 이혼의 청구를 심리할 때에는 그 청구가 인용될 경우를 대비하여 부모에게 다음 각 호의 사항에 관하여 미리 협의를 하도록 권고하여야 한다.
>
> 1. 미성년자인 자녀의 치권자로 지정될 사람
> 2. 미성년자인 자녀에 대한 양육과 면접교섭권
>
> ② 가정법원이 혼인무효의 경우를 심리하여 그 청구가 인용되는 경우에 남편과 부자관계가 존속되는 미성년자인 자녀가 있는 경우에도 제1항과 같다.
>
> 규칙 제18조의2(자의 의견의 청취) 가정법원이 미성년자인 자의 친권자 지정, 양육과 면접교섭권에 관한 사항을 직권으로 정하는 경우 자가 13세 이상인 때에는 가정법원은 그 자의 의견을 들어야 한다. 다만, 자의 의견을 들을 수 없거나 자의 의견을 듣는 것이 오히려 자의 복지를 해할만한 특별한 사정이 있다고 인정하는 때에는 그러하지 아니하다.

제3관 친권자 및 자녀관계 소송

제1항 친생자관계

1. 재판적

> 제26조(관할) ① 친생부인, 인지의 무효나 취소 또는 민법 제845조에 따른 아버지를 정하는 소는 자녀의 보통재판적이 있는 곳을 관할하는 가정법원의 전속관할로 하고, 자녀가 사망한 경우에는 자녀의 마지막 주소지의 가정법원의 전속관할로 한다.
>
> ② 인지에 대한 이의의 소, 인지청구의 소 또는 민법 제865조에 따른 친생자관계존부확인의 소는 상대방(상대방이 여러 명일 때에는 그 중 1명)의 보통재판

적이 있는 곳의 가정법원의 전속관할로 하고, 상대방이 모두 사망한 경우에는 그 중 1명의 마지막 주소지의 가정법원의 전속관할로 한다.

2. 아버지를 정하는 소의 당사자

제27조(아버지를 정하는 소의 당사자) ① 민법 제845조에 따른 아버지를 정하는 소는 자녀, 어머니, 어머니의 배우자 또는 어머니의 전(前) 배우자가 제기할 수 있다.

② 자녀가 제기하는 경우에는 어머니, 어머니의 배우자 및 어머니의 전 배우자를 상대방으로 하고, 어머니가 제기하는 경우에는 그 배우자 및 전 배우자를 상대방으로 한다.

③ 어머니의 배우자가 제기하는 경우에는 어머니 및 어머니의 전 배우자를 상대방으로 하고, 어머니의 전 배우자가 제기하는 경우에는 어머니 및 어머니의 배우자를 상대방으로 한다.

④ 제2항과 제3항의 경우에 상대방이 될 사람 중에 사망한 사람이 있을 때에는 생존자를 상대로 하고, 생존자가 없을 때에는 검사를 상대방으로 하여 소를 제기할 수 있다.

3. 인지 및 친생자관계 소의 당사자등

인지무효의 소에는 제23조(혼인무효 및 이혼무효의 소의 제기권자) 및 제24조(혼인무효·취소 및 이혼무효·취소의 소의 상대방)를 준용하고, 인지취소의 소, 인지에 대한 이의의 소 또는 친생자관계 존부확인의 소에는 제24조를 준용하며, 인지청구의 소에는 제25조(친권자 지정 등에 관한 협의권고) 제1항을 준용한다(제28조).

4. 혈액형 등의 수검명령(受檢命令)

가정법원은 당사자 또는 관계인 사이의 혈족관계의 유무를 확정할 필요가 있는 경우에 다른 증거조사에 의하여 심증(心證)을 얻지 못한 때에는 검사를 받을 사람의 건

강과 인격의 존엄을 해치지 아니하는 범위에서 당사자 또는 관계인에게 혈액채취에 의한 혈액형의 검사 등 유전인자의 검사나 그 밖에 적당하다고 인정되는 방법에 의한 검사를 받을 것을 명할 수 있다. 이 명령을 할 때에는 제67조(의무불이행에 대한 제재)에 규정된 제재를 고지하여야 한다(제29조).

제2항 입양관계 소송의 재판적 및 제소권자(提訴權者)

> 제30조(관할) 다음 각 호의 소는 양부모(養父母) 중 1명의 보통재판적이 있는 곳의 가정법원의 전속관할로 하고, 양부모가 모두 사망한 경우에는 그중 1명의 마지막 주소지의 가정법원의 전속관할로 한다.
> 1. 입양의 무효
> 2. 입양 또는 친양자입양의 취소
> 3. 파양
> 4. 친양자의 파양
> 5. 파양의 무효나 취소
>
> 제31조(준용규정) 입양무효 및 파양무효의 소에 관하여는 제23조(혼인무효 및 이혼무효의 소의 제기권자) 및 제24조(혼인무효·취소 및 이혼무효·취소의 소의 상대방)의 규정을 준용하고, 입양·친양자입양의 취소, 친양자의 파양 및 파양취소의 소에 관하여는 제24조의 규정을 준용한다.

제4절 가사비송(家事非訟)

제1관 비송사건의 특징

제1항 직권주의 및 직권탐지주의

민사소송은 절차의 개시·종료 및 심판의 대상·범위에 관하여 당사자의 청구 여부에 따른다. 이를 "직권주의"라고 하는데, 비송사건에서는 법원이 이에 구속되지 않는다.

민사소송에서는 사실과 증거자료의 수집은 당사자의 책임 아래 수집하여 법원에 제출하여야 한다. 변론주의의 당연한 귀결이다. 그러나 비송절차에서는 법원이 이를 직권으로 조사 할 수 있다. 이를 "직권탐지주의"라고 한다.

제2항 비공개주의

민사소송에서의 변론과 판결은 원칙적으로 공개하여야 한다. 공개라고 함은 일반 방청객의 앞에서 하는 것을 뜻한다. 그러나 비송사건은 비공개가 원칙이다.

제3항 기판력(旣判力)의 불인정

민사소송에서 확정된 종국판결에는 기판력이 있다. 기판력이라 함은 확정된 재판의 내용이 당사자 및 법원을 구속하여 그 판단 내용에 어긋나는 주장이나 판단을 다시 할 수 없게 하는 효력을 말한다. 그러나 비송절차에서는 이러한 제한을 받지 않는다.

제4항 기속력(羈束力)의 제한

일단 밖으로 표시된 재판은 법원 스스로도 이를 변경하거나 취소하지 못하는 것이

민사소송의 원칙이다. 이를 "기속력"이라고 한다. 비송절차에서는 이러한 기속력의 제한에서 자유롭다.

제5항 간이한 방식

비송절차의 재판에서는 이유를 붙이지 않아도 된다. 재판의 고지방식(告知方式)이 자유롭다. 당사자 등을 심문할 때에도 원칙적으로 조서를 작성하지 않는다. 이러한 것들은 모두 간이하고 신속한 처리를 위한 비송절차의 특색이다.

제2관 통칙

제1항 비송사건절차법의 준용

가사비송절차에 관하여는 이 법에 특별한 규정이 없으면 「비송사건절차법」 제1편(총칙)을 준용한다. 다만, 「비송사건절차법」 제15조(검사의 의견진술 및 심문참여)는 준용하지 아니한다(제34조).

제2항 관할

이 법과 대법원규칙으로 관할법원을 정하지 아니한 가사비송사건은 대법원이 있는 곳의 가정법원이 관할한다. 가사비송사건에 관하여는 제13조(가사소송의 관할) 제2항부터 제5항까지의 규정을 준용한다(제35조).

즉 가사비송사건의 관할은 당사자 또는 관계인의 ① 주소지, ② 거소지, ③ 마지막 주소지 및 ④ 대법원 소재지(서울중앙지방법원)의 순으로 결정된다.

제3항 청구의 방식 및 이해관계인의 참가

제36조(청구의 방식) ① 가사비송사건의 청구는 가정법원에 심판청구를 함으로써 한다.

② 심판의 청구는 서면 또는 구술(口述)로 할 수 있다.

③ 심판청구서에는 다음 각 호의 사항을 적고 청구인이나 대리인이 기명날인하여야 한다.

1. 당사자의 등록기준지, 주소, 성명, 생년월일, 대리인이 청구할 때에는 대리인의 주소와 성명
2. 청구취지와 청구원인
3. 청구 연월일
4. 가정법원의 표시

④ 구술로 심판청구를 할 때에는 가정법원의 법원사무관등의 앞에서 진술하여야 한다.

⑤ 제4항의 경우에 법원사무관등은 제3항 각 호의 사항을 적은 조서를 작성하고 기명날인하여야 한다.

제37조(이해관계인의 참가) ① 심판청구에 관하여 이해관계가 있는 자는 재판장의 허가를 받아 절차에 참가할 수 있다.

② 재판장은 상당하다고 인정하는 경우에는 심판청구에 관하여 이해관계가 있는 자를 절차에 참가하게 할 수 있다.

규칙 제20조의2(가사비송사건의 병합) 수개의 가사비송사건의 청구가 법 제14조(관련사건의 병합) 제1항의 요건을 갖춘 때에는 이를 1개의 심판청구로 제기할 수 있다.

규칙 제21조(이해관계인의 참가신청) ① 법 제37조 제1항의 규정에 의한 이해관계인의 참가신청은 참가의 취지와 이유를 기재한 서면으로 하여야 한다.

② 참가신청인은 참가의 이유를 소명하여야 한다.

제4항 절차의 구조

제37조의2(절차의 구조) ① 가정법원은 가사비송사건의 절차에 소요되는 비용을 지출할 자금능력이 없거나 그 비용을 지출하면 생활에 현저한 지장이 있는 사람에 대하여 그 사람의 신청에 따라 또는 직권으로 절차구조(節次救助)를 할 수 있다. 다만, 신청인이 부당한 목적으로 심판청구를 하는 것이 명백한 경우에는 그러하지 아니하다.
② 제1항의 절차구조에 관하여는 민사소송법 제128조 제2항부터 제4항까지, 제129조부터 제133조까지를 준용한다. 다만, 민사소송법 제132조 및 제133조 단서는 마류 가사소송사건에 한정하여 준용한다.

규칙 제22조의2(절차의 구조) 법 제37조의2 제2항의 절차구조에 관하여는 민사소송규칙 제24조부터 제27조까지의 규정을 준용한다.

1. 절차구조의 이해

「민사소송법」은 소송비용을 지출할 능력이 없거나 지출이 현저히 곤란한 당사자에게 소송구조를 할 수 있도록 규정하고 있다. 이는 당사자가 소송에서 패소할 것이 명백하지 아니한 경우로 규정하고 있는데, 「가사소송법」에서는 그 제외사유로 "부당한 목적의 심판청구"로 규정하고 있다. 소송구조에 관하여는 제4장 제3절에서 다루었다.

2. 모든 가사비송에 준용되는 민사소송법 및 민사소송규칙의 규정

제128조 제3항 : 관할은 소송기록을 보관하고 있는 법원
제128조 제4항 : 구조의 내용 및 절차를 민사소송규칙에 위임
제129조 : 구조의 객관적 범위(재판비용, 변호사·집행관의 보수·체당금, 담보 면제 등)
제130조 : 구조 효력의 주관적 범위(구조를 받은 사람에 한정)
제131조 : 구조의 취소

제133조 : 불복신청(즉시항고) 민사소송규칙 제24조 : 신청의 방식(서면), 신청인 및 가족의 자금능력을 적은 서면의 제출 민사소송규칙 제25조 : 소송비용의 지급요청(법원사무관등이 경비출납공무원에 대한 요청) 민사소송규칙 제26조 : 변호사보수 등의 지급 민사소송규칙 제27조 : 구조의 취소 등

3. 마류 가사비송사건에만 준용되는 민사소송법의 규정

제132조 : 납입유예비용의 추심 제133조 : 이 절에 규정한 재판에 대하여는 즉시항고를 할 수 있다. 다만, 상대방은 제129조 제1항 제3호의 소송구조결정을 제외하고는 불복할 수 없다. 제129조 제1항 제3호 : 소송비용의 담보면제

제5항 증거조사 및 재판의 방식

가정법원은 필요하다고 인정할 경우에는 당사자 또는 법정대리인을 당사자 신문(訊問) 방식으로 심문(審問)할 수 있고, 그 밖의 관계인을 증인신문 방식으로 심문할 수 있다(제38조).

가사비송사건에 대한 제1심 종국재판은 심판으로써 한다. 다만, 절차상의 이유로 종국재판을 하여야 하는 경우에는 그러하지 아니하다(제39조 제1항). 절차상의 이유로 종국재판을 해야 하는 경우에는 결정이나 명령으로 한다는 뜻이다.

제6항 심판의 효력 등

심판의 효력은 심판을 받을 사람이 심판을 고지 받음으로써 발생한다. 다만, 제43

조에 따라 즉시항고를 할 수 있는 심판은 확정되어야 효력이 있다(제40조).

금전의 지급, 물건의 인도(引渡), 등기, 그 밖의 의무의 이행을 명하는 재판은 집행권원(執行權原)이 된다(제41조). 집행권원은 「민사집행법」의 규정에 의하여 집행문을 부여받으면 강제집행을 할 수 있는 것이므로 판결과 동일한 효력이 있다.

제7항 가집행명령

재산상의 청구 또는 유아(幼兒)의 인도(引渡)에 관한 심판으로서 즉시항고의 대상이 되는 심판에는 담보를 제공하게 하지 아니하고 가집행 할 수 있음을 명하여야 한다. 가정법원은 직권으로 또는 당사자의 신청에 의하여 이행의 목적인 재산에 상당한 금액을 담보로 제공하고 가집행을 면제받을 수 있음을 명할 수 있다. 판결로 유아의 인도를 명하는 경우에도 담보 없이 가집행을 명할 수 있다(제42조).

제8항 심판에 대한 불복

제43조(불복) ① 심판에 대하여는 대법원규칙으로 따로 정하는 경우에 한정하여 즉시항고만을 할 수 있다.

② 항고법원의 재판절차에는 제1심의 재판절차에 관한 규정을 준용한다.

③ 항고법원은 항고가 이유 있다고 인정하는 경우에는 원심판결을 취소하고 스스로 적당한 결정을 하여야 한다. 다만, 항고법원이 스스로 결정하기에 적당하지 아니하다고 인정하는 경우에는 사건을 원심법원에 환송하여야 한다.

④ 항고법원의 결정에 대하여는 재판에 영향을 미친 헌법, 법률, 명령 또는 규칙 위반이 있음을 이유로 하는 경우에 한정하여 대법원에 재항고 할 수 있다.

⑤ 즉시항고는 대법원규칙으로 정하는 날부터 14일 이내에 하여야 한다.

규칙 제27조(청구기각심판에 대한 불복) 청구에 의하여서만 심판하여야 할 경우에 그 청구를 기각한 심판에 대하여는 특별한 규정이 있는 경우를 제외하고는 청구인에 한하여 즉시항고를 할 수 있다.

규칙 제28조(즉시항고의 제기방식) 즉시항고는 원심가정법원에 즉시항고장을 제출함으로써 한다.

제3관 라류 가사비송사건의 관할

제44조(관할) 라류 가사비송사건은 다음 각 호의 가정법원이 관할한다.

1. 다음 각 목의 어느 하나에 해당하는 사건은 사건 본인의 주소지 가정법원
   가. 삭제
   나. 실종에 관한 사건
   다. 성과 본의 창설에 관한 사건
   라. 자녀의 종전의 성(姓)과 본(本)의 계속 사용에 관한 사건
   마. 자녀의 성과 본의 변경에 관한 사건

1의2. 미성년후견·성년후견·한정후견·특정후견 및 임의후견에 관한 사건은 각 피후견인(피후견인이 될 사람을 포함한다)의 주소지의 가정법원

2. 부재자의 재산관리에 관한 사건은 부재자의 마지막 주소지 또는 부재자의 재산이 있는 곳의 가정법원
3. 부부 사이의 재산 변경약정에 관한 사건, 공동의 자녀에 대한 친권 행사방법의 결정에 관한 사건은 제22조(혼인의 무효나 취소, 이혼의 무효나 취소, 재판상 이혼의 관할법원) 제1호부터 제3호까지의 가정법원
4. 입양·친양자입양 또는 파양에 관한 사건은 양자·친양자의 주소지 또는 양자·친양자가 될 사람의 주소지의 가정법원
5. 친권에 관한 사건(부부 사이의 공동의 자녀에 대한 친권 행사방법의 결정사건은 제외한다)은 미성년자인 자녀의 주소지 가정법원
6. 상속에 관한 사건은 상속개시지의 가정법원
7. 유언에 관한 사건은 상속개시지의 가정법원. 다만, 민법 제1070조(구수증서에 의한 유언) 제2항에 따른 유언의 검인(檢認) 사건은 상속개시지 또는 유언자 주소지의 가정법원
8. 제1호부터 제7호까지에 해당되지 아니하는 사건은 대법원규칙으로 정하는 가정법원

제4관 마류 가사비송사건

제1항 관할

마류 가사비송사건은 상대방의 보통재판적이 있는 곳의 가정법원이 관할한다. 다만, 친족회의 결의에 대한 이의사건은 피후견인의 주소지의 가정법원이 관할한다(제46조). 친족회는 민법의 개정으로 인하여 폐지되었고, 「민법」에 후견감독제도가 신설되었다.

제2항 공동소송의 준용

마류 가사비송사건의 청구인 또는 상대방이 여러 명일 때에는 「민사소송법」 중 공동소송에 관한 규정을 준용한다(제47조).

상대방은 제1심의 절차종결시까지 청구인의 청구와 견련관계에 있는 마류 가사비송사건으로서 금전의 지급이나 물건의 인도 기타 재산상의 의무이행을 구하는 반대청구를 할 수 있다(규칙 제92조).

제3항 재산명시 및 재산조회

「민사집행법」이 규정하고 있는 재산명시명령은 채권자가 금전의 지급을 명하는 집행권원(執行權原)을 가지고 있음에도 불구하고 채무를 이행하지 않고 있는 채무자의 재산을 찾지 못하여 금전채권의 만족을 얻지 못하는 경우에, 채권자의 신청에 의하여 법원의 명령으로 채무자가 법원에 재산목록을 제출하게 하는 제도이다.

법원은 이 신청이 이유 있다고 판단하면 기일을 정하여 채무자를 소환하고, 재산목록을 제출한 다음 선서를 하도록 한다.

만약 채무자가 재산명시기일에 출석하지 않거나 재산목록의 제출을 거부하면, 20일 안의 기간 동안 채무자를 감치(監置)할 수 있다. 선서를 거부한 경우에도 같다. 감치는 구속의 일종이다. 채무자가 허위의 재산목록을 제출하면 3년 이하의 징역이나 500만 원 이하의 벌금에 처할 수 있다. 법원은 재산명시기일에 출석하지 않는 채무자에 대해서는 채무자의 주소지를 관할하는 경찰관서에 통보하여 소재수사를 의뢰한다.

「가사소송법」상의 재산명시 및 재산조회도 「민사집행법」상의 그것과 동일하지는 않지만, 큰 차이는 없다.

1. 재산명시(財産明示)

> 제48조의2(재산명시) ① 가정법원은 재산분할, 부양료 및 미성년자인 자녀의 양육비청구사건에 관하여 특히 필요하다고 인정하는 경우에는 직권으로 또는 당사자의 신청에 의하여 당사자에게 재산상태를 구체적으로 밝힌 재산목록을 제출하도록 명할 수 있다.
> ② 제1항의 재산 명시절차, 방법 등에 대하여 필요한 사항은 대법원규칙으로 정한다.
>
> 규칙 제95조의2(재산명시신청) ① 법 제48조의2 제1항에 따른 당사자의 재산명시를 요구하는 신청은 신청취지와 신청사유를 적은 서면으로 하여야 한다.
>
> 규칙 제95조의3(재산명시명령 등) ① 가정법원이 제48조의2 제1항에 따른 결정(재산명시명령)을 할 때에는 재산목록을 제출할 상당한 기간을 정하여야 한다.
> ② 재산명시명령은 재산명시명령을 받은 당사자에게 송달하여야 하고, 명령에 따르지 아니할 경우 제67조의2(제출명령에 위반한 제재)에 따른 제재(200만 원 이하의 과태료)를 받을 수 있음을 함께 고지하여야 한다.

(재산명시명령신청서)

재 산 명 시 명 령 신 청

사건번호 2013느 제00호 (담당재판부 : 가사 제0단독)
신청인 ○ ○ ○
상대방 ○ ○ ○

신 청 취 지

상대방은 재산상태를 명시한 재산목록을 제출하라.
라는 결정을 구합니다.

신 청 이 유

1. 상대방의 재산을 파악하기가 쉽지 않아 이 사건의 해결을 위하여 상대방의 재산목록 제출이 특히 필요합니다.
2. 따라서 가사소송법 제48조의2 제1항에 따라 상대방에 대한 재산명시명령을 신청합니다.

첨부 : 심판서 정본 1통.

2014. . .

위 신청인 ○ ○ ○ (인)

○○지방법원 귀중

* 과거 전직 대통령이 전체 재산이 29만 원뿐이라고 적어서 법원에 제출한 재산목록이 바로

이 절차에서 제출한 것이다. 그 경우에는 민사소송법(현재는 민사집행법에서 규정한다)의 절차였다.

2. 재산조회(財産照會)

제48조의3(재산조회) ① 가정법원은 제48조의2의 재산명시절차에 따라 제출된 재산목록만으로는 재산분할, 부양료 및 미성년자인 자녀의 양육비청구사건의 해결이 곤란하다고 인정할 경우에 직권으로 또는 당사자의 신청에 의하여 당사자 명의의 재산에 관하여 조회할 수 있다.

② 제1항의 재산조회에 관하여는 그 성질에 반하지 아니하는 범위에서 민사집행법 제74조를 준용한다.

③ 재산조회를 할 공공기관, 금융기관, 단체 등의 범위 및 조회절차, 당사자가 내야 할 비용, 조회결과의 관리에 관한 사항, 과태료의 부과절차 등은 대법원규칙으로 정한다.

민사집행법 제74조(재산조회) ① 재산명시절차의 관할법원은 다음 각 호의 어느 하나에 해당하는 경우에는 그 재산명시를 신청한 채권자의 신청에 따라 개인의 재산 및 신용에 관한 전산망을 관리하는 공공기관·금융기관·단체 등에 채무자 명의의 재산에 관하여 조회할 수 있다.

1. 재산명시절차에서 채권자가 제62조 제6항(재산명시명령의 결정이 채무자에게 송달 되지 아니한 때의 주소보정명령)의 규정에 의한 주소보정명령을 받고도 민사소송법 제194조 제1항의 규정에 의한 사유(공시송달사유)로 인하여 채권자가 이를 이행할 수 없었던 것으로 인정되는 경우
2. 재산명시절차에서 채무자가 제출한 재산목록의 재산만으로는 집행채권자의 만족을 얻기에 부족한 경우
3. 재산명시절차에서 제68조 제1항 각 호의 사유(명시기일 불출석, 재산목록 제출 거부, 선서 거부) 또는 동조 제9항(거짓의 재산목록 제출)의 사유가 있는 경우

② 채권자가 제1항의 신청을 할 경우에는 조회할 기관·단체를 특정하여야 하며, 조회에 드는 비용을 미리 내야 한다.

규칙 제95의5(준용규정) 재산조회에 관하여는 법 및 이 규칙에 특별한 규정이 있는 경우를 제외하고는 성질에 반하지 않는 한 민사집행규칙·재산조회규칙의 규정을 준용한다. 다만 민사집행규칙 제38조(재산조회결과의 열람·복사), 재산조회규칙 제13조(재산조회결과의 열람·출력신청), 제14조 제2항(재산조회결과의 컴퓨터에 의한 열람방법), 제15조(열람수수료)의 규정은 그러하지 아니하다.

규칙 제95조의6(재산조회신청 등) ① 법 제48조의3 제1항에 따른 당사자 명의의 재산에 관한 조회를 요구하는 신청은 다음 각 호의 사항을 적은 서면으로 하여야 한다.

1. 조회의 대상이 되는 당사자
2. 조회할 공공기관, 금융기관 또는 단체
3. 조회할 재산의 종류
4. 과거의 재산보유내역에 대한 조회를 요구하는 때에는 그 취지와 조회기간
5. 신청취지와 신청이유

② 제1항의 신청을 하는 때에는 신청의 사유를 소명하여야 한다.

규칙 제95조의7(재산조회비용의 예납 등) ① 법 제48조의3 제1항의 재산조회를 신청하는 당사자는 재산조회에 필요한 비용으로서 가정법원이 정하는 금액을 미리 내야 한다. 가정법원이 부족한 비용을 미리 내라고 명하는 때에도 또한 같다.

② 가정법원이 직권으로 재산조회를 하는 때에는 그 재산조회로 이익을 받을 당사자에게 제1항의 비용을 내게 할 수 있다. 재산조회로 이익을 받을 당사자가 분명하지 아니한 때에는 조회대상자의 상대방을 재산조회로 이익을 받을 당사자로 본다.

③ 가정법원은 제1항, 제2항 당사자가 비용을 내지 아니하는 경우에는 신청을 각하하거나 재산조회결정을 취소할 수 있다.

재산조회 할 기관·단체, 조회 할 재산 및 비용

순번	기관 및 단체	조회할 재산	조회비용
1	법원행정처	토지 및 건물의 소유권	20,000원
2	국토해양부	건물의 소유권	10,000원
3	특허청	특허권, 실용신안권, 디자인권, 상표권	20,000원
4	특별시, 광역시, 도	자동차 및 건설기계의 소유권	기관별 5,000원
5	은행법에 의한 금융기관	금융자산 중 계좌별로 시가합계액이 50만 원 이상인 것	기관별 5,000원
6	종합금융회사	금융자산별로 시가 합계액이 50만 원 이상인 것	기관별 5,000원
7	상호저축은행	"	"
8	농업협동조합과 그 중앙회	"	"
9	수산업협동조합과 그 중앙회	"	"
10	신용협동조합	"	"
11	산림조합	"	"
12	새마을금고	"	"
13	신탁회사 및 증권투자위탁회사	"	"
14	증권회사 · 증권금융회사 · 위탁회사 · 명의개서대행업무를 하는 회사	"	"
15	보험사업자	해약환급금이 50만 원 이상인 보험계약	"
16	지식경제부	금융자산 중 계좌별로 시가 합계액이 50만 원 이상인 것	5,000원

* 재산조회에 관한 내용은 「민사집행법」 제74조 내지 제77조, 「민사집행법 시행규칙」 및 「재산조회규칙」에서 규정하고 있다.

제5절 가사조정

제1관 관할

가사조정사건은 그에 상응하는 가사소송사건이나 가사비송사건을 관할하는 가정법원 또는 당사자가 합의로 정한 가정법원이 관할한다. 가사조정사건에 관하여는 제13조 제3항부터 제5항까지의 규정을 준용한다(제51조). 제13조 제3항부터 제5항은 가사소송사건의 이송 및 그 결정에 대한 즉시항고에 관한 규정이다.

제2관 민사조정법의 준용 및 조정전치주의

제49조(조정법률) 가사조정에 관하여는 이 법에 특별한 규정이 있는 경우를 제외하고는 민사조정법을 준용한다. 다만, 민사조정법 제18조(대표당사자) 및 제23조(조정절차 진술의 민사소송절차에서의 인용제한)는 준용하지 아니한다.

제50조(조정전치주의) ① 나류 및 다류 가사소송사건과 마류 가사비송사건에 관하여 가정법원에 소를 제기하거나 심판을 청구하려는 사람은 먼저 조정을 신청하여야 한다.

② 제1항의 사건에 관하여 조정을 신청하지 아니하고 소를 제기하거나 심판을 청구한 경우에는 가정법원은 그 사건을 조정에 회부하여야 한다. 다만, 공시송달의 방법이 아니면 당사자의 어느 한 쪽 또는 양쪽을 소환할 수 없거나 그 사건을 조정에 회부하더라도 조정이 성립될 수 없다고 인정하는 경우에는 그러하지 아니하다.

제55조(조정의 신청) 조정의 신청에 관하여는 제36조 제2항부터 제5항(가사비송사건의 청구방식)까지의 규정을 준용한다.

제57조(관련사건의 병합신청) ① 조정의 목적인 청구와 제14조(관련사건의 병

합)에 규정된 관련 관계에 있는 나류, 다류 가사사건 및 마류 가사비송사건의 청구는 병합하여 조정신청 할 수 있다.
② 당사자 사이의 분쟁을 일시에 해결하기 위하여 필요하면 당사자는 조정위원회 또는 조정담당판사의 허가를 받아 조정의 목적인 청구와 관련이 있는 민사사건의 청구와 병합하여 조정신청 할 수 있다.

第59조(조정의 성립) ① 조정은 당사자 사이에 합의된 사항을 조서에 적음으로써 성립한다.
② 조정이나 확정된 조정을 갈음하는 결정은 재판상화해와 동일한 효력이 있다. 다만, 당사자가 임의로 처분할 수 없는 사항에 대하여는 그러하지 아니하다.

第60조(이의신청으로 인한 소송으로의 이행) 제57조 제2항에 따라 조정신청된 민사사건의 청구에 관하여는 민사조정법 제36조(이의신청으로 인한 소송으로의 이행)를 준용한다. 이 경우 가정법원은 결정으로 그 민사사건을 관할법원에 이송하여야 한다.

규칙 제117조(준용규정) ① 가사조정에 관하여는 법 및 이 규칙에 특별한 규정이 있는 경우를 제외하고는 민사조정규칙의 규정을 준용한다.
② 제16조(소송절차의 승계신청), 제17조(승계절차에 대한 재판 등) 및 제20조(사건본인의 심판서의 기재)의 규정은 가사조정사건에 이를 준용한다.

재판상 화해는 확정판결과 동일한 효력이 있다. 따라서 조정 또는 확정된 조정에 갈음하는 결정은 확정판결과 동일한 효력이 있으므로 집행권원(執行權原)이 된다.

제6절 이행의 확보

제1관 사전처분

제62조(사전처분) ① 가사사건의 소의 제기, 심판청구 또는 조정의 신청이 있는 경우에 가정법원, 조정위원회 또는 조정담당판사는 사건을 해결하기 위하여 특히 필요하다고 인정하면 직권으로 또는 당사자의 신청에 의하여 상대방이나 그 밖의 관계인에게 현상(現狀)을 변경하거나 물건을 처분하는 행위의 금지를 명할 수 있고, 사건에 관련된 재산의 보존을 위한 처분, 관계인의 감호(監護)와 양육을 위한 처분 등 적당하다고 인정되는 처분을 할 수 있다.

② 제1항의 처분을 할 때에는 제67조(의무불이행에 대한 제재) 제1항에 따른 제재를 고지하여야 한다.

③ 급박한 때에는 재판장이나 조정장은 단독으로 제1항의 처분을 할 수 있다.

④ 제1항과 제3항의 처분에 대하여는 즉시항고를 할 수 있다.

⑤ 제1항의 처분은 집행력을 갖지 아니한다.

제2관 가압류 · 가처분

제63조(가압류 · 가처분) ① 가정법원은 제62조에도 불구하고 가사소송사건 또는 마류 가사비송사건을 본안(本案) 사건으로 하여 가압류 또는 가처분을 할 수 있다. 이 경우 민사집행법 제276조부터 제312조까지의 규정을 준용한다.

② 제1항의 재판은 담보를 제공하게 하지 아니하고 할 수 있다.

③ 민사집행법 제287조(본안의 제소명령)를 준용하는 경우 이 법에 따른 조정신청이 있으면 본안의 제소가 있는 것으로 본다.

제1항 보전처분(가압류 · 가처분)의 이해

보전처분(保全處分)이라고 함은 사법상(私法上)의 권리가 침해당할 염려가 있는 경우에 이를 예방하여 권리의 보전을 꾀하는, 즉 장래에 있을 강제집행을 미리 보전하는 절차이다. 이에는 가압류와 가처분이 있다. 보전처분은 본안소송의 제기 전후를 가리지 않고 신청할 수 있다. 보전처분에서도 그 성질이 허용하는 것은 모두 「민사집행법」의 강제집행에 관한 규정을 준용한다. 가압류와 가처분은 재판의 고지와 동시에 집행이 가능하므로 집행문은 필요하지 아니하다. 다만, 채권자나 채무자의 승계가 있는 때에는 승계집행문을 받아야 한다(민집법 제292조 제1항). 여기의 승계는 특별승계도 포함한다. 강제집행을 준용하지 아니하는 규정, 즉 보전처분에 특유한 집행에 관한 규정은 민사집행법 제292조 내지 제299조에 규정되어 있다.

제2항 가압류의 요건

가압류는 다음의 요건을 모두 갖추어야 할 수 있다.

1. 금전채권이거나 금전채권으로 환산할 수 있는 채권일 것

여기서 "금전으로 환산할 수 있는 채권"은 채무불이행으로 인하여 손해배상으로 변하는 경우와 같이 금전채권으로 바뀌게 되는 것을 말한다. 채무자의 책임 없는 사유로 인하여 채권의 목적물이 멸실 또는 훼손됨으로써 채무자가 제3자로부터 받게 될 금전이 있는 경우에서, 채권자가 그 금전에 대하여 대상청구권(代償請求權)을 행사하는 경우도 이에 해당한다.

채권의 일부에 대한 가압류도 허용됨은 물론이다. 채권에 조건이 붙어 있거나 기한(期限)이 차지 아니한 경우에도 가압류가 허용된다.

2. 동산 또는 부동산에 대한 강제집행을 보전하기 위한 것일 것

여기서 말하는 동산은 채권 기타의 재산권을 포함하는 넓은 개념이다. 즉 장차 집행권원(執行權原)을 확보할 가능성이 있음을 필요로 한다.

3. 가압류의 필요성이 있을 것

가압류를 하지 아니하면 판결을 집행할 수 없거나, 판결의 집행이 매우 곤란한 염려가 있어야 한다. 「민사집행법」 제227조는 판결만을 규정하고 있으나, 이는 예시(例示)에 불과한 것이므로 모든 집행권원(지급명령 · 조정조서 · 화해조서 · 청구인낙조서 · 배상명령 등)의 집행불능과 집행의 현저한 곤란은 가압류를 할 수 있는 요건이 된다.

제3항 가처분의 요건

가처분은 다음 중 어느 하나에 해당하는 경우에 할 수 있다. 이 점이 가압류와 다르다.

1. 다툼의 대상에 관하여 현상(現像)이 바뀌면 권리를 행사할 수 없거나 실행하는 것이 매우 곤란할 염려가 있을 것

가처분은 특정물(特定物)의 급부(給付)를 목적으로 하는 청구권의 집행을 보전하기 위한 것이라는 점이 가압류와는 다른 점이다. 가압류는 금전채권의 강제집행을 목적으로 한다. 여기에서 권리를 실행한다고 하는 것은 강제집행을 말한다.

가처분이란 장래의 집행불능 또는 곤란을 예방하기 위한 것이므로, 그 피보전권리는 가처분신청 당시 확정적으로 발생되어 있어야 하는 것은 아니고, 이미 그 발생의 기초가 존재하고 그 내용이나 주체 등을 특정할 수 있을 정도의 요건만 갖추어져 있으면 조건부 · 부담부청구권이라 할지라도 그 피보전권리로 될 수 있다 할 것이다.
따라서 채무자들의 차용금채무를 담보하기 위하여 부동산에 관하여 채권자 명의의 가등기 및 본등기가 경료 된 경우에, 채무자들이 아직 그 차용금채무를 변제하지 아니한 상태라고 할지에도, 채무변제를 조건으로 한 말소등기청구권을 보전하기 위하여 그 담보목적 부동산에 관하여 처분금지가처분을 신청할 수도 있다 할 것이며, 그 경우 채권자가 담보목적 부동산에 대하여 담보권의 행사가 아닌 처분행위를 하거나, 피담보채무를 변제받고서도 담보목적 부동산을 처분하는 것을 방지하는 목적 범위 내에서는 보전의 필요성도 있다고 할 것이다(다만, 이러한 가처분을 허용한다 하여도 피담보채무가 변제되지 아니한 경우에는 채권자가 담보권의 행사로써 담보목적 부동산의 처분행위를 하는 것을 방지하는 효력이 없어, 위 가처분으로서는 채권자의 처분행위의 효력을 다툴 수 없게 될 뿐이다)(2002다1567).

2. 다툼이 있는 권리에 대하여 임시의 지위를 정할 필요가 있을 것

이 경우에는 특히 계속되는 ㉮권리관계에 끼칠 현저한 손해를 피하거나, ㉯ 급박한 위험을 막기 위하여, ㉰ 그 밖의 필요한 이유가 있을 경우에 가처분을 신청할 수 있다.

임시의 지위를 정할 필요가 있다고 하는 것은, 이를테면 회사의 이사나 대표이사가 회사에 손해를 주는 업무집행을 계속하는 경우에 있어서, 분쟁이 끝날 때까지 이사나 대표이사의 직무를 정지시킬 필요가 있는 경우와 같은 때이다.

임시의 지위를 정하는 가처분은 다툼 있는 권리관계에 관하여 그것이 본안소송에 의하여 확정되기까지의 사이에 가처분권리자가 현재의 현저한 손해를 피하거나 급박한 강폭(强暴)을 막기 위하여 또는 기타 필요한 이유가 있는 때에 한하여 허용되는 응급적(應急的)·잠정적(暫定的) 처분이고, 이러한 가처분을 필요로 하는지 여부는 당해 가처분신청의 인용(認容) 여부에 따른 당사자 쌍방의 이해득실관계, 본안소송에 있어서의 장래의 승패의 예상, 기타의 제반 사정을 고려하여 법원의 재량에 따라 합목적적으로 결정하여야 할 것이다(97마1473).

기존 법률관계의 변경·형성의 효과를 발생함을 목적으로 하는 형성의 소(形成의 訴)는 법률에 특별한 규정이 있는 경우에 한하여 허용되는데, 학교법인 이사장에 대하여 불법행위를 이유로 그 해임을 청구하는 소송은 형성의 소에 해당하는바, 이를 허용하는 법적 근거가 없으므로 이를 피보전권리로 하는 이사장에 대한 직무집행정지 및 직무대행자선임의 가처분은 허용되지 않는다(97마2269).

가지위(假地位)를 정하는 가처분(현행법은 임시의 지위를 정하는 가처분)은 본안판결이 있기 전에 본안판결에 의하여 얻을 수 있는 만족을 가정적으로 얻도록 하는 것이기 때문에 채무자의 고통은 크다 할 것이므로, 민사소송법 제714조 제2항(현재는 「민사집행법」 제300조 제2항)은 그와 같은 가처분이 허용되는 경우에 있어서의 요건을 엄격히 규정하였다.

즉 "특히 계속하는 권리관계에 현저(顯著)한 손해를 피하거나 급박한 강폭을 방지하기 위하여, 또는 기타 필요한 이유에 의하여야 한다."라고 규정함으로써 그 요건을 엄격히 규정하였으며, "현저한 손해"는 반드시 재산상 손해뿐 아니라 정신적 손해와 공익적 손해도 포함된다고 해석하여야 할 것이며, 손해는 어느 것이나 현저하여야 할 것이고, "기타 필요한 이유"에 있어서도 위와 같은 현저한 손해 또는 "급박한 강폭"에 준하는 정도의 이유가 있어야 한다고 해석하여야 할 것이다(67마424).

현행 「민사집행법」 제300조 제2항은 "가처분은 다툼이 있는 권리관계에 대하여 임시의 지위를 정하기 위하여도 할 수 있다. 이 경우 가처분은 특히 계속하는 권리관계에 끼칠 현저한 손해를 피하거나 급박한 위험을 막기 위하여, 또는 그 밖의 필요한 이유가 있을 경우에 하여야 한다."고 규정하고 있다.

제4항 가압류 · 가처분의 신청

가압류와 가처분의 신청서에는 다음 사항을 적어야 하고, 신청의 취지와 이유 및 사실상의 주장을 소명하기 위한 증거방법을 적어야 한다. 소명(疏明)은 증명보다는 낮은 정도의 개연성을 말하는 것으로, 법관으로 하여금 일단 그러할 것이라는 추측을 얻게 하는 정도의 입증이다.

① 청구채권의 표시
② 청구채권이 일정한 금액이 아닌 때에는 금전으로 환산한 금액
③ 제277조(보전의 필요)의 규정에 따라 가압류의 이유가 될 사실의 표시

가처분에 관한 재판은 가압류에 관한 규정을 준용한다.

제5항 가압류 · 가처분의 집행

가압류 또는 가처분의 재판이 있은 후에 채권자나 채무자의 승계가 이루어진 경우에는 승계집행문을 받아야 집행할 수 있다. 가압류 · 가처분의 집행은 채권자에게 재판을 고지한 날로부터 2주를 넘기면 하지 못한다(민집법 제292조 제2항). 이 집행은 채무자에게 재판이 송달되기 전에도 할 수 있다(민집법 제292조 제3항). 여기서 말하는 "재판을 고지한 날"은 송달일을 의미하는 것이 아니라 재판서(결정문)가 판사로부터 법원사무관 등에게 인계된 시점을 뜻한다. 그리고 2주는 "집행의 착수"를 의미하는 것으로 해석된다.

부동산에 대한 가압류의 집행은 법원의 촉탁으로 부동산등기부에 기재한다. 동산에 대한 가압류의 집행은 압류와 같은 방법으로 한다. 즉 집행관에게 위임하여 집행한다.

채권가압류의 집행은 가압류를 한 법원이 관할한다. 제3채무자에 대해서는 채무자에게 지급하여서는 아니 된다는 명령만 할 수 있고, 제3채무자는 이를 공탁하여야 한다. 이 경우 가압류의 효력은 채무자의 공탁금출급청구권에 미친다. 즉 이 공탁금을 채무자가 출급청구 할 수는 없고, 채권자는 본안판결결 등 집행권원을 얻은 다음에 이 공탁금에 대하여 본집행을 하여 채권의 만족을 얻을 수 있다.

보전처분은 법원의 재판에 의하여 집행되는 것이기는 하나 그 실체상 청구권이 있는지 여부는 본안소송에 맡기고 단지 소명(疏明)에 의하여 채권자의 책임아래 하는 것이므로, 그 집행 후에 집행채권자가 본안소송에서 패소 확정되었다면, 그 보전처분의 집행으로 인하여 채무자가 입은 손해에 대하여는 특별한 반증이 없는 한 집행채권자에게 고의 또는 과실이 있다고 추정되고, 따라서 부당한 집행으로 인한 손해에 대하여 이를 배상할 책임이 있다.

가압류신청을 한 채권자가 본안의 소를 제기하고 이에 대하여 채무자가 반소를 제기한 끝에 법원의 조정에 갈음하는 결정을 쌍방 당사자가 받아들여 확정된 경우, 비록 그 결정의 내용이 채권자가 채무자로부터 지급받을 금액은 없는 것으로 하고, 오히려 채권자로 하여금 채무자에게 채무자가 반소로서 구하는 금원의 일부를 지급할 것을 명하는 것이라고 하더라도, 이로써 집행채권자가 그 집행 후의 본안소송에서 패소한 것과 같이 볼 것은 아닌바, 그 이유는 법원이 조정절차에서 당사자 사이에 합의가 성립되지 아니하는 경우에 조정에 갈음하는 결정을 하는 것은 당사자의 이익 기타 제반사정을 참작하여 사건의 공평한 해결을 도모하고자 하는 것으로서, 반드시 청구채권의 존재 유무만을 판단한 것이라고 볼 수 없기 때문이다(2001다39947).

가압류신청에서 채권액보다 지나치게 과다한 가액을 주장하여 그 가액대로 가압류결정이 된 경우, 본안판결에서 피보전권리가 없는 것으로 확인된 부분의 범위 내에서는 가압류채권자의 고의·과실이 추정되고, 다만 특별한 사정이 있으면 고의·과실이 부정된다(98다3757).

부동산에 대한 가압류집행이 이루어졌다고 하더라도 채무자가 여전히 목적물의 이용 및 관리의 권한을 보유하고 있을뿐더러, 가압류의 처분금지적 효력은 상대적인 것에 불과하기 때문에 부동산이 가압류되었더라도 채무자는 그 부동산을 매매하거나 기타의 처분행위를 할 수 있고, 다만 가압류채권자에 대한 관계에서만 처분행위의 유효를 주장할 수 없을 뿐이며, 가압류는 언제든지 해방공탁에 의하여 그 집행취소를 구할 수 있는 것이므로, 부동산에 대한 가압류의 집행이 부당하게 유지되었다고 하더라도 다른 특별한 사정이 없는 한, 그 가압류는 부동산을 처분함에 있어서 법률상의 장애가 될 수는 없다고 할 것이고, 어떤 부동산에 대하여 가압류의 집행이 있었고, 그 가압류집행이 계속된 기간 동안 당해 부동산을 처분하지 못하였으며, 나아가 주위 부동산들의 거래상황 등에 비추어 그와 같이 부동산을 처분하지 못한 것이 당해 가압류의 집행으로 인하였을 것이라는 점이 입증된다면, 달리 당해 부동산의 처분 지연이 가압류의 집행 이외의 사정 등 가압류채권자 측에 귀책사유 없는 다른 사정으로 인한 것임을 가압류채권자 측에서 주장·입증하지 못하는 한, 그 가압류와 당해 부동산의 처분 지연 사이에는 상당인과관계(相當因果關係)가 있다(2000다71715). 즉 불법행위로 인한 손해배상책임이 있다.

가처분결정에 대한 이의신청이 있고, 앞으로 그 가처분집행이 취소되거나 변경될 가능성이 있는 경우라고 하더라도, 구체적인 가처분의 내용이 권리보전의 범위에 그치지 아니하고 소송물인 권리 또는 법률관계의 내용이 이행된 것과 같은 종국적 만족을 얻게 하는 것으로서, 그 집행에 의하여 채무자에게 회복할 수 없는 손해를 생기게 할 우려가 있는 때가 아니면, 원칙적으로 가처분재판에 대한 집행의 정지는 허용될 수 없다(2002그31).

허용되는 경우는 부동산의 철거, 점포의 명도(明渡) 등 이른바 "만족적 가처분"의 극히 일부뿐이다.

(유체동산 가압류신청서)

유 체 동 산 가 압 류 신 청

채권자 강 두 길
과천시 별양동 000-00
전화 010-0000-0000
채무자 한 미 원
안양시 동안구 평촌동 000 진달래아파트 000동 000호

신청채권의 표시

돈 50,000,000원(대여금)
채권자가 채무자에게 2011. 9. 9. 변제기는 2013. 9. 8. 이자는 연 20%의 조건으로 약정하여 대여한 원금

신 청 취 지

채권자는 채무자에 대한 위 채권의 집행을 보전하기 위하여 채무자 소유의 유체동산을 가압류한다. 라는 결정을 구합니다.

신 청 이 유

1. 채권자는 채무자에게 위 신청취지와 같이 돈 50,000,000원을 대여한 사실이 있습니다. 그런데 채무자는 변제기가 지났음에도 이를 갚지 않고 있습니다.
2. 채권자는 채무자에 대하여 대여금청구의 소를 제기하기 위하여 준비하고 있습니다. 그러나 이 소는 상당한 시일이 필요할 뿐만 아니라, 채무자는 야반도주의 우려마저 있습니다. 따라서 본안소송이 완결될 때까지 기다리다가는 채무자의 재산에 대한 집행이 불가능하거나 현저히 곤란할 것으로 보이기 때문에, 그동안 집행보전의 수단으로 이 신청에 이르렀습니다.

3. 이 신청을 허가함에 있어 담보의 제공이 필요한 경우에는 신청인의 자력이 부족한 점을 감안하여, 보증보험회사와 지급보증위탁계약을 체결한 문서로 제출할 수 있도록 허가하여 주시기 바랍니다.

소명자료 및 첨부서류

1. 차용증서 1통.
1. 송달료납부서 1통.
1. 가압류진술서 1통.

2014. 1. 11.

위 채권자 강 두 길 (인)

수원지방법원 안양지원 귀중

* 인지대는 10,000원이며, 송달료는 당사자의 수×3회분×3,250원이다.

* 유체동산의 가압류는 부동산이나 채권의 가압류와는 달리 가압류의 신청단계에서는 가압류의 목적물이 아직 특정되지 않는다는 점이 특징이다. 따라서 그 목적물은 집행관이 가압류를 현실적으로 집행할 때에 가서야 특정되는 경우가 많다.

* 일반적으로 가압류라고 하면 채무자의 집에 들어가 가전제품 등에 속칭 "빨강딱지"를 붙이는 것으로 이해하는데, 부동산이 아니고 등기나 등록에 의하여 공시되는 동산이 아닌 것이면 무엇이든지 가압류의 대상이 된다. 다만, 「민사집행법」에서 규정하는 압류금지 대상물은 제외한다.

* 민법 중 물권법에서는 부동산이 아닌 물건은 모두 동산으로 분류된다. 그러나 민사집행법에서는 동산중에서도 등기나 등록으로 공시(公示)되는 물건은 강제집행절차에서 부동산의 집행절차와 유사한 방법으로 집행하도록 하고 있다. 여기에 해당하는 물건으로는 자동차, 건설기계, 선박, 항공기 등이 있다.

(가압류신청진술서)

가압류신청 진술서

채권자는 가압류신청과 관련하여 다음 사실을 진술합니다. 다음의 진술과 관련하여 고의로 누락하거나 허위로 진술한 내용이 발견된 경우에는 그로 인하여 보정명령 없이 신청이 기각되거나 가압류이의절차에서 불이익을 받을 것임을 잘 알고 있습니다.

2014. 2. .

채권자 ○ ○ ○ (인)

다 음

1. 피보전권리(청구채권)와 관련하여

가. 채무자가 신청서에 기재한 청구채권을 인정하고 있습니까?
- ☐ 예
- ☐ 아니요 → 채무자의 주장의 요지 :
- ☐ 기타 :

나. 채무자의 의사를 언제, 어떠한 방법으로 확인하였습니까?

다. 채권자가 신청서에 기재한 청구금액은 본안소송에서 승소할 수 있는 금액으로 적정하게 산출된 것입니까?

☐ 예 ☐ 아니요

2. 보전의 필요성과 관련하여

가. 채권자가 채무자의 재산에 대하여 가압류하지 않으면 향후 강제집행이

불가능하거나 매우 곤란해질 사유의 내용은 무엇입니까?

나. 채권자는 신청서에 기재한 청구채권과 관련하여 공정증서 또는 제소전화해조서가 있습니까?

다. 채권자는 신청서에 기재한 청구채권과 관련하여 취득한 담보가 있습니까?

라. [채무자가 (연대)보증인인 경우] 채권자는 주채무자에 대하여 어떠한 보전조치를 취하였습니까?

마. [다수의 부동산에 대한 가압류신청인 경우] 각 부동산의 가액은 얼마입니까?

바. [유체동산 또는 채권가압류인 경우] 채무자에게는 가압류할 부동산이 있습니까?

□ 예 □ 아니요 → 채무자의 주소지 소재 부동산등기부등본 첨부

사. ["예"로 대답할 경우] 가압류할 부동산이 있다면 부동산이 아닌 유체동산 또는 채권가압류신청을 하는 이유는 무엇입니까?

□ 이미 부동산상의 선순위 담보 등이 부동산가액을 초과함 → 부동산등기부등본 및 가액 소명자료 첨부

□ 기타사유 → 내용 :

아. [유체동산가압류신청인 경우]

① 가압류할 유체동산의 품목, 가액은?

② 채무자의 다른 재산에 대하여 어떠한 보전조치를 취하였습니까? 그 결과는?

3. 본안소송과 관련하여

가. 채권자는 신청서에 기재한 청구채권과 관련하여 채무자에 대하여 본안소송을 제기한 사실이 있습니까?

□ 예 □ 아니요

나. ["예"로 대답할 경우]

① 본안소송을 제기한 법원·사건번호·사건명은?

② 현재 진행상황 또는 소송결과는?

다. ["아니요"로 대답할 경우] 채권자는 본안소송을 제기할 예정입니까?

□ 예 → 본안소송 제기예정일 :

□ 아니요 → 사유 :

4. 중복가압류와 관련하여

가. 채권자는 신청서에 기재한 청구채권(금액불문)을 원인으로 이 신청 외에 채무자를 상대로 하여 가압류를 신청한 사실이 있습니까? (과거 및 현재 포함)

□ 예 □ 아니요

나. ["예"로 대답할 경우]

① 가압류를 신청한 법원·사건번호·사건명은?

② 현재 진행상황 도는 결과(취하/각하/인용/기각 등)는? (소명자료 첨부)

다. [다른 가압류가 인용된 경우] 추가로 이 사건 가압류를 신청하는 이유는 무엇입니까? (소명자료 첨부)

* 이 진술서는 법령에 근거 없이 법원이 요구하는 것이므로 비용은 지출할 필요가 없다.
* 가압류신청을 할 때에는 어느 종류인지를 묻지 않고 이 진술서를 제출하도록 하고 있다. 그리고 채무자가 여러 명인 경우에는 채무자별로 따로 작성하도록 하고 있다. 그러나 가처분신청에서는 이를 제출할 필요가 없다. 가압류는 금전채권의 보전만을 목적으로 하는 것이지만, 가처분은 그 종류나 내용이 다종다양 내지는 천태만상이기 때문에 이러한 서식을 만들어놓고 일률적으로 요구할 방법도 없었을 것이다.
* 대법원 예규인 「보전처분신청사건의 사무처리 요령(재민2003-4)」은 "가압류를 신청하는 경우에 가**압류신청진술서**를 제출하지 아니하거나 고의로 진술사항을 누락하거나 허위로 진술한 내용이 발견된 경우에는 특별한 사정이 없는 한 **보정명령 없이 신청을 기각**할 수 있다." 라고 규정하고 있다.
* 대법원은 법령의 위임을 받지 아니하였으면서도 예규를 만들어서 이와 같이 법률의 효력을 부여하는 경우가 많이 있다. 다분히 위헌적(違憲的) 요소가 있지만 실무상으로는 따를 수밖에 없다. 가압류신청의 남용을 막는 등의 효과를 거두기 위한 고육지책이라는 점은 이해할 수 있지만 문제가 있다.
* 가압류나 가처분을 신청할 때에 주의해야 할 점이 있다. 가압류나 가처분절차는 좁은 의미로 분류해보자면 소송절차, 비송절차 및 집행절차의 어디에도 해당하지 아니하는 독특한 절차이다. 「가사소송법」은 이에 관하여 「민사집행법」의 규정을 준용하도록 하였고, 「민사집행법」은 이들의 "명령절차"는 「민사소송법」에 의하면서 "집행절차"는 「민사집행법」의 부동산에 대한 강제집행절차를 준용하도록 하고 있다. 보전처분의 성질상 신속성 내지 급박성으로 인하여 법원이 당사자를 불러서 그 필요성 등을 미리 조사할 수 없는 점으로 인하여 신청인이 제출한 소명자료에 의존해서 일단 명령을 한다. 따라서 이 제도를 남용하여 상대방에게 고통을 줄 목적만으로 남용하는 경우가 적지 않다. 그렇기 때문에 위 가압류신청진술서를 제출하게 하는 것이기도 하다. 그러나 위 진술서에 허위의 내용을 적더라도 가압류명령의 단계에서 법원이 이를 발견할 수는 없다. 그렇지만 나중에 채무자가 채권자의 불법행위를 문제 삼을 경우(손해배상청구 등)에는 이것이 결정적인 증거가 될 수 있다는 점이다. 물론 채무자를 보호하기 위해서 채권자에게 미리 담보를 제공하게 하고는 있지만, 그 현금담보의 비율은 채권자의 청구채권에 비하여 많아야 그의 60% 정도이므로 이 제도에는 여전히 남용의 문제점이 남아 있다고 할 수 있다.

(부동산 가압류신청서)

부 동 산 가 압 류 신 청

채권자 윤 삼 실
서울 중구 00동 200
전화 010-0000-0000
채무자 박 길 수
서울 강남구 00동 300

신청채권의 표시

돈 50,000,000원
채권자가 채무자에게 2010. 7. 7. 변제기를 2012. 7. 6. 이자는 연 24%로 약정하여 대여한 원금

가압류할 부동산의 표시

별지 목록 기재와 같음

신 청 취 지

채권자는 채무자에 대한 위 채권의 집행을 보전하기 위하여 채무자 소유의 별지 목록 기재 부동산을 가압류한다. 라는 결정을 구합니다.

신 청 이 유

1. 채권자는 채무자에 대하여 2010. 7. 7. 돈 50,000,000원을 변제기 2012. 7. 6. 이자 연 24%의 조건으로 약정하고 대여하였습니다. 그러나 채무자는 위 돈의 갚는 시기가 지났음에도, 이를 한 푼도 갚지 않고 있습니다.

2. 채권자는 채무자를 상대로 대여금청구의 소를 제기하기 위하여 준비 중이지만, 채무자는 다른 사라들에게도 많은 채무를 부담하고 있어, 지금 가압류를 해두지 아니하면 나중에 승소판결을 얻더라도 집행이 불가능하거나 현저히 곤란할 것이 예상되므로 강제집행의 보전을 위하여 이 신청을 하게 되었습니다.

3. 이 신청에 관하여 담보제공이 필요한 경우에는 보증보험회사와 지급보증위탁계약을 체결한 문서로 제출할 수 있도록 허가하여 주시기 바랍니다.

소명자료 및 첨부서류

1. 차용증 사본 1통.
1. 부동산목록 6통.
1. 부동산등기부등본 1통.
1. 등록세영수필통지서 1통.
1. 송달료납부서 1통.

2013. 12. 12.

위 채권자 윤 삼 실 (인)

수원지방법원 귀중

가압류할 부동산

1. 용인시 김량장동 00-0
   대 000.00㎡

2. 위 지상
   철근콘크리트조 슬라브지붕 2층 주택
   1층 00.0㎡
   2층 00.0㎡

* 가압류의 인지대는 10,000원이며 송달료는 당사자(채권자 및 채무자)의 수×3회분×3,250원이므로 19,500원이 된다. 여기의 당사자의 수를 계산할 때에는 채권자가 여러 명이거나 채무자가 여러 명이면 이들 모두를 합산한다.
* 채권이 있음을 소명하는 자료는 그것의 명칭이 무엇이든 무방하며, 사본으로 제출함이 보통이다. 그 문서가 법원에서 이해하기 어렵다고 생각되는 문서는 신청서의 신청이유에서 간단히 설명하는 것도 좋을 것이다.
* 부동산가압류신청의 경우에는 부동산 소재지를 관할하는 시·구·군청에서 발행한 등록세 납부영수증을 제출하여야 한다. 등록세납부서에는 등록세와 교육세를 납부한 영수확인이 기재되어 있다. 이는 가압류결정을 하고, 법원이 등기를 촉탁할 때 사용된다.
* 등록세는 신청금액(채권액)의 1,000분의2이며, 교육세는 등록세의 20%이다. 이는 한꺼번에 납부하도록 되어 있다.
* 부동산의 표시는 등기부의 표시와 일치하여야 한다. 부동산 1필지마다 수입증지 3,000원을 붙여야 한다.
* 가압류를 명령(결정)함에 있어서는 법원이 담보의 제공을 명하는데, 보통 보증보험회사와 체결한 지급보증위탁계약서(보통 "보증보험증권"이라고 부름)와 현금을 공탁하도록 한다.

(채권 가압류신청서)

채 권 가 압 류 명 령 신 청 서

채권자 ○○○
주소
전화번호
채무자 000
주소
제3채무자 ○○○
주소

청구채권의 표시

돈 ____________원(물품대금)
채권자가 채무자에게 2012. . . 납품한 __________등 물품대금채권

가압류할 채권의 표시

채무자가 제3채무자 소유의 안양시 동안구 00동 000-00에 있는 ○○아파트 000동 000호를 임차함에 있어 제3채무자에게 지급한 임대차보증금
돈 __________원의 반환채권
(이하 생략)

〈채권의 가압류로부터 채권의 만족까지〉

* 압류는 집행권원이 있으므로 강제집행에 착수하는 절차를 말하며, 이를 가압류와 구별하기 쉽도록 "본압류"라고 부르기도 한다. 이에 대하여 가압류(假押留)는 아직 집행권원이 없어 강제집행에 들어가지 못하므로, 장차 집행권원을 확보할 때까지 채무자의 처분권을 제한함

으로써 채무자에게 심리적 압박을 가함과 아울러 장래의 강제집행 대상을 확보하는 것이다.

* 사례의 설정 : 丙은 乙에 대한 채무자이고, 乙은 甲에 대한 채무자이다.

여기서 乙이 甲에 대한 채무를 이행하지 아니하므로 甲이 乙의 丙에 대한 채권을 가압류(압류) 하는 경우에 甲을 채권자, 乙을 채무자, 丙을 제3채무자라고 부른다. 그리고 甲의 乙에 대한 채권을 "압류채권", 乙의 丙에 대한 채권을 "피압류채권"이라고 한다.

이 가압류의 효력은 乙에게는 丙으로부터 채권을 추심(推尋)하는 것을 금지하고, 丙에게는 乙에게 변제하는 것을 금지하는 것이다. 즉 乙과 丙이 채권·채무를 주고받더라도 甲에게는 아무런 효력이 없다.

甲은 이 가압류와는 별도로 乙을 상대로 민사소송 등을 제기하여 확정판결(집행권원)을 얻으면 법원으로부터 집행문을 받을 수 있다. 이 집행문에 터 잡아 강제집행에 착수할 수 있는데, 이를 압류(또는 본압류)라고 한다. 위 사례에서 甲이 이미 가압류한 乙의 丙에 대한 채권을 압류하는 것을 민사집행법에서는 "가압류를 본압류로 전이(轉移)한다"고 표현하고 있다.

본압류를 한 다음 甲이 채권의 만족을 얻는 방법으로는 집행법원으로부터 추심명령(推尋命令) 또는 전부명령(轉付命令)을 받아야 한다.

* "추심명령"은 甲이 丙으로부터 채권의 변제를 받는 것을 말하는데, 이는 甲이 丙에 대한 채권자의 지위에서 변제를 수령하는 것이 아니라 乙이 丙으로부터 변제를 수령하는 것에 갈음(대위가 아님)하여 변제받는 것이다. 따라서 甲이 丙으로부터 변제를 받았음에도 불구하고 채권의 완전한 만족을 얻지 못한 때에는 다시 乙의 다른 재산으로부터 나머지 채권을 실행할 수 있다.

* "전부명령"은 甲이 乙의 丙에 대한 채권을 甲의 채권액의 범위 안에서 이전받는 것과 동일한 것이다. 즉 채권이 양도되는 효과가 있다. 가령 乙의 丙에 대한 채권이 1천만 원이고, 甲의 乙에 대한 채권이 500만 원이라고 한다면 甲은 丙에 대하여 500만 원의 채권을 갖게 되므로, 乙도 丙에 대하여 500만 원에 대하여는 여전히 채권을 갖고 있다. 이 경우에 甲의 乙에 대한 채권은 소멸하므로 甲이 丙으로부터 변제를 받지 못하는 경우에도 다시 乙에게 채무의 이행을 청구할 수 없다는 점에서 추심명령에 비하여 위험이 따른다고 할 수 있다. 이 경우에 甲의 乙에 대한 채권이 1천만 원이고, 乙의 丙에 대한 채권이 500만 원이라고 한다면 甲은 乙에 대하여도 500만 원의 채권이 여전히 남아 있다.

* 앞의 예에서 본압류 및 추심명령 또는 본압류 및 전부명령은 별도의 절차이기는 하지만, 실무에서는 압류와 추심명령 또는 압류와 전부명령은 동시에 신청하여 처리하고 있다. 어느 것을 신청할 것인가는 채권자의 선택에 따른다.

(여러 가지 가압류 대상 금전채권의 표시방법)

(임금채권을 가압류할 때)

청구금액 돈 ______________원

채무자가 제3채무자로부터 매월 지급받는 임금 및 제수당 중 근로소득세 등 제세공과금을 공제한 실수령액의 2분의1씩 위 청구채권에 이를 때까지의 금액. 단, 퇴직할 경우에는 그 퇴직금의 2분의1에 해당하는 금액

(경매절차의 배당요구채권을 가압류할 때)

청구금액 돈 ______________원

채무자가 제3채무자의 부동산에 대한 서울중앙지방법원 2013타경 제000호 부동산강제경매사건의 매각대금 중에서 수령할 배당요구채권 중 위 청구채권

(임대차보증금반환청구권을 가압류할 때)

청구금액 돈 ______________원

채무자와 제3채무자가 별지 부동산 목록에 적은 건물에 대한 임대차계약을 해지할 경우(또는 임대차기간이 만료될 경우) 채무자의 임대차보증금반환청구채권 중 위 청구금액

(공사대금청구채권을 가압류할 때)

청구금액 돈 ____________원
서울 강남구 00동 321-12 00아파트 신축공사 중 철근콘크리트공사 등에 관하여 2012. 1. 11. 채무자와 제3채무자 주식회사 000건설 사이에 공사비 돈 ______원으로 정하여 체결한 공사도급계약상 채무자의 제3채무자에 대한 공사비청구채권 중 위 청구금액

(예금반환청구채권을 가압류하는 경우)

청구금액 돈 ____________원
채무자가 제3채무자에 대하여 갖는 돈 ____________원의 예금반환청구채권 전액(계좌번호 : 국민은행 역삼동지점 000-00-00000, 예금주 홍길동)

* 채무자가 제3채무자에게 갖는 예금반환청구채권이 청구인(채권자)이 청구하는 금액보다 많을 때에는 "예금반환청구채권 중 위 청구금액"으로 기재한다.

(토지수용보상금청구채권을 가압류할 경우)

청구금액 돈 ____________원
제3채무자가 안성시 공도면 00리 123-12 일대 도로공사를 시행함에 있어, 도로에 편입되는 상용도로 부분을 협의수용을 하면서 채무자 소유의 위 같은 리 123-13 대 320㎡의 수용토지에 대한 협의보상금으로 채무자가 제3채무자로부터 지급받을 돈 ____________원의 청구채권 중 위 청구금액

(약속어음금청구채권을 가압류하는 경우)

청구금액 돈 ______________원

채무자가 제3채무자에 대하여 갖는 아래 표시의 약속어음금청구채권

약속어음의 표시

발행인 홍길동

액면금 돈 10,000,000원

지급일 2013. 11. 11.

지급지 서울특별시

(등기·등록 관련 채권 및 물건에 대한 가압류의 표시방법)

(근저당권부 채권을 가압류하는 경우)

청구금액 돈 ______________원

가압류할 채권 및 저당부동산의 표시

별지 목록 기재와 같음

(별지목록)

가압류할 채권의 표시

채무자가 제3채무자에 대하여 갖는 아래 목록에 적은 부동산에 대한 2010. 5. 5. 서울중앙지방법원 접수 제0000호 채권최고액 돈 50,000,000원의 근저당권설

정등기에 터 잡은 피담보채권

부동산의 표시

1. 서울 종로구 00동 222-22
   대 911㎡

2. 위 지상
   벽돌조 시멘트 기와지붕 단층 주택
   402.33㎡

(전세권을 가압류하는 경우)

청구금액 돈 ____________원

가압류할 전세권의 표시

별지 목록 기재와 같음

(별지목록)

가압류할 채권의 표시

돈 60,000,000원
채무자가 아래에 기재한 부동산에 대하여 수원지방법원 의왕등기소 2011. 5. 6. 접수 제00호로 등기한 전세권에 터 잡은 전세금반환청구채권 중 위 청구금액

부동산목록

1. 의왕시 오전동 000-00
   공장용지 1200.3㎡
2. 위 지상
   철근콘크리트조 슬래브지붕 단층 공장
   525.12㎡

* 전세권설정등기가 된 전세권의 경우에는 전세금반환청구권을 전세권과 분리하여 양도할 수 없기 때문에 직접 전세권을 가압류나 압류하여야 한다. 이와는 달리 미등기전세의 경우에는 임차보증금반환청구권에 대한 가압류와 같은 요령으로 청구하여야 한다.

(특허권을 가압류하는 경우)

청구금액 돈 ______________원

가압류할 특허권의 표시

별지 목록 기재와 같음

(특허권목록)

가압류할 특허권

특허권 등록번호　제00000호
고안의 명칭　0000기계의 제조장치
출원 연원일　1995. 2. 3.

공고 연월일	1995. 6. 3.
출원공고번호	1995. 제00000호
사정 연월일	1996. 4. 4.
등록 연월일	1996. 7. 7.
등록 권리자	주식회사 0000

* 특허권을 비롯한 지식재산권(실용신안권, 디자인권, 상표권)의 경우 집행법원의 촉탁에 의하여 등록을 하게 된다.

(선박을 가압류하는 경우)

청구금액 돈 ____________원

가압류할 선박의 표시

선박의 종류 및 명칭	기선 제00인천호
선적항	인천항
선질	강
총톤수	150톤
순톤수	103톤
기관의 종류 및 수	디젤발동기 2기
추진기의 종류 및 수	나선추진기 2기
진수 연월일	2009. 7. 7.
선박의 정박항	인천항
소유자	000해운주식회사

(자동차를 가압류하는 경우)

가압류할 자동차의 표시

자동차명	고속버스
자동차등록번호	00나0000
형식	0-0000-000-000
차대번호	KLBUD22SHNP000000
사용의 본거지	서울 강남구 00동 000-00
원동기의 형식	D0000
소유자	주식회사 0000

(건설기계를 가압류하는 경우)

가압류할 건설기계의 표시

건설기계등록번호	서울00-0000호
건설기계명	굴삭기
형식	SE00
규격	4.3톤
건설기계차대일련번호	00S0000
원동기명 및 형식	00TL-DB(00000)
등록일자	2010. 10. 10.
사용본거지	서울 성동구 성수동
소유자	홍길동

(가압류의 근거인 채권의 표시방법)

(대출금)

피보전권리의 표시(또는 신청채권의 표시)

채권자가 채무자에 대하여 갖는 대출금반환청구채권

(구상금)

피보전권리의 표시

채권자가 채무자에게 갖는 구상금청구채권

(계약금 및 위약금)

피보전권리의 요지

채권자와 채무자 사이에 2013. 5. 31. 체결한 부동산임대차계약에 의하여 채권자가 채무자에게 계약금으로 지급한 돈 5,000,000원 및 위 계약에 의하여 채권자가 채무자에 대하여 갖는 위약 손해배상금 돈 5,000,000원의 청구채권을 합한 금액

(부당이득금)

피보전권리의 표시

서울북부지방법원 2013타경 제0000호 부동산강제경매신청사건의 매각대금 중 채무자가 배당금으로 수령하여 생긴 부당이득금반환청구채권

(약속어음금)

피보전권리의 표시

발행일 2013. 7. 30. 지급일 2013. 9. 30. 액면금 30,000,000원. 어음번호 제00000. 발행인 주식회사 000건설. 수취인 홍길동으로 적힌 약속어음금청구채권

(대여금)

피보전권리의 표시

2011. 8. 8. 채권자와 채무자 사이에 이자 월 2.5%, 변제기 2013. 9. 30.로 약정한 대여금반환청구채권

(임대차보증금)

피보전권리의 요지

2011. 9. 30. 서울 강서구 등촌동 000-0에 있는 2층 점포 95㎡에 대하여 채권자와 채무자 사이에 체결한 임대차계약의 만료(만료일 : 2013. 9. 30.)로 인한 임대차보증금반환청구채권

제6항 가압류해방금 공탁

가압류해방금 공탁이라고 함은 가압류의 집행을 정지하게 하거나, 집행한 가압류를 취소하게 하여 가압류대상물의 경제적 이용을 채무자가 계속하게 하고, 채권자는 공탁목적물회수청구권위에 가압류의 효력을 유지하게 하여 채권을 보전케 하는 금전공탁을 말한다. 이는 「민사집행법」 제282조에 근거하는데, 위 규정은 "가압류명령에는 가압류의 집행을 정지시키거나 집행한 가압류를 취소시키기 위하여 채무자가 공탁할 금액을 적어야 한다."라고 규정하고 있다. 이 공탁의 성질은 집행공탁이다.

이 공탁은 오직 금전공탁만을 인정하며, 제3자에 의한 공탁도 허용되지 않는다. 가압류채권자가 공탁금을 즉시 출급할 수 있는 것도 아니다. 뒤에 집행권원을 얻어서 강제집행을 할 수 있다.

대법원에 의하면 가압류의 취소는 집행처분만의 취소에 불과하여 가압류명령의 취소는 아니므로, 가압류의 효력은 그대로 공탁금 위에 존속한다. 따라서 공탁금회수청구권에 대해서 가압류를 한 것과 동일한 효력을 갖지만, 우선변제권은 갖지 아니한다고 하였다. 즉 본안의 판결 등 집행권원(執行權原)이 있어야 공탁금을 출급할 수 있다는 것이다.

가압류의 효력은 공탁금 자체가 아니라 공탁자인 채무자의 공탁금회수청구권에 대하여 미치는 것이므로, 채무자의 다른 채권자가 가압류해방금공탁회수청구권에 대하여 압류를 하게 되면 가압류채권자의 가압류와 다른 채권자의 압류는 그 집행대상이 같아 서로 경합하게 된다. 따라서 가압류채권자와 압류채권자는 집행법원의 배당절차에 의하여 채권을 실행하게 된다.

이 공탁금은 공탁자 본인도 가압류명령취소의 확정판결을 받아 공탁원인의 소멸을 이유로 회수를 청구할 수 있다. 즉 가압류결정취소판결정본 및 그 확정증명원, 가압류신청취하증명서 또는 가압류해제증명서를 첨부하여 회수할 수 있다. 그러나 가집행선고 있는 가압류결정취소판결을 받은 경우에는 즉시 가압류취소의 집행력이 있으므로, 판결이 확정되기 전이라도 판결정본 및 그 송달증명을 제출하여 회수할 수 있다.

(가압류집행취소신청서)

해방금공탁에 의한 가압류집행취소신청

사건　2013카단 제000호 부동산가압류신청
신청인(채무자)　○ ○ ○
　　주소　서울
　　전화번호
피신청인(채권자) ○ ○ ○
　　주소　서울

신 청 취 지

2013. 10. 10. 00지방법원 2013카단 제000호 가압류결정정본에 의한 별지 목록 기재 부동산에 대하여 실시한 가압류집행은 이를 취소한다.
라는 재판을 구합니다.

신 청 이 유

1. 위 가압류결정에는 채무자가 공탁하여야 할 해방금으로 돈 5,000,000원이 결정되어 있으므로, 채무자는 2013. 10. 20. 위 돈을 귀원 공탁관에게 2013금 제000호로 해방공탁을 하였습니다.
2. 따라서 신청인은 귀원의 2013. 10. 10. 가압류결정에 의한 별지 목록 기재 부동산에 대한 가압류집행의 취소를 신청합니다.

소명자료 및 첨부서류

1. 공탁서 1통.
1. 가압류결정정본의 사본 1통.
1. 부동산등기부등본 1통.
1. 송달료납부서 1통.

2013. 10. 20.

위 신청인(채무자) ○ ○ ○ 인

○○지방법원 ○○지원 귀중

* 인지대는 1,000원이며 송달료는 당사자 2명×2회분×3,250원이므로 13,000원이다.

* 이 서식은 채무자가 신청하는 경우이다.

(처분금지가처분명령 신청서)

부동산 처분금지 가처분명령 신청

신청인 홍 길 동
주소 서울 강서구 화곡동 000-00 00아파트 15동 102호
전화번호 010-0000-0000
피신청인 윤 ○ ○
계약서상 주소 :
등기부상 주소 :
송달주소 :

목적물의 표시 : 별지 목록 기재와 같음
목적물의 가격 : 돈 123,057,750원

신 청 취 지

피신청인은 별지 목록에 적은 부동산에 대하여 매매, 양도, 전세권·저당권·임차권의 설정 기타 일체의 처분을 하여서는 아니 된다.
라는 재판을 구합니다.

신 청 이 유

1. 신청인은 피신청인 소유의 별지 목록에 적은 부동산을 2011. 11. 30. 돈 180,000,000원에 매매하기로 계약을 체결하면서, 계약금으로 돈 30,000,000원을 당일 지급하였습니다.
2. 제1차 중도금은 2012. 1. 31. 돈 30,000,000원을 지급하면서, 제2차 중도금은 신청인이 피신청인에게 이미 지급한 바 있는 이 목적물의 전세금 돈 80,000,000원으로 대체하고, 잔금은 2012. 3. 31. 돈 40,000,000원을 지급하기로 각 약정하였습니다.

3. 위 계약의 내용에 따라 신청인은 제2차 중도금까지 모두 피신청인에게 지급을 하였고, 잔금의 지급기일에 신청인은 피신청인에게 돈 40,000,000원을 현실제공 하였지만, 피신청인은 정당한 이유 없이 수령을 거절하였습니다.
4. 따라서 신청인은 피신청인을 상대로 잔금의 변제공탁과 동시에 소유권이전등기청구소송을 제기하고자 준비 중에 있는데, 이 부동산을 급하게 가처분을 하지 아니하면, 본안소송에서 승소판결을 얻더라도 집행불능이 될 우려가 있으므로, 집행을 보전하기 위하여 이 신청을 하게 되었습니다.

소명자료 및 첨부서류

1. 매매계약서 1통.
1. 무통장입금확인서 1통.
1. 전세계약서 1통.
1. 토지대장 및 건축물대장 각1통.
1. 주민등록초본(윤00) 1통.
1. 부동산등기부등본 1통.
1. 부동산목록 6통.
1. 등록세영수필증 1통.
1. 송달료납부서 1통.

2013. . .

위 신청인 홍 길 동 인

서울서부지방법원 귀중

부 동 산 목 록

1동건물의 표시

서울 강서구 화곡동 000-00

철근콘크리트조 슬라브지붕 12층 아파트 15동

전유부분건물의 표시

건물의 번호 : 15-1-102

구 조 : 철근콘크리트조

면 적 : 1층 102호 82.64㎡

대지권의 표시

토지의 표시 : 서울 강서구 화곡동 000-00

대 87502.33㎡

대지권의 종류 : 소유권

대지권의 비율 : 87502.33분의12.08

* 피신청인의 주소가 등기부상의 주소와 같은 곳이지만, 피신청인의 실제주소를 알 수 없는 경우(주민등록이 말소된 경우), 피신청인이 우편물을 송달받을 수 있는 곳을 송달주소로 기재한다. 주민등록의 말소사실을 소명하는 자료로는 주민등록등(초)본을 첨부하였다.
* 가처분신청서의 인지대는 10,000원이다.
* 송달료는 당사자 2명×3회분×3,250원이므로 19,500원을 예납한다.
* 이 경우에는 건물과 토지에 관한 것이므로 부동산은 2개이다. 따라서 수입증지는 6,000원을 붙인다.
* 법원의 담보제공명령이 있는 때에는 보증보험증권을 제출하거나 담보공탁을 하여야 한다.

(가처분 신청취지의 여러 종류)

(주권처분금지가처분)

1. 피신청인은 별지 목록에 적은 주권에 대하여 매매, 양도 기타 일체의 처분행위를 하여서는 아니 된다.
2. 제3채무자는 위 주권을 피신청인에게 이전하여서는 아니 된다.

라는 재판을 구합니다.

(채권처분금지가처분)

1. 채무자는 채권자로부터 양수한 별지 목록에 적힌 채권을 추심하거나 양도 기타 일체의 처분행위를 하여서는 아니 된다.
2. 제3재무자는 위 채무를 채무자에게 지급하여서는 아니 된다.

라는 재판을 구합니다.

(업무방해금지가처분)

피신청인은 신청인에 대하여 서울 종로구 종로5가 000-00에서 신청인이 경영하는 「000레스토랑」의 영업행위를 방해하는 일체의 행위를 하여서는 아니 된다.
라는 재판을 구합니다.

(상표권침해금지가처분)

1. 피신청인은 별지 목록에 적힌 등록상표의 상표가 부착 또는 표시된 상품을 제조·판매·반포·수입·수출·광고 및 전시를 하여서는 아니 된다.
2. 피신청인은 피신청인이 경영하는 공장·사무실·창고 및 기타의 장소에 보관하고 있는 피신청인 소유의 위 상표가 부착 또는 표시된 상품의 완제품·반제품·포장용기 및 광고물에 대한 피신청인의 점유를 풀고, 이를 신청인이 위임하는 서울동부지방법원 소속 집행관이 보관하게 하여야 한다.
3. 집행관은 그 보관의 취지를 공시하기 위하여 적당한 조치를 하여야 한다.

라는 재판을 구합니다.

(자동차점유이전금지가처분)

1. 피신청인은 별지 목록에 적힌 자동차에 대한 점유를 풀고, 신청인이 위임하는 서울북부지방법원 집행관에게 이를 보관하게 하여야 한다.
2. 집행관은 신청인의 신청이 있으면 사용하지 아니할 것을 조건으로 신청인에게 보관을 명할 수 있다.
3. 집행관은 그 보관의 취지를 공시하기 위하여 적당한 방법을 취하여야 한다.

라는 재판을 구합니다.

(선박처분금지가처분)

피신청인은 별지 목록에 적힌 선박에 대하여 양도, 저당권·전세권 및 임차권의 설정 기타 일체의 처분을 하여서는 아니 된다.
라는 재판을 구합니다.

(약속어음처분금지가처분)

1. 피신청인은 별지 목록에 적힌 약속어음에 대하여 지급을 위한 제시를 하거나 권리행사 또는 배서양도 기타 일체의 처분행위를 하여서는 아니 된다. 다만, 소구권의 보전을 위한 행위는 할 수 있다.
2. 제3채무자는 위 약속어음금을 지급하여서는 아니 된다.

라는 재판을 구합니다.

(특허권처분금지가처분)

피신청인은 별지 목록에 적힌 특허권에 관하여 양도, 질권 또는 전용실시권의 설정, 통상실시권의 허락, 기타 일체의 처분행위를 하여서는 아니 된다.
라는 재판을 구합니다.

(건축공사금지가처분)

피신청인은 별지 목록에 적힌 토지 중 별지 도면 표시 0000부분에 건축 중인 건물에 관하여 지표면으로부터 0미터 이상으로 축조하는 공사를 하여서는 아니 된다.
라는 재판을 구합니다.

(질권처분금지가처분)

1. 피신청인은 별지 제1목록에 적힌 물건에 대한 점유를 풀고, 수원지방법원 소속 집행관에게 이를 보관하게 하여야 한다.
2. 피신청인은 위 물건에 설정된 별지 제2목록에 적힌 질권으로 담보된 채권을 실행하거나 질권의 양도, 기타 일체의 처분행위를 하여서는 아니 된다.

라는 재판을 구합니다.

(주주총회 효력정지 가처분)

1. 신청인의 피신청인에 대한 서울남부지방법원 2013카 제000호 주주총회결의취소청구사건의 본안판결이 확정될 때까지는 피신청인의 주주총회의 결의 중 별지 목록에 적힌 결의의 효력을 정지한다.
2. 피신청인 회사의 대표이사는 위 목록의 결의를 집행하여서는 아니 된다.

라는 재판을 구합니다.

(근저당권 처분금지가처분)

피신청인은 별지 제1목록에 적힌 부동산에 설정된 별지 제2목록에 적힌 근저당권에 의한 담보권의 양도 기타 일체의 처분행위를 하여서는 아니 된다.
라는 재판을 구합니다.

(제1목록)

부 동 산 목 록

1. 서울 강남구 신사동 000-00
   대 573.12㎡

2. 위 지상 벽돌조 슬래브지붕 단층 주택
   172.03㎡

(제2목록)

근저당권의 표시

별지 제1목록 부동산에 대하여 설정된 근저당권
  접수일자 2010. 8. 8.
  접수번호 서울남부지방법원 등기 제0000호
  채권최고액 돈 17,000,000원
  근저당권자 홍길동
  서울 강남구 논현동 000-00

(문서의 열람 및 등사 가처분)

1. 피신청인은 피신청인 회사 등의 별지 목록에 적힌 영업의 일부양도에 관한 가계약 체결문서에 대한 점유를 풀고, 신청인이 위임하는 서울동부지방법원 소속 집행관이 보관하게 하여야 한다.
2. 집행관은 신청인의 신청에 의하여 위 문서를 그 보관장소에서 신청인에게 열람 및 등사를 허가하여야 한다.

라는 재판을 구합니다.

(대표이사 직무집행정지 가처분)

신청인의 신청 외 0000주식회사에 대한 귀원 2013카 제00호 주주총회결의무효확인청구 사건의 본안판결이 확정될 때까지 피신청인 최00는 서울 관악구 봉천동 000-00에 본점이 있는 위 회사의 대표이사 및 이사의 직무를 집행하여서는 아니 된다.
라는 재판을 구합니다.

(건축공사방해금지 가처분)

피신청인은 신청인들이 별지 부동산목록에 적힌 토지상에 신축중인 철근콘크리트조 근린생활시설의 공사를 위하여 서울 강남구 역삼동 00-000 도로에서 하는 공사를 방해하는 일체의 행위를 하여서는 아니 된다.
라는 재판을 구합니다.

제7항 가압류 · 가처분에 대한 이의신청

가압류나 가처분의 피신청인(또는 일반승계인)은 가압류나 가처분의 결정에 대하여 이의신청을 할 수 있다. 그 신청에는 그 결정의 취소나 변경을 구하는 이유를 밝혀야 한다. 이의신청에 대한 재판은 본안소송이 계속된 법원이 관할한다.

민사소송법 제703조 및 제715조(현재는 「민사집행법」 제283조 및 제301조)에 의하여 가처분결정에 대한 이의신청을 할 수 있는 자는 채무자와 그 일반승계인이라야만 하고, 특정승계인도 「민사소송법」 제81조에 의한 참가승계를 하면 이의신청을 할 수 있다고 할 것이나, 이 외의 제3자는 가처분에 대하여 사실상의 이해관계가 있다고 하더라도 이의를 신청할 적격이 없다(67다267).

다만, 사실상 이해관계가 있는 제3자라면 "제3자이의의 소"를 제기할 수 있을 것이다. 그리고 피신청인(채무자)의 채권자도 채권자대위권의 행사로 이의신청을 할 수 없다. 이 판례는 가압류에도 같이 적용된다.

변론을 거치지 아니하고 행한 가압류나 가처분 등 보전처분의 신청을 인용(認容)한 결정에 대하여는 채무자나 피신청인은 보전처분을 발(發)한 법원에 이의신청을 할 수 있을 뿐이고, 그 결정이 항고법원에 의하여 행하여진 경우라고 하더라도 이에 대하여 재항고로는 다툴 수 없는 것이다(90마819).

가처분결정에 대한 이의신청은 동 결정의 집행이 완료된 후에도 이를 할 수 있는 것이라고 할 것이다(4292민상64). 이의신청의 시기(時期)에 관하여는 제한이 없으며, 본안소송의 진행 여부 및 승패에도 영향을 받지 않는 것이 원칙이다. 그러나 가압류나 가처분을 신청한 채권자가 본안소송에서 승소하고, 그 재판이 확정된 뒤에는 이의신청은 그 이익이 없을 것이므로 허용되지 않는다고 할 것이다.

(가압류결정·가처분결정에 대한 이의신청서)

가압류결정(또는 가처분결정)에 대한 이의신청

신청인 김 갑 돌
(채무자) 서울 종로구 승인동 000-00
02)000-0000, 010-0000-0000
피신청인 박 갑 순
(채권자) 서울 종로구 종로3가 000-00
010-0000-0000
제3채무자 주식회사00000(대표이사 최남용)
서울 동대문구 신설동 00-000

위 당사자 사이의 귀원 2013카단 제0000호 채권가압류신청사건에 관하여 채무자는 다음과 같이 이의를 신청합니다.

신 청 취 지

1. 이 사건에 관련한 2012. 9. 9.자 당원의 채권가압류결정(2013카단 제0000호)은 이를 취소한다.
2. 채권자의 위 채권가압류신청은 이를 기각한다.
3. 소송비용은 채권자의 부담으로 한다.
4. 제1항은 가집행할 수 있다.

라는 결정을 구합니다.

신 청 이 유

1. 채권자는 채무자에 대하여 돈 25,000,000원의 채권이 있음을 주장하면서, 그 집행보전을 위하여 채무자의 근저당권부 채권에 대한 채권압류명령을 귀원에 신청함으로써, 귀원으로부터 채권가압류명령이 있었습니다.
2. 채권자가 주장하는 위 채권(대여금)은 2013. 5. 5. 채무자가 전액을 변제하였습니다. 따라서 위 채권가압류결정은 취소되어야 마땅하므로 이의를 신청합니다.

소 명 방 법

1. 채권압류결정정본 1통.
1. 영수증 1통
1. 이의신청서 부본 1통.
1. 송달료납부서 1통.

2013. 5. 10.

위 이의신청인(채무자) 김 갑 돌 인

서울중앙지방법원 귀중

* 가압류에 대한 이의신청과 가처분에 대한 이의신청의 인지대는 10,000원이다.
* 송달료는 당사자 수×8회분×3,250원이다.
* 이 경우에는 명칭만 이의신청이지 사실상 취소신청이다.

제8항 가처분 · 가압류의 취소

보전처분(가압류 및 가처분)의 취소란 법원의 보전명령이 있은 뒤에 그 보전명령을 존속시킬 필요성이 없게 된 때에 채무자의 이익을 보호하기 위하여 유효한 보전처분을 소멸케 하는 것이다. 취소를 신청할 수 있는 경우는 다음 중 어느 하나에 해당하여야 한다.

① 가압류의 이유가 소멸되었거나 그 밖에 사정이 바뀐 때

사정이 바뀐 때라고 하는 것은 피보전권리에 관한 것과 보전의 필요성에 관한 것으로 나누어 생각할 수 있다. 이는 주로 보전처분이 있은 뒤에 보전처분을 정당화 하는 이유가 없어지거나 사정이 바뀌어 그 보전처분을 계속하여 유지하는 것이 적당하지 아니한 경우를 말하지만, 반드시 그것만은 아니다. 보전처분이 있기 이전부터 존재하던 보전처분요건의 흠결(欠缺)을 채무자가 나중에 알게 된 경우에도 사정변경으로 보는 것이 대법원의 입장이다.

② 채무자가 법원이 정한 담보를 제공한 때

채무자가 적당한 담보를 제공한 경우에는 채권자는 더 이상 보전처분을 계속할 필요가 없게 되지만, 채권자가 그 보전처분을 스스로 취소하지 않는다면 채무자로서는 법원에 그 취소를 구할 수밖에 없기 때문에 인정하는 것이다.

③ 보전처분이 집행된 이후 3년 동안 본안소송의 제기가 없는 때

보전처분은 본래 본안소송을 제기하는 것을 전제로 한다. 따라서 채권자가 보전처분만을 한 뒤에 장기간 본안소송을 제기하지 아니하는 경우에는 채무자와 제3자의 권리관계를 부당하게 침해하는 결과가 될 수 있다. 따라서 이 경우에는 채무자(포괄승계인) 외에 이해관계가 있는 제3자도 취소를 신청할 수 있다.

보전처분을 취소한 결정에는 즉시항고로 불복(不服)할 수 있다. 즉시항고가 있는 경우에 법원은 ① 불복의 이유로 주장한 사유가 이유 있다고 인정되고, ② 사실에 대한 소명이 있으며, ③ 취소로 인하여 회복할 수 없는 손해가 생길 염려를 소명하는 경우에는, ④ 채권자의 신청에 의하여, ⑤ 담보를 제공하게 하거나 제공하게 하지 않고 이 취소결정의 효력을 정지케 할 수 있다.

1. 제소명령 및 가압류·가처분의 취소신청

가압류나 가처분을 명한 법원은 채무자의 신청이 있으면 변론 없이 상당한 기간을 정하여 채권자에게 본안의 소를 제기하여 그 사실을 증명하는 서류(이미 소를 제기한 때에는 소송이 계속 중인 사실을 증명하는 서류)를 제출하도록 명하여야 한다. 위 기간은 2주 이상으로 정하여야 한다. 본안의 소송은 그 종류를 가리지 않는다.

채권자가 정해진 기간 안에 서류를 제출하지 않거나, 제출했더라도 본안의 소가 취하 또는 각하된 경우에는 법원은 채무자의 신청에 의하여 결정으로 보전처분을 취소하여야 한다. 이 결정에 대하여 채권자는 즉시항고를 할 수 있으나, 이 즉시항고에는 집행을 정지하는 효력이 없다.

민사소송법 제705조(현행 「민사집행법」 제301조)에 의하여 가처분절차에도 준용되는 같은 법 제705조 제1항(현행 「민사집행법」 제287조 제1항)에 따라 가압류·가처분결정에 대한 본안의 제소명령을 신청할 수 있는 권리 또는 같은 조 제2항에 따라 제소기간 도과에 의한 가압류·가처분의 취소신청을 할 수 있는 권리는 가압류·가처분에 대한 소송을 수행하기 위한 소송절차상의 개개의 권리가 아니라, 제소기간 도과에 의한 가압류·가처분의 취소신청을 가압류·가처분에 기한 소송절차와는 별개의 독립된 소송절차를 개시하게 하는 권리이고, 본안제소명령의 신청권은 제소기간의 도과에 의한 가압류·가처분의 취소신청권을 행사하기 위한 전제요건으로 인정된 독립된 권리이므로, 본안제소명령의 신청권이나 제소기간의 도과에 의한 가압류·가처분의 취소신청권은 채권자대위권(債權者代位權)의 목적이 될 수 있는 권리라고 봄이 상당하다(93마1655).

이 권리는 채무자가 보전처분의 목적물을 양도한 뒤에도 행사할 수 있다. 그러나 그 특정승계인에게는 허용되지 않는다. 상속인 등 일반승계인에게 허용됨은 물론이다.

2. 사정변경 등에 따른 가압류 · 가처분의 취소신청

채무자는 다음 각 항의 어느 하나에 해당하는 경우에는 가압류나 가처분의 취소신청을 할 수 있다. ③에 해당하는 사유는 이해관계인도 신청할 수 있다. 관할법원은 원칙적으로 보전처분을 명한 법원이지만, 본안이 계속 중인 때에는 본안법원이 관할한다.

보전처분에서는 사정변경에 의한 취소신청이 인정(민집법 제288조 제1한 및 제301조)되기 때문에 청구에 관한 이의의 소(민집법 제44조)는 허용되지 않는다.

① 가압류 · 가처분의 이유가 소멸하거나 그 밖에 사정이 바뀐 때 : 채권자가 가압류결정문을 송달받고도 2주가 넘도록 그 집행에 착수하지 않는 경우, 채무자가 본안소송에서 승소한 경우, 변제 · 변제공탁 · 상계 · 소멸시효완성으로 인하여 피보전권리가 소멸한 경우 등이 여기에 해당한다.

② 법원이 정한 담보를 제공한 때

③ 가압류나 가처분이 집행된 뒤에 3년 동안 본안의 소를 제기하지 아니한 때

이 본안사건은 상고 중에 있으나 이것이 상고심에서 파기 · 변경될 가능성은 매우 희박하다는 것도 원심이 적법하게 인정하고 있다. 이와 같이 가압류 후에 그 본안소송에서 가압류채권자가 패소하고, 그것이 상급심에서 변경될 것 같지 아니한 경우에는 그 가압류결정은 사정변경을 이유로 취소될 수 있다고 할 것이다(77다471).

보전처분의 본안소송에서 보전처분 신청인이 실체법상(實體法上)의 이유로 패소판결을 받은 경우에는 「민사집행법」 소정의 사정변경이 있다고 할 수 있고, 본안소송에서 소송법상(訴訟法上)의 이유로 각하판결을 받은 경우에는 일반적으로 사정변경이 있다고 할 수는 없다.

가압류의 피보전권리가 소멸되었거나 또는 존재하지 아니함이 본안소송에서 확정된 경우에는 사정변경에 따른 가압류취소사유가 되는 것이며, 이 경우 그 가압류를 그 피보전권리와 다른 권리의 보전을 위하여 유용할 수 없는 것이다(2004다53715).

앞의 경우에는 가압류권리자에게 실체법상의 권리가 있고 없음을 가리기 전에 절차상의 하자(소송요건의 흠결)로 인하여 소가 각하된 경우에는 사정변경이라고 할 수 없다는 의미이다. 원고(보전처분의 신청인)의 패소원인이 조건부 채권의 조건이 성취되지 아니한 사유 또는 기한부 채권이 기한이 차지 아니한 사유라면 사정변경이 있

다고 할 수 없을 것이다.

뒤의 경우에는 甲과 乙이 같은 원인에 의한 손해배상청구권을 갖고 있다고 하더라도, 甲이 丙을 상대로 한 본안소송에서 패소한 뒤에 乙이 丙을 상대로 소를 제기할 것을 내용으로 하는 손해배상청구권을 위하여 甲의 보전처분을 乙을 위하여 유용(流用)하는 것은 허용되지 않는다는 뜻이다.

가처분채권자가 본안소송에서 승소판결을 받은 후 그 집행채권이 정지조건부이거나 집행정지결정이 있는 등 즉시 집행에 착수할 수 없는 법률상 장애사유가 있는 경우가 아님에도 불구하고 본집행에 착수하지 않고 있다면, 그 보전의 필요성은 소멸되었다고 볼 수밖에 없는바, 그 집행채권이 정지조건부 채권인 경우라고 할지라도 그 조건이 집행채권자의 의사에 따라 즉시 이행할 수 있는 반대의무의 이행인 경우에는 정당한 이유 없이 그 반대의무의 이행을 게을리 하고 집행에 착수하지 않고 있는 이상 보전의 필요성은 소멸되었다고 할 것이다(84다카2331).

가압류·가처분채권자가 가압류·가처분의 집행 후 10년간(이는 구 민사소송법의 적용 당시의 기간이고, 현행 「민사집행법」은 3년이다) 소를 제기하지 아니한 때에는 가압류·가처분채무자 또는 이해관계인은 그 취소를 신청할 수 있고, 그 기간이 경과되면 취소의 요건은 완성되며, 그 후에 본안의 소가 제기되어도 가압류·가처분의 취소를 배제하는 효력이 생기지 않는다(99다37887).

(사정변경에 의한 가압류취소신청서)

사정변경에 의한 가압류취소신청

신청인(채무자) 홍 길 동
안양시 만안구 안양3동 000-00
031) 000-0000

피신청인(채권자) 유 성 룡
안양시 동안구 비산3동 000-00

신 청 취 지

1. 위 당사자 사이의 귀원 2013카단 제000호 부동산가압류신청사건에 관하여 당원이 2013. 1. 11. 재판한 가압류결정은 이를 취소한다.
2. 소송비용은 피신청인의 부담으로 한다.

라는 재판을 구합니다.

신 청 원 인

1. 피신청인(채권자)은 건축주이고, 신청인(채무자)는 건축업자입니다. 신청인과 피신청인은 1011. . . ______________________________
2. ______________________________
3. ______________________________ 따라서 신청인의 부동산에 대한 가압류집행은 결정 이후에 사정이 변경되었으므로, 가압류집행의 취소를 구하기 위하여 이 신청에 이르렀습니다.

첨 부 서 류

1. 가압류결정 사본 1통.
1. 상계통고서 1통.
1. 사용검사필증 사본 1통.
1. 신청서 부본 1통.
1. 송달료납부서 1통.

2013. 10. 5.

위 신청인(채무자) 홍 길 동 (인)

수원지방법원 안양지원 귀중

* 인지대는 10,000원이며, 송달료는 당사자의 수×8회분×3,250원이다.
* 사정변경이 있어 가압류나 가처분의 효력을 계속하여 유지할 이유가 없어졌다는 사유를 소명하는 자료를 붙여야 한다.

가압류(또는 가처분) 취소신청

신청인(채무자) 김 한 국
서울 서초구 서초동 000-00
피신청인(채권자) 이 민 국
서울 금천구 시흥3동 00-000

신 청 취 지

1. 위 당사자 사이의 서울남부지방법원 2013카단(또는 합) 제000호 부동산가압류신청사건에 관하여 서울남부지방법원이 2013. 9. 22. 명한 별지 목록에 적힌 부동산에 대한 가압류결정은 이를 취소한다.
2. 집행비용은 피신청인의 부담으로 한다.

라는 재판을 구합니다.

신 청 이 유

1. 피신청인(채권자)과 신청인(채무자) 사이의 귀원 2013카단(또는 합) 제000호 부동산가압류신청사건에 관하여 피신청인은 신청인 소유의 별지 목록에 적힌 부동산을 가압류(또는 가처분)하였습니다.
2. 그 후 피신청인은 본안소송을 제기하지 아니하므로 신청인은 2013. 10. 15. 귀원에 제소명령신청을 하였고, 귀원에서는 피신청인에 대하여 제소명령의 송달일로부터 14일 안에 본안소송을 제기할 것을 명하였음에도 불구하고, 피신청인은 정해진 기간 안에 소를 제기하지 아니하였습니다.
3. 따라서 위 가압류(또는 가처분)결정의 취소를 구하기 위하여 신청합니다.

소명방법 및 첨부서류

1. 제소명령 정본 1통.
1. 송달료납부서 1통.

2013. 11. 10.

위 신청인(채무자) 김 한 국 (인)

서울남부지방법원 귀중

(가처분취소신청서)

가 처 분 취 소 신 청

신청인(채무자) 이 길 만
서울 중구 정동 000-00
02)0000-0000, 010-0000-0000
피신청인(채권자) 한국건설 주식회사(대표이사 고길수)
서울 종로구 종로3가 000-000 한라빌딩 808호
02)0000-0000

신 청 취 지

위 당사자 사이의 서울중앙지방법원 2013카합 제000호 공사금지가처분사건에 관하여 같은 법원이 2013. 9. 9. 명한 별지 도면에 표시된 부분의 굴착공사에 대한 공사금지가처분결정은 이를 취소한다.
라는 재판을 구합니다.

신 청 이 유

1. 위 당사자 사이의 서울중앙지방법원 2013카합 제000호 공사금지가처분사건에 관하여 귀원에서는 2013. 9. 9. 별지 도면에 표시된 건물신축공사현장의 도면 중 (가)부분의 굴착공사를 금지하는 가처분명령을 하였습니다.
2. 위 사건과 관련하여 신청인과 피신청인은 2013. 10. 20. 공증인가 00합동법률사무소에서 신청인이 피신청인에 대하여 손해배상금 등으로 돈 25,000,000원을 지급하며, 피신청인은 신청인이 시공하는 위 공사에 관하여 굴착공사 등 일체의 건설행위를 수인함은 물론 위 가처분사건도 취하하기로 합의하고, 공정증서를 작성한 사실이 있습니다.
3. 그런데 피신청인은 그 후 태도를 돌변하여 신청인이 제공하는 위 합의금의 수령을 거부하므로, 신청인은 2013. 10. 25. 위 돈을 피신청인 앞으로 변제공탁 하였습니다.
4. 따라서 피신청인의 신청인에 대한 공사금지가처분의 처분은 더 이상 효력이 없다고 할 것이므로 민사집행법이 규정한 사정변경에 의한 가처분의 취소결정을 구하고자 이 신청을 하게 되었습니다.

소명자료 및 첨부서류

1. 가압류결정 정본 1통.
1. 공정증서 정본 1통.
1. 공탁서 1통.
1. 송달료납부서 1통.

2013. 10. 25.

위 신청인(채무자) 이 길 만 인

서울중앙지방법원 귀중

* 인지대는 10,000원이며, 송달료는 당사자 수×8회분×3,250원이다.

3. 특별한 사정으로 인한 가처분의 취소

특별한 사정이 있는 때에는 담보를 제공하게 하고 가처분을 취소할 수 있다(민집법 제307조). 판례가 인정하고 있는 특별한 사정은, ① 금전보상으로 목적을 달성할 수 있는 경우 또는 ② 가처분으로 인하여 채무자가 과다한 손해(통상 입는 손해보다 훨씬 큰 손해)를 입는 경우이다. 이는 가압류에는 적용되지 않는다.

가처분취소사유로서 민사소송법 제720조(현행 「민사집행법」 제307조)가 규정하는 "특별사정"은 "피보전권리가 금전적 보상에 의하여 그 종국의 목적을 달성할 수 있는 사정" 또는 "채무자가 가처분에 의하여 통상 입는 손해보다 훨씬 큰 손해를 입게 될 사정" 중 어느 하나가 존재하는 것을 말하는 것이고, 그 중 후자의 사유가 있는지 여부는 가처분의 종류, 내용 등 제반 사정을 종합적으로 고려하여, 채무자가 입을 손해가 가처분 당시 예상된 것보다 훨씬 클 염려가 있어, 가처분을 유지하는 것이 채무자에게 가혹하고 공평의 이념에 반하는지 여부에 의하여 결정된다(91다31210).

가처분채무자가 제공하는 담보는 가처분채권자가 본안소송에서 승소하였음에도 불구하고 가처분의 취소로 말미암아 가처분 목적물이 존재하지 않게 됨으로써 입는 손해를 담보하기 위한 것이므로, 가처분채권자는 가처분취소로 인하여 입은 손해배상청구소송의 승소판결을 얻은 후에 그 담보에 대하여 질권자와 동일한 권리를 가지고 우선변제를 받을 수 있다(97다58316).

제3관 양육비의 지급확보

제63조의2(양육비 직접지급명령) ① 가정법원은 양육비를 정기적으로 지급할 의무가 있는 사람(양육비채무자)이 정당한 사유 없이 2회 이상 양육비를 지급하지 아니한 경우에 정기금양육비채권에 관한 집행권원을 가진 채권자(양육비채권자)의 신청에 따라 양육비채무자에 대하여 정기적 급여채무를 부담하는 소득세원천징수의무자에게 양육비채무자의 급여에서 정기적으로 양육비를 공제하여 양육비채권자에게 직접 지급하도록 명할 수 있다.

② 위 제1항에 따른 지급명령은 민사집행법에 따라 압류명령과 전부명령을 동시에 명한 것과 같은 효력이 있고, 위 지급명령에 관하여는 압류명령과 전부명령

에 관한 민사집행법을 준용한다. 다만, 민사집행법 제40조 제1항과 관계없이 해당 양육비채권 중 기한이 되지 아니한 것에 대하여도 양육비 직접지급명령을 할 수 있다.

③ 가정법원은 양육비 직접지급명령의 목적을 달성하지 못할 우려가 있다고 인정할 만한 사정이 있는 경우에는 양육비채권자의 신청에 의하여 양육비 직접지급명령을 취소할 수 있다. 이 경우 양육비 직접지급명령은 장래에 향하여 그 효력을 잃는다.

④ 가정법원은 제1항과 제3항의 명령을 양육비채무자와 소득세원천징수의무자에게 송달하여야 한다.

⑤ 제1항과 제3항의 신청에 관한 재판에 대하여는 즉시항고를 할 수 있다.

⑥ 소득세원천징수의무자는 양육비채무자의 직장 변경 등 주된 소득원의 변경사유가 발생한 경우에는 그 사유가 발생한 날로부터 1주일 이내에 가정법원에 변경사실을 통지하여야 한다.

민사집행법 제40조(집행개시의 요건) ① 집행을 받을 사람이 일정한 시일에 이르러야 그 채무를 이행하게 되어 있는 때에는 그 시일이 지난 뒤에 강제집행을 할 수 있다.

(양육비 직접지급명령신청서)

양육비 직접지급명령신청

채권자	박 순 례(000000-0000000)
	주소 서울 성동구 성수동1가 000-00
	전화번호 010-0000-0000
채무자	김 한 수(000000-0000000)
	서울 강남구 신사동 000-00
	전화번호 010-0000-0000

소득세원천징수의무자　주식회사 00건설

주소 서울 용산구 남영동 00-000

전화번호 02)0000-0000

신 청 취 지

1. 채무자의 소득세원천징수의무자에 대한 별지 압류채권목록 기재의 채권을 압류한다.
2. 소득세원천징수의무자는 채무자에게 위 채권에 관한 지급을 하여서는 아니된다.
3. 채무자는 위 채권의 처분과 영수를 하여서는 아니된다.
4. 소득세원천징수의무자는 매월 15일에 위 채권에서 별지 청구채권목록 기재의 양육비 상당액을 채권자에게 지급하라.

라는 결정을 구합니다.

청구채권 및 금액 : 별지 청구채권목록 기재와 같음

신 청 이 유

1. 양육비채권의 내용

가. 채권자는 채무자에 대하여 신청외(사건본인) 김이슬의 양육비 정기지급채권을 가지고 있습니다.

나. 채무자는 채권자에 대하여 귀원 2012가단 제0000호 확정판결에 의한 양육비채무가 있습니다.

다. 양육비채무의 내용은 채무자가 채권자에게 위 김이슬이 성년에 이를 때까지 매월 15일 돈 300,000원을 정기적으로 지급하여야 하는 것입니다.

2. 채무자의 급여소득 등의 내용

채무자는 소득세원천징수의무자인 주식회사 00건설에서 공무과장으로 근무하고 있으며, 매월 약 4,000,000원의 보수를 받고 있습니다.

3. 채무자의 채무불이행

채무자는 과거 약 1년 동안은 매월 15일에 채권자에게 위 양육비채무 300,000원을 지급하였으나, 2013. 10. 15. 지급하여야 할 양육비채무부터 연속하여 3개월 동안은 특별한 이유 없이 그 지급의무를 이행하지 아니하고 있습니다.

소명자료 및 첨부서류

1. 집행력 있는 판결정본 1통.
1. 송달증명서 1통.
1. 송달료납부서 1통.

2014. 1. .

위 신청인 박 순 례 (인)

서울중앙지방법원 귀중

청 구 채 권 목 록

1. 신청채권의 내용

채무자가 채권자에 대하여 201 . . .부터 201 . 5. 15.까지 매월 15일 돈 300,000원씩 지급하여야 하는 미성년자 김이슬(20 . . .생)에 대한 양육비 중 이 사건 양육비 직접지급명령 송달 다음 날부터 지급기가 도래하는 양육비

2. 채무자의 소득세원천징수의무자에 대한 채권의 내용

채무자가 소득세원천징수의무자에 대하여 매월 지급받는 임금채권 중 돈 300,000원

* 양육비 직접지급중령을 신청할 수 있는 경우로는 ① 양육비채권자가 집행권원을 가지고 있을 것, ② 양육비채권일 것, ③ 정기급채권일 것, ④ 2회 이상의 채무불이행이 있을 것, ⑤ 양육비채무자가 급여소득자일 것을 요건으로 한다.
* 이 법 제63조의2 제3항에서 양육비 직접지급명령을 취소할 수 있게 한 취지는 이 명령이 전부명령(轉付命令)과 같은 효력이 있기 때문이다. 즉 양육비채권자는 양육비채무자의 급여소득 중 양육비채권만큼의 급여소득을 이전(移轉) 받기 때문에, 이 급여소득으로부터 채권의 만족을 얻지 못하게 되는 경우에도 양육비채무자의 다른 재산 또는 소독에 대하여 강제집행을 방해받을 수 있으므로, 이러한 경우에는 양육비 직접지급명령을 취소할 필요가 있기 때문이다. 이 점은 전부명령이 추심명령과 다른 점이다.
* 신청이유로는 양육비채무자가 양육비채권자에게 정기적으로 지급하여야 하는 채무의 내용, 채무자의 소속, 정기적인 보수의 내용 및 채무를 이행하지 아니한 내용 등 양육비 직접지급명령을 신청할 수 있는 요건사실을 적어야 한다.
* 신청수수료는 2,000원이며, 송달료는 당사자의 수(3명)×2회분×3,250원을 예납한다.
* 소명자료는 판결서 외에도 심판서, 조정조서, 양육비부담조서, 공정증서 등이 있다. 위 신청서의 송달증명서는 판결정본이 채무자에게 송달되었음을 증명하는 법원 발급의 문서를 말한다.
* 청구채권목록에 집행비용(신청수수료 및 송달비용)도 청구할 수 있으나, 그 금액이 많지 아니한 점을 감안하여 여기서는 그 신청을 생략한다.

제4관 이행명령

제64조(이행명령) 가정법원은 판결, 심판, 조정조서, 조정을 갈음하는 결정 또는 양육비부담조서에 의하여 다음 각 호의 어느 하나의 의무를 이행하여야 할 사람이 정당한 이유없이 그 의무를 이행하지 아니하는 경우에는 당사자의 신청에 의하여 일정한 기간 내에 그 의무를 이행할 것을 명할 수 있다.

1. 금전의 지급 등 재산상의 의무
2. 유아(幼兒)의 인도의무
3. 자녀와의 면접교섭 허용의무

② 제1항의 명령을 할 때에는 특별한 사정이 없으면 미리 당사자를 심문하고 그 의무를 이행하도록 권고하여야 하며, 제67조(의무불이행에 대한 제재) 제1항 및 제68조(특별한 의무불이행에 대한 제재)에 규정된 제재를 고지하여야 한다.

제5관 금전의 임치(任置)

제65조(금전의 임치) ① 판결, 심판, 조정조서 또는 조정을 갈음하는 결정에 의하여 금전을 지급할 의무가 있는 자는 권리자를 위하여 가정법원에 그 금전을 임치(任置)할 것을 신청할 수 있다.
② 가정법원은 제1항의 임치신청이 의무를 이행하기에 적합하다고 인정하는 경우에는 허가하여야 한다. 이 경우 그 금전을 임차하면 임치된 금액의 범위에서 의무자의 의무가 이행된 것으로 본다.

제7절 벌칙

제1관 불출석에 대한 제재(制裁)

가정법원, 조정위원회 또는 조정담당판사의 소환을 받은 사람이 정당한 이유 없이 출석하지 아니하면 가정법원, 조정위원회 또는 조정담당판사는 결정으로 50만 원 이하의 과태료를 부과할 수 있고, 구인(拘引)할 수 있다(제66조). 구인은 강제로 데려가는 것을 뜻한다.

제2관 의무불이행에 대한 제재

제67조(의무 불이행에 대한 제재) ① 당사자 또는 관계인이 정당한 이유 없이 제29조(혈액형 등의 수검명령), 제63조의2(양육비 직접지급명령) 제1항, 제63조의3(담보제공명령 등) 제1항 · 제2항 또는 제64조(이행명령)의 처분을 위반한 경우에는 가정법원, 조정위원회 또는 조정담당판사는 직권 또는 권리자의 신청에 의하여 결정으로 1천만 원 이하의 과태료를 부과할 수 있다.
② 제29조에 따른 수검명령(受檢命令)을 받은 사람이 제1항에 따른 제재를 받고도 정당한 이유 없이 다시 수검명령을 위반한 경우에는 가정법원은 결정으로 30일의 범위에서 그 의무를 이행할 때까지 위반자에 대한 감치(監置)를 명할 수

있다.

③ 제2항의 결정에 대하여는 즉시항고를 할 수 있다.

* 감치는 구치소 등에 감금하는 법원의 처분을 뜻한다.

제3관 제출의무 불이행 등에 대한 제재

제67조의2(제출명령 위반 등에 대한 제재) 가정법원은 제3자가 정당한 사유 없이 제45조의3 제3항 또는 제45조의6 제3항에 따라 준용되는 민사소송법 제366조(검증목적물의 제출 등) 제1항의 제출명령에 따르지 아니한 경우에는 결정으로 200만 원 이하의 과태료를 부과한다. 이 결정에 대하여는 즉시항고를 할 수 있다.

제67조의3(재산목록 제출 거부 등에 대한 제재) 제48조의2(재산명시) 제1항에 따른 명령을 받은 사람이 정당한 사유 없이 재산목록의 제출을 거부하거나 거짓 재산목록을 제출하면 1천만 원 이하의 과태료를 부과한다.

제4관 특별한 의무 불이행에 대한 제재

제68조(특별한 의무 불이행에 대한 제재) ① 제63조의3(담보제공명령) 제4항 또는 제64조(이행명령)의 명령을 받은 사람이 다음 각 호의 어느 하나에 해당하면 가정법원은 권리자의 신청에 의하여 결정으로 30일의 범위에서 그 의무를 이행할 때까지 의무자에 대한 감치를 명할 수 있다.

1. 금전의 정기적 지급을 명령받은 사람이 정당한 이유 없이 3기(期) 이상 그 의무를 이행하지 아니한 경우
2. 유아의 인도를 명령받은 사람이 제67조(의무불이행에 대한 제재) 제1항에 따른 제재를 받고도 30일 이내에 정당한 이유 없이 그 의무를 이행하지 아니한 경우
3. 양육비의 일시급 지급명령을 받은 사람이 30일 이내에 정당한 사유 없이 그 의무를 이행하지 아니한 경우

② 제1항의 결정에 대하여는 즉시항고를 할 수 있다.

제4장 절차의 비용과 서류

제1절 민사소송 등 인지(印紙)

제1관 적용범위

민사소송절차·행정소송절차, 그 밖에 법원에서의 소송절차 또는 비송사건절차(非訟事件節次)에서 소장이나 신청서 또는 신청의 취지를 적은 조서에는 인지(印紙)를 붙여야 한다. 다만, 「민사소송 등 인지규칙」으로 정하는 바에 따라 인지를 붙이는 대신 그 인지액에 해당하는 금액을 현금이나 신용카드·직불카드 등으로 납부할 수 있도록 하되, 신용카드·직불카드 등으로 납부하는 경우 인지납부일·인지납부대행기관의 지정 및 운영과 납부대행수수료 등에 필요한 사항에 관하여는 위 대법원규칙으로 정한다. 인지납부대행기관(수납은행)은 각 법원의 구내에 은행 지점(출장소)이 있다.

답변서, 준비서면, 증거신청서, 법원의 직권발동을 촉구하는 의미의 신청서에는 인지를 붙이지 아니한다.

제2관 전자소송의 특례

인지액의 환급절차 등에 관하여는 위 규칙에서 규정하며, 이 청구권의 소멸시효는 3년이다. 「민사소송 등에서의 전자문서 이용 등에 관한 법률」 제8조에 따라 등록사용자로서 전산정보처리시스템을 이용한 민사소송 등의 진행에 동의한 사람이 전자문서로 제출하는 소장에는 이 법이 규정하는 인지액의 10분지9를 납부하면 된다.

제3관 인지액의 환급

다음의 경우에는 인지액의 2분지1의 환급을 신청할 수 있다. 다만 인지액의 2분지1이 10만 원 미만인 경우에는 인지액에서 10만 원을 빼고 남은 금액의 환급을 신청할 수 있다.

① 소장 등의 각하명령(却下命令)이 확정된 때

② 제1심 또는 항소심에서 해당 심급의 변론종결 전에 소·항소·반소·청구변경신청·당사자참가 신청 또는 재심의 소가 취하된 경우 및 취하로 간주되는 경우

③ 상고이유서 제출기간이 지나기 전에 상고가 취하된 경우

④ 제1심 또는 항소심에서 청구의 포기 또는 인낙(認諾)이 있는 경우

⑤ 제1심 또는 항소심에서 재판상화해 또는 조정이 성립된 경우

⑥ 「상고심 절차에 관한 특례법」 제4조(심리의 불속행)에 해당하여 기각된 경우

⑦ 상고이유서를 제출하지 아니함으로 말미암아 상고가 기각된 경우

제4관 각종 소장 및 신청서의 인지액 기준표

소장 및 신청서	소가(訴價)	인지액
제1심 소장	1천만 원 미만	소가×0.005
	1천만 원 이상 1억 원 미만	소가×0.0045+5천 원
	1억 원 이상 10억 원 미만	소가×0.0040+5만5천 원
	10억 원 이상	소가×0.0035+55만5천 원
소가를 산출할 수 없는 재산권상의 소	2,000만100원	95,000원
비재산권(非財産權)을 목적으로 하는 소	2,000만100원	95,000원
항소장		제1심 인지액의 1.5배(불복하는 부분만의 소가 기준)
상고장		제1심 인지액의 2배(불복하는 부분만의 소가 기준)
화해조서신청		각 심급 인지액의 5분의1
지급명령신청		제1심 인지액의 10분의1
조정신청		제1심 소장의 5분의1
채권자가 하는 파산신청, 회생절차개시신청, 개인회생개시신청		3만 원
가압류 및 가처분신청, 가압류·가		1만 원

처분결정에 대한 이의 및 취소신청		
가압류 및 가처분에 대한 이의신청		1만 원. 단, 임시의 지위를 정하기 위한 가처분사건 및 그에 대한 이의·취하는 본안 인지액의 2분의1(상한액은 50만 원)
각종 경매개시신청, 강제관리신청, 강제관리의 방법에 의한 가압류신청		5천 원
채권압류신청, 각종 등기·등록에서의 가등기·가등록·가처분신청		2천 원
공시최고신청, 비송사건절차법상의 재판신청		1천 원
재산명시신청·채무불이행자명부 등재신청 및 그 말소신청		1천 원
기타의 신청서		500원
보통의 항고장		2천 원
이혼청구		2만 원
위자료청구		제1심 일반소장과 같음
재산분할청구		1만 원
양육비청구		사건본인 1인 당 1만 원
친권자지정 및 변경		사건본인 1인 당 1만 원

* 인지액이 1천 원 미만이면 1천 원으로 하고, 인지액이 1천 원 이상인 경우의 100원 미만은 계산하지 않는다.
* 재산권상의 소로서 소가를 산정할 수 없는 소라 함은 낙찰자의 지위확인을 구하는 소의 경우와 같은 것을 말한다.
* 이는 2012. 12. 3. 시행된 「민사소송 등 인지규칙」에 의하여 작성한 것이다.

제5관 소송목적의 값을 산정하는 기준

제1항 소송목적의 값(소가)

소송목적의 값, 즉 소가(訴價)란 소송물에 대하여 원고가 갖는 경제적 이익(소로 주장하는 이익)을 금전으로 평가한 금액이라고 말한다.

소송목적의 값을 정함에 있어서 그 기준은 소로 주장하는 이익이 된다. 이를 다시 말하면, 원고가 청구취지로써 구하는 범위 안에서 원고의 입장에서 보았을 때 전부 승소할 경우에 직접 받게 될 경제적 이익을 객관적으로 평가하여 금액으로 정하는 것을 말한다.

제2항 소가(訴價) 산정의 일반적 기준

하나의 소로 여러 개의 청구를 하는 경우에는 그 여러 청구의 값을 모두 합하여 소송목적의 값을 정한다. 그러나 하나의 소로 여러 개의 청구를 하는 경우에도 경제적 이익이 동일하거나 중복되는 때에는 합산하지 않으며 중복되는 범위 안에서 흡수되고, 그 중 가장 다액(多額)인 청구가액을 소가로 한다.

본소와 반소는 합산하지 아니하고 법원에 의한 변론의 병합은 소가에 영향을 미치지 아니한다.

1개의 청구가 다른 청구의 수단에 지나지 않을 때에는 특별한 규정이 있는 경우를 제외하고, 그 가액은 소가에 산입하지 아니한다. 다만, 수단인 청구의 가액이 주된 청구의 가액보다 다액인 경우에는 그 다액을 소가로 한다. 주위적 청구(主位的 請求) 및 예비적 청구의 경우가 이에 해당한다.

1개의 청구로써 여러 개의 비재산권을 목적으로 하는 청구를 병합한 때에는 각 청구의 소가를 합산한다. 다만, 청구의 목적이 1개의 법률관계인 때에는 1개의 소로 본다.

1개의 소가 재산권을 목적으로 하는 청구와 비재산권을 목적으로 하는 청구인 경우에는 각 청구의 소가를 합산한다.

1개의 소로써 병합제기 할 수 있는 청구를 여러 개의 소장으로 나누어 소를 제기하는 경우에는 각각 소가를 산정한다.

항소장 또는 상고장에 첨부할 인지액은 상소로써 불복하는 범위의 소가를 기준으로 하여 산정한다.

과실(果實)·손해배상·위약금(違約金) 또는 비용의 청구가 소송의 부대목적(附帶目的)이 되는 경우에는 그 값은 소송목적의 값에 넣지 않는다. 여기의 부대목적이라 함은 청구취지에는 적히지만 주된 청구가 아니라는 뜻이며, 손해배상은 주된 계약 등에 부수하여 약정한 위약벌(違約罰)의 성격을 갖는 것을 의미하는 것으로 해석하여야 할 것이다.

소송기록의 열람·복사, 재판서·조서의 정본·등본·초본의 교부 또는 소송에 관한 사항의 증명서의 교부를 청구하는 경우에는 인지를 붙여야 한다.

소장에는 소가의 산정을 위한 자료를 첨부하여야 한다. 토지 또는 건물에 관한 소송을 제기하는 경우에는 토지대장등본, 공시지가확인원 또는 건축물대장등본 등을 제출하여야 한다. 목적물의 개별공시지가 또는 시가표준액을 확인하는 자료이다. 이하 소가산정의 구체적 기준을 살펴본다.

제3항 소가 산정의 구체적 기준

1. 물건 등의 가액

① 토지의 가액은 「부동산 가격공시 및 감정평가에 관한 법률」에 의한 개별공시지가에 100분의 30을 곱하여 산정한 금액

② 건물의 가액은 시가표준액에 100분의30을 곱하여 산정한 금액

③ 선박·자동차·기계장비·입목(立木)·항공기·광업권·어업권·골프회원권·승마회원권·콘도미니엄 회원권·종합체육시설 이용회원권, 그 밖에 「지방세법」 제10조 제2항 단서, 같은 법 시행령 제4조에 따른 시가표준액의 정함이 있는 것의 가액은 그 사가표준액

④ 유가증권의 가액은 액면금액 또는 표시하고 있는 권리의 가액으로 하되, 증권거래소(한국거래소)에 상장된 증권의 가액은 소제기 전날의 최종거래가격

⑤ 유가증권 이외의 증서의 가액은 200,000원

2. 물건에 대한 권리의 가액

① 소유권의 가액은 그 물건가액

② 점유권의 가액은 그 물건가액의 3분의1

③ 지상권 또는 임차권의 가액은 목적물건 가액의 2분의1

④ 지역권의 가액은 승역지(承役地) 가액의 3분의1

⑤ 담보물권의 가액은 목적물건가액을 한도로 한 피담보채권의 원본액(근저당권의 경우에는 채권최고액)

⑥ 전세권의 가액은 목적물건가액을 한도로 한 전세금액

위에서 규정되지 아니한 물건 또는 권리의 가액은 소를 제기할 당시의 시가(時價)로 하고, 시가를 알기 어려운 때에는 그 물건 등의 취득가격 또는 유사한 물건 등의 시가로 한다.

3. 통상의 소에 관한 소가의 산정

① 확인의 소는 권리의 종류에 따라 물건 등의 가액 및 물건에 대한 권리의 가액의 규정에 의한 가액

② 금전지급청구의 소에 있어서는 청구금액

③ 물건의 인도(引渡)·명도(明渡) 또는 방해배제(妨害排除)를 구하는 소에 있어서는

가. 소유권에 터 잡은 경우에는 목적물건 가액의 2분의1

나. 지상권·전세권·임차권 또는 담보물권에 터 잡은 경우 또는 그 계약의 해지·해제·계약기간의 만료를 원인으로 하는 경우에는 목적물건 가액의 2분의1

다. 점유권에 터 잡은 경우에는 목적물 가액의 3분의1

라. 소유권의 이전을 목적으로 하는 계약에 터 잡은 동산인도청구의 경우에는 목적물건의 가액

④ 공유물분할청구(共有物分割請求)의 소에 있어서는 목적물건의 가액에 원고의 공유지분비율을 곱하여 산출한 가액의 3분의1

⑤ 사해행위취소(詐害行爲取消)의 소에 있어서는 취소되는 법률행위의 목적의 가액을 한도로 한 원고의 채권액

4. 등기·등록 등 절차에 관한 소가

① 소유권이전등기의 경우에는 목적물건 가액
② 지상권·임차권의 설정등기 및 이전등기의 경우에는 목적물건 가액의 2분의1
③ 담보물권 및 전세권의 설정등기 및 이전등기의 경우에는 목적물건 가액을 한도로 한 피담보채권액(근저당권의 경우는 채권최고액)
④ 지역권의 설정등기 및 이전등기의 경우에는 승역지 가액의 3분의1
⑤ 가등기 또는 그에 터 잡은 본등기의 경우에는 권리의 종류에 따라 소유권이전등기, 제한물권의 설정등기 및 이전등기에서의 가액의 2분의1
⑥ 설정계약 또는 양도계약의 해지나 해제에 터 잡은 경우에서 말소등기 및 말소회복등기를 할 때는 위 제1항 내지 제5항의 가액
⑦ 등기원인의 무효 또는 취소에 터 잡은 말소등기 또는 말소회복등기의 경우에는 위 제1항 내지 제5항 가액의 2분의1
⑧ 등기의 인수(引受)를 구하는 소의 소가는 목적물 가액의 10분의1

5. 회사 등 관계소송 등의 소가

① 주주의 대표소송, 이사의 위법행위유지(留止)청구의 소 및 회사에 대한 신주발행유지청구의 소는 소가를 산출할 수 없는 소로 보기 때문에 5,000만 100원으로 한다.
② 위 제1항에 규정된 것을 제외하고, 「상법」이 규정한 회사관계 소송은 비재산권을 목적으로 하는 소송으로 보기 때문에 5,000만 100원으로 한다.
③ 회사 이외의 단체에 관한 것으로서 위 제2항에 규정된 소송에 준하는 소송도 비재산권을 목적으로 하는 소송으로 보기 때문에 5,000만 100원으로 한다.
④ 해고무효확인의 소도 비재산권을 목적으로 하는 소송으로 보기 때문에 2,000만 100원으로 한다.

6. 「민사집행법」에 규정된 각종 소의 소가

① 집행문부여(執行文付與) 또는 집행문부여에 대한 이의의 소에 있어서는 그 대상인 집행권원에서 인정된 권리 가액의 10분의1

② 청구이의(請求異議)의 소에 있어서는 집행력 배제의 대상인 집행권원에서 인정된 권리의 가액

③ 제3자이의의 소에 있어서는 집행권원(執行權源)에서 인정된 권리의 가액을 한도로 한 원고의 권리의 가액

④ 배당이의의 소에 있어서는 배당증가액

⑤ 공유관계부인(共有關係否認)의 소에 있어서는 원고의 채권액을 한도로 한 목적물건 가액의 2분의1

제2절 송달료

제1관 의의

송달료에 관하여는 「송달료규칙」에서 납부의 절차 및 방식 등에 관하여 자세히 규정하고 있다. 송달료는 각 사건의 개시(開始)를 구하는 사람이 각 법원별로 지정된 은행(법원 구내에 있음)에서 납부하여야 한다. 민사소장 등에는 송달료납부서(또는 현금자동입출금기 이용명세표)를 첨부하여야 한다. 송달료를 덜 냈거나 더 낸 경우에는 추가납부도 가능하며, 추가납부는 법원으로부터 받은 송달료추가납부통지서를 작성하여 지정은행에서 납부하는 방법으로 한다. 더 많이 납부한 경우에는 환급을 받을 수 있다. 법원이 보내준 송달료잔액환급통지서에 의해 지정은행에서 출금하는 방법이다.

대법원과 대한법률구조공단의 홈페이지에서는 송달료와 소송인지액을 자동 계산하는 시스템을 누구에게나 무료로 제공하고 있다. 2013년 7월 1일 현재 송달료 1회분은 3,250원이다. 송달료의 계산 방법은 다음과 같다.

(원고·신청인 의 수 + 피고·피신청인 의 수) × 1인당송달횟수 × 3,250원 = 납부할 송달료

제2관 송달료계산표

주요사건의 1인당 송달횟수 조견표

사 건 명	1인당 송달횟수	송달받을 사람
민사 제1심단독사건(가단)	15	원고, 피고
민사 제1심합의사건(가합)	15	원고, 피고
민사 소액사건(가소)	10	원고, 피고
지급명령사건(차)	4	채권자, 채무자
민사 항소사건(나)	12	항소인, 피항소인
민사 상고사건(다)	8	상고인, 피상고인
가압류사건(카합)	3	신청인, 상대방
가처분사건(카단)	3	신청인, 상대방
가압류결정에 대한 이의(카합)	8	신청인, 상대방
가처분결정에 대한 이의(카단)	8	신청인, 상대방
재산명시신청(카명)	5	신청인, 상대방
임차권등기명령사건(카기)	3	신청인, 상대방
부동산경매신청사건(타경)	(신청서상 이해관계인+3)×10	채권자, 채무자, 이해관계인
채권 등 집행사건(타채)	2	채권자, 채무자, 제3채무자
민사조정사건(머)	5	신청인, 피신청인
비송사건(비합, 비단)	2	신청인, 사건본인
개인회생사건(개회)	4	신청인, 상대방
가사 제1심소송사건(드합, 드단)	12	원고, 피고
가사항소사건(르)	10	항소인, 피항소인
가사상고사건(므)	8	상고인, 피상고인
가사항고사건(브)	3	항고인, 상대방
가사재항고사건(즈)	5	특별항고인, 상대방

가사특별항고사건(으)	2	특별항고인, 상대방
가사 신청사건(즈합, 즈단, 즈기)	3	신청인, 상대방
가압류·가처분에 대한 이의·취소(집행취소 제외)	8	신청인, 상대방
가사 조정사건(너)	5	신청인, 상대방
가사비송사건(느합, 느단)	라류 4, 마류 12	청구인
자의 종전 성과 본의 계속사용허가	8	청구인
자의 성과 본의 변경허가	8	청구인
친양자입양허가	8	청구인
가사공조사건(츠)	2	당사자, 증인 등
가족관계비송사건(호파)	6	신청인

* 이상은 「송달료처리규칙의 시행에 따른 업무처리요령(2013. 7. 1.시행)」을 기준으로 작성한 것이다. 현재 송달료 1회분은 3,250원이다.

제3절 인지대·송달료·첨부서류 일람표

여기의 첨부서류는 법령의 규정에 의하여 반드시 붙여야 하는 것만을 열거한 것이므로, 필요에 따라 증명 또는 소명에 필요한 자료는 각 신청사건마다 추가될 수 있다.

제1관 가사소송·가사비송

사건명	인지대	송달료(횟수)	첨부서류	비 고
협의이혼 의사확인			1. 가족관계증명서 2. 혼인관계증명서 3. 주민등록초본(각각)	

			4. 미성년자 있으면 양육자 및 친권자지정 협의서 3통	
이혼청구소장	20,000원	당사자 수×12	소장 부본 송달료납부서 가족관계증명서 혼인관계증명서 기본증명서 주민등록등(초)본	
혼인무효 · 이혼무효	20,000원	당사자 수×12	위와 같음	
친권자(양육자) 지정 · 변경 · 상실청구, 양육비청구	사건본인마다10,000원 (사건마다 합산)	당사자 수×12	위와 같음	이혼청구와 함께 청구하는 때에는 인지대는 모두 합산함
재산분할청구	10,000원	당사자 수×12	위와 같음. 분할대상이 부동산이면 등기부등본, 공시지가확인원 등 소가산정을 소명할 서류, 채권분할이면 그 존재를 증명할 자료 추가	
사실혼관계존재확인청구	20,000원	당사자 수×12	청구서 부본	
위자료청구				민사소송과 같음
부양료청구	20,000원	당사자 수×12	1. 가족관계증명서 2. 기본증명서 3. 주민등록등본	
인지청구	20,000원	당사자 수×12	1. 소장 부본 2. 가족관계증명서 3. 기본증명서 4. 주민등록등(초)본 (당사자마다) 5. 출생증명서	피청구인이 사망한 경우에는 제적등본 또는 사망자용 기본증명서
친생자관계존부	20,000원	당사자 수×12	1. 소장 부본	

확인청구			2. 가족관계증명서 3. 기본증명서 4. 주민등록등(초)본 (당사자마다)	
개명허가신청	1,000원	2회분	1. 부모의 가족관계증명서 2. 자녀의 가족관계증명서 3. 본인 주민등록등(초)본 4. 인우보증서 및 주민등록초본 (2명) 5. 소명자료	
실종선고 심판청구	5,000원	당사자 수×2	1. 가족관계증명서(청구인 · 사건본인) 2. 기본증명서 (청구인 · 사건본인) 3. 주민등록초본 (청구인 · 사건본인) 4. 인우보증서 및 인감증명서 (2명)	1. 관보게재료 : 15,600원 2. 신문공고료 : 33,000원
한정후견(성년후견)선고심판청구	5,000원	10회분	1. 가족관계증명서(청구인) 2. 기본증명서(본인) 3. 주민등록초본(청구인 · 본인) 4. 소명자료	1. 관보게재료 : 7,800원 2. 신문공고료 : 33,000원
상속한정승인(포기)심판청구	청구인마다 5,000원	4회분	1. 가족관계증명서(청구인) 2. 기본증명서(청구인) 3. 주민등록초본(청구인) 4. 인감증명서(청구인) 5. 제적등본 또는 사망자용 가족관계증명서 6. 주민등록등본(사망자)	
가족관계등록부 정정허가신청	1,000원	5회분	1. 인우보증서 및 주민등록초본 (2명) 2. 소명자료	
친입양자입양	사건본인마	당사자 수×4	1. 가족관계증명서	미성년자이면

심판청구	다 5,000원		(청구인 · 사건본인) 2. 기본증명서 (청구인 · 사건본인) 3. 주민등록초본 (청구인 · 사건본인) 4. 친양자입양동의서 및 인감증명서(친생부모)	법정대리인 입양승낙서 및 인감증명서, 입양승낙에 대한 가정법원 허가서
특별대리인선임 신청	사건본인마다 5,000원	10회분	1. 가족관계증명서(신청인 · 미성년자 · 특별대리인) 2. 기본증명서(신청인 · 미성년자 · 특별대리인) 3. 부동산등기부등본 (이해상반행위 대상)	

* 소장 부본은 상대방의 수에 1 또는 2를 더한 만큼을 제출한다.

* 가족관계증명서는 과거 호적등본이라고 하였고, 기본증명서는 과거 호적초본이라고 하던 것으로, 읍·면·동에서 발급하고 있다.

(가사소송 수수료규칙에 의한 수수료)

사건명	수수료(인지대)	비 고
제1심소장(가류 및 나류) · 반소	20,000원	
제1심소장(다류) · 반소	민사소송과 같음	민사소송등 인지법 제2조
제2심소장(가류 및 나류) · 반소	30,000원	
제2심소장(다류) · 반소	민사소송과 같음	
제3심소장(가류 및 나류)	40,000원	
재심소장		위 제1심 · 제2심 · 제3심 · 소장과 동일
비송(라류)	5,000원	
비송(마류)	10,000원	
비송항고(라류)	10,000원	
비송항고(마류)	20,000원	

비송재항고(라류)	15,000원	
비송재항고(마류)	30,000원	
가사조정	5,000원	민사조정과 병합신청 하는 때는 둘 중 다액의 수수료
기타신청서	1,000원	

* 가사소송 수수료는 수입인지로 납부하여야 한다.

제2관 민사소송

사건명	인지대	송달료(횟수)	첨부서류	비 고
제1심소장	소가 1천만원 미만 : 소가×0.005 소가 1억원 미만 : 소가×0.0045+5천원 소가 10억원 미만 : 소가×0.004+5만5천원 소가 10억원 이상 : 소가×0.0035+55만5천원	당사자 수×15	1. 소장 부본 2. 증거서류	
제1심소장(단독)	위와 같음	당사자 수×15	위와 같음	소가 1억원 이하
제1심소장(합의)	위와 같음	위와 같음	위와 같음	소가 1억원 초과
항소장	제1심소장×1.5배	당사자 수×12	1. 항소장 부본 2. 증거서류	
상고장	제1심소장×2.0배	당사자 수×8	상고장 부본	
조정신청	제1심소장의 5분의1	당사자 수×5	신청서 부본	
재심소장	심급별 인지대와 같음	심급별 송달료와 같음	1. 소장 부본 2. 판결서 사본	
답변서 · 준비서면	없음	없음	부본	상대방의 수만큼

제소전화해신청	제1심소장의 5분의1	당사자 수×4		
청구취지변경신청	증액부분만 심급소장과 같음	없음	신청서 부본	상대방의수만큼
청구원인변경신청	없음	없음	신청서 부본	위와 같음
지급명령신청	제1심소장의 10분의1	당사자 수×4	신청서 부본	신청서 부본은 채무자 수+1
당사자선정서	없음	없음	없음	
소송대리허가신청	500원	없음	소명자료	소액사건은 허가 없이 소명자료만 제출
독립당사자참가신청	해당 심급 소장과 같음	해당 심급 송달료와 같음	신청서 부본	신청서 부본은 피참가인 수와 같음
보조참가신청	500원	없음	신청서 부본 2통	
소송고지신청	500원	(피고지자+상대방)×1	신청서부본(피고지자+상대방)	
소송구조신청	1,000원	2회분	1. 재산관계진술서 2. 가족관계 소명자료 3. 자력 부족의 소명자료	
소송절차수계신청	없음	없음	1. 신청서 부본 2. 소명자료	
당사자표시정정신청	없음	없음	신청서 부본	
피고경정신청	500원	없음	신청서 부본	

증인신청	없음	없음	1. 신청서 부본 2. 증인신문사항 4통	
검증 · 감정신청	없음	없음		검증료 또는 감정료는 법원이 제시하는 금액 예납
문서제출명령신청	없음	없음	없음	
문서송부촉탁신청	없음	없음	없음	
사실조회신청	없음	없음	신청서 부본 2통	
공시최고신청	1,000원	3회분	1. 분실신고접수증 (경찰서) 2. 소명자료	
소송이송신청	1,000원	없음	없음	
주소보정신청	없음	없음	소명자료	
특별송달신청	없음	집행관실 문의 예납	없음	
공시송달신청	없음	없음	없음	
변론재개신청	없음	없음	없음	
소송인지액환급신청	없음	없음	1. 인지액납부영수증 사본 2. 신청인 예금통장 사본 3. 주민등록증 사본	주민등록증 또는 운전면허증은 앞뒤를 모두 복사함
	2,000원	당사자 수×3	1. 등록세(교육세포함)	

임차권 등기명령 신청			납부영수증 2. 수입증지 3천원 (부동산마다) 3. 임대차계약서 사본 4. 부동산등기부등본 5. 부동산목록 6통 6. 임차부분 도면 6통. 7. 주민등록등(초)본- 주택 8. 사업자등록증 사본 -상가	
판결경정 신청	1,000원	당사자 수×2	소명자료	
지급명령 경정신청	1,000원	19,500원	소명자료	
화해조서 경정신청	1,000원	6,500원	소명자료	
소송비용 액확정결 정신청	1,000원	당사자 수×2	1. 판결서 사본 2. 판결확정증명원 3. 소송비용계산서 4. 소송비용계산서 부본 5. 영수증	

제3관 민사집행

사건명	인지대	송달료(횟수)	첨부서류	비 고
집행문부여신청	500원	없음	집행권원	
승계집행문부여 신청	500원	채무자 수×2	1. 집행권원 2. 승계사실 소명서류	
여러 통의 집행문부여신청	2,000원	없음	집행권원	

집행문재도부여신청	2,000원	없음	1. 집행권원 2. 분실을 소명할 자료	
집행문부여의 소	집행권원가액×0.1	당사자 수×15	1. 소장 부본 2. 입증자료	
집행문부여에 대한 이의의 소	위와 같음	위와 같음	위와 같음	
집행문부여에 대한 이의신청	1,000원	당사자 수×2	소명자료	
청구이의의 소	민사소장과 같음	당사자 수×15	1. 소장부본 2. 입증자료	
제3자이의의 소	위와 같음	위와 같음	위와 같음	
배당이의의 소	위와 같음	위와 같음	1. 소장 부본 2. 배당표사본 3. 배당기일조서등본 4. 입증자료	
제소명령신청	1,000원	당사자 수×2		
채권압류 및 전부명령신청, 채권압류 및 추심명령신청	4,000원	당사자 수×2	1. 집행권원 2. 확정증명 (판결의 경우) 3. 송달증명 4. 집행문부여신청서 5. 채권목록 5통 6. 가압류결정정본 및 송달증명(본압류로 전이한 때)	신청인이 법인이면 법인등기부등본
채권압류 및 전부(추심) 명령에 대한 즉시항고	4,000원	당사자 수×3		
재산명시명령 신청	1,000원	당사자 수×5	1. 집행권원 2. 송달증명 3. 확정증명 4. 집행문부여신청서	

			5. 주민등록초본(채무자)	
재산조회신청	1,000원	(조회기관+2)×1	1. 재산명시기일조서등본 2. 주민등록초본(채무자)	조회할 기관·단체 등은 다음 표 참조
채무불이행자 명부 등재신청	1,000원	당사자 수×5	1. 집행권원 2. 주민등록초본(채무자)	
강제집행정지 결정신청	1,000원	당사자 수×2	1. 소제기증명서 2. 소명자료 3. 공탁금(명령시)	소는 청구이의의소 또는 제3자이의의소를 뜻함
강제집행취소 명령신청	1,000원	위와 같음		
부동산임의경매신청	5,000원	(이해관계인수+3)×10	1. 부동산등기부등본 2. 채권증서 (근저당·전세권) 3. 송달증명 4. 확정증명 5. 집행문부여신청서 6. 부동산목록 10통 7. 등록세(교육세)영수증	다음 경매비용계산방법 참조
부동산강제경매신청	5,000원	위와 같음	1. 집행권원 2. 송달증명 3. 확정증명 4. 집행문부여신청서 5. 부동산등기부등본 6. 부동산목록 10통 7. 등록세(교육세)영수증	위와 같음
경매개시결정에 대한 이의신청	1,000원	당사자 수×2		
공유자의 지분우선매수 신고	없음	없음	1. 등기부등본 2. 주민등록초본(신고인) 3. 집행관보증금보관 영수증	

매수인의 채무인수신청	없음	없음	1. 채권계산서 2. 채권자의 승낙서(채무 인수 승낙) 3. 인감증명서(승낙자)	
소유권이전등기 촉탁신청(경매 물건 매수인)	수입증지 : 말소 1건 당 3,000원 이전 1건 당 : 14,000원	없음	1. 신청서 부본 3통 2. 부동산목록 3통 3. 말소할 등기의 표시 목록 3통 4. 등록세 및 채권산출 내역서 5. 등록세(교육세)영수증 6. 토지 · 임야 · 건축물 대장 7. 부동산등기부등본 8. 제1종국민주택채권 9. 주민등록초본(매수인)	
부동산인도명령 신청	1,000원	당사자 수×2	1. 부동산목록 3통 2. 매각대금완납증명서 3. 부동산등기부등본 4. 소명자료	
자동차경매신청	5,000원	(이해관계인의 수+3)×10	1. 집행권원 2. 확정증명 3. 송달증명 4. 집행문부여신청서 5. 자동차등록원부 6. 등록세(7,500원) 및 교육세(등록세의0.2) 영수증 7. 자동차목록 10통	기타 경매비용은 집행법원의 통지 후 납부
배당요구 (일반채권자)	500원	없음	집행권원	
배당요구(임금 채권자)	500원	없음	1. 임금체불 소명자료 2. 근로관계 소명자료	

배당요구 (임차인)	500원	없음	1. 임대차계약서 사본 2. 주민등록등(초)본	
배당요구 (가압류채권자)	500원	없음	1. 가압류결정문 사본 2. 부동산등기부등본	
대체집행신청	2,000원	당사자 수×3		

* 집행권원 : 확정된 종국판결(이행판결만 해당), 확정된 지급명령, 집행증서(공정증서), 가집행선고 있는 종국판결, 외국판결에 대한 집행판결, 청구의 인낙조서(認諾調書), 제소전화해조서, 소송상화해조서, 조정조서, 배상명령, 항고로만 불복할 수 있는 명령・결정(소송비용액확정결정, 소송비용의 액수를 정하고 그 부담을 정하는 결정, 강제관리개시결정, 대체집행에 관한 결정, 간접강제에 관한 결정, 부동산인도명령).

제1항 재산조회 할 기관・단체, 조회 할 재산 및 비용

순번	기관 및 단체	조회 할 재산	조회비용
1	법원행정처	토지 및 건물의 소유권	20,000원
2	국토해양부	건물의 소유권	10,000원
3	특허청	특허권, 실용신안권, 디자인권, 상표권	20,000원
4	특별시, 광역시, 도	자동차 및 건설기계의 소유권	기관별 5,000원
5	은행법에 의한 금융기관	금융자산 중 계좌별로 시가합계액이 50만 원 이상인 것	기관별 5,000원
6	종합금융회사	금융자산별로 시가 합계액이 50만 원 이상인 것	기관별 5,000원
7	상호저축은행	〃	〃
8	농업협동조합과 그 중앙회	〃	〃
9	수산업협동조합과 그 중앙회	〃	〃
10	신용협동조합	〃	〃
11	산림조합	〃	〃

12	새마을금고	〃	〃
13	신탁회사 및 증권투자위탁회사	〃	〃
14	증권회사 · 증권금융회사 · 위탁회사 · 명의개서대행업무를 하는 회사	〃	〃
15	보험사업자	해약환급금이 50만 원 이상인 보험계약	〃
16	지식경제부	금융자산 중 계좌별로 시가 합계액이 50만 원 이상인 것	5,000원

* 재산조회에 관한 내용은 「민사집행법」 제74조 내지 제77조, 「민사집행법 시행규칙」 및 「재산조회규칙」에서 규정하고 있다.
* 재산조회의 결과는 그 신청인이 법원에 열람 및 복사를 신청할 수 있다.

제2항 경매비용의 계산방법

	산출기준	금액	비고	근거법령
신문공고료	2필지 기준	20만원	1필지 추가할 때마다 10만원 추가	민사소송비용법
현황조사료	5만원까지 10만원까지 25만원까지 50만원까지 75만원까지 100만원까지 300만원까지 500만원까지 500만원초과	2천원 2천5백원 4천원 6천원 8천원 1만원 2만원 3만원 4만원		집행관수수료규칙(대법원)
매각수수료	10만원이하 10만~1천만원 1천만~5천만원 5천만~1억원 1억~3억 3억~5억원	5천원 10만원마다 2천원 10만원마다 1천5백원 10만원마다 1천원 10만원마다 5백원 10만원마다 3백원	10만원 이상의 산출기준으로 계산한 금액에 5천원을 더한다. 10만원 미만은 10만원으로 본다. 10억원 이상은 10억 원	집행관수수료규칙(대법원)

	5억~10억원	10만원마다 2백원	으로 본다.	
감정수수료	5천만원이하 5천만~5억원 5억~10억원 10억~50억원 50억~100억원 100억~500억원 500억~1천억원 1천억~3천억원 3천억~6천억원 6천억~1조원 1조원이상	15만원 (1만분의11)×0.8 (1만분의9)×0.8 (1만분의8)×0.8 (1만분의7)×0.8 (1만분의6)×0.8 (1만분의5)×0.8 (1만분의4)×0.8 (1만분의3)×0.8 (1천분의2)×0.8 (1만분의1)×0.8		민사소송비용법. 감정인등 선정과 감정료산정 등에 관한 예규(대법원). 감정평가업자의 보수에 관한 기준(국토해양부고시)
등록세 · 교육세	등록세 교육세	채권금액×0.002 등록세×0.2	3천원 미만은 3천원	지방세법 제28조
인지대		5천원	여러 개의 집행권원 또는 저당권인 경우에는 집행권원이나 저당권마다 5천원으로 계산	민사소송등인지법
송달료	(신청서상 이해관계인+3)×10회		1회 송달료는 3,250원	송달료규칙(대법원)
대법원수입증지		3천원	부동산 1개마다	등기신청수수료에 관한 예규(대법원)
자동차인도 집행수수료		6천원		집행관수수료규칙(대법원)

* 이해관계인은 압류채권자, 집행력 있는 정본에 의하여 배당을 요구한 채권자, 채무자, 소유자, 등기부에 기입된 부동산 위의 권리자 및 부동산 위의 권리를 증명한 사람이다.

* 등록세와 교육세의 영수필증은 신청서에 첨부하여야 한다.

* 송달료납부영수증도 신청서에 첨부하여야 한다.

제4관 보전처분

사건명	인지대	송달료(횟수)	첨부서류	비 고
채권가압류 신청	10,000원	당사자 수×3	1. 채권목록 6통 2. 가압류진술서 3. 채권소명자료 4. 담보공탁서	보증보험증권
부동산가압류 신청	10,000원	당사자 수×3	1. 채권소명자료 2. 등록세(청구액의 1천분의2) 및 교육세(등록세의 0.2)영수증 3. 부동산목록 6통 4. 부동산등기부등본 5. 가압류진술서 6. 보공탁서(또는 보증보험증권)	
자동차(건설기계)가압류 신청	10,000원	당사자 수×3	1. 채권소명자료 2. 등록세(교육세) 영수증 3. 담보공탁서(보증보험증권) 4. 자동차등록원부 5. 자동차목록 4통 6. 가압류진술서	
유체동산 가압류	10,000원	당사자 수×3	1. 채권소명자료 2. 가압류진술서 3. 담보공탁서	
부동산처분금지가처분신청	10,000원	당사자 수×3	1. 채권소명자료 2. 부동산목록 6통 3. 등록세(교육세) 납부영수증 4. 수입증지 : 부동산 당 3,000원 5. 담보공탁서	
제소명령신청	1,000원	당사자 수×4	신청서 부본	
가압류 · 가처분결정에 대한 이의신청	10,000원	당사자 수×8	1. 신청서 부본 2. 소명자료	

가압류취소신청(제소기간도과)	10,000원	당사자 수×8	1. 제소명령 사본 2. 신청서 부본	
가압류취소신청(해방공탁)	1,000원	당사자 수×2	1. 공탁서 사본 2. 등록세(교육세)영수증 3. 수입증지	등록세와 수입증지는 부동산의 경우임
가압류취소신청(사정변경)	10,000원	당사자 수×8	1. 가압류결정서 사본 2. 신청서 부본 3. 소명자료	
공사금지 가처분신청	10,000원	당사자 수×5	1. 신청서 첨부 목록 5통 2. 담보공탁서	
채권가압류 신청취하	없음	2회분+제3채무자		
부동산가압류 신청취하	없음	2회분	1. 등록세(교육세)영수증 2. 수입증지 : 부동산마다 3,000원	신청인의 취하
부동산처분금지가처분신청 취하	없음	2회분	위와 같음	신청인의 취하

제4절 소송구조

제1관 의의

소송구조는 민사소송 등에서 소송비용을 지출할 자력(資力)이 부족한 사람으로서 당해 재판이 패소(敗訴)할 것이 분명하지 아니한 경우에, 당사자의 신청 또는 법원의 직권으로 소송에 필요한 여러 가지 비용의 지출을 유예(猶豫)하는 제도를 말한다.

소송구조는 당해 사건등 재판기록이 있는 법원이 담당하며, 이는 경제적 약자의 재판받을 권리를 보장하기 위한 제도이므로 소송구조를 신청할 수 있는 사람은 원고든 피고든 묻지 않지만, 실무상으로는 원고가 주된 대상이 될 것이다.

민사소송법의 규정에 의한 소송구조는 「가사소송법」에 의한 가사소송사건 및 비송사건과 「민사집행법」의 규정에 의한 절차에서도 준용한다.

제2관 소송구조의 요건

> 제128조(구조의 요건) ① 법원은 소송비용을 지출할 자금능력이 부족한 사람의 신청에 따라 또는 직권으로 소송구조를 할 수 있다. 다만, 패소할 것이 분명한 경우에는 그러하지 아니하다.
>
> ② 제1항의 신청인은 구조의 사유를 소명하여야 한다.
>
> ③ 소송구조에 대한 재판은 소송기록을 보관하고 있는 법원이 한다.
>
> ④ 제1항에서 정한 소송구조요건의 구체적인 내용과 소송구조절차에 관하여 상세한 사항은 대법원규칙으로 정한다.

제1항 자력(資力)이 부족할 것

자력이 부족하다고 하는 것은 소송에 필요한 비용을 지출하는 것이 매우 어렵거나, 그 지출로 인하여 가족의 생계에 어려움을 겪게 되는 것을 의미한다고 해석된다. 이 제도의 취지가 경제적 약자의 재판받을 권리를 보장하는 데에 있는 것이므로, 소송비용의 지출이 걸림돌이 되어 재판을 포기하거나 응소가 곤란한 사람을 구조하려는 것이다.

제2항 자력이 부족하다는 점을 신청인이 소명(疏明)할 것

이를 소명하는 방법으로는 기초생활보장수급자, 기초노령연금수급자, 「아동복지법」에 의한 보호대상아동, 「장애인복지법」에 따른 장애인, 「한부모한가족지원법」에 따른 지원대상자, 미혼모나 미혼부, 고엽제후유증환자, 북한이탈주민, 사회연대은행의 지원을 받는 사람, 개인회생·파산·면책의 대상자, 임금체불의 피해를 증명할 수 있는 사람, 의사자(義死者)나 의상자(義傷者)의 유족 및 가족 등의 사유가 있을 것이다.

「민사소송법」상 소송상 구조는 소송비용을 지출할 자금능력이 부족한 사람의 신청에 따라 혹은 법원 직권으로 할 수 있는데, 이 경우 그 신청은 서면에 의하여야 하고, 그 신청서에는 신청인 및 그와 같이 사는 가족의 자금능력을 적은 서면을 붙여야 하는데, 이와 같은 자금능력에 대한 서면의 제출은 신청인이 소송비용을 지출할 자금능력이 부족한 사람이라는 점을 소명(疏明)하기 위한 하나의 방법으로 예시된 것으로 봄이 상당하므로, 신청인으로서는 다른 방법으로 자금능력의 부족에 대한 소명을 하는 것도 가능하다고 할 것이고, 법원은 자유심증에 따라 그 소명 여부를 판단하여야 할 것이다(2003마89).

제3항 패소(敗訴)할 것이 명백하지 아니할 것

이에 관한 판단은 법원이 증거를 기초로 판단할 것이므로, 당사자로서는 구조신청의 이전 또는 동시에 충분한 입증자료(立證資料)를 제출하여야 할 것이다. 이 제도는 훌륭한 취지를 갖고 있음에도 불구하고 그 취약점은 여기에서 발견된다. 패소할 것이 명백하지 않다는 것은 이미 소송이 무르익었을 때에 판단이 가능할 것인데, 이쯤 되었을 때에는 이미 소송비용의 대부분을 지출한 뒤가 될 것이다.

제3관 소송구조의 객관적 범위

제129조(구조의 객관적 범위) ① 소송과 강제집행에 대한 소송구조의 범위는 다음 각 호와 같다. 다만, 법원은 상당한 이유가 있는 때에는 다음 각 호 가운데 일부에 대한 소송구조를 할 수 있다.

1. 재판비용의 납입유예
2. 변호사 및 집행관의 보수와 체당금(替當金)의 지급유예
3. 소송비용의 담보면제
4. 대법원규칙이 정하는 그 밖의 비용의 유예나 면제

② 제1항 제2호의 경우에는 변호사나 집행관이 보수를 받지 못하면 국고에서 상당한 금액을 지급한다.

제1항 재판비용의 납입유예

재판비용이라고 하는 것은 인지대(印紙貸), 송달료, 증거조사를 위한 증언·감정·통역·번역에 필요한 비용 등을 말한다. 당사자가 스스로 수행하는 소송을 예상하면 소장(訴狀)을 제출할 때에 필요한 비용인 인지대와 송달료의 일부만을 예납하면서, 이와 동시에 구조신청을 하는 것이 하나의 요령이 될 것으로 생각된다. 소송구조를 활용할만한 부분은 바로 이 부분이기 때문이다.

「민사소송 등 인지법」 제1조 본문은 민사소송절차 등에 있어서 소장이나 신청서 등에는 "다른 법률에 특별한 규정이 있는 경우가 아니면" 위 법이 정하는 인지를 붙여야 한다고 규정하고 있고, 「민사소송법」상의 소송구조는 위 규정상의 "다른 법률에 특별한 규정이 있는 경우"에 해당한다. 따라서 소송구조신청이 있으면 원칙적으로 그에 대한 기각결정이 확정될 때까지는 인지첩부의무의 발생이 저지된다고 할 것이어서, 재판장은 소장 등에 인지가 첩부되어 있지 아니함을 이유로 소장 등을 각하할 수 없다(2011마1223).

"인지첩부의무의 발생이 저지 된다"는 것은 소송구조신청을 기각하는 재판이 확정될 때까지 인지첩부의무 이행이 저지 또는 유예되는 것을 의미하고, 소송구조신청이 있었다고 하여 종전에 이루어진 인지보정명령의 효력이 상실된다고 볼 근거가 없으므로, 종전의 인지보정명령에 따른 보정기간 중에 제기된 소송구조신청에 대하여 기각결정이 확정되면 재판장으로서는 다시 인지보정명령을 할 필요는 없지만, 종전의 인지보정명령에 따른 보정기간 전체가 다시 진행되어 그 기간이 경과한 때에 비로소 소장 등에 대한 각하명령을 할 수 있다고 보아야 할 것이다(2007무77).

제2항 변호사 및 집행관의 보수와 체당금(替當金)의 지급유예

여기서 문제가 되는 것은 변호사의 보수인데, 소송구조를 운영하는 법원의 예규에 따르면 변호사의 보수로 지급하는 비용은 불과 몇 십만 원 정도이고, 변호사는 이 구조에 참여할 의무가 없기 때문에 그 실효성이 의문이다.

제3항 소송비용의 담보 면제

소송비용의 담보라고 함은 가집행선고에 의한 강제집행을 저지하기 위한 담보 및 민사집행절차에서의 담보가 여기에 해당할 것이다. 그러나 앞의 경우에는 이미 패소의 재판이 선고된 경우이므로 그 실효성은 의문이다.

제4관 소송구조 뒤의 절차

> 제130조(구조효력의 주관적 범위) ① 소송구조는 이를 받은 사람에게만 효력이 있다.
> ② 법원은 소송승계인에게 미루어 둔 비용의 납입을 명할 수 있다.
>
> 제131조(구조의 취소) 소송구조를 받은 사람이 소송비용을 납입할 자금능력이 있다는 것이 판명되거나, 자금능력이 있게 된 때에는 소송기록을 보관하고 있는 법원은 직권으로 또는 이해관계인의 신청에 따라 언제든지 구조를 취소하고, 납입을 미루어 둔 소송비용을 지급하도록 명할 수 있다.
>
> 제132조(납입유예비용의 추심) ① 소송구조를 받은 사람에게 납입을 미루어 둔 비용은 그 부담의 재판을 받은 상대방으로부터 직접 지급받을 수 있다.
> ② 제1항의 경우에 변호사 또는 집행관은 소송구조를 받은 사람의 집행권원으로 보수와 체당금에 관한 비용액의 확정결정신청과 강제집행을 할 수 있다.
> ③ 변호사 또는 집행관은 보수와 체당금에 대하여 당사자를 대위하여 제113조(화해한 경우의 비용액 확정) 또는 제114조(소송이 재판에 의하지 아니하고 끝난 경우)의 결정신청을 할 수 있다.
>
> 제133조(불복신청) 이 절에 규정한 재판에 대하여는 즉시항고를 할 수 있다. 다만, 상대방은 제129조(구조의 객관적 범위) 제1항 제3호의 소송구조결정을 제외하고는 불복할 수 없다.

(소송구조신청서)

소 송 구 조 신 청

구조대상사건　2013가단(또는 가합) 제0000호 손해배상(자)
신청인(원고)　한 국 인
주소　서울
전화번호　02)000-0000, 010-0000-0000
메일주소

상대방(피고)　강 남 구
주소
전화번호 02)000-0000

신청인은 위 사건에 관하여 아래와 같은 사유로 소송구조를 신청합니다.

1. 구조를 신청하는 범위

☐ 인지대 [☐ 소장 ☐ 상소장 ☐ 기타 ( )]
☐ 변호사비용
☐ 기타 ( )
☐ 위 각 사항을 포함한 소송비용의 전부

2. 구조가 필요한 사유

가. 사건 내용 : 소장 부본과 같음
나. 신청인의 자력
☐ 국민기초생활보장법에 따른 수급자

☐ 한부모한가족 지원법에 따른 보호대상자
☐ 기초노령연금법에 따른 수급자
☐ 위 대상자 이외의 자 : 붙인 소명자료와 같음

신청인은 소송이 진행 중이거나 완결된 후에 신청인의 직업이나 재산에 중대한 변동이 생긴 때, 소송의 결과 상대방으로부터 이행을 받게 된 때에는, 즉시 그 내용을 법원에 신고하겠습니다.

첨 부 서 류

1. 소송구조재산관계진술서 1통.
1. 주민등록등본 1통.
1. 송달료납부서 1통.

2014. . .

위 신청인 한 국 인 (인)

서울 ○○지방법원 귀중

* 수급자증명서, 한부모가족증명서, 기초노령연금을 지급받는 예금통장 사본, 재산관계진술서 기타 경제적 어려움을 소명할 자료를 붙인다.
* 신청서에는 수입인지 1,000원 붙이고, 송달료는 2회분(3,250×2)을 납부한다.
* 중요한 것은 가능하면 소장과 이 신청서를 동시에 제출하면서 소송인지대를 일부만 납부하는 것이다. 인지대 전액을 납부하였다면 사실상 소송구조의 필요성을 인정받기 어려울 수도 있을 것이다.
* 소송구조를 받을 수 있는 사람이라면 대한법률구조공단(홈페이지 안내 참조)에서도 무료로 조력을 받을 수 있을 것이다.
* 소송구조신청서와 소송구조재산관계진술서는 대법원 홈페이지에서 복사가 가능하다.

제5장 생활법률 서류작성

Ⅰ. 민사·가사소송 관련 서류의 작성

1. 각종 소장(訴狀)의 청구취지

청구취지란 원고가 어떠한 대상과 내용 및 어떤 종류의 판결을 구하는지를 밝히는 소의 결론부분이다. 이는 원고가 승소하는 경우에는 판결서의 주문(主文)에 해당하는 부분이다.

이 청구취지는 나중에 피고를 상대로 강제집행을 할 때에 있어 지장이 없도록 하면서도, 간결·명료한 문장으로 작성하여야 한다. 청구취지의 내용이 복잡하거나 청구의 목적물이 여러 개인 경우에는 별지에 목록을 작성하는 것이 일반적이다. 다음에는 청구취지의 여러 가지 모습을 소개한다.

(금전의 지급을 목적으로 하는 여러 가지의 청구)

청 구 취 지
1. 피고는 원고에게 돈 10,000,000원 및 이에 대하여 이 소장 부본을 송달받은 다음 날부터 다 갚는 날까지 연 20%의 비율로 계산한 돈을 지급하라. 2. 소송비용은 피고의 부담으로 한다. 3. 위 제1항은 가집행할 수 있다. 라는 판결을 구합니다.

* 이는 원고와 피고가 각각 1명뿐인 경우이다.
* 위에서 "연 20%의 비율로 계산한 돈"은 이자의 약정이 없거나, 있더라도 이보다 낮은 이율

인 경우에 적용하며, 위 "20%"는 「소송촉진 등에 관한 특례법」이 인정하는 최고 이율이다. 이자의 약정이 있었다면 그 이율을 기재하면 되는데, 「이자제한법 제2조 제1항의 최고이자율에 관한 규정」에 의한 연 30%를 초과할 수는 없다. 소송비용은 어떤 청구에도 부가적으로 청구가 가능하지만, 가집행선고에 관한 청구는 "이행판결"이 아니면 할 수 없다. 다음부터는 소송비용과 가집행선고에 관한 청구의 기재는 생략한다.

* 가집행은 원고가 청구하지 아니하더라도 법원이 스스로 선고하는 것이므로, 이 기재는 법원의 직권발동을 촉구하는 의미가 있을 뿐이다. 그리고 가집행의 의미는 제1심 판결이 선고된 후 사건이 항소심으로 옮겨짐으로써 확정이 되지 않더라도 가집행이 가능함을 선고한 부분은 강제집행을 할 수 있다는 뜻이다. 즉 그 부분에 한해서는 집행권원(執行權原)이 되는 것이다.
* 이 청구는 손해배상금, 대여금, 약정금, 물품대금, 공사대금, 계약금반환, 임대보증금반환, 전세금반환, 선급금(선도금)반환, 합의금, 위약금, 보험금, 퇴직금, 임금, 치료비, 부당이득금반환 등 각 금전의 지급을 청구하는 소에서 활용될 수 있다.

피고는 원고들에 대하여 각 돈 1,000,000원 및 이에 대하여 2012. 2. 2.부터 이 소장 부본을 송달받은 날까지는 연 5%의, 소장 부본을 송달받은 다음날부터 다 갚는 날까지는 연 20%의 각 비율로 계산한 돈을 지급하라.

* 이는 원고들이 여러 명이고, 피고는 원고들 모두에게 각각 100만 원을 지급하여야 하는 경우이다.
* "연 5%"는 이자의 약정이 없는 경우 「민법」이 규정하는 이자율이다. 만약 원고 또는 피고 중 어느 한 쪽이 「상법」에서 규정하는 상인(商人), 즉 사업자등록을 한 영업자인 경우에는 상법의 규정에 의하여 "연 6%"를 청구할 수 있다. 어음금이나 수표금의 이자도 연 6%이다.

피고들은 각자 원고에게 돈 1,000,000원 및 이에 대하여 이 소장 부본을 송달받은 다음날부터 다 갚는 날까지 연 20%의 비율로 계산한 돈을 지급하라.

* 이는 1명의 원고에 대하여 여러 명의 피고가 각각 100만원씩을 지급하라는 것이다.

피고들은 연대하여 원고에게 돈 1,000,000원 및 이에 대하여 이 소장 부본을 송달받은 다음 날부터 다 갚는 날까지 연 20%의 비율로 계산한 돈을 지급하라.

* 위 "연대하여"의 뜻은 원고가 여러 명의 피고들로부터 100만 원을 받음에 있어 갑으로부터 100만 원 전액을 받을 수도 있고, 갑으로부터는 70만 원을 받고, 을로부터는 30만 원을 받을 수도 있다는 것이다. 주로 연대보증에서 활용이 된다. 이를 연대채무라고 한다. 이 경우 갑과 을은 서로 구상권(求償權)의 문제가 있다.

피고들은 합동하여 원고에게 돈 1,000,000원 및 이에 대하여 이 소장 부본을 송달받은 다음날부터 다 갚는 날까지 연 20%의 비율로 계산한 돈을 지급하라.

* 여기의 "합동하여"는 합동채무를 뜻하는 바, 이하 「어음법」 제47조의 규정을 정리한다.

제47조(어음채무자의 합동책임) ① 환어음의 발행, 배서, 인수 또는 보증을 한 자는 소지인에 대하여 합동으로 책임을 진다.

② 소지인은 제1항의 어음채무자에 대하여 그 채무부담의 순서에도 불구하고 그 중 1명, 여러 명 또는 전원에 대하여 청구할 수 있다.

③ 어음채무자가 그 어음을 환수한 경우에도 제2항의 소지인과 같은 권리가 있다.

④ 어음채무자 중 1명에 대한 청구는 다른 채무자에 대한 청구에 영향을 미치지 아니한다. 이미 청구를 받은 자의 후자(後者)에 대하여도 같다. 「수표법」 제43조에도 같은 내용이 있다.

(등기에 관한 여러 종류의 청구)

등기관계 청구에서 꼭 알아두어야 할 것은 등기부의 기재와 행정관청의 공부상의 기재 내용이 다른 경우이다.

<u>부동산의 현황</u> : 부동산의 지번, 면적, 지목 등 부동산을 특정하는 기재사항이 행정관청의 지적공부 등(토지대장, 임야대장, 건축물대장 등)과 부동산등기부의 기재가 서로 다른 경우에는 무조건 지적공부의 기재사항을 적는다. 등기부의 부동산현황은 행정관청의 대장을 토대로 만들어지기 때문이다.

<u>사람에 관한 사항</u> : 앞에서 본 것과 같이 성명, 주소, 주민등록번호 등이 등기부의 기재와 지적공부 등의 기재 사항이 서로 다른 경우에는 무조건 부동산등기부의 기재

대로 적는다. 행정관청의 기재는 등기소의 통지에 의해서 작성되기 때문이다.

> **(매매 또는 증여에 의한 이전등기)**
>
> 피고는 원고에게 서울 구로구 가산동 000-00 대 157㎡에 관하여 2013. 2. 25. 매매(또는 증여)를 원인으로 한 소유권이전등기절차를 이행하라.

* 등기 관계의 소송에서는 부동산등기부의 기재에 맞게 등기종류, 등기원인 및 그 연월일까지 정확히 기재하여야 한다. 실제 현황과 등기부상의 표시가 다르더라도 소송에서는 등기부상의 표시만을 기재한다.

> **(공유지분의 이전등기)**
>
> 피고는 원고에게 수원시 권선구 정자동 000 전 400㎡ 중 2분의1 지분에 관하여 2011. 1. 5. 증여를 원인으로 한 소유권이전등기절차를 이행하라.

* 이는 타인과 2분의1씩 공유하는 밭 400㎡ 중 공유지분 200㎡를 이전하라는 것이다.

> **(취득시효 완성에 의한 이전등기)**
>
> 1. 피고는 원고에게 경기 광주시 오포면 00리 00 임야 15,525㎡ 중 별지 도면 ㉮, ㉯, ㉰, ㉱, ㉲, ㉳, ㉮의 각 점을 차례로 연결한 선 안의 부분 7,230㎡에 대하여 1999. 3. 3. 취득시효 완성을 원인으로 한 소유권이전등기절차를 이행하라.
> 2. 소송비용은 피고의 부담으로 한다.
>
> 라는 판결을 구합니다.

* 이 경우 도면은 토지의 현황측량을 한 도면을 첨부하여야 한다.

(근저당권의 설정등기)

피고는 원고에게 별지 목록에 적힌 부동산에 관하여 2014. 1. 5. 근저당권설정계약을 원인으로 원고를 채권자, 피고를 채무자, 채권최고액 돈 70,000,000원으로 하는 근저당권설정등기절차를 이행하라.

* 근저당권설정등기의 채권자, 채무자 및 채권최고액은 필요적 기재사항이다.

(소유자와 채무자가 다른 근저당권설정등기)

피고는 원고에게 별지 목록 기재 부동산에 관하여 2014. . . 근저당권설정계약을 원인으로 한 채권최고액 50,000,000원, 채무자를 000(주소:00시 00동 00-0)로 하는 근저당권설정등기절차를 이행하라.

* 목적 부동산의 소유자와 채무자가 다른 경우에는 채무자의 기재도 등기의 필요적 기재사항이다.

(전세권설정등기)

피고는 원고에게 별지 기재 부동산에 관하여 2014. . . 전세권설정계약을 원인으로 한 전세금 50,000,000원, 존속기간을 2016. . .까지로 하는 전세권설정등기절차를 이행하라.

(소유권이전등기의 말소등기)

피고는 원고에게 안양시 만안구 안양6동 000-00 대 570㎡에 관하여 수원지방법원 안양등기소 2010. 7. 7. 접수 제000호로 마친 소유권이전등기의 말소등기절차를 이행하라.

(소유권이전등기의 매매대금 상환과 동시이행)

피고는 원고로부터 돈 30,000,000원을 지급받음과 동시에 원고에게 별지 목록에 적힌 부동산에 관하여 2013. 5. 5. 매매를 원인으로 한 소유권이전등기절차를 이행하라.

* 이는 상대방에게 동시이행의 항변권이 있는 경우이다. 별지 목록은 매매계약서상에 있는 그대로 작성하여야 한다.

(가등기에 터 잡은 본등기)

피고는 원고에게 별지 목록 기재 부동산에 관하여 수원지방법원 안양등기소 2011. . . 접수 제123호로 마친 가등기에 터 잡은 2014. . . 매매예약완결을 원인으로 한 소유권이전등기절차를 이행하라.

(근저당권말소등기)

피고는 원고에게 별지 목록 기재 부동산에 관하여 서울00지방법원 2011. . . 접수 제000호로 마친 근저당권설정등기에 대하여 2014. . . 근저당권설정계약의 해지를 원인으로 한 말소등기절차를 이행하라.

(의사의 진술을 명하는 청구)

피고는 원고에게 별지에 적은 채권에 관하여 채권양도의 의사표시를 하고, 소외 홍길동(주소 : 안양시 동안구 관양동 000-00)에게 채권양도의 통지를 하라.

* 이는 홍길동에 대한 채권자 피고가 그 채권을 원고에게 양도하기로 하는 약정을 말로만 한 경우이다. 판결이 확정되면 원고는 피고를 대위하여, 홍길동에게 유효한 채권양도통지를 할 수 있다.

* 채권양도의 대항요건은 채권자가 채무자에 통지를 하거나 채무자로부터 승낙을 받아야 하

고, 채권의 양수인이 채무자에게 하는 통지는 효력이 없으나, 이 판결이 확정된 경우에는 채권양수인이 직접 채무자에게 통지를 할 수 있게 된다.

(물건의 인도 등을 목적으로 하는 청구)

피고는 원고에게 별지 목록에 적은 물건을 인도하라. 위 물건의 인도집행이 불능인 때에는 물건 1개 당 돈 50,000원으로 환산하여 지급하라.

* 위 청구취지에서 앞부분이 대체물, 즉 현재의 물건이 없어지더라도 그와 같은 물건을 시중에서 어렵지 않게 구입할 수 있는 물건이라면 청구취지의 뒷부분은 필요하지 않다. 그러나 그 물건이 멸실되었을 때 쉽게 구할 수 없는 물건이라면 뒷부분을 기재하여야 한다. 이를 "대상청구(代償請求)"라고 하며, 이 경우에는 그 환산가격에 대한 납득할 수 있는 증명이 필요하다.

(퇴거 및 건물철거)

원고에게 피고1은 별지에 적힌 건물 중 별지 도면 표시 「1, 2, 3, 4, 1」 각 점을 차례로 연결한 선 안의 (가)부분 120㎡에서 퇴거하고, 피고2는 위 건물을 철거하라.

* 이는 원고의 토지에 피고2가 건축물을 불법으로 신축하여 피고1에게 임대한 사안이다. 건물과 관련한 용어 중 "명도"는 건물의 내부를 깨끗이 비우라는 뜻이며, "퇴거"는 이사하라는 의미이다. 동산을 원고에게 넘겨달라는 의미로는 "인도"를 사용한다.
* 별지 도면은 실측(현황측량)한 도면을 첨부하여야 한다.

(건물의 인도 및 임료상당 손해금청구)

피고는 원고에게 별지 도면 표시 1, 2, 3, 4, 1, 각 점을 차례로 연결한 선 안의 130.5㎡를 인도하고, 2013. . .부터 인도하는 날까지 매월 500,000원의 비율에 의한 금원을 지급하라.

* 과거에는 건물을 비우라는 의미로는 "명도(明渡)"라고 하고, 점유를 이전하라는 의미로는 "인도(引渡)"라고 하여 이를 구별하였으나, 현행 「민사집행법」은 "인도"라는 표기 하나만을 사용하고 있다. 따라서 굳이 이를 구분하여 사용할 이유는 없다고 생각된다.

(확인의 소의 청구)

(채무부존재확인)

원고의 피고에 대한 2013. 12. 7. 금전소비대차계약에 터 잡은 원금 9,000,000원 채무 및 이에 대한 이자채무는 존재하지 아니함을 확인한다.

* 이는 "채무부존재확인의 소"이다. 존재를 확인하는 소도 가능하다.

(주주총회결의무효확인)

피고의 2011. 3. 3.자 주주총회에서 갑과 을을 각 이사로, 병을 감사로 선임한 결의는 무효임을 확인한다.

* 이는 「상법」의 규정에 의한 "주주총회결의무효의 소"이다. 주주총회결의부존재확인도 같은 요령으로 기재한다.

(해고무효확인)

피고의 원고에 대한 2013. 9. 15.자 해고처분은 무효임을 확인한다.

(문서진부확인)

원고를 매도인, 피고를 매수인으로 하여 2013. 8. 8. 작성된 별지 내용의 매매계약서는 진정하게 성립된 것이 아님을 확인한다.

* 이는 "문서진부확인의 소"이다. 여기에는 확인을 받고자 하는 문서(매매계약서)를 제출하여야 한다.

(형성의 소의 청구)

> **(이혼청구)**
>
> 원고와 피고는 이혼한다.

> **(주주총회결의취소청구)**
>
> 피고의 2013. 9. 9. 임시주주총회에서 갑을 이사로, 을을 감사로 각 선임한 결의를 취소한다.

* 이는 상법이 규정한 "주주총회결의취소의 소"이다.

> **(매매계약취소 및 등기의 말소청구)**
>
> 1. 피고와 소외 홍길동 사이에 별지 목록에 적은 부동산에 관하여 2013. 8. 8. 체결한 매매계약을 취소한다.
> 2. 피고는 원고에게 위 부동산에 관하여 수원지방법원 안양등기소 2013. 8. 9. 접수 제000호로 마친 소유권이전등기의 말소등기절차를 이행하라.

* 이는 "사해행위취소의 소"이다. 여기의 피고는 수익자이며, 홍길동은 채무자이다.

> **(공유물분할청구)**
>
> 안양시 만안구 안양3동 000 대 2,100㎡ 중 별지 도면 표시 「1, 2, 3, 4, 1」

각 점을 차례로 연결한 선 안의 (가)부분 1,200㎡를 원고의 소유로, 같은 도면 표시 「3, 4, 5, 6, 3」 각 점을 차례로 연결한 선 안의 (나)부분 900㎡를 피고의 소유로 분할한다.

* 이는 "공유물분할청구의 소"이다. 여기에는 실측한 도면을 첨부하여야 한다.

(경계확정청구)

원고 소유의 00시 00동 123-1 대 100.1㎡와 피고 소유의 같은 동 123-2 대 200.2㎡의 경계는 별지 도면 표시 1, 2, 3, 4, 5, 6. 각 점을 차례로 연결한 선으로 확정한다.

2. 공시송달신청

공 시 송 달 신 청

사건 2014가합 제000호 구상금
원고 ○ ○ ○
피고 ○ ○ ○

위 사건에 관하여 피고의 주소 및 달리 송달하여야 할 수 있는 장소를 알 수 없으므로 통상의 방법으로는 기일소환장 등의 송달이 불가능합니다. 따라서 공시송달을 허가받고자 이 신청을 하게 되었습니다.

첨 부 서 류

1. 말소사항 주민등록초본 1통

1. 불거주확인서 1통.

2014. . .

위 원고 ○○○ (인)

○○지방법원 민사 제0합의부 귀중

* 공시송달신청에는 비용은 필요하지 않다.
* 첨부한 불거주확인서는 피고의 주소지와 같은 동네에 살고 있는 통장의 확인서를 붙이면 무방할 것이다.
* 피고의 주민등록등(초)본은 법원으로부터 송달받은 주소보정명령서를 읍・면・동의 공무원에게 제시하면 발급받을 수 있다.
* 공시송달을 신청할 수 있는 경우는 피고의 주소도 알 수 없고, 근무지나 사업장도 알 수 없어야 한다. 그러므로 특별송달(야간송달, 공휴일송달 등 집행관에 의한 송달)도 할 수 없거나 특별송달을 했으나 송달이 불능이어야 한다.
* 공시송달은 송달서류를 법원게시판에다 2주 이상 걸어놓는 것인데, 이것을 찾아가서 확인하는 사람은 없으므로 피고는 소가 제기된 사실도 알지 못한 채 패소판결을 받게 된다. 따라서 나중에 승소한 원고가 피고의 재산에 대하여 강제집행을 하게 되면 그 때에 가서 피고는 추후보완항소를 할 수 있다. 추후보완항소에 관하여는 뒤에서 설명한다.

3. 공시최고(公示催告) 및 제권판결(除權判決) 신청

공시최고 및 제권판결 신청

신청인 성명 주민등록번호
주소
전화번호
메일주소

증서의 표시 : 별지 목록 기재와 같음

신 청 취 지

별지 목록에 적은 증서의 소지인은 공시최고에서 정한 기간 안에 권리신고를 하여야 하고, 이를 신고하지 아니하는 경우에는 실권됨을 판결하여 주시기 바랍니다.

신 청 원 인

신청인은 별지 목록 기재 자기앞수표의 최종소지인인바, 2013. . . 서울 00구 00동 00에 있는 서울시청 부근에서 분실하였습니다. 따라서 위 자기앞수표의 무효를 선고하는 제권판결을 받고자 이 신청에 이르렀습니다.

소명방법 및 첨부서류

1. 분실물신고접수증 1통.
1. 분실물 목록 6통.
1. 송달료납부서 1통.

(별지)

증서의 표시

종　류　자기앞수표
번　호　나0000000
금　액　10,000,000원
발행일　2013. 12. 22.
발행인　국민은행　00지점

* 신청서에는 인지 1,000원을 붙이고, 송달료는 3회분×3,250원을 예납한다.
* 신문공고료는 25,000원 내지 50,000원을 미리 내야 한다.
* 관할법원은 증서에 이행지가 있는 것은 그 이행지를, 이행지의 표시가 없는 증서는 발행인의 주소지를 관할하는 법원이다.
* 첨부서류는 도난, 분실 또는 멸실한 사실을 소명할 수 있는 자료로 경찰관서에 대한 분실신고접수증명, 신문공고문 또는 화재증명 등을 붙여야 한다.
* 증서의 목록 6통을 제출하여야 하며, 어음이나 수표의 경우에는 금융기관이 발행하는 미지급증서, 미상환증명서 또는 미제시증명서에 의해 대체할 수 있다.
* 신청인이 신문공고료를 납부하면 공시최고는 법원이 한다. 3개월 이상의 공시최고기간이 지나면 제권판결을 하게 되는데, 신청인은 이 제권판결서를 가지고 없어진 증서상의 권리를 그대로 행사할 수 있게 된다.

〈공시최고 및 제권판결〉

① 의의 : 공시최고와 제권판결은 어음・수표 등을 분실, 도난이나 멸실한 사람이 그 권리를 잃지 않기 위해서 법원에 신청하여 공고(공시최고)를 하고, 공고에서 정한 기간 안에 권리를 주장하는 사람이 없는 경우에는 그 이후에 권리를 주장하더라도 그 권리를 상실케 하는 판결(제권판결)을 얻음으로써 분실, 도난이나 멸실한 어음・수표 등의 권리를 잃지 않게 하는 제도이다.

② 적용범위 : 공시최고는 권리(청구)를 신고하지 아니하면 그 권리를 잃게 되는 것으로 법률이 정한 것(어음・수표・증권・증서 등)을 분실・도난・멸실한 때에 신청할 수 있다.

③ 근거규정 : 이와 관련한 내용은 「민사소송법」 제475조 내지 제497조에서 규정한다.

4. 권리신고 및 배당요구 신청(상가건물임차인)

권리신고 및 배당요구 신청

사건번호 2013타경 제00호 부동산강제경매
채 권 자
채 무 자
소 유 자
신 청 인 성명 홍 길 동
(임차인) 주민등록번호
주소
전화번호
메일주소

임차인은 이 사건 매각절차에서 임차보증금을 반환받기 위하여 아래와 같이 권리신고 및 배당요구를 신청합니다.

1	임차부분	전부, 일부(층 전부), 일부(층 중 ㎡)
2	임차보증금 및 차임	보증금 원에 월세 원
3	점유(임대차)기간	20 . . .부터 20 . . .까지
4	사업자등록신청일	20 . . .
5	확정일자	20 . . .
6	임차권(전세권)등기	유(20 . . .), 무
7	계약일	20 . . .
8	계약당사자	임대인(소유자) 임차인
9	건물의 인도일	20 . . .

첨 부 서 류

1. 임대차계약서 사본 1통.
1. 부동산등기부등본 1통.

2014. . .

권리신고 겸 배당요구 신청인 홍 길 동 (인)

○○지방법원 00지원 귀중

* 임차한 건물이 어떤 사정으로 인하여 경매가 진행되는 경우에 임차인의 지위에서 권리신고와 동시에 배당요구를 하는 경우의 서식이다. 수입인지는 500원짜리를 붙인다.
* 경매의 진행절차 개요 : ① 경매신청 → ② 법원의 경매개시결정 및 등기촉탁 → ③ 등기관의 경매개시결정(압류) 등기 → ④ 집행관의 현황조사 및 감정인의 감정 → ⑤ 최고가 입찰인의 결정 → ⑥ 권리신고 및 배당요구 → ⑦ 매수인(낙찰인)의 매각대금 납입 → ⑧ 매각대금의 배당 → ⑨ 배당받은 권리의 말소등기
* 임차인은 ④의 절차에서 집행관의 조사에 의하여 경매법원에 보고가 되므로 배당요구를 하라는 통지를 받게 된다. 이 경우 배당요구의 종기(終期)까지는 이 신청서를 제출하여야만 배당을 받을 수 있다. 이 절차는 강제경매와 담보권실행을 위한 경매(임의경매)가 똑같다. 경매절차는 「민사집행법」에서 규정한다.
* 임차부분이 건물의 일부이면서 한 개의 층을 전부 임차한 경우가 아니면 임차부분을 특정할 수 있는 내부의 구조도를 붙여야 한다.
* 상가건물의 대항력 및 우선변제권은 사업자등록, 점유 및 확정일자에 의하여 결정된다.
* 관련 법률은 「상가건물임대차보호법」이다.

〈상가건물임대차의 이해〉

1) 상가건물임대차보호법

주택임대차와 마찬가지로 상가건물의 임대차에 관하여도 민법의 임대차에 관한 규정에 없거나 「상가건물임대차보호법」과 민법이 서로 모순 또는 저촉되는 부분은 이 법이 우선적으로 적용된다. 이 법의 규정에 위반된 약정으로서 임차인에게 불리한 것은 효력이 없다(제15조).

상가건물은 주택과는 다른 특징이 있으므로 주택임대차와는 다른 점이 여러 가지가 있다. 그 중 중요한 것은 다음 표와 같다.

구 분	주택임대차	상가건물임대차
보증금액에 의한 적용제한	없음	보증금이 서울기준 3억 원 초과시 적용배제
적용대상 건물	주거용 건물의 전부 또는 일부	사업자등록의 대상인 건물
대항력의 취득요건	주택의 인도 및 주민등록전입	건물의 인도 및 사업자등록신청
확정일자 부여기관	주민자치센터, 등기소, 공증인	세무서
임대차기간 보장	최단 2년 보장	최단 1년 보장
계약갱신요구기한	임대인 : 기간만료 전 6월∽1월 임차인 : 기간만료 전 1월까지	임대인 · 임차인 : 기간만료 전 6월∽1월
차임 등의 증액제한	5% 초과 불가	9% 초과 불가
보증금의 월차임 전환비율	14% 초과 불가	15% 초과 불가

2) 적용범위

이 법은 사업자등록의 대상이 되는 상가건물의 임대차(목적물의 주된 부분을 영업용으로 사용하는 경우를 포함한다) 중 대통령령으로 정하는 보증금액을 초과하지 않는 임대차에 적용한다(제2조 제1항).

최초의 계약에서 정한 보증금이 서울은 3억 원, 과밀억제권역은 2억 5천만 원, 과밀억제권역 및 군 지역 아닌 광역시 · 안산시 · 용인시 · 김포시 · 경기도 광주시는 1억

8천만 원, 그 밖의 지역은 1억 5천만 원을 초과하는 경우에는 「상가건물임대차보호법」을 적용하지 아니한다(동법 시행령 제2조 제1항). 보증금 외에 차임(借賃)이 있는 경우에는 그 차임에 100분의1을 곱한 금액을 보증금에 더하여 계산한다(제2조 제2항, 시행령 제2조 제3항). 그리고 일시사용이 명백한 임대차에는 이 법을 적용하지 않는다(제16조).

목적건물을 등기하지 아니한 전세계약에 관하여 이 법을 준용한다. 이 경우 "전세금"은 "임대차의 보증금"으로 본다(제17조).

과밀억제권역은 서울, 인천, 경기지역이라고 이해하여도 무방하다.

3) 임차권의 대항력

임차인이 건물을 인도(引渡)받고 사업자등록을 신청한 때에는 대항요건(對抗要件)을 취득한다(제3조 제1항). 여기의 대항요건이란 임차권은 물권이 아닌 채권이므로 원칙적으로 부동산으로 등기를 할 수 없고, 따라서 대항요건을 인정할 수도 없지만 특별히(임차인의 보호를 위하여) 일정한 요건을 갖춘 경우에는 이를 공시(公示)로 인정하여 물권(物權)과 같이 취급한다는 뜻이다. 이를 "대항력"이라고 한다. 그리고 일정한 요건이 갖추어진 때에는 등기도 가능하다.

대항력과 우선변제권을 이해하기 위해서는 먼저 물권에는 어떤 것들이 있는지, 물권에 인정되는 우선적 효력이 무엇인지를 이해하여야 한다.

「민법」이 인정하는 물권에는 소유권·지상권·지역권·저당권·전세권이 있고, 이들 권리는 부동산등기부에 의해 공시(公示)가 된다. 이밖에도 점유권·유치권 및 질권도 물권이기는 하지만 이들은 부동산등기부에 의해 공시가 허용되지 않는다. 다만, 질권의 하나인 권리질권(權利質權)은 부동산등기부에 공시가 될 수 있다. 권리질권은 저당권에 의하여 담보된 채권을 말한다.

물권은 그 권리가 언제 생겼는가를 묻지 않고 원칙적으로 채권(債權)보다 우선적인 권리가 인정된다. 이를 물권의 우선적 효력이라고 한다. 그러나 채권이 대항력을 갖춘 경우에는 예외를 인정한다. 채권이 대항력을 갖추면 물권과 같은 우선적 권리를 인정하여 대항력을 갖추지 아니한 채권보다는 우선하며, 물권에 대하여는 같은 효력을 인정하는 것이다.

그리고 채권 중에는 우선변제권이 인정되는 것이 있는데(일정한 임금채권 및 일정한 조세 등), 이들의 순위도 대항력을 갖춘 물권과 같거나 그에 우선하는 권리가 있다.

4) 임차권의 존속기간

가. 최단존속기간의 보장

기간을 정하지 아니하거나 기간을 1년 미만으로 정한 임대차는 그 기간을 1년으로 본다. 다만, 임차인은 1년 미만으로 정한 기간이 유효함을 주장할 수 있다. 임대차가 종료한 경우에도 임차인이 보증금을 돌려받을 때까지는 임대차관계는 존속하는 것으로 본다(제9조).

나. 계약의 갱신(更新)

임대인은 임차인이 임대차기간이 만료되기 6개월 전부터 1개월 전까지 사이에 계약갱신을 요구할 경우 정당한 사유 없이 이를 거절하지 못한다. 다만, 다음 각 호의 어느 하나에 해당하는 경우에는 그렇지 않다(제10조 제1항).

① 임차인이 3기(三期)의 차임액(借賃額)에 해당하는 금액에 이르도록 차임을 연체한 사실이 있는 경우

② 임차인이 거짓이나 그 밖의 부정한 방법으로 임차한 경우

③ 서로 합의하여 임대인이 임차인에게 상당한 보상을 제공한 경우

④ 임차인이 임대인의 동의 없이 목적건물의 전부 또는 일부를 전대(轉貸)한 경우

⑤ 임차인이 임차한 건물의 전부 또는 일부를 고의나 중대한 과실로 파손한 경우

⑥ 임차한 건물의 전부 또는 일부가 멸실되어 임대차의 목적을 달성할 수 없을 경우

⑦ 임대인이 다음 각 목의 어느 하나에 해당하는 사유로 목적 건물의 전부 또는 대부분을 철거하거나 재건축하기 위하여 목적건물의 점유를 회복할 필요가 있는 경우

가. 임대차계약체결 당시 공사시기 및 소요시간 등을 포함한 철거 또는 재건축계획을 임차인에게 구체적으로 고지하고 그 계획에 따르는 경우

나. 건물이 노후·훼손 또는 일부 멸실되는 등 안전사고의 우려가 있는 경우

다. 다른 법령에 따라 철거 또는 재건축이 이루어지는 경우

⑧ 그 밖에 임차인이 임차인으로서의 의무를 현저히 위반하거나 임대차를 계속하기 어려운 중대한 사유가 있는 경우

임차인의 계약갱신요구권은 최초의 임대차기간을 포함한 전체 임대차기간이 5년을 초과하지 아니하는 범위에서만 행사할 수 있다.

갱신되는 임대차는 전임대차와 동일한 조건으로 다시 계약된 것으로 본다. 다만,

차임과 보증금은 제11조에 따른 범위에서 증감할 수 있다.

임대인이 갱신청구기간 내에 임차인에게 갱신거절의 통지 또는 조건변경의 통지를 하지 아니한 경우에는 그 기간이 만료한 때에 전임대차와 동일한 조건으로 다시 임대차한 것으로 본다. 이 경우에 임대차의 존속기간은 1년으로 본다. 이 경우 임차인은 언제든지 임대인에게 계약해지의 통고를 할 수 있고, 임대인이 통고를 받은 날부터 3개월이 지나면 효력이 발생한다(제10조).

5) 보증금

가. 보증금의 회수

임차인이 임차건물의 보증금반환청구소송 등의 집행권원(執行權原)에 의하여 임대차 목적물에 대하여 경매를 신청하는 경우에는 「민사집행법」의 규정에도 불구하고, 반대이행을 경매개시의 요건으로 하지 않는다(제5조 제1항). 여기의 반대이행이라고 함은 임차권의 목적물을 돌려주어야 할 의무를 말하는 것이다. 즉 인도의무(引渡義務)를 뜻한다.

대항요건을 갖춘 임차인이 임대차계약서에 관할 세무서장으로부터 확정일자를 받으면 경매·공매(公賣)에서 후순위 권리자 또는 다른 채권자보다 보증금을 우선변제 받는다(제5조 제2항). 이를 "우선변제권"이라고 한다. 임대차기간이 종료된 때에도 임대보증금을 반환받을 때까지는 임대기간은 존속한다.

나. 소액보증금의 보호

소액보증금을 우선변제 받기 위해서는 다음의 기본 요건을 갖추고, 우선변제를 받을 임차인의 범위에 해당하여야 하며, 우선변제를 받을 보증금의 범위 안에서 우선변제를 받게 된다.

여기의 우선변제라고 함은 임대차의 목적 건물이 경매되는 경우에 저당권 등 담보물권과 대등한 권리로 인정하여 배당순위를 결정하는 것을 말한다. 즉 담보권이 없는 일반채권에 우선한다는 의미이다. 상가건물임대차에는 주택임대차와 같은 소액보증금의 최우선변제권은 인정되지 않는다.

① 우선변제를 받을 기본 요건

임차인은 보증금 중 일정액을 다른 채권자보다 우선하여 변제받을 권리가 있다. 이 경우에 임차인은 건물에 대한 경매신청등기 전에 대항요건(건물의 인도 및 사업자등록의 신청)을 갖추어야 한다(제14조 제1항).

② 우선변제를 받을 임차인의 범위

법 제14조의 규정에 의하여 우선변제를 받을 임차인은 보증금이 다음 각 호의 구분에 의한 금액 이하인 임차인으로 한다(시행령 제6조).

㉮ 서울특별시 : 6천5백만 원

㉯ 수도권정비계획법에 따른 과밀억제권역 중 서울을 제외한 지역 5천500만 원

㉰ 광역시, 안산시, 용인시, 김포시, 경기도 광주시 : 3천8백만 원

㉱ 그 밖의 지역 : 3천만 원

③ 우선변제를 받을 보증금의 범위

법 제14조의 규정에 의하여 우선변제를 받을 보증금 중 우선변제를 받을 일정액의 범위는 다음 각 호의 구분에 의한 금액 이하로 한다. 이는 우선적으로 지급받는 금액을 뜻한다.

㉮ 서울특별시 : 2천2백만 원

㉯ 서울시를 제외한 과밀억제권역 : 1천9백만 원

㉰ 광역시, 안산시, 용인시, 김포시, 광주시 : 1천3백만 원

㉱ 그 밖의 지역 : 1천만 원

보증금 중 일정액이 상가건물 가액의 3분의1을 초과하는 경우에는 상가건물 가액의 3분의1에 해당하는 금액에 관하여 우선변제권이 있다.

하나의 상가건물에 임차인이 2인 이상이고, 그 각 보증금 중 일정액의 합산액이 상가건물 가액의 3분의1을 초과하는 경우에는 각 보증금 중 일정액의 합산액에 대한 각 임차인의 보증금 중 일정액의 비율로 그 상가건물 가액의 3분의1에 해당하는 금액을 분할한 금액을 각 임차인의 보증금 중 일정액으로 본다(시행령 제7조).

6) 이 법의 최종정리

이상의 규정을 종합하면 서울을 기준으로 보증금이 3억 원을 초과하는 경우에는 이 법의 적용대상이 되지 않는다. 우선변제를 받기 위해서는 ① 대항력(상가건물의 인도 및 사업자등록 신청)을 갖추고, 세무서장의 확정일자를 받아야 한다. ② 우선변제를 받기 위해서는 보증금은 5천만 원을 넘지 않아야 한다. ③ 이 경우에 우선변제를 받을 수 있는 금액은 1천500만 원이 되는데, 이 경우에도 상가건물의 경매가격이 4천500만 원 미만이면, 단독으로 배당을 받는 경우에도 경매가격의 3분의1을 넘을 수 없다. 소액보증금의 우선변제를 인정하는 취지에 비하여 그 실효성은 의문이다.

5. 권리신고 및 배당요구 신청(주택임차인)

1	임차부분	전부(방 칸), 일부(층 방 칸)
2	임차보증금	보증금 원에 월세 원
3	점유(임대차)기간	20 . . .부터 20 . . .까지
4	주민등록전입일	20 . . .
5	확정일자	20 . . .
6	임차권(전세권)등기	유(20 . . .), 무
7	계약일	20 . . .
8	계약당사자	임대인(소유자) 임차인
9	입주한 날(주택의 인도일)	20 . . .

* 나머지 기재사항은 상가건물의 임차인이 신고하는 것과 같다.
* 임차부분이 건물의 일부분이면서 하나의 층의 일부에 해당하는 경우에는 임차부분을 특정할 수 있는 내부구조도를 붙여야 한다. 면적도 기재한다.
* 붙여야 할 서류는 임대차계약서와 주민등록등본이다. 나머지 기재사항은 상가건물임차인과 같다.
* 주택의 대항력 및 우선변제권은 주택의 인도, 주민등록의 전입신고 및 확정일자에 의하여 결정된다. 그리고 최우선변제권은 각 지역에 따라 정해진 임대보증금에 의하여 결정된다. 관련 법률은 「주택임대차보호법」이다.

〈주택임대차의 이해〉

1) 주택임대차보호법

가. 민법상 임대차와의 관계

「주택임대차보호법」은 서민의 주거안정 등을 목적으로 제정된 민법의 임대차에 대한 특별법으로 제정되었다. 따라서 이 법에 규정된 내용은 민법의 규정에도 불구하고 이 법의 규정이 우선적으로 적용된다. 이 법에서 규정하지 아니한 내용 및 이 법의 적용범위 밖에 있는 임대차에 관하여는 민법이 적용된다.

이 법에 위반하는 약정으로서 임차인에게 불리한 것은 효력이 없다(제10조). 즉 이 법의 모든 규정은 임차인을 위한 편면적 강행규정이다.

이 법의 특징은 다음과 같이 요약된다. 첫째는 대항력의 인정, 즉 물권과 같은 효력을 인정하는 절차를 간소화하였다.

둘째로는 보증금의 반환을 보장받을 수 있도록 하였다. 특히 소액인 보증금에 대하여는 물권에 우선하는 효력을 인정하였다.

세 번째는 최단기 임차권의 존속기간을 보장하고 있다. 넷째로는 차임의 증액에 제한을 하고 있다. 끝으로 임차인이 사망한 경우에 임차권의 승계를 인정하고 있다.

나. 주택임대차보호법의 적용범위

이 법은 주거용 건물의 전부 또는 일부의 임대차에 관하여 적용한다. 그 임차주택의 일부가 주거 외의 목적으로 사용되는 경우에도 또한 같다(제2조).

임차한 건물이 주거용인지 비주거용인지를 판단하는 기준은 일상생활에 사용하는지 여부, 즉 사실상의 용도를 기준으로 판단한다. 따라서 등기부나 건축물관리대장에 적힌 용도에 의하여 판단하지 않는다.

가령 등기부나 건축물대장에는 점포(상가)로 기재되어 있다고 하더라도 그 안에 생활공간이 마련되어 있고 실제로도 가족이 공동생활을 하는 경우라면 이는 주거용으로 본다.

주택의 등기를 하지 아니한 전세계약에 관하여는 이 법을 준용한다. 이 경우 "전세금"은 "임대차의 보증금"으로 본다(제12조).

2) 주택임차권의 대항력

가. 대항력의 내용

① 대항요건 및 대항력의 이해

"대항요건"이란 임차권의 등기를 하지 않더라도 일정한 요건을 갖춘 경우에는 등기를 한 것과 같은 효력을 인정하는 제도이다. 여기서의 대항력은 후순위권리자에 대하여 우선순위를 주장할 수 있다는 의미이다. 부연설명을 하자면 임차권은 채권이다. 물권은 채권에 우선한다. 채권인 임차권이 「주택임대차보호법」이 규정하는 일정한 요건을 갖춘 때에는 물권과 동등한 권리를 인정하겠다는 것이 대항력이라는 제도의 취지이다.

이 법이 규정하는 대항요건을 요약하면 ① 주택에 입주(인도 내지 점유)함과 아울러 ② 주민등록의 전입신고를 마치면 등기된 물권(物權)과 같이 취급하여 대항력을 인정하고, 이에 더하여 목적물에 대한 경매개시결정등기가 경료되기 전까지 임대차계약서에 ③ 확정일자를 받아두면 임대보증금의 반환청구권에 대하여 우선변제권을 주고 있다. 즉 경매가 끝나고 매각대금을 배당함에 있어 임대차보증금채권은 물권(저당권 등)과 같은 위치에서 배당을 받게 된다. 그리고 각 지역별로 법령이 정한 보증금을 초과하지 아니하는 범위 안의 소액 보증금에 관하여는 위 세 가지 요건을 모두 갖춘 경우에 한하여 다른 물권에 우선하는 권리를 인정하는 것이다. 다만, 이 우선권은 임대보증금이 지역별로 구분하여 정해진 금액을 넘지 않아야 한다. 이를 "소액임차보증금 우선특권" 또는 "소액임차보증금 최우선변제권"이라고 부른다.

② 대항력의 요건

임대차는 그 등기가 없는 경우에도 임차인이 주택의 인도(引渡)와 주민등록을 마친 때에는 그 다음 날부터 제3자에게 효력이 생긴다. 이 경우 전입신고를 한 때에 주민등록이 된 것으로 본다(제3조 제1항).

㉮ 임차인이 주택의 인도를 받고 주민등록을 마친 때(전입신고를 한 때)

이와 관련하여 중요한 점은 인도받은 주택의 점유는 계속되어야 하고, 주민등록도 중간에 전출이 없어야 한다는 것이 대법원의 입장이다. 또한 대법원은 계약서상의 주소와 주민등록상의 주소도 반드시 일치해야 하는 것으로 보고 있다. 여기의 인도는 입주(入住)를 뜻한다.

㉯ 저소득층 무주택자에게 전세임대주택을 지원하는 법인(法人)이 주택을 임차하고, 지방자치단체장이나 위 법인이 선정한 입주자가 그 주택을 인도받아 주민등록을 마친 때

여기서 저소득층 무주택자에게 전세임대주택을 지원하는 법인이라고 함은 한국토지주택공사와 지방공사를 말한다.

㉰ 중소기업이 소속직원의 주거용으로 주택을 임차한 후, 그 기업이 선정한 직원이 그 주택을 인도받고 주민등록을 한 때

나. 대항력의 효력

① 임차주택의 양수인에 대한 관계

임차주택의 양수인(임대할 권리를 승계한 자를 포함한다)은 임대인의 지위를 승계한 것으로 본다(제3조 제4항).

② 임차권등기명령

임대차가 끝난 후 보증금이 반환되지 아니한 경우 임차인은 임차주택의 소재지를 관할하는 지방법원·지방법원지원 또는 시·군법원에 임차권등기명령을 신청할 수 있다(제3조의3 제1항).

3) 우선변제권

제3조 제1항·제2항 또는 제3항의 대항요건과 임대차계약증서(제3조 제2항 및 제3항의 경우에는 법인과 임대인 사이의 임대차계약증서를 말한다)상의 확정일자를 갖춘 임차인은 민사집행법에 따른 경매 또는 국세징수법에 따른 공매를 할 때에 임차주택(대지를 포함한다)의 환가대금(換價代金)에서 후순위권리자나 그 밖의 채권자보다 우선하여 보증금을 변제받을 권리가 있다(제3조의2 제2항).

확정일자(確定日字)는 주택 소재지의 읍·면사무소, 동(洞)주민센터 또는 시·군·구의 출장소, 지방법원 및 그 지원과 등기소 또는 공증인이 부여한다.

"후순위 권리자"라고 함은 주택임차인의 대항요건인 주민등록일자 또는 우선변제요건인 확정일자 중 늦은 날짜를 기준으로 하여 저당권자, 가압류채권자 등과 비교하여 저당권등기일 또는 가압류일자 등과 견주어 주택임차인의 날짜보다 늦은 권리자보다는 먼저 배당을 받는다는 의미이다.

"그 밖의 채권자"는 물권자가 아닌 일반채권자를 말하는 것이며, 이 경우에도 당해 임차주택이 속해 있는 건물의 소유자에 대한 국세(國稅) 또는 최근 3년간의 퇴직금 및 최종 3월분의 임금은 임대보증금에 우선한다. 다만 뒤에서 검토하게 되는 최우선변제권이 있는 소액보증금은 그러하지 아니하다.

4) 주택임차권의 존속기간 보장

가. 최단존속기간의 보장

기간을 정하지 아니하거나 2년 미만으로 정한 임대차는 그 기간을 2년으로 본다. 다만, 임차인은 2년 미만으로 정한 기간이 유효함을 주장할 수 있다. 임대차기간이 끝난 경우에도 임차인이 보증금을 반환받을 때까지는 임대차관계가 존속되는 것으로 본다(제4조). "2년 미만"에는 "2년"은 포함되지 않는다. 2년은 "2년 이상"에 해당한다.

나. 계약의 갱신

임대인이 임대차기간이 끝나기 전 6개월 전부터 1개월 전까지의 기간에 임차인에게 갱신거절의 통지를 하지 아니하거나, 계약조건을 변경하지 아니하면 갱신하지 아니한다는 뜻의 통지를 하지 아니한 경우에는 그 기간이 끝난 때에 전임대차와 동일한 조건으로 다시 임대차한 것으로 본다. 임차인이 임대기간이 끝나기 1개월 전까지 통지하지 아니한 경우에도 또한 같다(제6조 제1항). 이 경우 임대차의 기간은 2년으로 본다(제6조 제2항). 2기(二期)의 차임액에 달하도록 연체하거나 그 밖에 임차인으로서의 의무를 현저히 위반한 임차인에 대해서는 이를 적용하지 아니한다(제6조 제3항).

제6조 제1항에 따라 계약이 갱신된 경우 같은 조 제2항에도 불구하고 임차인은 언제든지 임대인에게 계약해지를 통지할 수 있다. 이 해지는 임대인이 그 통지를 받은 날부터 3개월이 지나면 효력이 발생한다(제6조의2).

5) 차임증감청구권(借賃增減請求權)

가. 차임증액의 제한

당사자는 약정한 차임이나 보증금이 임차주택에 관한 조세·공과금, 그 밖의 부담의 증감이나 경제사정의 변동으로 인하여 적절하게 되지 아니한 때에는 장래에 대하여 그 증감을 청구할 수 있다. 다만 증액의 경우에는 대통령령으로 정하는 기준에 따른 비율을 초과하지 못한다(제7조).

법 제7조에 따른 차임이나 보증금의 증액청구는 약정한 차임 등의 20분의1의 금액을 초과하지 못한다. 이 증액청구는 임대차계약 또는 약정한 차임 등의 증액이 있은 후 1년 이내에는 하지 못한다(동 법 시행령 제2조).

나. 월차임전환(月借賃轉換)에 있어 산정방법(算定方法)의 제한

보증금의 전부 또는 일부를 월단위의 차임으로 전환하는 경우에는 그 전환되는 금액에 다음 각 호 중 낮은 비율을 곱한 월차임의 범위를 초과할 수 없다.

1. 은행법에 따른 은행에서 적용하는 대출금리와 해당 지역의 경제여건 등을 고려하여 대통령령으로 정하는 비율
2. 한국은행에서 공시한 기준금리에 대통령령으로 정한 배수를 곱한 비율

법 제7조의2에서 "대통령령에서 정하는 비율"이란 연 1할을 말한다(시행령 제9조).

가령 현재 미등기전세금이 1억 원이라고 가정하고, 이를 계산하면 월 임료는 833,300원을 초과할 수 없다. 이를 수식으로 표시하면 100,000,000원 × 0.1 ÷ 12(월) = 월차임의 상한액

6) 보증금

가. 보증금의 회수

임차인이 임차주택에 대하여 보증금반환청구소송의 확정판결이나 이에 준하는 집행권원(執行權原)에 따라서 경매를 신청하는 경우에는 집행개시(執行開始)의 요건에 관한 「민사집행법」의 규정에도 불구하고, 반대의무의 이행이나 이행제공을 하지 아니한다(제3조의2 제1항).

이 경우에는 대항요건을 갖추었는지 여부는 문제되지 않는다. 집행권원은 임차목적

물을 경매신청 할 수 있는 확정판결·화해조서 등을 말한다. 여기서 말하는 "반대의무"는 임차주택을 인도(반환)하여야 할 의무로 해석된다. 다만 경매가 마무리되어 임차보증금을 회수할 때에는 주택의 인도를 하여야 보증금을 받을 수 있다.

나. 소액보증금의 보호

임차인은 보증금 중 일정액을 다른 담보물권자보다 우선하여 변제받을 수 있다. 이 경우에 임차인은 주택에 대한 경매신청의 등기 전에 대항요건(주택의 인도와 주민등록)을 갖추어야 한다(제8조 제1항).

보증금 중 우선변제를 받을 자격은 아래의 금액을 넘지 않아야 주어진다. 즉 다음의 금액을 넘는 보증금에 대하여는 최우선변제권은 주어지지 않는다.

서울은 9천5백만 원, 서울을 제외한 과밀억제권역(過密抑制圈域)에 포함된 수도권은 8천만 원, 군(郡) 지역 아닌 광역시, 안산시, 용인시, 김포시 및 경기도 광주시는 6천만 원, 그 밖의 지역은 4천5백만 원을 초과한 경우에는 이 "최우선변제권"을 적용하지 아니한다(동 법 시행령 제11조).

최우선변제를 받을 수 있는 금액의 범위는 다음과 같다.

서울은 3천2백만 원 이하, 서울을 제외한 과밀억제권역은 2천7백만 원 이하, 광역시, 안산시, 용인시, 김포시 및 경기도 광주시는 2천만 원 이하, 그 밖의 지역은 1천5백만 원 이하이다. 이 경우에도 최우선변제를 받을 수 있는 금액이 주택가액(토지포함)의 2분의1을 초과하는 경우에는 주택가액의 2분의1의 범위로 제한된다.

7) 주택임차권의 승계

임차인이 상속인 없이 사망한 경우에는 그 주택에서 가정공동생활을 하던 사실상의 혼인관계에 있는 자가 임차인의 권리와 의무를 승계한다. 임차인이 사망한 때에 사망 당시 상속인이 그 주택에서 가정공동생활을 하고 있지 아니한 경우에는 그 주택에서 가정공동생활을 하던 사실사의 혼인관계에 있는 자와 2촌 이내의 친족이 공동으로 임차인의 권리와 의무를 승계한다. 이 경우 그 사망한 때로부터 1개월 이내에 승계대상자가 반대의 의사를 표시한 때에는 그러하지 아니하다(제9조).

6. 답변서 및 준비서면

「민사소송법」은 답변서에 관하여 준비서면을 준용한다고 규정하고 있다. 준비서면이란 당사자가 변론에서 진술할 내용을 적어서 법원에 제출하는 문서를 말한다. 답변서는 소장을 송달받은 피고가 처음으로 제출하는 준비서면을 말한다. 즉 답변서도 준비서면의 하나이다. 또한 소장이나 상소장(항소장 및 상고장)에 필요적 기재사항 외에 공격·방어방법이 적혀 있는 경우에는 이 부분은 준비서면으로 평가된다.

답변서와 준비서면에는 상대방의 주장에 대하여는 부지(不知), 부인(否認), 자백(自白) 및 항변(抗辯)으로 대응하게 되는데, ① 부지는 상대방의 주장사실 중 일부 또는 전부에 대하여 알지 못한다는 대응을, ② 부인은 상대방의 주장사실의 일부 또는 전부에 대하여 인정할 수 없다는 대응을, ③ 자백은 상대방의 주장사실의 일부에 대하여만 인정하는 대응을, ④ 항변은 상대방의 주장사실에 대하여 부인함과 아울러, 오히려 새로운 사실을 주장하는 대응을 각각 의미한다. 위 대응 중 ①~③은 상대방에게 입증책임(주장책임)이 있지만, ④ 는 새로운 주장이므로 항변한 당사자가 입증하여야 한다. 상계(相計)의 항변, 동시이행의 항변 등이 이에 해당한다. 항변사항은 반소(反訴)로 대응할 수도 있다.

일반적인 소송절차는 ① 원고의 소장 제출 ⇨ ② 법원의 피고에 대한 소장 부본 송달 → ③ 피고의 답변서 제출 ⇨ ④ 법원의 원고에 대한 답변서 송달 → ⑤ 원고의 준비서면 제출 ⇨ ⑥ 법원의 피고에 대한 준비서면 송달 →⑦ 피고의 준비서면 제출 → ⑧ 법원의 변론기일 지정 → ⑨ 변론 및 선고기일 지정 → ⑩ 판결선고 → ⑪ 법원의 판결 정본 송달과 같이 진행되는 것이 보통이다.

이 준비서면에는 주장과 더불어 공격방법과 방어방법으로써 증거신청(증인신청, 문서송부촉탁신청 등)을 기재하기도 하고, 준비서면을 주고받는 사이에 별도로 증거신청을 하기도 한다. 소장에 적은 청구원인과 답변서에 적은 청구원인에 대한 답변은 준비서면과 같은 것으로 다룬다.

답 변 서

사건 2013가단 제0000호 손해배상

원고 ○ ○ ○

피고 ○ ○ ○

위 사건에 관하여 피고는 다음과 같이 답변합니다.

청구취지에 대한 답변

1. 원고의 청구를 기각한다.
2. 소송비용은 원고의 부담으로 한다.

라는 판결을 구합니다.

청구이유에 대한 답변

1. 이 사건 화재 발생의 원인에 관하여

이 사건의 화재는 ______________________인하여 발생한 것입니다.

2. 원고의 시설물 소훼(燒燬)의 원인이 가스조리대의 설치 및 보존상의 하자로 인한 것이라는 주장에 대하여

원고는 피고가 _________________것 때문에 _________________이라고 주장합니다. 그러나 _________________한 것입니다. 따라서 원고의 이 부분 주장은 이유 없습니다.

입증방법 및 첨부서류

1. 을 제1호증 사실확인서(김○○)
1. 을 제2호증의1,2 각 인증서(이○○, 박○○)

2013. 11. 25.

위 피고 ○ ○ ○ (인)

서울남부지방법원 민사 제0단독 귀중

준 비 서 면

사건 2013가합 제0000호 물품대금
원고 ○ ○ ○ 외 2
피고 ○ ○ ○

위 사건에 관하여 원고 ○○○는 다음과 같이 변론을 준비합니다.

다 음

1. 피고의 주장 중 ____________________ 인도받은 물건에 하자가 있다는 주장은 아래와 같은 이유로 옳지 않습니다. (생략)
2. (생략)

2013. . .

위 원고 ○ ○ ○ (인)

○○지방법원 민사합의 제0부 귀중

* 위 답변서는 화재로 인하여 「민법」 제750조 및 「실화책임에 관한 법률」의 불법행위를 적용한 손해배상청구사건에 관한 것이다.
* 청구취지에 대한 답변은 피고가 승소하는 경우 판결서의 주문(主文)에 해당하는 부분이다.
* 원고의 증거는 갑호증으로, 피고의 증거는 을호증으로 표기한다. 위에서 피고가 제출한 인증서는 을 제2호증의1과 을 제2호증의2를 한꺼번에 표시한 것이며, 실무에서는 각 증거서류의 여백에 "을 제2호증의1", "을 제2호증의2"와 같이 표기를 해준다.
* "인증서"는 공증인사무소에서 공증을 받은 문서를 말한다.
* 위 준비서면에서 원고의 표시는 원고가 3명인 경우이다. 준비서면에는 상대방을 공격하는 사실의 진술과 상대방의 공격에 대한 방어의 진술이 기재되는 것이 일반적이다.
* 답변서와 준비서면은 인지대 및 송달료가 없다.
* 답변서와 준비서면은 상대방의 수만큼 부본을 제출하고, 여기에 증거서류를 붙여 제출할 때에는 증거서류는 상대방의 수에 하나를 더 제출한다.
* 사건번호에 대한 상식 : 사건번호에 "2014가단" 또는 "2014가합"이라고 적은 것 중 "가"는 제1심사건의 표시이다. 제2심은 "나"로, 제3심은 "다"로 각각 표시한다. 이는 민사소송사건의 표시이고, 형사사건의 경우에는 "고, 노, 도"로 표시한다. "가단"의 "단"은 단독사건을 표시하는 것이며, "합"은 합의부사건을 의미한다.

7. 당사자선정서

선정당사자란 공동의 이해관계에 관하여 공동으로 소송을 하려고 하는 여러 사람 중에서 선출되어, 같은 편 모두를 위하여 나선 당사자를 말한다. 이 제도를 이용할 것인가의 여부는 당사자들의 자유이지만, 당사자가 여러 명인 경우에는 이를 이용하는 것이 편리할 것이다. 다만, 당사자능력이 인정되는 "법인 아닌 사단"인 교회·종중(宗中)·문중(門中)·사찰(寺刹) 등은 그 대표자가 소송을 수행하면 된다. 당사자의 선정요건은 다음과 같다.

① 공동소송인으로 될 사람이 여러 명일 것

「민사소송법」은 인원에 제한을 두지는 않았다. 원고 측이든 피고 측이든 가리지 않는다.

② 공동의 이해관계가 있을 것

공동의 이해관계란 주요한 공격·방어방법을 공통으로 하며, 사회통념상 상대방에 대하여 하나의 단체로서 대립하고 있다고 인정되는 경우를 가리키는 것이 일반적이다. 예를 들자면 하나의 교통사고에 있어서 같은 승합차를 타고 있던 여러 명의 피해자가 이에 해당할 것이다.

③ 여러 명의 당사자 중에서 선정할 것

당사자가 아닌 사람을 선정하는 것은 변호사대리의 원칙에 위배되기 때문에 허용되지 않는다. 몇 명을 선정할 것인가는 당사자들의 자유이다.

선정의 방식에 관하여 법은 아무런 규정을 두고 있지 않지만, 선정당사자는 그 자격을 문서로 증명하여야 하기 때문에 선정서를 작성하는 것이 보통이다. 이는 대리권의 수여와 유사하지만 같은 것은 아니다. 선정의 시기에도 제한이 없다.

당사자를 선정하여 법원에 신고하면 선정되지 아니한 당사자는 소송에서 탈퇴를 하게 되고, 선정된 사람이 한 소송의 결과(기판력)는 선정인과 피선정인 모두에게 효력이 있다.

당사자 선정서

사건 2013가합 제0000호 손해배상금

원고 ○ ○ ○

피고 ○ ○ ○ 외 8

위 사건에 관하여 피고들은 민사소송법 제53조 제1항에 따라 아래 사람을 선정당사자로 선정합니다.

아 래

선정당사자 성명 ○ ○ ○

주민등록번호(　　　　-　　　　)
주소
전화번호
메일주소

2013. 8. .

첨 부 서 류

1. 인감증명서 9통.

선정당사자 ○ ○ ○ (인)

선정자 1. 성명 ○ ○ ○ (인)
주소
주민등록번호
전화번호
8. 성명 ○ ○ ○ (인)
주소
주민등록번호
전화번호

서울남부지방법원 민사 제0부 귀중

* 위에서는 9명의 피고 중 1명의 선정당사자를 선정한 사례를 소개했다. 선정서는 당사자 모두가 연명으로 작성하여야 하지만, 회의록은 필요치 않다. 이 사례의 경우에는 당사자 9명이 모두 기명날인(인감인장으로 날인)하고, 인감증명서를 붙여야 한다. 이는 소장에 그 사유를 기재하고, 원고들도 작성하여 제출할 수 있다.
* 위 사례에서는 1명의 선정당사자가 단독으로 소송을 수행을 하게 되며, 나머지 8명은 소송에서 탈퇴하게 된다. 이는 비변호사 소송대리인의 선임과는 달라서 법원의 허가를 필요로

하지 아니한다.

* 당사자선정서에는 인지대나 송달료는 필요하지 않다.

8. 반소청구(反訴請求)

반소라 함은 소송계속 중에 피고가 그 소송절차를 이용하여 원고에 대하여 제기하는 소를 말한다. 이는 독립한 소이므로 반소를 제기할 것인가 또는 별소(別訴)를 제기할 것인가는 피고의 선택에 따른다.

반소를 청구할 수 있는 요건으로는 ① 반소는 그 심리를 위하여 소송절차를 현저하게 지연시키지 않아야 하며, ② 본소(本訴)가 사실심(제1심 또는 제2심)에 계속되어야 하고, 변론종결 전에만 제기할 수 있다. ③ 반소는 그 소가 다른 법원의 전속관할에 속하지 않아야 하고, ④ 본소의 청구 또는 방어의 방법과 서로 관련성이 있어야 한다(견련관계). ⑤ 항소심에서는 원칙적으로 상대대방의 동의를 얻어야 한다.

반소장은 "반소"라는 표시를 하는 점 외에는 일반 소장의 기재사항과 같은 요령으로 작성하면 된다. 이는 독립된 소송이므로 소송인지를 첨부하고, 송달료도 납부하여야 한다.

반 소 장

사건 2013가합 제0000호 건물철거 등 담당재판부 : 민사 제5부
원고 ○ ○ ○
피고 ○ ○ ○

반소사건명 : 건물매수청구의 소

당사자 사이의 위 사건에 관하여 피고(반소원고)는 다음과 같이 반소를 제기합니다.

반소 청구취지

1. 반소피고(원고)는 반소원고(피고)에게 돈 20,000,000원 및 이에 대하여 반소장 부본을 송달받은 다음날부터 다 갚는 날까지 연 20%의 비율로 계산한 돈을 지급하라.
2. 소송비용은 반소피고의 부담으로 한다.
3. 위 제1항은 가집행할 수 있다.

라는 판결을 구합니다.

반소청구 원인

1. 임대차계약 관계

이 사건 토지에 대한 임대차계약의 내용은 원고의 주장사실과 같습니다. 그러나 임대차기간이 종료하였다는 원고의 주장 부분은 사실과 같지 않습니다. 임대차의 계약기간이 만료하기 2개월 전에 반소원고는 반소피고에게 위 임대차계약을 갱신할 것을 청구한 사실이 있습니다.

2. 건물의 건축 관계

이 사건에서 반소피고가 철거하라고 청구하고 있는 건물은 반소원고가 신축하여 점유하고 있다는 사실에 관하여는 반소피고의 주장과 같습니다.

3. 건물의 매수청구

그러나 위 건물은 반소원고가 신축할 무렵 반소피고의 대리인인 소외 000의 사전승낙이 있었으므로 반소원고가 신축을 할 수 있었던 것입니다.

반소원고는 위 건물의 건축비로만 약 40,000,000원의 돈을 들였습니다. 따라서 반소피고에 대하여 이의 매수를 청구한 사실도 있습니다.

청구하는 매수가는 그 정확한 가격을 확정하여 조만간 청구취지를 확장할 것을 조건으로 일단 일부만을 청구한다는 점을 분명히 밝혀 둡니다.

입 증 방 법

1. 을 제1호증 건물의 매수청구서(내용증명우편).

첨 부 서 류

1. 위 입증방법 1통.
1. 반소장 부본 2통.
1. 송달료납부서 1통.

2014. . .

반소원고(피고) ○ ○ ○ (인)

○○지방법원 민사 제5부 귀중

* 제1심에서의 반소장에는 제1심 소장에 붙이는 인지를, 제2심에서의 반소장에는 제1심 소장에 붙이는 인지대의 1.5배를 붙이되, 본소(本訴)와 그 목적이 같은 반소장에는 그 심급(審級)에 따라 본소의 소송목적의 값을 뺀 금액을 기준으로 계산한다. 여기서 소송목적이 같다는 것은 청구의 내용이 같다는 의미이다. 송달료도 심급(審級)에 따른 송달료를 예납한다.
* 이 사건 반소의 인지대는 20,000,000원×0.0045+5,000원으로 계산하므로 95,000원이며, 송달료는 당사자 2명×15회분×3,250원이므로 97,500원이다.
* 반소장의 부본은 상대방의 수만큼을 제출하고, 증거서류는 상대방의 수에 1을 더하여 제출한다. 이는 모든 소장에 공통적으로 적용되는 기준이다.
* 본소가 단독판사의 사건이더라도 본소와 청구의 내용이 동일하지 아니한 반소가 제기되어 소가(訴價)가 1억 원을 초과하면 사건이 본소와 함께 합의부로 이송된다. 그러나 어음금이나 수표금, 금융기관의 대출금 사건은 소가에 관계없이 모두 단독판사가 처리하는 사건이다. 이것을 알아야 할 이유는 비변호사대리와 관련이 있다는 점이다. 단독사건이 아니면 변호사 아닌 사람의 임의대리는 허용되지 않기 때문이다.

9. 배상명령신청

배상명령이라고 함은 형사절차에서 일정한 범죄의 피해자를 보호하기 위하여 피해자(상속인)의 신청 또는 법원의 직권에 의하여 형사피고인에게 손해배상을 명령하는 민사재판을 말한다.

배상명령을 신청할 수 있는 사람은 일정한 형사사건의 피해자 또는 그 상속인이다. 이를 신청할 수 있는 시기는 형사사건의 제1심 및 제2심의 변론이 종결될 때까지이다. 따라서 약식명령사건에서는 신청할 수 없다.

법원은 피고인과 피해자 사이에 합의가 성립된 경우에도 배상을 명할 수 있다. 이는 강제집행을 용이하게 하려는 조치이다. 그리고 배상명령이 확정되면 집행문 없이 강제집행을 할 수 있는 집행권원(執行權源)이 된다.

배상을 명하도록 신청할 수 있는 피해는 물적(物的) 손해, 치료비 및 위자료이다. 따라서 일실수입(逸失收入)과 같은 소극적 손해는 신청할 수 없다는 한계가 있다.

1) 배상명령을 신청할 수 있는 가해 범죄

① 상해죄, 중상해죄, 상해치사죄, 폭행치상죄, 폭행치사죄, 과실치상죄, 과실치사죄, 업무상과실치상죄, 업무상과실치사죄

② 강간죄, 유사강간죄, 강제추행죄, 준강간죄, 준강제추행죄, 강간상해죄, 강간치상죄, 강간등 살인죄, 강간치사죄, 미성년자 등에 대한 간음죄, 미성년자등에 대한 추행죄, 업무상위력 등에 의한 간음죄

③ 절도죄, 야간주거침입절도죄, 특수절도죄, 자동차등 불법사용죄, 강도죄, 특수강도죄, 준강도죄, 인질강도죄, 강도상해죄, 강도치상죄, 강도살인죄, 강도치사죄, 강도강간죄, 해상강도죄, 강도예비죄, 강도음모죄

④ 사기죄, 컴퓨터 등 사용사기죄, 준사기죄, 편의시설 부정이용죄, 부당이득죄, 공갈죄, 횡령죄, 배임죄, 업무상횡령죄, 업무상배임죄, 배임증재죄, 배임수재죄, 점유이탈물횡령죄

⑤ 재물손괴죄, 공익건조물파괴죄, 중손괴죄, 특수손괴죄, 경계침범죄

⑥ 위 제1항 내지 제5항의 각 미수범 및 이들 범죄를 가중처벌하는 「폭력행위 등 처벌에 관한법률」위반의 죄, 「특정범죄가중처벌 등에 관한 법률」위반의 죄

⑦ 「성폭력범죄의 처벌 등에 관한 법률」의 규정에 의한 업무상 위력 등에 의한 추행죄, 공중밀집장소에서의 추행죄, 성적 목적을 위한 공공장소 침입행위죄, 통신매체를 이용한 음란행위죄, 카메라 등을 이용한 촬영죄, 여기의 각 미수범

2) 배상명령신청서에 적어야 할 사항

① 피고사건의 번호, 사건명 및 사건이 계속된 법원

피고사건의 사건번호·사건명에 관한 정보는 법원 및 대응 검찰청에서 확인할 수 있다.

② 신청인의 성명과 주소, 대리인이 신청할 때에는 그 대리인의 성명과 주소

여기의 대리인은 피해자가 미성년자인 경우 등 제한능력자인 때의 법정대리인을 말한다. 피해자의 배우자, 직계혈족 및 형제자매는 법원의 허가를 얻어 대리할 수 있다.

③ 피고인(상대방)의 성명과 주소

피고인의 성명과 주소를 적도록 하는 것은 나중에 있을 강제집행을 대비하는 것이다. 따라서 피고인의 주민등록이 있는 주소를 기재할 필요가 있다.

④ 배상의 대상과 내용

배상의 대상은 물적 피해(物的 被害), 치료비손해 및 위자료에 한정된다. 물적 피해라고 함은 물건의 파손·훼손 등으로 인하여 입은 손해를 의미한다.

따라서 소극적 손해인 일실이익(逸失利益), 즉 얻을 수 있는 수익을 얻지 못한 손해 및 피해자의 사망으로 인한 재산적 손해가 있는 경우에는 「민사소송법」의 규정에 의한 지급명령이나 민사소송 정식절차에 의하여 구제를 받아야 할 것이다. 이 경우에는 범죄피해자구조를 신청할 수도 있다.

⑤ 배상을 청구하는 금액

손해배상을 청구하는 금액은 물적 피해, 치료비손해 및 정신적 피해(위자료)를 각

각 적고, 합한 금액을 적어야 한다. 피해금액이 분명하지 아니한 경우에는 법원은 명령을 거부할 수 있다.

신청서가 접수되면 「민사소송법」의 규정에 의한 소(訴)가 제기된 것과 같은 효력이 있다. 따라서 다른 절차에서 민사소송을 진행하고 있는 경우에는 배상명령을 신청할 수 없다.

배상명령사건은 피고인에 대한 공판절차(公判節次)와 함께 진행하지만, 증거의 제출 및 화해절차 등은 민사소송법의 절차와 같고, 배상명령이 확정되면 판결과 동일한 효력이 있다.

이 사건은 피고인에 대한 공판절차와 병행하기 때문에 신청인에게는 증거 제출의 어려움이 거의 없다는 장점이 있다. 그러나 검사가 형사절차의 증거로 제출하지 아니한 증거, 즉 위자료를 청구하는 이유와 청구금액 등은 신청인이 입증(立證)을 해야 할 것이다.

이 사건의 재판은 매우 독특한 구조라고 할 수 있다. 피고인의 입장에서는 검사로부터는 형사에 관한 공격을 받는 한편, 신청인으로부터는 민사에 관한 공격을 받는 것이 그것이다. 피고인의 구속 여부는 이 신청에 아무런 영향이 없다.

공동불법행위자 중에서 일부만 기소(起訴)가 된 경우에는 나머지 불기소처분을 받은 사람은 이 신청에 포함시킬 수 없으므로, 이 제도를 활용하는 것이 부적절할 것이다. 배상명령에 관하여는 「소송촉진 등에 관한 특례법」에서 규정하고 있다.

불법행위의 가해자에 대한 수사 과정이나 형사재판 과정에서 피해자가 가해자로부터 합의금 명목으로 금원을 지급받고 가해자에 대한 처벌을 원하지 않는다는 내용의 합의를 한 경우에, 그 합의 당시 지급받은 금원을 특히 위자료 명목으로 지급받는 것임을 명시하였다는 등의 사정이 없는 한, 그 금원은 손해배상금(재산상 손해금)의 일부로 지급되었다고 봄이 상당하다(2012도7144).

배 상 명 령 신 청

사건 2013고단 000호 강제추행치상

신청인 한 예 슬

주소 군포시 당동 000-00

전화번호 010-0000-0000, 031)000-0000

피고인 이 길 수

주소 의왕시 삼동 00-0

(현재 서울구치소 재감중)

배상을 신청하는 금액

돈 22,800,000원

배상의 대상과 그 내용

1. 피고인은 2013. 8. 25. 군포시 당정동에 있는 000공원에서 신청인을 강제로 추행하고, 그로 인하여 피해자에게 4주일 동안의 치료를 요하는 상처를 입힌 혐의로, 현재 귀원에서 공판이 계속중입니다.
2. 신청인은 위 사건으로 인하여 현재까지 치료비로 2,800,000원을 지출하였으며(치료비영수증 첨부), 우울증 및 대인기피증에 시달리고 있을 뿐만 아니라, 다니던 직장마저도 잃었습니다(진단서 첨부).
3. 의사의 소견에 의하면, 앞으로도 오랜 기간 동안 정신과적 치료를 받아야 하며, 정상적인 사회생활이 어렵다고 합니다. 따라서 치료비손해 2,800,000원 및 위자료 20,000,000원을 청구하기 위하여 이 신청을 하게 되었습니다.

첨 부 서 류

1. 치료비영수증 1통.

1. 상해진단서 1통.

2014. 1. .

위 신청인 한 예 슬 (인)

수원지방법원 안양지원 귀중

* 배상명령의 관할법원은 형사사건이 계속된 법원이며, 이 신청서에는 인지(印紙)를 붙이지 않고, 송달료도 예납하지 않는다. 그리고 신청인에게 유리한 증거는 검사가 이미 형사재판을 위하여 확보하였으며, 법원에 제출할 것이므로 신청인으로서는 민사재판절차보다는 어려움이 덜하다는 장점도 있다.
* 이 신청에는 신청하는 금액에 제한이 없으며, 피고인에 대한 공판이 합의사건인지 단독사건인지도 묻지 않는다.
* 신청서에는 증거가 있으면 붙이고, 피고인의 수만큼 신청서 부본을 첨부한다.

10. 범죄피해자구조

1) 의의

범죄피해자구조라고 함은 타인의 범죄행위로 인하여 생명이나 신체에 피해를 받은 사람에 대하여 나라에서 피해구조금을 지급하는 등으로 구조(救助)하는 제도를 말한다.

범죄로 인하여 피해를 받는 사람에는 범죄피해의 방지 또는 범죄피해의 구조로 인하여 피해를 입은 사람도 포함된다.

2) 범죄피해구조의 대상

① 대한민국 안에서 발생한 범죄, 대한민국 밖에 있는 선박이나 항공기에서 발생한 범죄일 것

대한민국 안에서 발생한 범죄는 「형법」상의 범죄뿐만 아니라 특별법의 규정에 의한 범죄를 포함하며, 대한민국 밖에 있는 선박과 항공기는 대한민국에 선적(船籍)을

둔 선박과, 대한민국의 국적기(國籍機)가 외국을 항해중(航海中)이거나 운항중(運航中)인 것을 말한다.

② 생명이나 신체를 해치는 범죄일 것

여기서는 정당방위(正當防衛)에 해당하는 경우와 과실범(過失犯)은 제외한다. 정당방위란 자기 또는 남의 법익(法益)에 대한 현재의 부당한 침해를 방위하기 위한 행위를 말한다. 과실범은 단순한 과실범을 의미하는 것이므로, 결과적 가중범(結果的 加重犯)은 여기의 과실범에 해당하지 않는다. 결과적 가중범은 기본적 행위만으로도 처벌을 받지만, 그 기본범죄의 행위로 인하여 행위자가 예견(豫見)하지 못한 무거운 결과가 발생한 범죄를 말한다. 폭행치상, 상해치사 등이 이에 해당한다.

③ 사망, 장해(障害) 또는 중상해(重傷害)의 결과일 것

"장해"란 범죄행위로 인하여 입은 부상이나 질병이 치료된 후에 신체에 남은 장해로써 1등급부터 10등급으로 분류하고 있다. 후천적 장애(障碍)를 뜻한다.

"중상해"란 범죄행위로 인하여 신체나 그 생리적 기능에 손상을 입은 것으로써, 2개월 이상의 치료가 필요한 경우 중 다음 어느 하나에 해당하는 것을 말한다. ① 사람의 생명 및 기능과 관련이 있는 주요 장기(臟器)에 손상이 발생한 경우, ② 신체의 일부가 절단(切斷) 또는 파열(破裂)되거나 중대하게 변형(變形)된 경우, ③ 신체나 생리적 기능이 손상되어 1주 이상 입원치료가 필요한 경우로써 앞의 경우에 준하는 경우

3) 범죄피해구조금을 지급받을 수 있는 요건

① 구조대상범죄의 피해자가 피해의 전부나 일부를 배상받지 못한 경우

배상받지 못하였다는 의미는 가해자와의 화해(합의) 또는 민사소송 등을 통하여 불법행위로 인한 손해배상을 받지 못한 경우를 말한다.

② 자기나 남의 형사사건의 수사 또는 재판에서 고소·고발 등 수사단서를 제공하거나, 진술·증언·자료제출을 하다가 구조피해자가 된 경우

4) 구조금의 종류 및 구조금을 받을 수 있는 사람

가. 유족구조금(遺族救助金)

타인의 범죄로 인하여 피해자가 죽은 경우에 ① 그 배우자 또는 사실혼(事實婚) 관계에 있는 배우자, ② 피해자가 죽을 당시 죽은 사람의 수입으로 생계를 유지하던 자녀가 이를 받을 수 있다. 이에 해당하는 사람이 여러 명인 때에는 똑같이 나누어 받게 된다.

위에 해당하는 사람이 없는 때에는 죽은 사람의 수입으로 생계를 유지하던 사람으로서 ③ 부모, ④ 손자손녀, ⑤ 조부모 및 ⑥ 형제자매가 받는다. 여기에 해당하는 사람도 없는 경우에는 죽은 사람의 수입으로 생계를 유지하지 아니한 ⑦ 부모, ⑧ 손자손녀, ⑨ 조부모 및 ⑩ 형제자매가 구조금을 받게 된다.

위 유족구조금의 상속순위를 정함에 있어서 태아(胎兒)는 이미 출생한 것으로 보며, 친부모보다는 양부모(養父母)가 우선한다.

유족구조금을 받을 수 없는 사람은 다음과 같다. ① 피해자를 고의로 죽인 사람, ② 피해자가 죽기 전에 그가 죽으면 유족구조금을 받을 수 있는 선순위나 같은 순위의 유족이 될 사람을 고의로 죽인 사람, ③ 피해자가 죽은 뒤에 위 사람을 고의로 죽인 사람

나. 장해구조금 및 중상해구조금

이는 해당 피해자가 받는다. 다만, 가해자와 피해자 사이에 다음의 관계에 있는 경우에는 위 구조금을 받을 수 없다. ① 부부 또는 사실혼관계(事實婚關係)에 있는 사람, ② 직계혈족(直系血族), ③ 4촌 이내의 친족, ④ 동거친족(同居親族). * 친족의 범위는 8촌 이내의 혈족, 4촌 이내의 인척 및 그 배우자이다.

피해자가 다음 중 어느 하나에 해당하는 경우에도 구조금을 받을 수 없다. ① 해당 범죄를 교사(敎唆) 또는 방조(傍助)한 경우, ② 과도한 폭행·협박 또는 중대한 모욕 등으로 해당 범죄를 유발한 경우, ③ 해당 범죄행위와 관련하여 현저하게 부정한 행위를 한 경우, ④ 해당 범죄행위를 용인(容忍)하는 행위를 한 경우, ⑤ 집단적·상습적으로 불법행위를 할 우려가 있는 조직에 속한 행위로써 당해 피해에 직접 영향을 주는 행위를 한 경우, ⑥ 범죄행위에 대한 보복으로 가해자 또는 친족이나 가해자와 밀접한 관계가 있는 사람의 생명을 해치거나 신체에 중대한 침해를 주는 행위를 한 경우

피해자가 다음의 어느 하나에 해당하게 되면 구조금의 일부를 받지 못할 수도 있

다. ① 폭행·협박 또는 모욕 등으로 해당 범죄를 유발한 경우, ② 피해의 발생이나 증대에 부주의(不注意) 또는 부적절한 행위로 가공(加功)한 경우

구조금은 「국가배상법」 등 다른 법률의 규정에 의하여 배상을 받을 수 있는 경우에는 지급하지 않는다. 또한 해당 피해에 관하여 손해배상을 받은 경우에는 그 받은 금액의 범위 안에서 구조금을 지급받지 못한다.

5) 구조금의 지급신청 등

구조금을 받기 위해서는 주소지, 거주지, 범죄발생지를 관할하는 범죄피해구조심의회(지방검찰청 및 지청에 설치됨)에 문서로 신청하여야 한다.

이 신청은 범죄의 피해사실을 안 날로부터 3년, 그 사실이 발생한 때로부터 10년이 지나면 할 수 없다.

구조결정을 받은 사람은 2년 안에 구조금을 받아야 한다. 이는 단기소멸시효(短期消滅時效)이다. 구조금을 받을 권리는 양도, 담보제공 및 압류가 금지된다.

장해구조금(또는 중상해구조금) 지급신청

가해자 성명 : 강기만(姜基萬) 주민등록번호 : 000000-100000

신청인 성명 : 홍길동(洪吉童)
주민등록번호 : 000000-1000000
주소 : 서울 강남구 신사동 000-00
전화번호 : 02)000-0000, 010-0000-0000

범 죄 피 해

발생일시 :
발생장소 :
피해자 성명 : 홍길동(洪吉童)

주민등록번호 :
주소 :
근무처의 명칭 및 소재지 :
신체상의 장해(또는 상해) 부위 및 상태 :
관할검찰청(지청) :

기존 신체상의 장해상태 :
손해배상금 수령 여부 :
신청인 계좌번호 : ○○은행(계좌번호 :)

2014. . .

위 신청인 홍길동 (인)

○○지방검찰청 범죄피해구조심의회 귀중

* 신청서는 당해 형사사건의 수사를 하였거나 하고 있는 검찰청 또는 지청에 제출한다.
* 손해배상금의 수령 여부에는 가해자로부터 합의금을 받은 경우에는 그 내용과 금액을 적는다.
* 민사사건과는 달리 인지대와 송달료는 납부하지 않는다.
* 신청서는 직접 제출하거나 우송할 수 있고, 전자적 방법(인터넷)으로도 제출할 수 있다.

11. 변론기일변경신청서

변 론 기 일 변 경 신 청

사건 2013가단 제0000호 건물명도 등
원고 ○ ○ ○
피고 ○ ○ ○

위 사건에 관하여 변론기일이 2014. . . 10 : 00로 지정되어 있으나, 피고는 현재 입원치료를 받고 있어 출석할 수 없으므로 변론기일을 다음으로 연기하여 주시기 바랍니다.

첨부서류 : 입원사실확인서 1통.

2014. . .

위 피고 ○ ○ ○ (인)

○○지방법원 ○○지원 제0단독 귀중

* 변론기일이 지정되어 있음에도 아무런 조치 없이 기일에 출석하지 아니할 경우 재판절차에서 불이익을 받을 수도 있다. 따라서 정당한 연기사유를 소명하는 자료를 붙여 연기신청을 하면 법원은 대부분 변론기일을 다시 지정하여 통보한다.
* 신청을 할 수 있는 사람은 원고 또는 피고이며, 가사소송사건에서도 같다. 여기에는 비용을 필요로 하지 않는다.

12. 변론재개신청서

변 론 재 개 신 청

사건　2013가단 제0000호 손해배상(자)
원고　○ ○ ○
피고　○ ○ ○

위 사건에 관하여 2013. . . 변론을 종결하고 2014. . . 10 : 00로 판결의 선고기일이 지정되어 있으나, 원고는 다음과 같은 사유로 변론의 재개를 신청합니다.

다　　음

이 사건 교통사고에 관하여 그동안 원고는 중요한 증인(목격자) 000을 출석케 하지 못하였으나 변론이 종결된 뒤에 비로소 위 000의 소재를 알아냈습니다.

따라서 위 000을 증인으로 출석하게 하여 진술할 기회를 주시기 바라면서 변론의 재개를 신청합니다.

첨부서류 : 수감사실확인서 1통.

2014. . .

위 신청인(원고)　○ ○ ○ (인)

○ ○ 지방법원 민사 제0단독 귀중

* 변론재개신청은 만약 변론을 다시 열어서 증거를 제출하지 못하게 되는 경우에는 부득이 항소를 할 수 밖에 없는 경우 등에 유용한 신청이다. 항소심의 경우라면 더욱 중요하다.

상고심(법률심)에서는 새로운 증거를 제출할 수 없기 때문이다.

* 이 신청에는 비용은 필요하지 않고, 원고나 피고 모두 신청이 가능하다.

* 판결로 종결되는 심리절차를 요약하자면 ① 원고의 소장 제출 → ② 피고의 답변서 제출 → ③ 원고의 준비서면 제출 → ④ 피고의 준비서면 제출 → ⑤ 변론준비기일 → ⑥ 변론기일 → ⑦ 재변론기일 및 변론 종결 → ⑧ 판결의 선고기일과 같이 진행된다.

* 일반적으로 변론을 종결하는 경우는 원고와 피고가 제출 가능한 준비서면과 증거신청 등 모든 공격방법과 방어방법을 제출하였다고 판단되었을 때 재판장이 변론종결을 선언하고 선고기일을 정한다. 선고기일은 보통 변론종결일로부터 2주 내지 4주일 뒤로 정하는데, 당사자가 어떤 이유로 이 기간 사이에 추가로 제출하고 싶은 증거(서증, 증인신청, 감정신청 등)를 발견한 경우 판결의 선고를 막을 필요가 생기면 다시 변론기일을 열어달라는 취지로 이 변론재개신청을 하는 것이다. 재판장으로서는 당사자의 신청이 합리적인 이유가 있고, 특별한 사정이 없는 한 변론기일을 다시 정하는 것이 일반적이다.

* 사실심과 법률심 : 제1심과 제2심을 사실심이라고 한다. 그리고 제3심(대법원)을 법률심이라고 한다. "사실심"이라고 부르는 이유는 이렇다. 재판의 심리는 사실관계와 법률문제가 중핵(中核)을 이룬다. 사실관계라고 하는 것은 금전을 주었느니 받지 못했느니 하는 다툼 또는 문서가 변조되었다는 등의 다툼을 말한다. 법률문제는 법률은 물론 관습법, 조리, 경험법칙, 자치법규 등 당사자가 주장하지 않더라도 법원은 당연히 검토하여 판단하는 내용이 대부분이다.

제1심과 제2심의 심리절차는 위 사실관계와 법률문제를 모두 심리의 대상으로 한다. 그러나 대법원은 법률적 판단만을 하도록 되어 있는 구조이다. 여기에서 붙여진 이름이 "법률심"이다. 따라서 상고심에서는 사실관계를 주장할 수도 없고, 당사자가 항소심에서 제출하지 못한 증거를 새로이 제출하더라도 대법원은 이를 심리하지 않는다. 항소심에서의 변론의 종결과 재개의 중요한 이유가 여기에 있다.

13. 서증신청(書證申請)

1) 서증 및 문서의 개념

서증은 문서로 된 증거의 의미를 조사하는 것을 말한다. 문서라 함은 문자나 기호 등에 의하여 사상을 표현한 것이라고 정의할 수 있다. 따라서 사진, 설계도, 악보는 문서라고 할 수 없지만, 경계표와 표찰(標札) 같은 것은 문서처럼 취급이 된다. 서증은 문서의 기재내용을 증거자료로 하는 것이므로, 문서가 증거의 대상이 된 경우에도 그것의 지질(紙質)·외형(外形) 또는 필적(筆跡)이나 그 존재 자체가 증거자료일 때에는 검증(檢證)의 대상이 된다.

2) 문서의 종류

공무원이 권한의 범위 안에서 직무상 작성한 문서를 "공문서"라고 하고, 공문서가 아닌 모든 문서는 "사문서"이다. 공문서 중에서 권한을 가진 공무원과 공증인이 작성한 문서를 특별히 "공정증서(公正證書)"라고 한다.

공문서와 사문서를 구별하는 실익은 그 성립의 진정성에 관한 취급을 「민사소송법」이 달리 하고 있기 때문이다. 증명하려는 법률적 행위가 그 서면에 의하여 나타난 것(계약서, 유언서, 어음 등)을 "처분문서"라고 하며, 단순히 어떤 상태나 사건을 기재한 문서(등기부등본, 영수증, 재판조서 등)를 "보고문서"라고 한다. 처분문서는 그 형식적증거력이 인정되면 원칙적으로 실질적증거력도 인정된다는 점에 특징이 있다.

문서 그 자체는 "원본", 원본을 모두 등사한 것을 "등본", 원본에서 관계가 있는 부분만 뽑아낸 것을 "초본", 원본에 갈음하여 원본과 동일한 효력이 인정되는 것을 "정본"이라고 한다. 정본·등본 및 초본은 모두 원본을 등사한 사본이지만, 일반적으로 사용되는 복사본과 다른 점은 정본 등은 권한 있는 관공서에서 그 취지를 기재한 것이라는 점에 있다.

3) 문서의 증거력과 증거능력

"증거능력"은 문서가 증거방법으로 이용될 수 있는 자격을 말하고, "증거력"은 문서가 요증사실(要證事實)을 증명하는 힘을 말한다. 이 증거력은 다시 진정하게 성립한 것을 가리켜 "형식적증거력" 또는 "진정성립"이라고 하고, 그 내용이 요증사실의 증명에 이바지하는 가치를 "실질적증거력"이라고 한다. 진정성립(眞正成立)에 관하여 다툼이 있으면 증거로 주장한 당사자가 그 진정성립에 관하여 입증책임을 진다. 이 진부(眞否)에 관하여는 필적 또는 인영(人影)의 대조에 의하여 할 수 있다.

문서의 진정성립에 관하여 「민사소송법」이 규정하는 것은 다음과 같다. 방식과 취지에 의하여 공문서로 인정되는 때에는 진정하게 성립한 것으로 추정(推定)한다. 따라서 이를 다투는 상대방이 이를 입증하여야 하지만, 법원은 의심이 있는 때에는 직권으로 공무소에 조회를 할 수 있다.

사문서에 관하여는 거증자(擧證者), 즉 증거를 제출한 사람이 그 진정성립을 입증하여야 하는 것이 원칙이지만, 사문서에 있는 본인 또는 대리인의 서명·날인이 진정한 것인 때에는 그 문서 전체의 진정성립이 추정된다. 작성명의인의 인영이 같지 사람의 인장(印章)에 의한 것임이 밝혀지면 그 날인이 같은 사람의 의사에 의한 것임이 사실상 추정되어 문서 전체의 진정성립이 추정되므로, 인장이 도용(盜用)되어 위조된 것이라는 사실 또는 인장이 권한 없이 압날(押捺)되었다는 사실은 이를 주장하는 쪽이 입증하여야 한다. 서증이 인장의 도용에 의하여 위조되었다고 주장하는 것은 그 인영 자체는 인정하는 것이 된다.

대법원에 의하면 처분문서의 경우에는 그 성립의 진정이 인정되면 특별한 사정이 없는 한 그 기재내용의 법률행위를 한 사실을 인정하여야 한다. 이는 반증(反證)이 허용되는 강력한 추정이다.

4) 서증의 절차

「민사소송법」이 규정하는 서증의 신청방법 등을 살펴본다. 당사자가 서증을 신청하고자 하는 경우에는 문서를 제출하거나(자기가 가지고 있는 문서 등) 또는 문서를 가진 사람에게 그것을 제출하도록 명할 것을 신청하는 방식으로 한다.

당사자가 소송에서 인용(引用)한 문서를 가지고 있는 경우 등 일정한 요건을 갖춘 경우에는 상대방 또는 제3자가 이것의 제출을 거부하지 못한다. 문서의 제출의무가 있는 당사자가 제출을 거부하거나 이를 훼손하여 버리는 등으로 사용할 수 없게 방해한 때에는 법원은 그 문서의 기재에 관하여 상대방의 주장을 진실한 것으로 인정할 수 있다.

문서의 제출명령신청은 당사자 또는 제3자가 소지한 것이면서 제출의무가 있는 경우에 하는 것임에 비하여, 제출의무가 없는 사람이 소지한 문서는 법원이 송부촉탁을 하도록 신청할 수 있다. 관공서 등이 보관하는 문서 등이 이에 해당한다.

<u>문서의 제출의무가 있는 경우</u>는 ① 당사자가 소송에서 인용한 문서를 스스로 소지하고 있는 경우, ② 서증신청자가 문서의 소지자에 대하여 그 인도(引渡)나 열람을 구할 수 있는 경우, ③ 문서가 서증신청자의 이익을 위하여 작성되거나 신청자와 문서의 소지인 사이의 법률과계에 관하여 작성된 경우이다.

위에서 설명한 문서제출명령신청의 대상도 아니며 문서송부촉탁신청을 할 수도 없는 문서는 문서가 있는 곳에서 서증조사를 해줄 것을 신청할 수 있다.

서증의 신청과 관련한 「민사소송법」의 규정은 제343조 내지 제355조에서 규정하고 있다. 아래에서는 실무상 자주 사용되는 문서제출명령신청과 문서송부촉탁신청에 관한 신청서를 예시한다.

5) 관련 판례

서증은 문서에 표시된 작성자의 의사를 증거자료로 하여 요증사실(要證事實)을 증명하려는 증거방법이므로, 우선 그 문서가 거증자(擧證者)에 의하여 작성자로 주장되는 자의 의사에 의하여 작성된 것임이 밝혀져야 하고, 이러한 형식적 증거력이 인정되지 않으면 이를 증거로 쓸 수 없는 것이며, 그 형식적 증거력이 인정된 다음에 비로소 작성자의 의사가 요증사실의 증거로서 얼마나 유용하느냐의 실질적 증명력을 판단하여야 한다.

특히 처분문서는 진정성립이 인정되면 그 기재내용을 부정할 만한 분명하고도 수긍할 수 있는 반증(反證)이 없는 이상 문서의 기재 내용에 따른 의사표시의 존재 및 내용을 인정하여야 한다는 점을 감안하면, 처분문서의 진정성립을 인정함에 있어서는 신중하여야 할 것이다(2011다9655).

법원에 문서를 제출하거나 보낼 때에는 원본·정본 또는 인증이 있는 등본으로 하여야 하는 것이므로, 원본·정본 또는 인증이 있는 등본이 아닌 단순한 사본만에 의한 증거의 제출은 정확성의 보증이 없어 원칙적으로 부적합하다. 특히 원본의 존재 및 원본의 성립의 진정에 관하여 다툼이 있고, 사본을 원본의 대용으로 하는 데 대하여 상대방으로부터 이의가 있는 경우에는 사본으로써 원본에 대신할 수 없고, 반면 사본을 원본으로서 제출하는 경우에는 그 사본이 독립한 서증이 되는 것이나, 그 대신 이에 의하여 원본이 제출된 것으로 되지는 아니하고, 이때에는 증거에 의하여 사본과 같은 원본이 존재하고 또 그 원본이 진정하게 성립되었음이 인정되어야 한다(2007다56524).

서증 사본의 신청 당사자가 문서 원본을 분실하였다든가 선의로 이를 훼손한 경우 또는 문서제출명령에 응할 의무가 없는 제3자가 문서의 원본을 소지하고 있는 경우 및 원본이 방대한 양의 문서인 경우 등 원본문서의 제출이 불가능하거나 비실제적인 상황에서는 원본의 제출이 요구되지 아니한다고 할 것이지만, 그와 같은 경우라면 해당 서증의 신청 당사자가 원본 불제출에 대한 정당성이 되는 구체적 사유를 주장·입증하여야 할 것이다(2000다66133).

서증 중 처분문서에 있어서는 그 문서의 진정성립이 인정된 이상 그 문서에 표시된 의사표시와 그 내용에 관하여 특별한 사유가 없는 한 실질적 증거력이 있다고 하겠고, 또 그 내용되는 법률행위의 존재를 인정하여야 한다(86다카1760).

(문서제출명령신청서)

문 서 제 출 명 령 신 청

사건　2013가합 제000호 손해배상　(담당재판부 : 민사 제0부)
원고 홍 길 동
피고 주식회사 ○○○○(대표이사 ○○○)

위 사건에 관하여 원고는 주장사실 등을 입증하기 위하여 다음 문서의 제출명령을 신청합니다.

다　　음

1. 문서의 표시 :

2. 문서의 취지(내용) :

3. 문서를 가진 사람 :

4. 증명할 사실 :

5. 문서제출의무의 원인

☐ 상대방이 소송에서 인용한 문서를 가지고 있음
☐ 신청자가 문서를 가지고 있는 사람에게 그것을 넘겨달라고 하거나 보겠다고 요구할 수 있는 사법상의 권리를 가지고 있음
☐ 문서가 신청자의 이익을 위하여 작성되었음
☐ 문서가 신청자와 가지고 있는 사람 사이의 법률관계에 관하여 작성된 것임
☐ 그 밖에 제출이 필요한 문서
사유 :

2014. . .

신청인 위 원고 홍 길 동 (인)

서울중앙지방법원 민사 제0부 귀중

* 문서를 가진 사람의 연락처는 성명, 주소는 물론 전화번호 등을 자세히 적어야 한다.
* 문서제출의무의 원인은 해당란에 적당한 표시를 하면 되지만 그것만으로는 부족하면 "별지"에 설명서를 덧붙여도 무방하다.

(문서송부촉탁신청서)

문 서 송 부 촉 탁 신 청

사건 2013가단 제000호 손해배상(자) (담당재판부 : 민사 제0단독)
원고 홍 길 동
피고 연 놀 부

위 사건에 관하여 원고는 주장사실을 입증하기 위하여 아래와 같이 문서송부촉탁을 신청합니다.

아 래

1. 기록의 보관 장소 : 수원지방검찰청 안양지청 집행과 보존계

2. 송부촉탁 하고자 하는 기록

수원지방검찰청 안양지청 2012형 제000호 피의자 000에 대한 교통사고처리특례법위반 사건의 기록 일체

3. 입증하고자 하는 사실

피고인이 교통사고 현장에서 신호위반을 한 사실, 졸음운전을 한 사실 등

2014. . .

위 원고 홍 길 동 (인)

수원지방법원 안양지원 민사 제0단독 귀중

* 서증신청(문서제출명령신청 및 문서송부촉탁신청)에는 비용은 필요하지 않다.
* 법원이나 검찰청 등에서 보관하는 문서 중에는 분량이 방대한 것들이 많다. 이러한 경우에는 "기록일체"라고 표시하지 아니하고, "인증등본"이라고 적는다. 이렇게 되면 법원은 기록을 보관하는 기관에 대하여 그 내용을 덧붙여 촉탁을 하게 되는데, 이 촉탁서가 해당 기관에 도달한 뒤에 신청인은 직접 해당 기관을 찾아가서 복사할 부분을 지정하고, 그 복사에 필요한 비용을 납부하면 해당 기관에서는 복사한 부분에 인증하여 신청인에게 교부한다. 이것을 상대방의 수에 1을 더한 수만큼 법원에 제출하면 된다. 여기의 "인증"이라고 하는 것은 그 문서를 보관하고 있는 기관이 확인도장을 찍는 것을 말한다.

14. 소송대리허가신청 및 소송위임장

소송대리허가신청 및 소송위임장

사건번호 2013가단 제0000호 물품대금 (담당재판부 : 제00단독)
원고 ○ ○ ○
피고 ○ ○ ○

위 사건에 관하여 아래와 같이 소송대리허가신청 및 위임을 합니다.

1. 소송대리허가신청

가. 소송대리를 허가할 사람의 이름 ○ ○ ○
주소
전화번호
메일주소
팩스번호

나. 신청이유

□ 당사자의 배우자 또는 4촌 안의 친족으로서 밀접한 생활관계를 맺고 있음.

□ 당사자와 고용 등의 계약관계를 맺고 그 사건에 관한 일반사무를 처리·보조하여 왔음.

다. 첨부서류 :

2. 소송위임장

가. 일체의 소송행위, 반소의 제기 및 응소
나. 재판상 및 재판 외의 화해
다. 소의 취하
라. 청구의 포기·인낙 또는 독립당사자참가소송에서의 소송탈퇴
마. 상소의 제기 또는 취하

바. 복대리인의 선임 사. 목적물의 수령, 공탁물의 납부, 공탁물 및 이자의 반환청구와 수령 아. 담보권행사, 권리행사최고신청, 담보취소신청, 담보취소신청에 대한 동의, 담보취소결정 정본의 수령, 담보취소결정에 대한 항고권의 포기
2014. . . 신청인 및 위임인 원고(또는 피고) ○ ○ ○ (인) ○○지방법원 귀중

* 「소액사건심판법」의 규정에 의한 소액사건(소가 2천만 원 이하의 사건)은 법원의 허가 없이도 "당사자와 배우자, 직계혈족, 형제자매의 관계"에 있는 사람은 소송대리인이 될 수 있다. 따라서 이 경우에는 "소송위임장"만을 지방법원 또는 시·군법원에 제출하면 된다.
* 변호사 아닌 사람의 소송대리는 단독사건(소가 1억 원 이하인 사건)에만 허용된다. 따라서 항소심이나 상고심에서는 허용되지 않는다.
* 위 서식은 법원에서 권장하고 있는 서식을 소개한 것이며, 이와는 달리 소송대리허가신청서 및 위임장을 별도로 작성하더라도 무방하다. 위 서식에서는 "신청이유"의 해당란에 적당한 표시를 하여야 할 것이다.
* 첨부서류로는 친족 및 밀접한 생활관계를 소명할 수 있는 가족관계등록부 및 주민등록등본 등을 제출하거나 고용관계를 소명하는 자료를 붙여야 한다.
* "소송위임 할 사항"은 위에 적힌 모든 내용을 반드시 위임하여야 하는 것은 아니므로, 그 중 일부의 내용만을 위임하더라도 무방하다.
* 소송대리허가신청 및 소송위임에는 비용은 필요하지 않다.
* 법원은 위 요건을 갖추어 허가신청을 하는 경우에는 특별한 사정이 없는 한 원칙적으로 허가를 하는데, 별도로 허가서를 송달하지는 않는 것이 실무관행이다. 따라서 변론기일에 대리인이 출석하여 재판장이 사건번호와 함께 원고와 피고를 부를 때 원고 또는 피고석에 나가서 변론하면 된다.

15. 소송위임장(소액사건)

<table>
<tr><td>

소 송 위 임 장

</td></tr>
<tr><td>

사건번호 2014가소 제000호 대여금 (담당재판부 : 제0단독)
원고 ○○ ○
피고 ○○ ○

위 사건에 관하여 아래와 같이 소송대리를 위임합니다.

</td></tr>
<tr><td>

1. 소송대리 위임
가. 소송대리 할 사람의 이름 ○○ ○
주소
전화번호
메일주소
팩스번호
나. 당사자와의 관계
□ 배우자 □ 직계혈족 □ 형제자매
다. 신분관계 증명서류 : 가족관계증명서 및 주민등록등본

</td></tr>
<tr><td>

2. 소송위임 할 사항
(생략)

</td></tr>
<tr><td>

2014. . .

위임인 원고(또는 피고) ○ ○ ○ (인)

○○지방법원 ○○군법원 귀중

</td></tr>
</table>

16. 소송비용액확정결정신청서

소송비용액확정결정신청

신청인 성명 ○ ○ ○ 주민등록번호
주소
전화번호
메일주소

피신청인 성명 ○ ○ ○ 주민등록번호
주소
전화번호

신 청 취 지

위 당사자 사이의 이 법원 2013. . . 선고 2013가합 제000호 사건 판결에 의하여 피고가 상환하여야 할 소송비용액은 돈 1,362,000원임을 확정한다.
라는 재판을 구합니다.

신 청 이 유

1. 신청인(원고)는 위 사건의 판결에서 소송비용 부분에 관하여 "소송비용은 피고의 부담으로 한다."라는 판결을 받았고, 위 판결은 2013. . . 확정되었습니다.
2. 따라서 피신청인(피고)이 신청인에게 상환하여야 할 소송비용은 별지 소송비용계산서와 같으므로 이 신청에 이른 것입니다.

첨 부 서 류

1. 소송비용계산서 1통.
1. 영수증서 4통.

2014. . .
위 신청인 ○ ○ ○ (인)

○○지방법원 귀중

소송비용계산서

비용내역	비 용 액	비 고
인지대	270,000원	
송달료	87,000원	특별송달료 포함
변호사선임료	855,000원	[2,100,000원+(45,000,000원-30,000,000원)×0.05] =855,000원
신체감정비	150,000원	
합계	1,362,000원	

* 신청서에 붙이는 수입인지는 1,000원이다.

* 「변호사보수의 소송비용산입에 관한 규칙」에 의한 변호사보수의 계산식

2천만 원 초과 3천만 원 이하 : [150만 원 + (소송목적의 값 - 2천만 원) × 0.06]

3천만 원 초과 5천만 원 이하 : [210만 원 + (소송목적의 값 - 3천만 원) × 0.05]

5천만 원 초과 7천만 원 이하 : [310만 원 + (소송목적의 값 - 5천만 원) × 0.04]

7천만 원 초과 1억 원 이하 : [390만 원 + (소송목적의 값 - 7천만 원) × 0.03]

1억 원 초과 2억 원 이하 : [480만 원 + (소송목적의 값 - 1억 원) × 0.02]

2억 원 초과 5억 원 이하 : [680만 원 + (소송목적의 값 - 2억 원) × 0.01]

5억 원 초과 : [980만 원 + (소송목적의 값 - 5억 원) × 0.005]

* 변호사선임료는 당사자가 얼마를 지출하였든지 불문하고 위와 같이 계산한 금액만을 청구할 수 있다. 이 변호사보수는 앞에서 검토한 "소송구조"에서도 똑같이 적용되는 보수이다.

* 법무사의 보수는 법무사로부터 받은 영수증을 기준으로 계산하면 된다. 그 밖에 등록세 등 세금을 납부한 경우, 증인여비의 지출, 검증신청에 따른 비용 등도 모두 소송비용에 해당한다. 다만, 당사자가 변론기일에 출석함에 따른 교통비나 당사자의 일당은 소송비용에 포함될 수 없다.

17. 소송절차수계신청서

소 송 절 차 수 계 신 청

사건번호 2014가단 제000호 대여금 (담당재판부 : 민사 제0단독)
원 고 ○ ○ ○
신 청 인 성명 ○ ○ ○
주소
전화번호
메일주소
신 청 인 성명 ○ ○ ○
주소
전화번호
팩시밀리
피 고 ○ ○ ○

위 당사자 사이의 귀원 2014가단 제000호 대여금청구사건에 관하여 2014. . . 원고의 사망으로 인하여 소송절차가 중단되었으나, 신청인들은 원고의 공동상속인들이므로 소송절차를 수계하기 위하여 신청합니다.

첨 부 서 류

1. 가족관계증명서 1통.

2014. . .

위 신청인 ○ ○ ○ (인)
○ ○ ○ (인)

○○지방법원 ○○지원 민사 제0단독 귀중

* 소송수계신청에는 인지대와 송달료의 비용은 지출하지 않는다.
* 수계신청은 상대방도 할 수 있다.
* 소송절차는 당사자의 사망, 법인의 합병, 당사자의 소송능력 상실, 법정대리인의 대리권소멸 등에 의하여 중단된다. 당사자의 사망으로 인하여 소송절차가 중단된 때에는 상속인이 상속을 포기할 수 있는 기간인 상속인이 죽은 때로부터 3개월 동안은 수계신청을 할 수 없다.
* 신청인들이 원고이든 피고이든 수계인이 여러 명인 때에는 당사자선정서를 함께 제출하면 될 것이다.

18. 소액사건(少額事件)

소액사건이라 함은 제소한 때의 소송목적의 값이, 2,000만 원을 초과하지 아니하는 금전 기타 대체물(代替物)이나 유가증권의 일정한 수량의 지급을 목적으로 하는 제1심의 민사사건을 말한다.

소액사건에서는 원고가 혼자 출석하여 말로 소를 제기할 수도 있고, 당사자 양쪽이 임의로 함께 출석하여 바로 변론을 할 수도 있다. 다만 이 소에서는 일부청구(一部請求)는 허용되지 않는다. 가령 채권액이 3천만 원임에도 불구하고 소액사건으로 해결하기 위해서 이것을 두 번으로 나누어 청구하는 경우가 일부청구에 해당한다.

당사자의 배우자·직계혈족 또는 형제자매는 법원의 허가 없이도 소송대리인이 될 수 있다. 이 경우 소송대리인은 당사자와의 신분관계 및 수권관계(授權關係)를 서면으로 소명하여야 한다. 신분관계는 가족관계등록부(또는 주민등록등본)에 의해서, 수권관계는 위임장에 의해서 소명한다.

판사가 필요하다고 인정하는 경우에는 근무시간 외 또는 공휴일에도 개정(開廷)할 수 있다. 판사는 서류만으로 이유 없음이 명백하다고 인정할 경우에는 변론 없이도 기각할 수 있고, 증인 또는 감정인의 신문(訊問)에 갈음하여 서면을 제출하게 할 수 있다.

이에 관하여는 「소액사건심판법」과 「소액사건심판규칙」에서 규정하고 있다.

소 장

원고 성명 홍 길 동
주소
소송대리인 원고의 자
성명 홍 일 남
주소
전화번호
메일주소
피고 성명
주소
전화번호

청 구 취 지

1. 피고는 원고에 대하여 돈 15,000,000원 및 이에 대하여 이 소장의 부본이 송달된 다음날부터 다 갚는 날까지 연 20%의 비율로 계산한 돈을 지급하라.
2. 소송비용은 피고의 부담으로 한다.
3. 위 제1항은 가집행 할 수 있다.

라는 판결을 구합니다.

청 구 원 인

1. 소송대리인은 원고의 아들입니다.
2. 피고는 2012. . . 원고로부터 돈 15,000,000원을 차용한 사실이 있습니다. 이자의 약정은 없었지만, 갚는 시기는 1013. 8. 31.까지로 약정하였습니다. 그런데, 피고는 특별한 이유 없이 위 돈을 갚지 않고 있습니다.

입 증 방 법
1. 갑 제1호증의1 소송위임장 1통. 1. 갑 제1호증의2 인감증명서(홍길동) 1통. 1. 갑 제1호증의3 주민등록등본 1통. 1. 갑 제2호증 차용증 사본 1통.
첨 부 서 류
1. 위 갑호증 각 1통. 1. 송달료납부서 1통. 1. 소장 부본 1통.
2014. . .
위 원고의 소송대리인 홍 일 남 인
대전지방법원 귀중

* 이 사건의 인지대는 15,000,000 × 0.0045 + 5,000원이므로 72,500원이고, 송달료는 당사자 2명 × 10회분 × 3,250원이므로, 예납할 금액은 65,000원이다. 소액사건의 송달료는 합의사건이나 단독사건에 비하여 5회분을 덜 내는 것이다.
* <u>지급명령과 소액사건의 비교</u> : 소액사건에 해당하는 청구는 지급명령을 신청할 수도 있다. 소액사건은 소송절차이다. 다만, 그 청구금액이 소액이라는 점을 고려하고, 신속한 분쟁해결을 위하여 일부 민사소송절차의 특례를 규정한 것에 불과하다. 그러나 지급명령은 소송절차가 아니다. 다만, 상대방인 채무자가 이의신청을 하는 경우에는 정식의 소송절차로 이행(移行)한다.

  정식의 소송절차가 되므로 이 경우에는 인지와 송달료를 모두 보완하여야 한다. 그리고 소액사건에 비하여 분쟁이 종료될 때까지의 기간이 보통 길다. 따라서 상대방이 이의신청을 하지 아니할 것이 명백한 경우가 아니라면 지급명령보다는 소액소장을 제출하는 쪽을 선택하여야 할 것이다. 그러나 이의신청을 하지 아니할 것이 명백한 경우라면 지급명령을 선택하는 것이 유리하다. 지급명령의 신청에는 신청금액에 제한은 없다. 지급명령의 인지대는 소액사건의 10분의1이다.

* 소액사건은 시법원이나 군법원에도 소를 제기할 수 있다. 이 점은 지급명령과 다르다. 소장에 소액사건이라는 표시를 특별히 할 필요는 없다.

* 청구취지 중 "가집행할 수 있다"라는 부분은 제1심 판결이 선고된 이후 소송이 확정되지 아니한 상태에서도 그 부분(제1항)만의 강제집행을 할 수 있다는 의미이다. 다시 말해서 가집행판결이 선고되면 소송이 항소심으로 옮겨지더라도 가집행을 선고한 부분에 관하여는 제1심 판결서의 정본이 집행권원(執行權源)이 된다는 뜻이다. 따라서 이 판결서에 의하여 집행문을 받아 상대방의 재산에 대하여 압류 및 경매신청을 할 수 있게 된다.

19. 소장(訴狀)

1) 소장의 표지

소장을 작성할 때에 소장표지를 반드시 작성하여야 하는 것은 아니다. 그러나 소송물(청구)이 많거나 소송목적의 값을 산정하는 데에 있어서 복잡한 내용인 경우 등에는 이를 작성하는 것이 일반적이다. 그리고 이것을 작성하면 인지를 붙일 여백이 충분하고, 법원에서도 접수인(接受印) 등을 표시하는 데 편리하다는 장점이 있다.

소　　　장

사건

원고　성명　○ ○ ○

　　　주소

　　　전화번호

　　　메일주소

피고 성명 ○ ○ ○
주소
전화번호

소송목적의 값 : 원
첨부한 인지액 : 원
송달료 : 원

○○지방법원 귀중

* 이 소장 표지는 반드시 위와 같은 모습이어야 하는 것은 아니지만 일반적으로 사용하는 모양을 소개한 것이다.

2) 당사자의 표시

① 성명

자연인의 성명을 표시하는 방법은 설명이 필요 없지만, 그 밖의 당사자 명칭을 표시하는 방법은 다음과 같다.

당사자가 법인인 때에는 어떠한 법인인지를 표시한다. 이를테면 “학교법인 00학원”, “주식회사 ○○○○” 또는 “○○○○ 주식회사”, “합자회사 ○○유통”과 같은 요령이다. 당사자가 법인 아닌 사단이면 “김해김씨 삼현공파 ○○○소종중”처럼 표시한다. 그러나 조합(組合)은 당사자가 될 수 없다.

당사자가 국가인 때에는 “대한민국”, 지방자치단체이면 “서울시”, “경기도 가평군”과 같이 표시한다. 그러나 읍・면・동은 당사자가 될 수 없다.

법인이나 법인 아닌 사단의 경우에는 대표자를 표시하여야 한다. 국가를 당사자로 하는 소송의 대표자는 법무부장관이다. 이 경우에는 “대한민국(법률상 대표자 법무부장관 ○○○)”, 지방자치단체의 경우에는 “경기도(대표자 도지사 ○○○)”, “전북 완주군(대표자 군수 ○○○)”, 법인이나 비법인사단인 경우에는 “주식회사 ○○(대표이사 ○○○)”, “주식회사 ○○(공동대표이사 ○○○, ○○○)”, “학교법인 ○○학원(대표자 이사장 ○○○)”, “유한회사 ○○(대표자 무한책임사원 ○○○)”, “○○은행(대표자 은

행장 ○○○)". 대한불교 조계종 ○○○○신도회(대표자 신도회장 ○○○)과 같은 요령이다.

법률의 규정에 의하여 소송대리인이 된 사람은 "법률상 대리인 ○○○"라고 표시하며, 법정대리인의 경우에는 당사자의 표시 바로 아래에 "미성년자이므로 법정대리인 친권자 부 ○○○, 모 ○○○", "피성년후견인이므로 성년후견인 ○○○"처럼 표시한다.

② 주민등록번호, 주소, 연락방법

주민등록번호는 이름 옆에 괄호로 묶어서 표시할 수도 있고, 행을 바꾸어 표시하더라도 무방하다. 그러나 신분관계에 관련이 없는 소송에서는 이를 표시하지 않아도 되지만, 신분관계 소송(가사소송)에서는 주민등록번호는 물론 등록기준지(구 본적지)는 필수적 기재사항이라고 이해하면 된다.

주소는 주민등록지를 기재하는 것이 일반적이지만, 그곳에서 우편물을 수령하는 것이 곤란한 경우 등에는 주소와 함께 "송달주소"를 적는다. 피고의 주소를 알 수 없는 때에는 "최후주소"를 적고, 그 사유를 소명하여 공시송달을 하여야 할 것이다. 상대방의 주소를 알 수 없는 경우에 청구의 내용이 부동산관련 소송이면 "등기부상 주소"도 기재한다.

그 밖의 연락방법으로는 전화번호, 휴대전화번호, 메일주소, 팩스번호 등을 적는 것이 일반적이다.

③ 소송의 제목

소송의 제목은 "대여금청구의 소", "물품대금청구의 소", "손해배상금청구의 소", "부당이득금반환청구의 소", "소유권이전등기절차 이행청구의 소", "이혼청구의 소", "재산분할청구의 소" 등으로 표시하는 것이 일반적이지만, 그 제목을 알 수 없는 때에는 적지 않아도 무방하다.

④ 청구취지

청구취지는 앞으로 피고와의 사이에 싸워야 할 부분이 가능한 한 압축된 결론 부분이다. 이는 법원이 판결서를 작성할 때에 판결의 주문(主文)에 똑같이 적을 수 있으면 가장 잘 표시한 것이 된다. 이와 관련한 사례는 부록의 도입부에 있는 "각종 소장의 청구취지"에서 설명하였다.

⑤ 청구원인

청구원인은 청구취지를 이유 있게 설명하는 부분이다. 피고가 어떤 이유로 청구취지와 같은 의무를 이행하여야 하는가를 설명하고, 증거를 같이 제출하는 경우에는 그 설명도 하게 된다. 조심하여야 할 내용은 상대방이 주장하거나 하지 아니할 사실을 미리 예단하여 적는 것은 피하여야 한다. 소장뿐만 아니라 소송 밖에서 상대방에게 내용증명우편을 보낼 때에도 신중히 검토하여야 할 부분이다.

여기에서 이자 부분에 대하여 설명할 때에는 "2부"는 "연 24%"로 고쳐서 표시하며, "평방미터" 또는 "제곱미터"는 "㎡"로 바로잡는다. 무게단위에서 "근"이나 "가마"는 사용하지 않는다. 이러한 바른 표기는 특히 청구취지에서 정확히 기재하여야 한다. 그러나 당사자가 계약서 등에 이러한 표기를 한 경우에는 그대로 적고 설명을 붙인다. 면적단위에서 "평", "정보", "마지기" 따위도 같은 것이다.

그러나 사건의 쟁점이 된 문서(예:매매계약서)에 "마지기"라는 표시가 있다면 경기도는 약 150평을 의미하는 것이고, 전라도의 경우에는 200평을 뜻한다. 1평은 약 3.3058㎡이다. 이러한 경우에는 "마지기"와 "㎡"를 병기(倂記)하여야 할 것이다. 즉 "1마지기(약 495㎡)"와 같이 표시한다.

과거의 판례를 읽다보면 "백미 1가마"와 같은 표시를 볼 수 있는데, 이러한 경우에는 "쌀 80㎏"으로 표시하는 것이 옳은 방법이다.

어느 법률에 어떤 규정이 있다는 표현은 필요하지 않다. "법은 법원이 안다"는 법언(法言)이 있다. 그렇기 때문에 "소장 부본을 송달받은 다음 날부터 다 갚는 날까지 연 20%의 비율로 계산한 돈을 지급하라"고 청구취지에 적었더라도, 이 부분에 대하여는 설명을 생략하는 것이다. 이는 「소송촉진 등에 관한 특례법」이 규정하고 있기 때문이다.

그러나 법률이 어떤 권리의 발생을 위하여 어떤 요건이 필요함을 명시하고 있는 경우에, 그 법률요건에 해당한다는 요건사실은 반드시 적어주어야 한다. 가령 채권자취소권을 행사하여 채무자가 매도한 부동산을 그 매수인(수익자) 또는 전득자에게 원상회복을 하라고 청구하는 경우를 가정해본다. 이 경우에 채권자인 원고로서는 채권이 있다는 사실, 채무자의 자력이 부족하다는 사실 및 채무자와 피고가 매매계약을 체결한 사실(및 전득한 사실) 등을 반드시 설명하고, 그에 관하여 증명을 하여야 한다. 그러나 「민법」 제406조에 근거하여 청구한다는 설명은 필요하지 않다는 의미이다.

⑥ 증거 및 첨부서류

문서로 된 증거(서증)를 제출할 때에는 원고는 증거의 번호를 일련번호로 표시함에 있어 "갑호증"으로 표시하고, 피고는 "을호증"으로 표시하며, 당사자로 참가하는 사람은 "병호증"으로 표시한다. 예를 들어 "갑 제1호증"처럼 표시한다. 같은(또는 유사한) 사실을 증명하는 서류가 여러 개가 있다면 이들은 가지번호로 연결하는 것도 하나의 방법이다. 가령 계속거래관계에서 물품의 영수증이 여러 개라고 한다면 "갑 제1호증의1", "갑 제1호증의2" 등으로 표시하고, 이에 더하여 성질이 다른 증거는 "갑 제2호증"으로 표시하는 것이 일반적이다. 그리고 상대방과 법원을 위하여 제출하는 증거서류의 여백에 이 증거의 번호를 표시해준다.

첨부서류 중에 ① 소장 부본은 상대방의 수만큼 제출하고, ② 증거서류는 상대방의 수에 하나를 더 제출하며, ③ 송달료납부서는 반드시 붙인다.

⑦ 마무리

마무리로 소장을 작성한 사람은 "서명", 즉 사인(sign) 또는 "기명날인(記名捺印)"을 하고 소장을 제출하는 법원을 표시하여야 한다. 법원의 표시는 필요적 기재사항이다. 날짜는 기재를 누락하더라도 법원이 접수한 날짜를 표시하므로 문제될 것은 없다.

소 장

원고 성명 장 길 산(000000-1000000)
주소 서울 서초구 서초로 219
전화번호 02)0000-0000, 010-0000-0000
메일주소 0000@naver.com

피고 성명 김 월 매(000000-2000000)
주소 서울 서초구 서초동 1701-1
전화번호 02)0000-0000, 010-0000-0000

임차보증금반환청구의 소

청 구 취 지

1. 피고는 원고에게 돈 30,000,000원 및 이에 대하여 이 사건 소장 부본을 송달 받은 다음날부터 다 갚는 날까지 연 20%의 비율로 계산한 돈을 지급하라.
2. 소송비용은 피고의 부담으로 한다.
3. 위 제1항은 가집행 할 수 있다.

라는 판결을 구합니다.

청 구 원 인

1. 원고와 피고는 2011. . . 피고 소유의 서울 00구 00동 000-00에 있는 단독주택을 계약기간 2013. . .까지, 임차보증금 30,000,000으로 정하여 임대차계약을 체결하였습니다.
2. 원고는 2011. . . 피고에게 위 임차보증금 전액을 지급하고, 같은 날 전입신고를 마침과 동시에 위 주택의 점유를 시작하였습니다.
3. 원고는 2013. . . 피고에게 임대차기간의 만료일을 2개월 앞두고 임대차계약을 갱신하지 아니할 것이므로 위 임대차기간이 만료되는 즉시 임차보증금을 반환하여 줄 것을 요구한 사실이 있습니다.
4. 그런데 피고는 현재까지도 정당한 이유 없이 임차보증금을 반환하지 아니하므로 이 청구에 이르게 되었습니다.

입 증 방 법

1. 갑 제1호증 임대차계약서
1. 갑 제2호증 임대차계약 갱신거절통지(내용증명우편)

첨 부 서 류

1. 위 갑호증 각 2통.
1. 소장 부본 1통.
1. 송달료납부서 1통.

2014. . .

위 원고 장 길 산 (인)

서울중앙지방법원 귀중

* 인지대 : 30,000,000원 × 0.0045 + 5,000원 = 140,000원
* 송달료 : 당사자의 수 2명 × 15회분 × 3,250원 = 97,500원
* 휴대전화로 정보의 수신을 희망하는 경우에는 소장과는 별도로(또는 소장의 여백에) 다음과 같은 신청서를 작성하여 신청할 수 있다. 법원이 제공하는 정보는 각종 기일(期日)의 지정・변경・취소 및 문서의 접수상황이다. 정보 1회 수신료는 송달료의 잔액에서 17원씩 결제된다.

휴대전화를 통한 정보 수신신청

위 사건에 관한 재판기일의 지정・변경・취소 및 문서의 접수 사실을 예납의무자가 납부한 송달료 잔액의 범위 내에서 아래 휴대전화를 통하여 알려 주실 것을 신청합니다.

휴대전화번호 :

2014. . .

신청인(원고) 장 길 산 (인)

20. 소취하서(訴取下書)

소 취 하 서

사건 2013가단 제0000호 대여금 (담당재판부 : 민사 제2단독)
원고 ○ ○ ○
피고 ○ ○ ○

위 사건에 관하여 원고는 소를 전부 취하합니다.

2014. . .

위 원고 ○ ○ ○ (인)

위 취하에 동의함.

피고 ○ ○ ○ (인)

○○지방법원 ○○지원 민사 제2단독 귀중

* 소를 취하 할 때에는 비용은 필요하지 않다.
* 상대방이 본안(本案)에 관하여 준비서면을 제출하거나 변론준비기일에서 변론하거나 변론기일에서 변론을 한 경우에는 상대방의 동의를 받지 아니한 소의 취하는 효력이 없다.

21. 송달장소 및 송달영수인 신고서

송달장소 및 송달영수인 신고

사건 2013가단 제0000호 손해배상(기)
원고 ○ ○ ○
피고 ○ ○ ○

위 사건에 관하여 원고(또는 피고)는 민사소송법 제184조에 따라 다음과 같이 송달장소 및 송달영수인을 신고합니다.

원고(또는 피고)의 송달장소 및 송달영수인

1. 송달장소 :
2. 송달영수인 :

2014. . .

위 원고(또는 피고) ○ ○ ○ (인)

○○지방법원 민사 제0단독 귀중

* 이 신청에는 인지대와 송달료는 납부하지 않는다.
* 당사자가 소장 또는 답변서에 기재한 당사자의 주소에서 법원의 송달서류를 수령하는 것이 곤란한 경우(법원은 등기우편을 이용한다)에는 이 신청을 함으로써 다른 장소 또는 다른 사람이 송달서류를 수령할 수 있다. 그렇다고 하여 처음부터 소장에 원고의 주소를 생략하거나 다른 장소로 기재하여서는 안 된다.
* 수소법원(受訴法院)과 집행법원 : 판결을 선고하기 위하여 재판의 심리를 주관하는 법원을 수소법원이라고 하며, 확정된 판결에 터 잡아 경매 등 강제집행을 신청하였을 때 집행절차

를 주관하는 법원을 집행법원이라고 부른다. 그러나 수소법원이나 집행법원이 전혀 다른 법원은 아니고, 같은 법원 안에 있으면서도 맡은 일이 다르기 때문에 붙여진 이름일 뿐이다. 인천지방법원 안에는 수소법원, 집행법원, 가정법원이 모두 있는 것이다. 따라서 만약 수소법원에서 판결서에 적은 당사자의 주소가 사실상의 주소와 일치하지 않는 때에는 강제집행절차에서 어려움을 겪을 수도 있으므로, 당사자의 표시를 정확히 해야 한다. 특히 부동산의 강제집행(판결에 따른 등기 등)에는 매우 중요한 부분이다.

22. 인지환급청구서

소송 등 인지의 환급청구

사건번호 및 사건명 : 2013가합 제0000호 부당이득금반환

납부인 : 000(000000-0000000)

주소 :

납부일자 : 2013. . .

납부방법 : □ 현금납부(은행 지점) □ 인지첩부

납부금액 : 원

환급사유 : □ 소장·항소장·상고장 각하 □ 소·항소·상고 취하
□ 조정·화해 □ 포기·인낙

환급청구액 : 원

환급받을 예금계좌

금융기관명 :

점포명 :

예금종류 :

계좌번호 :

예금주 성명 :

청구인은 이 사건에 관하여 인지액의 환급사유가 발생하였으므로 이의 환급을 청구합니다.

첨부서류 : ① 주민등록증 사본 1부.
② 예금통장 사본 1부.
③ 영수증 사본 1부.
④ 담당 법원사무관의 확인서 1부.

2014. . .

청구인 ○ ○ ○ (인)

○○지방법원 귀중

* 첨부서류 중에 해당사항이 없는 것은 글자 위에 줄을 긋고 날인한다.

* 이 서식에는 표식이 없으나 전자소송(인터넷으로 하는 소송)의 경우에도 납부한 인지액의 10분의 1을 환급받을 수 있다. 「민사소송 등 인지법」에서 규정하고 있다.

23. 제소전화해신청서

1) 제소전화해(提訴前和解)의 의의

제소전화해는 화해를 바라는 당사자의 신청에 의하여 지방법원 단독판사가 이를 확인하고, 화해가 성립하는 경우에는 그 화해조항은 확정판결과 같은 효력을 인정하는 제도이다. 이는 「민사소송법」이 규정하고 있다.

2) 제도의 문제점

「민사소송법」 제385조는 "민사상 다툼에 관하여 당사자는 청구의 취지·원인과 다투는 사정을 밝혀"라고 규정하고 있다. 그러나 실무에서는 당사자들이 이미 합의를 완성한 내용을 법원이 본인 여부와 진의(眞意)에 의한 합의인지를 확인하는 것에 불과하다. 즉 법원은 화해를 알선 내지 조정을 하는 것이 아니라 공증(公證)의 기능할 하는 데 불과하다.

사정이 이렇다보니 과거 경제적 약자들이 경제력이 있는 사람들로부터 소액의 돈을 차용하였다가 그들에게 큰 재산을 넘겨주어야 하는 아픔을 겪을 때 이 제도가 위력을 발휘하였다.

이뿐만 아니라 군사정권 시절에는 아무런 잘못이 없는 재력가들에게 부정축재자라는 누명을 씌워 재산을 강탈하는 과정에서도 도구의 역할을 하였던 제도이기도 하다. 이러한 일들이 벌어질 수 있었던 데에는 법원도 동조를 하였던 것으로 보인다. 화해가 성립하기 위해서는 그 내용과 화해에 이르는 과정이 선량한 풍속 기타 사회질서에 위반되는 것이어서는 허용될 수 없다. 그러나 대법원은 화해의 내용이 강행법규에 위반하거나 사회질서에 위반하는 경우에도 그 화해가 무효는 아니라는 태도를 보여왔다(74다2030, 74다634, 81다카1247, 90다9872).

「민사소송법」 제206조는 화해를 조서에 기재한 때에는 그 화해조서는 확정판결과 동일한 효력이 있다고 규정하고 있으므로, 한번 재판상의 화해가 성립한 경우에는 가령 그 내용이 강행법규에 위배된 경우라 하더라도 그것은 단지 재판상 화해에 하자가 있음에 불과하고, 재심의 절차에 의하여 구제를 받는 것은 별문제로 하고 그 화해조서의 무효를 주장할 수 없다고 하겠으며, 이 법리는 「민사소송법」 제355조에 의한 화해에 관하여도 같다고 할 것인바, 원판결이 이건 부동산에 관한 피고명의의 소유권이전등기가 원・피고 사이의 제소전화해에 의하여 경료 된 것인 만큼, 화해 당시 원고가 원고재단의 기본재산인 이건 부동산을 담보로 제공함에 있어 재단이사회의 결의가 없었고, 감독 주무관청인 문교부장관의 허가를 얻지 아니하였거나 또는 금전대차거래가 없었다는 이유를 들어 위 화해에 의하여 이루어진 이건 부동산에 관한 원・피고 사이의 소유권이전등기의 무효를 주장할 수 없음은 제소전화해의 효력에 의하여 명백하다는 취지로 판단한 것은 정당하다(74다634).

3) 화해의 신청절차

화해를 바라는 신청인은 당대방의 보통재판적이 있는 법원에 신청할 수 있다. 이 신청서를 제출하면 분쟁의 대상인 권리관계는 시효가 중단된다. 다만, 화해가 성립되지 아니한 경우에는 그로부터 1개월 안에 소를 제기하지 아니하면 시효중단의 효력이 없다.

4) 화해의 절차 및 방식

화해신청이 요건과 방식에 적합하지 아니하면 법원은 결정으로 이를 각하(却下)한다. 신청이 적법한 때에는 법원은 기일(期日)을 정하여 신청인 및 상대방을 소환한다. 화해기일에 당사자 중 어느 한쪽이 출석하지 아니하면 화해는 성립하지 않는다. 이때에는 화해불성립조서의 등본을 당사자에게 송달하며, 당사자는 이 등본을 송달받은 날로부터 2주 안에 소를 제기할 수 있다. 적법한 소가 제기되면 화해신청을 한 때에 소급하여 소가 제기된 것으로 본다.

화해가 성립되지 아니한 때에는 화해비용은 신청인의 부담으로 하고, 소를 제기한 경우에는 그 비용은 소송비용의 일부로 한다. 화해가 성립한 경우에는 비용은 각자 부담한다.

5) 효력

제소전화해조서는 판결과 동일한 효력이 있다. 즉 화해가 성립하면 그 화해조항은 집행권원이 되는 것이다.

제 소 전 화 해 신 청

신청인　성명　○ ○ ○(000000-0000000)
　　　　주소
　　　　전화번호
피신청인 성명　○ ○ ○(000000-0000000)
　　　　주소
　　　　전화번호

신 청 취 지

신청인과 피신청인 사이에 화해조항과 같은 화해의 성립을 구합니다.

신 청 이 유

1. 신청인과 피신청인은 이 사건 제소전화해의 성립을 정지조건으로 별지 도급계약서와 같은 공사도급계약을 체결하였습니다.
2. 별지 도급계약서상 도급인은 신청인이며, 수급인은 피신청인입니다. 신청인과 피신청인은 이 도급계약에서 화해조항이 성립하는 경우에만 계약의 효력이 발생하도록 약정하였으므로 신청인은 위 도급계약의 효력발생을 위하여 이 신청을 하게 되었습니다.

화 해 조 항

1. 별지 도급계약의 공사비에 관하여 피신청인은 00시 00동 000-00에 신청인이 신축하는 지하1층 지상3층 공장용 건물을 시공함에 있어 2015. . . 까지 피신청인이 일체의 공사비를 부담하여 시공한다.
2. 피신청인은 위 기한까지 피신청인의 책임으로 위 건물에 대하여 사용검사필증을 받아야 하며, 만약 위 기한까지 사용검사필증을 받지 못하는 경우에는 사용검사필증을 받는 날까지 그 지체상금(위약벌)으로 1일 돈 500,000원을 신청인에게 지급하여야 한다. 단, 위 지체상금은 신청인이 피신청인에게 지급하기로 한 공사금에서 상계한다.
3. 피신청인은 화해조항 중 위 제1항과 제2항을 이행하지 못하는 때에는 위 건물에 대하여 유치권을 포기한다.
4. 신청인은 피신청인이 위 기한 안에 위 제1항 및 제2항을 이행하였을 때에는 그 기한의 만료일에 공사비 800,000,000원 일시불로 지급한다. 단, 하지보수 예치금 5%는 3년 동안 유보한다.

첨 부 서 류

1. 도급계약서 사본 1통.
1. 신청서 부본 1통.

2014. . .

위 신청인 ○ ○ ○ (인)

○○지방법원 귀중

* 인지대는 제1심 소장의 5분의1이므로 그 계산식은 (800,000,000원 × 0.004 + 55,000) × 0.2가 되며, 납부할 인지액은 651,000이다.
* 송달료는 당사자의 수 2명 × 4회분 × 3,250원이므로 26,000원이다.
* 위 비용은 일단 신청인이 예납하고, 화해가 성립하는 때에는 당사자 사이에 특약이 없으면 쌍방이 절반씩 부담한다.

24. 주소보정서

주 소 보 정

사 건 2014가단 제0000호 대여금 (담당재판부 : 민사 제5단독)
원고(또는 채권자) 홍 길 동
피고(또는 채무자) 연 놀 부

위 사건에 관하여 피고(또는 채무자) 연놀부의 주소를 보정합니다.

주소변동 유·무	□ 주소변동 없음	종전에 적어낸 주소에서 그대로 거주하고 있음
	□ 주소변동 있음	새로운 주소 : (우편번호:)
송달신청	□ 재송달 신청	종전에 적어 낸 주소로 다시 송달
	□ 특별송달 신청	□ 주간송달 □ 야간송달 □ 휴일송달
		□ 종전에 적어 낸 주소로 송달 □ 새로운 주소로 송달
	□ 공시송달 신청	주소를 알 수 없으므로 공시송달을 신청함

첨부 : 주민등록등본 1통.

2014. . .

원고(또는 채권자) ○ ○ ○ (인)

○○지방법원 ○○지원 귀중

* 특별송달료는 지역에 따라 차이가 있을 수 있으므로 담당 재판부에 미리 전화상 안내를 받아야 할 것이다.
* 새로운 주소로 송달할 것을 신청하거나 공시송달을 신청하는 때에는 상대방의 주민등록등(초)본을 제출한다. 공시송달을 신청하는 때에도 같다. 공시송달을 신청할 때에는 말소사항 주민등록등본을 제출하여도 무방하다.
* 공시송달은 당사자의 주소 및 근무지 등을 알지 못하거나 이들 장소로 송달을 하더라도 송달의 목적을 달성하기 어려운 경우, 당사자의 신청 또는 법원의 직권에 의하여 하는 송달을 말한다. 이 송달은 송달할 서류는 법원에 보관하면서 그 사유를 법원 게시판에 게시하는 방법으로 한다. 이 송달을 신청할 때에는 그 사유를 소명(疎明)하여야 한다.
* 소장부본과 판결정본 등이 공시송달의 방법으로 송달되었다면 특별한 사정이 없는 한 피고는 과실 없이 그 판결의 송달을 알지 못한 것이고, 이러한 경우 피고는 그 책임을 질 수 없는 사정으로 인하여 불변기간을 준수할 수 없었던 때에 해당하여, 그 사유가 없어진 후 2주일(그 사유가 없어질 당시 외국에 있었던 경우에는 30일) 내에 추완항소(追完抗訴)를 할 수 있다.
  여기서 "사유가 없어진 후"라 함은 당사자나 소송대리인이 단순히 판결이 있었던 사실을 안 때가 아니고, 나아가 그 판결이 공시송달의 방법으로 송달이 된 사실을 가리키는 것으로서, 특별한 사정이 없는 한 당사자나 소송대리인이 그 사건기록을 열람을 하거나 새로이 판결정본을 영수한 때에 비로소 그 판결이 공시송달의 방법으로 송달이 된 사실을 알게 되었다고 보아야 한다(2010다75044,75051).
* 추후보완상소라고 함은 공시송달에 의하여 소송이 확정된 뒤에도 불변기간을 지키지 못한 당사자가 자기에게 책임질 수 없는 사정이 있었음을 내세워 항소 또는 상고를 하는 것을 뜻한다.
* 주소와 송달 : 피고에 대한 송달을 함에 있어 법원은 원고가 특정한 피고의 주소로 송달할 수밖에 없다. 그런데 피고의 주소로 송달이 되니 아니하면 법원은 주소보정명령을 한다. 이에 따라 원고는 피고의 다른 주소를 알 수 있는 때에는 새로운 주소를 신고하면 되지만,

다른 주소를 알 수 없는 경우에는 특별송달(야간송달, 공휴일송달 등)을 신청할 수 있다. 특별송달은 법원이 집행관으로 하여금 송달하게 하는 것이므로 신청인은 이에 대한 송달료를 별도로 납부하여야 한다. 주민등록이 있는 사람에 대하여 특별송달이 성공하지 아니하거나 주민등록이 말소된 사람의 경우에는 공시송달을 신청하면 법원은 공시송달을 하는 것이 실무의 관행이다. 또 당사자가 공시송달을 신청하지 않더라도 말소사항주민등록초본이 제출되면 법원이 직권으로 공시송달을 결정하기도 한다.

당사자(원고)가 상대방의 주민등록등(초)본을 발급받기 위해서는 법원으로부터 송달받은 주소보정서를 읍·면·동사무소에서 제시하면 된다. 그렇다고 소장을 제출함과 동시에 공시송달을 신청하는 것은 옳다고 할 수 없으므로 일단은 주민등록지로 송달하게 하여야 할 것이다.

25. 주택·상가건물 임차권등기명령신청

1) 의의

임대차가 끝난 후 보증금이 반환되지 아니한 경우 임차인은 임차주택 또는 임차한 상가건물의 소재지를 관할하는 지방법원·지방법원지원 또는 시·군법원에 임차권등기명령을 신청할 수 있다.

구 분	주택임대차	상가건물임대차
보증금액에 의한 적용제한	없음	보증금이 서울기준 3억 원 초과 시 적용배제
적용대상 건물	주거용 건물의 전부 또는 일부	사업자등록의 대상인 건물
대항력의 취득요건	주택의 인도 및 주민등록전입	건물의 인도 및 사업자등록신청
확정일자 부여기관	주민자치센터, 등기소, 공증인	세무서
임대차기간 보장	최단 2년 보장	최단 1년 보장
계약갱신요구기한	임대인 : 기간만료 전 6월∽1월 임차인 : 기간만료 전 1월까지	임대인·임차인 : 기간만료 전 6월∽1월
차임 등의 증액제한	5% 초과 불가	9% 초과 불가
보증금의 월차임 전환비율	14% 초과 불가	15% 초과 불가

임차권등기를 하지 아니한 채 대항력을 갖춘, 즉 주택의 인도와 주민등록만 한 경우에는 주민등록이 대항력의 존속요건이다. 따라서 주민등록의 전출을 하는 경우에는

대항력을 잃게 된다. 그러나 임차권등기를 한 경우에는 주민등록을 계속하여 유지하여야 하는 문제점이 해결될 뿐만 아니라 임차주택이 경매되는 경우에도 별도로 배당요구를 하지 아니하여도 배당절차에서 제외되지 않는 장점이 있다(2005다33039).

2) 임차권등기명령신청서 기재사항

① 사건의 표시
② 임차인과 임대인의 성명, 주소, 임차인의 주민등록번호(임차인이나 임대인이 법인 또는 법인 아닌 단체인 경우에는 법인명 또는 단체명, 대표자, 법인등록번호, 본점・사업장소재지)
③ 대리인에 의해 신청할 때에는 그 대리인의 성명, 주소
④ 임대차의 목적인 주택 또는 건물의 표시(임대차의 목적이 주택 또는 건물의 일부분인 때에는 그 목적인 부분을 표시한 도면)
⑤ 반환받지 못한 임차보증금 및 차임(주택임대차보호법 제12조 또는 상가건물임대차보호법 제17조에서 규정하는 등기하지 아니한 전세계약의 경우에는 전세금)
⑥ 신청의 취지와 이유 [신청이유에는 임대차계약의 체결사실 및 계약의 내용, 그 계약이 종료한 원인사실, 임차인이 신청 당시 대항력 또는 우선변제권을 취득한 경우에는 그 요건사실에 관한 사항(상가건물임대차도 같다)]
⑦ 첨부서류의 표시
⑧ 신청연월일
⑨ 법원의 표시

3) 임차권등기명령신청서의 첨부서류

① 임대인 소유로 등기된 주택 또는 건물인 경우에는 등기사항증명서(부동산등기부등본)
② 미등기 건물은 즉시 소유권보존등기를 할 수 있음을 증명하는 서면(이 경우에는 법원이 피신청인 명의의 소유권보존등기와 임차권등기를 동시에 촉탁함)
③ 임대차계약서
④ 대항력 또는 우선변제권을 취득한 사실을 소명하는 서면
⑤ 주택임대차 목적물의 일부가 등기부상 주택이 아닌 경우에는 임차인이 계속하여 주택으로 사용한 사실을 증명하는 서류, 상가건물임대차의 목적물 일부가 영업용으로 사용되지 않는 부분인 경우에는 임차인이 계속하여 영업용으로 사용한 사실을 증명하는 서류

주택(또는 상가건물) 임차권등기명령신청

신청인(임차인)　홍 길 동(주민등록번호 : 000000-0000000)
과천시 주안동 000-00
010-0000-0000

피신청인(임대인)　연 놀 부(주민등록번호 : 000000-0000000)
과천시 별양동 000 주공아파트 000동 000호

신 청 취 지

별지 목록에 적은 건물에 관하여 아래와 같은 주택임차권등기(또는 상가건물임차권등기)를 명한다.
라는 결정을 구합니다.

아 래

임대차계약일 : 2011. 12. 7.
임차보증금액 : 돈 20,000,000원, 차임 : 돈 500,000원
주민등록 전입신고일 : 2011. 12. 15.
점유개시일 : 2011. 12. 15.
확정일자를 받은 날 : 2011. 12. 15.

신 청 이 유

1. 신청인과 피신청인은 2011. 12. 7. 피신청인 소유 별지 목록 기재 건물 중 주택부분(3층) 82.12㎡를 임차보증금 20,000,000원, 차임 500,000원, 임대차기간 2년으로 정하여 주택임대차계약을 체결하였습니다.
2. 신청인은 임대차계약기간의 만료를 앞둔 2013. 10. 20. 위 계약에 대하여 재계약을 원하지 않는다는 의사를 피신청인에게 통지하였고, 이로 인하여 위 임

대차계약은 같은 해 12. 6. 만료되었습니다.

3. 신청인은 2011. 12. 15. 위 주택의 점유를 시작하여 현재도 점유하고 있으며, 위 같은날 주민등록의 전입신고를 마침과 동시에, 위 계약서에 확정일자를 받아두었습니다.
4. 신청인은 피신청인에게 위 주택의 인도와 동시이행으로 임대보증금을 반환하여 줄 것을 요구하고 있지만, 피신청인은 특별한 이유 없이 이에 불응하고 있습니다. 따라서 이 신청을 하게 되었습니다.

소명자료 및 첨부서류

1. 건물 및 토지등기부등본 각 1통.
1. 주민등록등본 1통.
1. 임대차계약서 사본 1통.
1. 부동산목록 5통.
1. 계약갱신거절통지(내용증명우편) 1통.
1. 송달료납부서 1통.
1. 등록세납부영수증 1통.

2014. . .

위 신청인(임차인) 홍 길 동 인

수원지방법원 안양지원 귀중

건 물 목 록

과천시 주안동 000-00 대 277.6㎡

위 지상 벽돌조 슬래브지붕 3층 다세대주택 중 3층 주택 82.12㎡

* 임대보증금은 계약금액에도 불구하고 실제로 청구할 금액을 기재한다. 즉 연체한 차임을 보증금반환청구권과 상계한다. 미등기 전세의 경우에는 차임을 적는 곳에 전세보증금을 기재한다. 재계약을 바라지 아니한다는 통지는 계약의 만료일 기준 1개월을 소급하여 그보다 앞선 시기에 해야 한다. 가령 임대차기간의 만료일이 2013. 12. 31. 이라고 한다면 계약갱신을 바라지 아니한다는 통지는 2013. 11. 30. 이전에 상대방에게 도달케 하여야 한다. 반드시 문서로 통지하여야 하는 것은 아니지만, 증거확보라는 차원에서 생각할 때에는 내용증명우편으로 발송하는 것이 바람직할 것이다.
* 인지대는 2,000원이며, 수입증지는 토지의 필지수마다 3,000원이다.
* 등록세 및 교육세는 3,600원을 목적물 소재지를 관할하는 시·군·구청에 납부한다.
* 송달료는 19,500원을 예납한다(3,250원×3회×2명).
* 등기의 실행은 법원의 촉탁으로 하게 된다.

26. 증인신청

증 인 신 청

사건 2013가합 제0000호 소유권확인

원고 ○ ○ ○

피고 ○ ○ ○

위 사건에 관하여 원고(또는 피고)는 다음과 같이 증인을 신청합니다.

다 음

1. 증인의 표시

성명 생년월일

주소

전화번호

원고 및 피고와의 관계

2. 증인이 이 사건에 관여하거나 알게 된 경위

3. 신문할 사항의 개요

가.

나.

다.

4. 희망하는 증인신문 방식

(* 법원은 여기에 "증인진술서 제출방식", "증인신문사항 제출방식", "서면에 의한 진술방식"을 예시하고 있으나, 일반적으로는 증인신문사항 제출방식을 활용한다. 이 방식은 법원이 증인을 직접 신문할 수 있기 때문에 다른 방식보다는 신빙성을 더 줄 수 있을 것이다. 어떤 방식으로 할 것인지를 선택한 다음 그 이유도 간략히 기재한다)

6. 그 밖의 필요한 사항

첨부 : 증인신문사항 4통.

2014. 1. .

위 원고(또는 피고) ○ ○ ○ (인)

○○지방법원 민사 제0부 귀중

증인 000 신문사항
1. 증인은 이 사건의 원고와 피고를 알고 있지요. 2. 증인이 원고와 피고를 알게 된 경위에 관하여 간단히 진술하시오. 3. 증인은 이 사건과 관련이 있는 ___________ 에 관하여 들은 적이 있지요. 4. 5. 6. 기타 (* 요령 : 질문은 다소 길더라도 증인의 대답은 짧게 할 수 있도록 작성하는 것이 일반적이다)

* 증인신청서에는 인지대나 송달료는 따로 납부하지 아니하나, 증인의 여비는 납부하여야 한다. 증인의 출석 거리에 따라 여비의 액수가 다르므로 미리 재판부의 계장과 전화상담을 하여야 할 것이다.
* 실무에서 변호사의 조력을 받지 않고 스스로 소송을 수행하는 당사자 중에는 증인신청과 증인신문을 함에 있어 절차의 문제로 머뭇거리는 경우가 있는 것으로 보인다. 특히 증인신문을 주저하게 되는데, 변호사가 없는 당사자의 경우에는 재판장이 당사자를 대신하여 신문을 진행하는 것이 관례이므로, 이에 관하여는 염려할 이유가 없다고 본다.
* 여러 명의 증인을 신청하는 경우에는 증인마다 신청서를 따로 작성하여 제출해야 한다.
* 변론기일에 상대방이 있는 자리에서 말로 증인신청을 하고, 재판장이 이를 허락한 경우에는 그 뒤에 증인신문사항만 제출하면 될 것이고, 증인을 출석시키는 것은 증인을 신청한 당사자가 해야 할 일이다.
* 증인신문사항 또는 증인진술서는 단독사건은 상대방의 수에 2를 더하고, 합의부사건은 3을 더한 수만큼을 제출한다. 증인이 출석하기 어려운 사정이 있으면 증인진술서를 공증하여 제출하는 것도 요령이 될 것이다.

27. 지급명령신청 및 이의신청

지급명령은 금전 기타 대체물(代替物)이나 유가증권(어음이나 수표 등)의 일정한 수량의 지급을 목적으로 하는 청구권에 관하여, 채권자에게 간편하고 신속하게 집행권원(執行權源)을 얻도록 하는 약식소송절차(略式訴訟節次)를 말한다. 이를 「민사소송법」에서는 독촉절차라고 한다. 이는 채무자가 응소(應訴)할 가능성이 거의 없는 경우에 주로 이용이 된다.

지급명령은 소송의 값이 많고 적음을 불문하고 지방법원 또는 지원 판독판사의 전속관할이고, 토지관할은 채무자의 주소지, 근무지, 사무소 및 영업소의 관할이다. 다만, 금전채권은 지참채무(채무자가 찾아가서 갚아야 하는 채무)이므로 채권자의 주소지를 관할하는 법원에 신청하면 된다.

이는 국내에서 공시송달(公示送達)에 의하지 아니하고 송달할 수 있는 경우에만 인정이 된다. 신청은 정식절차의 소에 관한 규정이 준용되는데, 다만 인지액은 일반 소장의 10분지1이다.

지급명령은 채무자를 심문하지 않고 결정으로 재판한다. 채권자는 법원으로부터 채무자의 주소를 보정하라는 명령을 받은 경우에는 소제기신청을 할 수 있고, 지급명령을 공시송달에 의하지 않고는 송달할 수 없는 때에는 법원은 직권으로 소송에 부칠 수 있다.

지급명령을 받은 채무자는 2주 안에 이의신청을 할 수 있고, 이의신청을 하면 소송으로 이행(移行)한다. 이 경우에 지급명령은 효력을 잃고, 지급명령이 신청된 때에 소가 제기된 것으로 본다. 채권자는 소송인지와 송달료를 보충하여야 하며, 채권자는 원고로, 채무자는 피고로 신분이 바뀌게 된다. 만일 채무자가 2주 안에 이이신청을 하지 아니하면 지급명령은 확정되어 판결서와 동일한 효력을 갖게 된다. 그러나 판결과는 달리 집행문을 따로 필요로 하지 않는다. 즉 집행력까지 포함하는 효력이 있다.

지급명령에 관하여는 「민사소송법」 제462조부터 제474조에서 규정하고 있다. 지급명령에 불복(不服)하는 방법은 이의신청이다. 이의신청서에는 답변서를 함께 제출하는 것이 일반적이나, 답변서를 따로 제출하는 경우에도 30일 안에 제출하여야 한다.

확정된 지급명령의 경우 그 지급명령의 청구원인이 된 청구권에 관하여 지급명령의 발령 전에 생긴 불성립이나 무효 등의 사유를 그 지급명령에 대한 이의의 소에서 주장할 수 있고, 이 청구이의의 소에서의 청구이의 사유에 관한 입증책임도 일반 민사소송에서의 증명책임 분배(證明責任 分配)의 원칙(原則)에 따라야 한다. 따라서 확정된 지급명령에 대한 청구이의의 소송에서 원고가 피고의 채권이 성립하지 아니하였음을 주장하는 경우에는 피고에게 채권의 발생원인사실을 증명할 책임이 있고, 원고가 그 채권이 통정허위표시(通情虛僞表示)로서 무효라거나 변제에 의하여 소멸하였다는 등 권리발생의 장애 또는 소멸사유에 해당하는 사실을 주장하는 경우에는 원고에게 입증책임이 있다(2010다12852). 청구이의의 소는 「민사집행법」에서 규정하는 소송이다.

지 급 명 령 신 청

채권자 홍 길 동
안산시 상록구 00동 00
031)000-0000, 010-0000-0000

채무자 박 갑 돌
시흥시 정왕동 000-00

신 청 취 지

채무자는 채권자에게 아래 금액을 지급하라.
는 명령을 구합니다.

1. 돈 35,000,000원
2. 위 제1항 금액에 관하여 이 사건 지급명령정본이 송달된 다음날부터 다 갚는 날까지 연 20%의 비율에 의한 지연손해금

독촉절차 비용

돈 42,000원(내역 : 송달료 26,000원, 인지대 16,000원)

신 청 원 인

1. 채권자는 채무자에게 2012. . . 공작기계(사출기) 1대를 제작하여 납품하였습니다. 기계의 가격은 돈 80,000,000원으로 약정을 하였고, 그동안 채무자는 돈 45,000,000원만을 원고에게 변제하였을 뿐입니다.
2. 신청금액에 관하여는 특별한 이유 없이 변제를 하지 않고 있습니다. 따라서 채권자는 위 돈과 그 지연이자를 지급받기 위하여 이 신청에 이르렀습니다.

입증방법 및 첨부서류

1. 갑 제1호증 사출기 납품계약서 1통.
1. 송달료납부서 1통

2014.　.　.

위 신청인(채권자)　홍 길 동 (인)

수원지방법원 안산지원 귀중

* 인지대의 계산식은 (35,000,000원 × 0.0045 + 5,000원) × 0.1이므로 16,000원이다.
* 송달료는 당사자 2명 × 4회분 × 3,250원이므로 26,000원을 예납한다.
* 지급명령신청서에는 부본을 붙일 필요는 없다. 법원에서는 신청서를 복사하여 상대방에게 명령할 때 사용하고 있다.

지급명령에 대한 이의신청

사　건　2013차 제000호 물품대금
채권자　홍 길 동
채무자　박 갑 돌

위 독촉사건에 관하여 채무자는 2014.　.　. 지급명령정본을 송달받았으나, 이에 불복하므로 이의신청을 합니다.

2014.　.　.

위 이의신청인(채무자)　연 놀 부 (인)

수원지방법원 안산지원 귀중

* 지급명령에 대한 이의신청에는 비용의 지출은 필요하지 않다.

28. 추완항소장(追完抗訴狀)

추 완 항 소 장

항소인(피고) 성명 ○ ○ ○
주소
전화번호
메일주소
피항소인(원고) 성명 ○ ○ ○
주소
전화번호
메일주소

위 당사자 사이에 귀원 2013가단 제0000호 대여금청구사건에 관하여 같은 법원이 2013. . . 선고한 판결에 대하여 원고가 허위주소를 기재하여 판결을 편취하는 바람에 항소인은 책임 질 수 없는 사유로 항소기간이 도과하였습니다. 따라서 추완항소를 제기합니다.

원판결의 표시

1. 피고는 원고에게 돈 50,000,000원 및 위 돈에 대하여 2013. . .부터 다 갚는 날까지 연 24%의 비율에 의한 돈을 지급하라.
2. 소송비용은 피고의 부담으로 한다.
3. 제1항은 가집행 할 수 있다.

항 소 취 지

1. 원심판결을 취소한다.
2. 원고의 청구를 기각한다.

3. 소송비용은 제1심 및 제2심 모두를 원고의 부담으로 한다.
라는 판결을 구합니다

항 소 이 유

나중에 정리하여 제출하겠습니다.

첨 부 서 류

1. 추완항소장 부본 1통.
1. 송달료납부서 1통.

2014. . .

위 항소인 ○ ○ ○ (인)

○○지방법원 귀중

* 항소장에는 제1심 소장에 붙이는 인지의 1.5배를 붙인다. 송달료는 당사자의 수 × 12회분 × 3,250원을 예납한다.
* 이 항소장에는 (50,000,000원 × 0.0045 + 5,000원) × 1.5로 계산한 인지를 납부하여야 하므로, 인지대는 345,000원이다.
* 추후보완항소를 하는 경우의 대부분은 공시송달에 의하여 제1심 판결이 선고된 경우일 것이다. 항소인이 책임 질 수 없는 사정으로 항소기간이 도과함으로써 제1심판결이 확정된 뒤에 그 사실을 알게 되면 그 사유(공시송달에 의하여 판결이 확정된 사실)를 알게 된 날로부터 2주일 안에 항소장이 법원에 제출되어야 한다. 이 사유를 알게 되는 시기는 보통 항소인이 법원에 가서 제1심 소송기록을 열람 내지 등사를 한 때가 될 것이다. 항소기간의 제한은 위 2주일뿐이므로 제1심판결이 언제 확정되었는가는 문제되지 않는다.
* 항소이유는 사건의 내용이 복잡하지 않다면 항소장과 동시에 제출하는 것이 일반적이지만,

그렇지 아이한 때에는 위와 같이 우선 항소장만을 제출하고 나중에 항소이유서를 따로 제출할 수도 있다.

* "판결의 편취"란 원고가 피고에게 서류를 송달할 수 있는 방법을 알고 있으면서도 법원을 속여서 송달되지 못하게 하는 방법(원고가 피고의 주소지에서 피고를 가장하여 송달서류를 직접 수령하는 경우 등)으로 승소판결을 받는 것을 말한다.
* 제1심 사건이 합의부사건인 때에는 항소장을 제출하는 법원은 고등법원으로 표시하되, 항소장의 "제출"은 원심법원(제1심선고법원)에 한다.

Ⅱ. 민사 · 가사집행 관련 서류의 작성

1. 가압류 · 가처분의 이해

민사집행의 큰 틀은 보전처분과 강제집행으로 나뉜다. 강제집행은 다시 압류절차와 경매절차로 구별할 수 있고, 경매에는 강제경매와 임의경매(담보권실행을 위한 경매)가 있다.

보전처분(保全處分)이라고 함은 사법상(私法上)의 권리가 침해당할 염려가 있는 경우에 이를 예방하여 권리의 보전을 꾀하는, 즉 장래에 있을 판결 등의 집행을 미리 보전하는 절차이다. 이에는 가압류와 가처분이 있다. 보전처분은 본안소송의 제기 전후를 가리지 않고 신청할 수 있다. 보전처분에서도 그 성질이 허용하는 것은 모두 강제집행에 관한 규정을 준용한다. 가압류와 가처분은 재판의 고지와 동시에 집행이 가능하므로 집행문은 필요하지 않다. 다만, 채권자나 채무자의 승계가 있는 때에는 승계집행문을 받아야 한다. 여기의 승계는 특별승계도 포함한다. 강제집행을 준용하지 아니하는 규정, 즉 보전처분에 특유한 집행에 관한 규정은 「민사집행법」 제292조 내지 제299조에 있다.

1) 가압류의 관할

① 가압류할 물건이 있는 곳을 관할하는 지방법원

가압류를 하고자 하는 물건이 여러 개의 지방법원의 관할구역 안에 있는 경우에는 그 중 하나의 법원을 선택하여 신청할 수 있다.

② 본안(本案)의 관할법원

본안이라고 함은 가압류의 목적이 되는 권리를 다투는 재판을 말한다. 아직 본안이 진행되기 전이라면 앞으로 본안의 재판을 하게 될 법원을 뜻한다. 따라서 앞으로 담당하게 될 법원이 단독사건인지 합의부사건인지 또는 소액사건인지에 따라 관할법원이 달라진다.

관할법원이 위 ①과 ②에 중복하는 경우에는 그 중 어느 법원에 신청하여도 무방하다.

2) 가처분의 관할

① 본안의 관할법원

본안이 계속되기 전이라면 앞으로 본안을 담당하게 될 법원이 관할권을 갖는 점은 가압류와 같다. 토지관할과 사물관할을 달리하는 경우에는 그 중 하나의 법원을 선택할 수 있음도 가압류와 같다.

② 다툼의 대상이 있는 곳을 관할하는 지방법원

다툼의 대상이 있는 곳이란, 이를테면 부산에서 사용 중인 자동차의 등록지가 서울이고, 이 자동차에 대한 소유권에 관한 다툼이 있다면 서울이 다툼의 대상이 있는 곳이 될 것이다.

3) 제2심의 본안을 관할하는 법원

보전처분의 관할은 원칙적으로 제1심을 관할하는 지방법원이다. 다만, 본안이 제2심에 계속 중인 때에는 제2심이 관할법원이 된다. 그러나 본안이 상고심(3심)에 계속 중이는 경우에는 제1심 법원의 관할이 된다.

4) 관할의 예외

급박한 경우에는 가압류 또는 가처분신청에 대한 재판을 재판장이 할 수 있다. 재판장이라고 함은 합의부의 재판장을 말한다.

5) 가압류의 요건

가압류는 다음의 요건을 모두 갖추어야 할 수 있다.

① 금전채권이거나 금전채권으로 환산할 수 있는 채권일 것

여기서 "금전으로 환산할 수 있는 채권"은 채무불이행으로 인하여 손해배상으로 변하는 경우와 같이 금전채권으로 바뀌게 되는 것을 말한다. 채무자의 책임 없는 사유로 인하여 채권의 목적물이 멸실 또는 훼손됨으로써 채무자가 제3자로부터 받게 될 금전이 있는 경우에서, 채권자가 그 금전에 대하여 대상청구권(代償請求權)을 행사하는 경우도 이에 해당한다.

채권의 일부에 대한 가압류도 허용됨은 물론이다. 채권에 조건이 붙어 있거나 기한(期限)이 차지 아니한 경우에도 가압류가 허용된다.

② 동산 또는 부동산에 대한 강제집행을 보전하기 위한 것일 것

여기서 말하는 동산은 채권 기타의 재산권을 포함하는 넓은 개념이다.

③ 가압류의 필요성이 있을 것

가압류를 하지 아니하면 판결을 집행할 수 없거나 판결의 집행이 매우 곤란한 염려가 있어야 한다. 「민사집행법」 제227조는 판결만을 규정하고 있으나, 이는 예시(例示)에 불과한 것이므로 모든 집행권원의 집행불능과 집행의 현저한 곤란은 가압류를 할 수 있는 요건이 된다.

6) 가처분의 요건

가처분은 다음 중 어느 하나에 해당하는 경우에 할 수 있다.

① 다툼의 대상에 관하여 현상(現像)이 바뀌면 권리를 실행할 수 없거나 실행하는 것이 매우 곤란할 염려가 있을 것

가처분은 특정물의 급부(給付)를 목적으로 하는 청구권의 집행을 보전하기 위한 것이라는 점이 가압류와는 다른 점이다. 권리를 실행한다고 하는 것은 강제집행을 말한다.

② 다툼이 있는 권리에 대하여 임시의 지위를 정할 필요가 있을 것

이 경우에는 특히 계속되는 ㉮권리관계에 끼칠 현저한 손해를 피하거나, ㉯급박한 위험을 막기 위하여, ㉰그 밖의 필요한 이유가 있을 경우에 가처분을 신청할 수 있다.

임시의 지위를 정할 필요가 있다고 하는 것은, 이를테면 회사의 이사나 대표이사가 회사에 손해를 주는 업무집행을 계속하는 경우에 있어서, 분쟁이 끝날 때까지 이사나 대표이사의 직무를 정지시킬 필요가 있는 경우이다.

7) 가압류 · 가처분의 신청

가압류와 가처분의 신청서에는 다음 사항을 적어야 하고, 신청의 취지와 이유 및 사실상의 주장을 소명하기 위한 증거방법을 적어야 한다. 소명(疏明)은 증명보다는 낮은 정도의 개연성을 말하는 것으로, 법관으로 하여금 일단 확실할 것이라는 추측을 얻게 하는 정도의 입증이다.

① 청구채권의 표시
② 청구채권이 일정한 금액이 아닌 때에는 금전으로 환산한 금액
③ 「민사집행법」 제277조(보전의 필요)의 규정에 따라 가압류의 이유가 될 사실의 표시

8) 가압류 · 가처분에 대한 이의신청

가압류나 가처분의 피신청인(또는 일반승계인)은 가압류나 가처분의 결정에 대하여 이의신청을 할 수 있다. 그 신청에는 그 결정의 취소나 변경을 구하는 이유를 밝혀야 한다. 가처분에 대하여는 집행의 정지도 신청할 수 있다. 이의신청은 가압류의 집행을 정지하지 않는다. 이의신청에 대한 재판은 본안소송이 계속된 법원이 관할한다.

9) 제소명령 및 가압류 · 가처분의 취소신청

가압류나 가처분을 명한 법원은 채무자의 신청이 있으면 변론 없이 상당한 기간을 정하여 채권자에게 본안의 소를 제기하여 그 사실을 증명하는 서류(이미 소를 제기한 때에는 소송이 계속 중인 사실을 증명하는 서류)를 제출하도록 명하여야 한다. 위 기간은 2주 이상으로 정하여야 한다. 본안의 소송은 그 종류를 가리지 않는다.

채권자가 정해진 기간 안에 서류를 제출하지 않거나 제출했더라도 본안의 소가 취하 또는 각하된 경우에는 법원은 채무자의 신청에 의하여 결정으로 보전처분을 취소하여야 한다. 이 결정에 대하여 채권자는 즉시항고를 할 수 있으나, 이 즉시항고에는 집행을 정지하는 효력이 없다.

10) 사정변경 등에 따른 가압류 · 가처분의 취소신청

채무자는 다음 각 항의 어느 하나에 해당하는 경우에는 가압류나 가처분의 취소신청을 할 수 있다. ③에 해당하는 사유는 이해관계인도 신청할 수 있다. 관할법원은 원칙적으로 보전처분을 명한 법원이지만, 본안이 계속 중인 때에는 본안법원이 관할한다.

보전처분에서는 사정변경에 의한 취소신청이 인정되기 때문에 청구에 관한 이의의 소는 허용되지 않는다.

① 가압류 · 가처분의 이유가 소멸하거나 그 밖에 사정이 바뀐 때

② 법원이 정한 담보를 제공한 때

③ 가압류나 가처분이 집행된 뒤에 3년 동안 본안의 소를 제기하지 아니한 때

11) 특별한 사정으로 인한 가처분의 취소

특별한 사정이 있는 때에는 담보를 제공하게 하고 가처분을 취소할 수 있다. 판례가 인정하고 있는 특별한 사정은 ① 금전보상으로 목적을 달성할 수 있는 경우 또는 ② 가처분으로 인하여 채무자가 과다한 손해(통상 입는 손해보다 훨씬 큰 손해)를 입는 경우이다. 이는 가압류에는 적용되지 않는다.

12) 보전처분의 집행

가압류 또는 가처분의 재판이 있은 후에 채권자나 채무자의 승계가 이루어진 경우에는 승계집행문을 받아야 집행할 수 있다. 가압류 · 가처분의 집행은 채권자에게 재

판을 고지한 날로부터 2주를 넘기면 하지 못한다. 이 집행은 채무자에게 재판이 송달되기 전에도 할 수 있다.

보전처분에 관한 서식 등은 제3장 가사소송의 제6편 "이행의 확보"에서 다루었다.

2. 경매부동산의 인도명령(引渡命令)

법원은 매수인이 대금을 낸 뒤 6월 안에 신청하면 채무자·소유자 또는 부동산 점유자에 대하여 부동산을 매수인에게 인도하도록 명할 수 있다. 다만, 점유자가 매수인에게 대항할 수 있는 권원(權原)에 의하여 점유하고 있는 것으로 인정되는 경우에는 그러하지 아니하다. 여기의 대항할 수 있는 권원이라고 함은 유치권과 같은 것을 말한다.

「민사집행법」 제136조의 이 인도명령은 부동산의 경매절차 중의 절차이다. 따라서 경매절차에서 소유권을 취득한 매수인은 자기의 소유권에 터 잡은 방해배제청구권 등을 행사할 수도 있다. 다음에는 이 인도명령의 요건을 살펴본다.

① 매수인(買受人)

여기의 매수인은 경매절차에서 매각대금을 모두 지급함으로써 소유권을 취득한 사람이다. 경매부동산의 인도청구는 경락인(매수인)에게 허용된 경매절차상의 권리에 속하는 것이므로, 제3자가 경락인으로부터 경락부동산의 소유권을 취득하였다 하더라도 그 제3자가 승계를 이유로 인도청구를 할 수 없다(66마713). 승계인에게 이를 허락하지 않는 이유는 경매절차 중의 하나의 절차로 보기 때문이다.

② 피신청인(채무자·소유자·점유자)

여기의 소유자는 매각된 부동산에 대한 소유권을 잃은 소유자를 말한다. 대부분은 채무자와 동일한 사람일 것이다.

인도명령의 상대방은 경매목적물의 소유자나 채무자 외에도 경락허가결정(매각허가결정) 후의 일반승계인(상속인, 회사합병에서의 존속회사), 경매개시결정으로 인한 압류의 효력 발생(경매개시결정등기) 후의 특정승계인 및 불법점유자를 포함한다(73마734).

이 판례는 구법이 적용될 때의 판결이기 때문에 압류의 효력이 발생한 후의 특정승계인 및 불법점유자라고 설명하고 있으나, 현행 「민사집행법」은 이러한 제한이 없다. 따라서 정당한 권원이 없는 점유자는 모두 피신청인이 된다.

부동산 인도명령의 상대방이 채무자인 경우에, 그 인도명령의 집행력은 당해 채무자는 물론 채무자와 한 세대를 구성하며 독립된 생계를 영위하지 아니하는 가족처럼 채무자와 동일시되는 사람에게도 미친다(96다30786).

③ 대항력 있는 점유권자가 아닐 것

「주택임대차보호법」에서 임차인에게 대항력과 우선변제권의 두 가지 권리를 인정하고 있는 취지가 보증금을 반환받을 수 있도록 보장하기 위한 데에 있는 점을 고려하여 볼 때, 두 가지 권리를 가진 임차인이 우선변제권을 선택하여 임차주택에 대하여 진행되고 있는 경매절차에서 보증금에 대하여 배당요구를 하였다 하더라도 순위에 따른 배당을 실시할 경우 보증금 전액을 배당받을 수 없는 때에는 보증금 중 경매절차에서 배당받을 수 있는 금액을 공제한 잔액에 관하여 경락인에게 대항하여 이를 반환받을 때까지 임대차관계의 존속을 주장할 수 있고, 보증금 전액을 배당받을 수 있는 때에는 다른 특별한 사정이 없는 한 임차인이 경매절차에서 보증금 상당의 배당금을 지급받을 수 있는 때, 즉 임차인에 대한 배당표가 확정될 때까지는 경락인에 대하여 임차주택의 명도를 거절할 수 있다(97다11195).

이에 관한 법리(法理)는 「상가건물임대차보호법」에도 마찬가지로 적용되므로, 상가건물임차인도 대항력을 갖춘 경우(점유와 사업자등록)에는 임대보증금의 전액을 변제받을 때까지 부동산의 인도를 거절할 수 있다.

④ 매수대금을 다 낸 때로부터 6월 안에 집행법원에 신청할 것

(부동산인도명령신청서)

부 동 산 인 도 명 령 신 청

신청인(매수인)　곽 삼 수
서울 중구 정동 000-00
02) 0000-0000
피신청인(소유자) 홍 길 남
서울 강서구 등촌동 00-000
010-0000-0000
피신청인(점유자) 윤 삼 례
서울 강서구 등촌동 00-000
02) 0000-0000

신 청 취 지

피신청인들은 신청인에게 별지 목록에 적힌 부동산을 인도하라.
는 재판을 구합니다.

신 청 이 유

1. 귀원 2013타경 제3752호 부동산강제경매사건에 관하여 신청인은 2013. 8. 18. 매각허가결정을 받아 같은 해 10. 4. 매각대금을 모두 지급하고, 신청인 앞으로 소유권이전등기를 마쳤습니다.
2. 피신청인 홍길남은 별지 목록에 적힌 부동산의 전 소유자 겸 채무자로서 위 부동산의 인도요구에 불응하고 있습니다.
3. 피신청인 윤삼례는 별지 목록에 적힌 부동산의 점유자입니다. 위 윤삼례는 위 부동산(주택)을 점유함에 있어 신청인에게 대항할 수 없는 점유자입니다.
4. 신청인은 피신청인들에 대하여 여러 차례에 걸쳐 위 부동산의 인도를 요구하였지만 정당한 이유 없이 인도를 거절하고 있으므로, 부득이 이 신청을 하게 되었습니다.

소명자료 및 첨부서류

1. 주민등록등본 1통.
1. 매각대금납부영수증 사본 1통.
1. 부동산등기부등본 1통.
1. 송달료납부서 1통.
1. 부동산목록 1통.

2014. 1. .

위 신청인(매수인) 곽 삼 수 (인)

서울서부지방법원 귀중

부동산 목록

서울 강서구 등촌동 00-000
대 129㎡

위 지상 벽돌조 슬래브지붕 2층 주택
1층 82.3㎡
2층 82.3㎡
지층 82.3㎡ 중 2층 82.3㎡

* 이 신청에는 1,000원짜리 인지를 붙이고, 송달료는 당사자의 수 × 2회분 × 3,250원을 예납한다.
* 부동산인도명령신청을 받은 법원은 일반적으로 2주일 안에 명령을 하고, 이 명령은 신청인이 송달받는 즉시 인도집행을 할 수 있다. 집행문을 받을 필요도 없이 집행이 가능하므로 이 부동산인도명령서를 집행관에게 제시하고 집행비용을 납부하면 된다.

* 그러나 대부분의 매수인(낙찰인)은 점유자가 정당한 권원이 없다고 하더라도 이사비용 정도를 주면서 합의에 의하여 인도하도록 유도하고 있다.

3. 배당요구(부동산경매)

부동산 경매절차에서는 매각대금을 배당하게 되는데, 배당해줄 것을 요구해야만 배당을 받을 수 있는 사람이 있고, 배당을 요구하지 않더라도 당연히 배당을 받는 사람이 있다.

1) 배당요구를 해야 하는 사람

① 집행력 있는 정본을 가진 사람 : 확정된 종국판결, 확정된 지급명령, 소송비용액확정결정, 집행증서(공증서류), 가집행선고 있는 종국판결, 외국판결의 집행판결, 청구의 인낙조서, 제소전화해조서, 소송상 화해조서, 조정조서, 배상명령

② 경매개시결정등기 뒤에 가압류한 사람

③ 말소되지 않는 지상권·전세권·임차권의 등기권리자 : 경매로 인하여 말소되는 최선순위 저당권보다도 앞선 순위이므로 말소되지 않는 것임

④ 법률에 의하여 우선변제청구권이 인정되는 채권을 가진 사람 : 마지막 3개월분의 임금, 마지막 3년분의 퇴직금

⑤ 경매개시결정등기 뒤에 체납처분에 의한 압류한 세무관서

⑥ 담보가등기를 한 가등기권리자

2) 배당요구 없이도 배당 받는 사람

① 경매개시결정등기 전에 가압류 한 사람

② 경매개시결정등기 전의 등기로서 말소되는 등기의 권리자 : 모든 저당권자, 최선순위 저당권자보다 선순위가 아닌 지상권·전세권·임차권의 등기권리자

③ 경매개시결정등기 전에 체납처분에 의해 압류한 세무관서

④ 앞선 경매개시결정등기 뒤에 경매신청을 한 사람(이중경매신청자)

3) 배당의 순위

〈제1그룹〉

① 「근로기준법」의 규정에 의한 근로자의 최종 3월분의 임금 및 재해보상금채권

② 「근로자퇴직급여보장법」의 규정에 의한 최근 3년간의 퇴직금 등 채권

③ 「주택임대차보호법」의 규정에 의한 소액임차인의 소액임차보증금채권

④ 「국세징수법」 및 「지방세법」의 규정에 의한 당해세 및 가산금채권(해당 부동산에 대하여 부과된 것)

* 같은 그룹의 모든 채권자에게 배당할 돈이 부족하면 안분비례(按分比例)의 방법으로 배당함. 최우선순위는 경매신청자의 경매집행비용임.

〈제2그룹〉

① 담보물권(擔保物權)

② 경매개시결정등기가 마쳐지기 전에 등기한 압류 및 가압류채권

③ 「주택임대차보호법」의 규정에 의한 우선변제권을 갖춘(주민등록과 점유 및 확정일자인) 주택임대차보증금반환청구채권

④ 「상가건물임대차보호법」의 규정에 의한 우선변제권을 갖춘(사업자등록과 점유 및 확정일자) 상가건물임대차보증금반환청구채권

* 같은 그룹 내에서는 배당할 돈이 부족하면 안분배당

4. 부동산 경매절차

1) 경매절차의 이해

부동산 경매는 채무자 소유의 부동산을 압류한 다음 환가(換價)하여, 그 매각대금을 채권자들의 채권 변제에 충당하는 절차이다.

여기의 경매에는 담보권실행을 위한 경매(임의경매)와 강제경매가 있다. 임의경매가 강제경매와 다른 점은 경매를 신청하는 사람이 부동산 위의 담보권자라는 점이다. 그 외에는 강제경매와 크게 다르지 않다. 강제경매를 신청하기 위해서는 집행권원(執行權原)이 있어야 한다.

<u>경매의 절차를 요약</u>하면 ① 경매신청 → ② 경매개시결정 및 등기촉탁 → ③ 결매개시결정등기(압류의 효력) → ④ 배당요구의 종기 공고 → ⑤ 부동산의 현황조사 및 감정평가 → ⑥ 최저입찰가결정 및 매각공고 → ⑦ 최고가입찰자 결정 → ⑧ 경락허

가 결정 → ⑨ 매수인(낙찰자)의 경락대금 납부 → ⑩ 경락대금의 배당 → ⑪ 매수인 앞으로 소유권이전등기 및 배당받은 권리자의 말소등기 촉탁 등의 절차에 의하여 완결된다.

위 절차의 진행과정에서 이해관계인은 부당한 경매개시결정에 대하여는 이의신청을 할 수 있고, 경락허부결정(競落許否決定)에 대하여는 즉시항고를 할 수 있다.

2) 경매신청서에 적어야 할 사항

① 채권자 · 채무자의 표시
② 법원(法院)의 표시 : 부동산이 있는 곳
③ 부동산의 표시
④ 경매의 이유가 된 일정한 채권 및 집행할 수 있는 일정한 집행권원(執行權原)

3) 강제경매신청 첨부서류

① 채무자의 소유로 등기된 부동산은 부동산등기부등본
② 채무자의 소유로 등기되지 아니한 부동산의 경우에는 즉시 채무자 명의로 등기할 수 있다는 것을 증명할 서류
③ 건물이 채무자의 소유로 등기되지 아니한 경우로서 미등기인 때에는, ㉮ 채무자의 소유임을 증명할 수 있는 서류, ㉯ 그 건물의 지번 · 구조 · 면적을 증명할 수 있는 서류 및 ㉰ 건축허가나 건축신고를 증명할 수 있는 서류
④ 집행력 있는 등본 및 집행권원의 송달증명서
⑤ 담보제공의 증명서 및 그 등본의 송달증명서 : 담보제공명령을 받은 경우
⑥ 반대급부의 이행이나 제공을 증명하는 서류 : 해당하는 경우
⑦ 승계사실을 증명하는 서면 : 채권자나 채무자의 지위가 승계된 경우
⑧ 경매신청기입등기에 관한 등록세 및 교육세 영수필통지서
⑨ 송달료납부서

(부동산강제경매신청서)

부 동 산 강 제 경 매 신 청

채권자　　홍 길 동
겸 신청인　주소　춘천시 00동 00-00 행복연립 3동 101호
　　　　　전화번호　010-0000-0000

채무자　　황 ○○
겸 소유자　주소　춘천시 00동 000-00
　　　　　전화번호　010-0000-0000

신 청 금 액

돈 50,000,000원 및 이에 대한 2010. . .부터 다 갚는 날까지 연 20%의 비율로 계산한 지연손해금

경매할 부동산의 표시

별지 목록 기재와 같음

경매의 원인된 채권과 집행할 수 있는 집행권원

춘천지방법원 2010가단 제00호 물품대금 사건의 2010. . .선고한 집행력 있는 판결정본

신 청 취 지

채권자의 채무자에 대한 위 청구채권의 변제에 충당하기 위하여 채무자 소유인 별지 목록 기재 부동산에 대하여 강제경매절차를 개시한다.
라는 재판을 구합니다.

신 청 이 유

채권자는 채무자에 대하여 위 판결에 의한 집행권원이 있고, 이에 터 잡아 채

무자에게 여러 차례에 걸쳐 채무의 변제를 촉구하였지만, 이를 이행하지 아니하므로 위 부동산에 대하여 강제경매절차를 개시하여 주시기 바랍니다.

첨 부 서 류

1. 집행력 있는 판결정본 1통.
1. 송달증명 1통.
1. 송달료납부서 1통.
1. 부동산등기부등본 1통.
1. 이해관계인 일람표 1통.
1. 등록세(교육세) 영수필통지 및 확인서 1통.
1. 부동산목록 5통.

2013. 10. 1.

위 신청인(채권자) 홍 길 동 (인)

춘천지방법원 귀중

부 동 산 목 록

1. 춘천시 우두동 000-0
   대 251㎡

2. 위 지상
   철근콘크리트조 슬라브지붕 주택
   1층 88㎡
   2층 58㎡

이해관계인 일람표

순	이해관계의 내용	성 명	주 소
1	채권자	홍길동	춘천시 우두동 00-00 행복연립 3동 101호
2	채권자 및 근저당권자	000	서울 구로구 가산동 000-00
3	채무자 겸 소유자	000	서울 영등포구 여의도동 00-0 신라아트빌라 000동 000호
4	압류채권자	춘천시	춘천시
5	압류채권자	000	서울 강남구 신사동 00

* 인지대, 송달료, 신문공고료, 부동산현황조사료, 등록세 등 신청할 때에 납부하여야 할 예납금은 제4장 절차의 비용 등 제3절의 "경매비용의 계산방법"을 참고하기 바란다. 그러나 통상 경매신청을 할 때에는 이 비용을 정확히 계산하여 예납하기 보다는 일반적으로 150만 원 내지 200만 원을 예납하고, 집행법원이 나중에 계산하도록 하는 것이 실무관행이다. 등록세 및 교육세는 시・군・구청에 미리 납부하여야 한다.

* 미등기인 토지 또는 건물의 경우에는 토지대장등본 또는 건축물대장등본을 첨부하여야 한다.

* 채권자나 채무자의 주소・성명이 집행권원의 기재와 등기부등본의 기재가 같지 아니한 경우에는 그 이유를 쉽게 이해할 수 있는 설명과 더불어 소명자료도 붙여야 한다.

* 공유지분에 대하여 신청을 하는 때에는 공유자일람표를 작성하고, 공유자의 지분을 적어야 한다.

* 채권자가 법인이면 법인등기부등본을, 채권자가 제한능력자이면 대리권을 증명하는 서면을, 채무자가 법인 아닌 사단이나 재단인 경우에는 부동산등기용등록번호를 증명하는 서류를 각 붙여야 한다.

* 이해관계인은 부동산등기부상에 나타나는 소유자, 채권자, 채무자, 각종 제한물권자 및 담보물권자를 말한다.

(담보권실행을 위한 경매신청서)

담보권실행을 위한 경매신청

채권자 성명 ○ ○ ○
주민등록번호 000000-0000000
주소
전화번호
팩스번호
채무자 성명
주민등록번호
주소
전화번호

신 청 금 액

돈 50,000,000원 및 이에 대하여 2012. . .부터 2013. . .까지 연 24%의 비율로 계산한 지연손해금(또는 이자)

신 청 취 지

별지 목록에 적힌 부동산에 대하여 경매절차를 개시하고, 채권자를 위하여 이를 압류한다.
라는 재판을 구합니다.

신 청 이 유

채권자는 채무자에게 2011. 9. 20. 돈 50,000,000원, 이자는 연 24%, 지급기는 2013. 9. 19.로 정하여 대여하면서, 위 채무의 담보로 채무자 소유의 별지에 적은 부동산에 대하여 귀원 2011. 9. 20. 접수 제000호로 근저당권설정등기를 마쳤는데, 채무자는 변제기가 지났음에도 위 돈을 갚지 아니하므로, 위 신청금액의 변제에 충당하기 위하여, 위 부동산에 대한 담보권실행을 위한 경매절차를 개시하여 주시기 바랍니다.

첨 부 서 류

1. 부동산등기부등본 1통.
1. 부동산목록 5통.
1. 송달료납부서 1통.
1. 이해관계인 일람표 1통.

2013. . .

위 신청인(채권자) ○ ○ ○ (인)

○○지방법원 귀중

5. 집행권원(執行權原)

집행권원이란 강제집행의 기초가 되는 것으로써 사법상(私法上)의 이행청구권이 표시되고, 그것을 강제집행 할 수 있다는 사실을 증명한 공정(公正)의 문서를 말한다.

채권자가 민사소송을 제기하는 궁극적인 목적은 채무자의 재산에 대하여 강제집행을 하기 위함이다. 즉 집행권원을 취득하기 위하여 소송을 하는 것이다. 그러나 집행권원에는 확정된 판결만이 있는 것은 아니다. 채권자가 집행권원을 가진 경우에 채권의 만족을 얻는 방법은 우선 집행문부여신청을 하여 집행권원에 집행문을 붙여야 한다. 이렇게 하여 얻은 집행문으로는 ① 채무자 소유의 부동산에 대한 강제경매신청, ② 채무자 소유의 동산에 대한 압류 및 매각신청, ③ 채무자의 채권에 대한 압류 및 추심명령 또는 압류 및 전부명령신청, ④ 채무자 소유의 자동차·선박·무체재산권 등 등록으로 공시되는 재산에 대한 압류 및 경매 등의 신청, ⑤ 채무자의 다른 채권자가 강제집행을 신청한 경우에 편승하여 배당요구를 하는 방법 등이 있다. 집행권원의 종류는 다음과 같다.

1) 확정된 종국판결(終局判決)

판결은 형성판결(공유물분할 등), 확인판결 및 이행판결로 구분할 수 있다. 여기의 판결은 이행판결을 말한다. 확정된 이행판결의 효력이 미치는 사람에 대한 범위(기판력 및 집행력의 주관적 범위)는 ① 당사자, ② 변론종결 후의 승계인(변론 없이 한 판결은 판결을 선고한 뒤의 승계인), ③ 앞의 사람들을 위하여 청구의 목적을 소지한 사람이다. 즉 여기에 해당하는 사람이 강제집행에 나아갈 수 있는 것이다.

일반적으로 판결은 상소기간(上訴期間)의 경과로 확정이 되며, 제1심판결과 제2심판결은 판결서를 송달받은 때부터 2주가 지나면 상소기간의 만료로 인하여 확정이 된다. 제3심의 재판은 상소기각 또는 판결 선고 즉시 확정이 된다. 다만, 환송판결(還送判決)은 그러하지 아니하다. 환송판결은 대법원이 사건을 다시 제2심법원으로 되돌려 보내는 판결이다.

2) 확정된 지급명령

지급명령을 송달받은 피고가 2주 안에 이의신청을 하지 아니하면 지급명령은 확정되어 집행권원이 된다.

3) 항고(抗告)로만 불복(不服)할 수 있는 재판

㉮ 소송비용액확정결정
㉯ 소송비용의 액수를 정하고 그 부담을 정하는 결정
㉰ 강제관리개시결정
㉱ 대체집행에 관한 결정
㉲ 간접강제에 관한 결정
㉳ 부동산인도명령

4) 집행증서(執行證書)

이는 공증인, 법무법인 또는 공증인가합동법률사무소에서 일정한 돈의 지급이나 대체물 또는 유가증권의 일정한 수량에 관한 급여를 목적으로 하는 청구에 관하여 작성한 문서로, 채권자가 앞으로 있을 미회수채권의 확보를 위하여 "채무자의 재산에 강제집행을 할 수 있다"는 취지를 기재한 공정증서를 말한다.

5) 가집행선고 있는 종국판결(終局判決)

이는 일반적으로 금전채권에 관한 소송에서 일정한 돈의 지급을 명하는 판결에 "·····는 가집행할 수 있다"와 같이 명한 부분을 의미한다. 이는 판결의 확정을 기다릴 것이 없이 집행이 가능하며, 집행문은 받아야 한다.

6) 외국판결에 대한 집행판결

집행판결이라고 함은 외국에서 받은 판결에 대하여 대한민국에서 다시 그 외국판결을 토대로 하는 판결이다. 이 판결은 외국에서의 판결에 대하여 옳고 그름에 대한 판결을 하는 것이 아니고, 대한민국에서 집행이 가능한지 여부를 조사하는 판결이다. 이 판결도 집행문을 받아야 집행이 가능함은 물론이다.

7) 청구의 인낙조서(認諾調書), 제소전화해조서(提訴前和解調書), 소송상화해조서, 「민사조정법」에 의한 조정조서, 「소송촉진 등에 관한 특례법」에 의한 배상명령 등

6. 집행문부여신청

1) 집행문부여절차의 이해

집행문이란 집행권원(執行權原)에 집행력이 있다는 취지를 표시하는 문구(文句)를 말한다. 채무자의 재산에 대하여 강제집행을 실행하기 위해서는 집행권원(판결서 등)이 있어야 하고, 집행권원에는 법원공무원이 작성한 집행문이 있어야 한다. 그리고 이 집행문이 적힌 집행권원을 법원(집행관)에 제출함으로써 비로소 강제집행절차가 시작되는 것이다.

집행문을 신청하는 방법으로는 일반적으로 집행권원과 함께 집행문부여신청서를 제1심법원(소송기록이 상급심에 있는 때에는 그 상급심법원)에 제출한다. 같은 집행권원으로 여러 곳에서 집행하기를 원하거나 여러 가지의 방법으로 집행하기 위해서는 한꺼번에 여러 통의 집행문을 신청할 수 있다. 그리고 전에 집행문을 받았지만 그 집행문을 반환하지 아니하면서 다시 집행문을 신청할 수도 있다. 공증인이 작성한 집행증서는 집행문도 공증인이 부여한다.

판결의 집행에 조건(條件)이 붙은 경우 및 불확정기한(不確定期限)이 있는 경우에는 그 조건이 성취된 사실 및 기한이 도래한 사실을 증명하여야 집행문을 받을 수 있다. 조건이란 어떤 사실이 성취되어야만 채무자에게 이행의무가 생기는 경우에 그 사실을 말한다. 불확정기한이란 강제집행을 가능하게 하는 사실이 장래에 생기는 어떤 사실에 의존하게 되는 경우에서, 그 사실이 언제 발생하는지를 미리 알 수 없는 경우의 기한을 말한다.

집행권원에 있는 당사자의 지위를 승계한 경우에는 승계집행문을 받아야 하는데, 이 승계집행문을 받기 위해서는 그 사실을 증명하는 문서를 함께 제출하여야 한다.

그리고 일정한 경우(등기신청의 집행 등)에는 확정증명원을 제출하여야 한다. 그러나 채권자가 보증공탁을 해야 하거나 반대의무를 이행하여야 하는 경우(동시이행판결 등)에는 이를 이행한 사실 또는 이행을 제공한 사실을 증명하는 서류를 강제집행개시신청을 할 때에 제출하면 된다.

2) 승계사실을 증명하는 서류-승계집행문

① 상속의 경우에는 가족관계증명서

② 법인이 합병한 경우에는 법인등기부등본

③ 상속인이 분명하지 아니한 경우에는 상속재산관리인선임심판서

④ 공동상속인 중에 상속포기자 또는 한정승인자(限定承認者)가 있는 경우에는 그에 관한 심판서

⑤ 전부명령(轉付命令)의 경우에는 전부명령의 정본 또는 전부명령확정증명원

⑥ 법률의 규정에 의한 대위변제(代位辨濟)인 경우에는 채권자로부터 받은 집행력 있는 정본(전부를 변제한 경우) 또는 영수증

⑦ 임의로 대위변제한 경우에는 채권자의 승낙서 또는 채권자가 채무자에게 통지한 사실을 증명하는 서면

⑧ 채권양수인의 경우에는 채권양도증서, 계약서, 채무자의 승낙서 또는 양도인이 채무자에게 통지한 내용증명우편

⑨ 면책적 채무인수인(免責的 債務引受)의 경우에는 계약서(채권자, 채무자 및 인수인)

3) 집행문 없이 집행할 수 있는 집행권원

① 배상명령

이는 「소송촉진 등에 관한 특례법」의 규정에 의하여 형사재판절차에서 얻는 것으

로서, 판결과 동일한 효력이 있다.

② 이행권고결정

이는 「소액사건심판법」의 규정에 의하여 법원이 변론을 열지 아니한 채 청구취지와 같이 이행할 것을 채무자에게 권고하는 결정이다. 피고가 2주 안에 이의신청을 하지 아니하면 이행권고결정은 확정이 된다.

③ 확정된 지급명령

지급명령을 송달받은 피신청인이 2주 안에 이의신청을 하지 아니하면 지급명령은 확정된다. 이는 원칙적으로 집행문 없이 강제집행을 할 수 있다. 다만, 지급명령에 조건이 붙은 경우, 당사자의 승계인이 집행하는 경우 및 당사자의 승계인을 위하여 집행하는 경우에는 집행문을 받아야 한다.

(가집행선고부 종국판결에 따른 집행문부여신청서)

집 행 문 부 여 신 청

사건 2013가합 제0000호 대여금

원고 000

피고 000

위 사건에 관하여 2013. . . 선고한 가집행선고 있는 판결에 집행문을 부여하여 주시기 바랍니다.

2014. . .

원고 ○ ○ ○ (인)

전주지방법원 귀중

(조건성취에 따른 집행문부여신청서)

집 행 문 부 여 신 청

2013가합 제0000호 소유권이전등기
원고 ○○○
피고 ○○○

위 당사자 사이에 귀원 2013가합 제0000호 소유권이전등기청구사건에 관하여 귀원에서 2013. . . 선고한 금전지급의 조건 있는 등기이행판결이 이미 확정되고, 원고는 2013. . . 그 지급조건을 이행하였으므로, 위 판결에 집행문을 부여하여 주실 것을 신청합니다.

첨 부 서 류

1. 판결정본 1통.
1. 판결확정증명원 1통.
1. 공탁서 사본 1통.

2014. . .

위 원고 ○ ○ ○ (인)

수원지방법원 성남지원 귀중

* 이는 반대급부의 이행을 조건으로 한 판결에서, 그 반대급부를 이행한 다음에 집행문 부여신청을 하는 신청서이다.

(확정증명원신청서)

확 정 증 명 원 신 청

2013가단 제0000호 물품대금

원고 ○ ○ ○
피고 ○ ○ ○

위 당사자 사이의 물품대금청구사건에 대하여 귀원에서 2013. . . 선고한 판결이 이미 확정된 사실을 증명하여 주시기 바랍니다.

2014. . .

위 원고 0 0 0 (인)

서울남부지방법원 귀중

* 확정증명원이 있어야 집행문을 내어주는 것은 집행권원이 확정된 사실을 확인한 다음에 강제집행을 허락하려는 것이다. 그러나 이행권고결정과 지급명령은 법원이 먼저 채무자에게 결정문 또는 명령문을 송달한 뒤에 송달된 사실을 확인하고 나서 채권자(신청인)에게 송달하므로, 그 집행권원이 확정된 사실을 법원이 알고 있으므로 집행문이 필요 없는 것이다. 배상명령은 형사절차에서 채무자가 형사피고인의 신분으로 명령사실을 알고 있기 때문에 역시 집행문부여신청을 생략하도록 한 것이다. 따라서 다른 집행권원은 집행문부여신청을 할 때에 확정증명원을 붙여야 한다.
* 확정증명원과 집행문은 동시에 신청하여도 무방하다. 신청수수료는 각 500원짜리 인지를 붙인다.

7. 제3자 이의의 소

제3자 이의의 소는 강제집행의 목적물에 대하여 제3자가 그 목적물의 양도 또는 인도(引渡)를 막을 수 있는 권리를 가진 경우에 이를 침해하는 강제집행을 저지하기 위하여 이의를 주장하는 소송을 말한다.

제3자가 강제집행의 목적물에 대하여 소유권 또는 점유권이 있거나 목적물의 양도나 인도를 막을 수 있는 다른 권리가 있는 때에는 소를 제기할 수 있다. 채무자가 그 이의에 대하여 다투는 경우에는 채무자를 공동피고로 할 수 있다.

이 소는 집행법원이 관할한다. 다만, 소송물이 단독판사의 관할에 속하지 아니하는 때에는 집행법원이 있는 곳을 관할하는 지방법원 합의부가 관할한다. 합의부의 관할사건은 소송물의가액이 1억 원을 초과하는 사건이다. 이 소송의 재판에는 불복할 수 없다.

이 소가 계속 중인 때에는 원고는 청구에 대한 이의의 소에서 적용하는 잠정처분, 즉 강제집행의 정지나 취소를 신청할 수 있다.

제3자이의의 소의 이의원인은 소유권에 한정되는 것이 아니고, 집행목적물의 양도나 인도를 막을 수 있는 권리이면 족하며, 집행목적물이 집행채무자의 소유에 속하지 아니하는 경우에는 집행채무자와의 사이에 계약관계에 의하여 집행채무자에 대하여 목적물의 반환을 구할 채권적 청구권을 가지고 있는 제3자는 집행에 의한 양도나 인도를 막을 이익이 있으므로, 그 채권적 청구권도 제3자이의의 소의 이의원인이 될 수 있다고 할 수 있다(2002다16576).

(제3자이의의 소장)

소　　장

원고　홍길동
　　　서울 영등포구 00동 00
　　　전화 010-0000-0000, 02) 000-0000
피고　연놀부
　　　서울 강남구 00동 00-0
　　　전화 010-0000-0000

제3자이의의 소

청 구 취 지

1. 피고가 서울남부지방법원 2013가단 제000호 손해배상청구사건의 집행력 있는 판결정본에 터 잡아 실시한 별지 목록에 적힌 물건 중 00000에 대한 강제집행은 이를 불허한다.
2. 소송비용은 피고의 부담으로 한다.
3. 제1항에 한하여 가집행할 수 있다.

라는 재판을 구합니다.

청 구 원 인

1. 피고는 2013. . . 소외 000에 대한 귀원 2013가단 제0000호 손해배상청구사건의 집행력 있는 판결정본에 의하여 2013. . . 위 000의 공장(서울 영등포구 00동 000-00)에 와서 별지 목록에 적힌 물건들을 압류하였습니다.
2. 그런데 압류물건 중 청구취지에 적은 00000은 소외 000의 소유가 아니라 원고의 소유이며, 위 000은 단지 원고로부터 이를 임차하여 사용하고 있을 뿐입니다.

3. 어떤 이유로 위 물건이 압류되었는지는 알 수 없으나, 위 물건은 압류가 되어야 할 아무런 이유가 없습니다.

입 증 방 법

변론에서 수시로 제출하겠습니다.

첨 부 서 류

1. 집행조서 등본 1통.
1. 송달료납부서 1통.
1. 소장 부본 1통.

2014. . .

원고 홍 길 동 (인)

서울남부지방법원 귀중

* 이 소는 「민사집행법」에 의한 것이기는 하나, 소송이므로 제1심 소장의 제출과 동일한 인지 및 송달료의 적용을 받는다. 따라서 송달료는 당사자의 수 × 15회분 × 3,250원이 된다. 인지대는 원고(제3자)가 주장하는 권리가 어떤 권원에 의한 것인가에 따라 달라진다. 즉 소송물의 가액을 계산함에 있어 원고가 주장하는 권리가 소유권에 터 잡은 것인가, 점유권 또는 채권에 터 잡은 것인가에 따라 다르다. 소가의 산정에 관하여는 제4장 절차의 비용 등 중 "민사소송 등 인지법"을 참고하면 된다.
* 이 소는 강제집행이 종료된 후에는 소의 이익이 없으므로 그 종료 이전에만 제소가 가능하고, 그 이후에는 손해배상의 문제가 될 뿐이다. 소를 제기하였다고 하여 강제집행이 정지되는 것은 아니다. 따라서 소의 제기와 동시 또는 소를 제기한 뒤에 강제집행의 정지명령을 신청할 필요가 있다.

(강제집행정지명령신청서)

강 제 집 행 정 지 명 령 신 청

신청인 성명
주소
전화번호
피신청인 성명
주소

신 청 취 지

위 당사자 사이의 00지방법원 2013가단 제0000호 집행력 있는 판결 정본에 의한 강제집행은 당원 2014가단 제0000호 제3자이의의 소의 본안판결의 선고시까지 이를 정지한다.
라는 재판을 구합니다.

신 청 이 유

1. 피신청인은 2013. . . 신청외 000에 대한 귀원 2013가단 제0000호 집행력 있는 판결 정본에 의하여 2013. . . 위 000의 공장(서울 영등포구 00동 000-00)에 와서 별지 목록에 적힌 물건들을 압류하였습니다.
2. 그런데 압류물건 중 별지 목록에 적은 00000은 위 000의 소유가 아니라 신청인의 소유이며, 위 000은 단지 신청인으로부터 이를 임차하여 사용하고 있습니다.
3. 따라서 이 사건 압류는 부당한 것이므로 신청인은 제3자이의의 소를 제기하였으나, 그 판결이 선고되기 전에 이 사건 강제집행절차에 의하여 경매가 되면 신청인은 회복할 수 없는 손해를 입게 되므로, 본안인 제3자이의의 소의 판결에 이르기까지 강제집행정지명령을 구하고자 이 신청에 이르게 되었습니다.

첨 부 서 류

1. 소제기증명원 1통.
1. 압류집행조서 등본 1통.
1. 압류동산목록 1통.
1. 송달료납부서 1통.

2014. . .

위 신청인 ○ ○ ○ (인)

○○지방법원 귀중

* 수입인지는 1,000원을 붙이고, 송달료는 당사자의 수 × 2회분 × 3,250원을 예납한다.

8. 채권가압류로부터 본압류로 이전(移轉)하는 채권압류 및 전부명령

채권을 가압류한 채권자가 소송 등을 통하여 집행권원(執行權原)을 얻은 다음 강제집행으로 들어가는 것을 본집행으로의 이전이라고 한다. 다음에 소개하는 사례는 가압류를 본압류로 이전하면서 동시에 전부명령을 신청하는 것이다. 여기에서는 채권압류(본압류)만을 할 수도 있고, 사례처럼 전부명령을 병행할 수도 있으며, 전부명령 대신 추심명령(推尋命令)을 병행 신청할 수도 있다.

(채권가압류로부터 본압류로 전이하는 채권압류 및 전부명령신청서)

채권가압류로부터 본압류로 전이하는 채권압류 및 전부명령 신청

채권자 ○ ○ ○
시흥시 정왕동 000-00
채무자 ○ ○ ○
안산시 상록구 00동 512-11
제3채무자 ○ ○ ○
00시 00동 000

청구채권의 표시

돈 55,000,000원(수원지방법원 안산지원 2013가소 제00호 약속어음금청구사건의 집행력 있는 판결정본에 의한 채권)

신 청 취 지

1. 위 청구채권의 변제에 충당하기 위하여 수원지방법원 안산지원 2012카단 제00호로써 채권자가 제3채무자에 대하여 갖는 별지 목록에 적은 채권에 대하여 한 가압류는 수원지방법원 안산지원 2013가소 제00호 약속어음금청구사건의 집행력 있는 판결 정본에 의하여 이를 본압류로 전이한다.
2. 위 명령에 의하여 위 본압류 된 채권은 지급에 갈음하여 이를 채권자에게 전부한다.

라는 재판을 구합니다.

신 청 이 유

위 신청금액은 채권자와 채무자 사이의 수원지방법원 안산지원 2013가소 제00

호 약속어음금청구사건의 집행력 있는 판결정본에 의하여 채무자가 변제하여야 할 채권이지만 채무자가 이를 이행하지 아니하므로, 채권자는 제3채무자에게 가압류 한 바 있는 별지 목록에 적은 채권에 대하여 압류 및 전부명령을 구하기 위하여 이건 신청에 이른 것입니다.

첨 부 서 류

1. 가압류결정 정본 1통.
1. 집행력 있는 판결 정본 1통
1. 송달증명 1통.
1. 송달료납부서 1통

2014. . .

위 신청인(채권자) ○ ○ ○ (인)

수원지방법원 안산지원 귀중

* 인지대는 4,000원이며, 송달료는 당사자의 수 × 2회분 × 3,250원을 예납한다.
* 신청취지에서 "전부(轉付)한다"고 하는 것은 압류채권자인 신청인 甲의 신청에 의하여 甲이 피압류채권자 乙의 제3채무자 丙에 대한 채권을 이전받는다는 의미이다. 전부명령이 확정(전부명령이 제3채무자에게 송달)되면 甲의 乙에 대한 채권 5천5백만 원은 소멸한다. 乙의 丙에 대한 채권도 같은 금액만큼 소멸한다. 만약, 신청사건이 "채권압류를 본압류로 이전하는 채권압류 및 추심명령"이라면 甲의 乙에 대한 채권은 甲이 丙으로부터 채권을 추심(변제를 받음)하는 경우에만 추심한 금액만큼 소멸하고, 따라서 乙의 丙에 대한 채권도 그 금액만큼 소멸한다. 甲은 어느 방법을 선택하는 것이 유리한지를 잘 따져보아야 할 것이다.
* 이 사례에서 이 신청을 하기 전에 가압류를 하지 않았다면 그 신청제목은 "채권압류 및 전부명령"이 된다.

9. 채권압류 및 추심명령

압류한 금전채권에 대하여 압류채권자는 추심명령이나 전부명령을 신청할 수 있다. 또는 압류와 동시에 전부명령이나 추심명령을 신청할 수 있다. 추심명령이 있는 때에는 압류채권자는 대위절차(代位節次) 없이 압류채권을 추심할 수 있다. 전부명령이 있는 때에는 압류채권은 지급에 갈음하여 채무자로부터 압류채권자에게 이전된다. 전부명령이 제3채무자에게 송달될 때까지 그 금전채권에 관하여 다른 채권자가 압류·가압류 또는 배당요구를 한 때에는 전부명령은 효력이 없다. 전부명령이 확정되기 전에 사정변경이 있으므로 전부명령의 내용을 실현할 수 없게 되었기 때문이다. 그러나 추심명령은 무효로 되지 않는다. 다만, 압류의 경합이 생기므로 제3채무자는 누구에게도 변제하지 않고 피압류채권자에 대한 채무액만큼 공탁을 할 것이다.

추심명령과 전부명령은 모두 금전채권에 대한 집행권원(執行權原)이 있어 제3채무자에게 압류한 채권자가 채권의 만족을 얻는 절차이지만 둘은 다음과 같은 차이점이 있다.

추심명령은 대위절차(代位節次) 없이 채무자에 갈음하여 압류채권의 목적인 급여를 제3채무자로부터 직접 수령하여 원칙적으로는 자기 채권의 만족을 얻을 수 있다. 그러나 다른 채권자들이 압류하여 압류의 경합이 되거나 배당요구가 있을 때에는 추심한 금전을 공탁하여야 한다. 추심명령은 제3채무자에게 송달된 때에 효력이 생긴다.

전부명령은 압류된 금전채권을 집행채권의 변제에 갈음하여 권면액(券面額)으로 채무자로부터 압류채권자에게 이전하는 것이다. 즉 채무자의 채권이 집행채권자에게 이전되므로 채무자는 더 이상 제3채무자에 대한 채권자가 아니기 때문에 채무자에 대한 다른 채권자들이 제3채무자에 대하여 압류하거나 집행채권자에게 배당요구를 할 수 없게 되는 것이다. 그렇지만 만약에 제3채무자도 자력(資力)이 부족하다면 오히려 추심명령에 비하여 압류채권자에게 유리하다고 할 수 없다. 전부명령은 제3채무자에게 송달이 된 이후 1주일의 즉시항고기간이 경과하면 송달된 때로 소급하여 효력이 생긴다.

(채권압류 및 추심명령신청서)

채권압류 및 추심명령신청

채권자 ○ ○ ○
안양시 만안구 안양3동 000-00
채무자 ○ ○ ○
서울 종로구 00동 000-00
제3채무자 ○ ○ ○
서울 종로구 00동 000-00

신청채권 및 금액

1. 돈 50,000,000원
   서울중앙지방법원 2012가단 제0000호 집행력 있는 판결정본에 의한 금원
2. 돈 3,210,000원
   위 제1항 금원에 대한 2012. . .부터 2013. . .까지 연 20%의 비율에 의한 지연손해금

합계 돈 53,210,000원

압류 및 추심할 채권의 표시

별지 목록과 같음

신 청 취 지

1. 채무자의 제3채무자에 대한 별지 목록에 적은 채권을 압류한다.
2. 제3채무자는 채무자에게 위 채권에 대한 지급을 하여서는 아니 된다.
3. 채무자는 위 채권을 처분 및 영수를 하여서는 아니 된다.
4. 채무자의 제3채무자에 대한 위 채권은 지급에 갈음하여 채권자가 추심할 수 있다.

라는 재판을 구합니다.

신 청 이 유

채권자는 채무자에 대하여 서울중앙지방법원 2012가단 제0000호 공사대금청구사건의 집행력 있는 판결정본에 의한 집행권원을 갖고 있는 바, 채무자는 차일피일 미루면서 위 금원을 변제하지 아니하고 있어 부득이 채무자가 제3채무자에 대하여 갖고 있는 별지 목록에 적은 채권을 압류하고, 추심하기 위하여 이 신청에 이르렀습니다.

첨 부 서 류

1. 집행력 있는 판결정본 1통.
1. 송달증명원 1통.
1. 송달료납부서 1통.

2014. . .

위 채권자 ○ ○ ○ (인)

서울중앙지방법원 귀중

채 권 목 록

돈 53,210,000원

채무자가 제3채무자로부터 2012. . . 아래 건물을 임차함에 있어 제3채무자에게 지급한 임대보증금 70,000,000원의 반환채권 중 위 청구금액

임차 건물의 표시 : 서울 종로구 00동 000-00 지하1층 지상3층 건물 중 1층 전부

* 채권압류 및 전부명령의 신청서도 이와 요령이 같다.

* 신청서에는 4,000원짜리 인지를 붙이고, 송달료는 당사자의 수 3명 × 2회분 × 3,250원을 예납한다.

(제3채무자에 대한 압류 시 피압류채권의 표시방법)

(대여금채권)

돈 1,000,000원

채무자가 제3채무자에 대하여 2013. . . 대여한 돈 1,000,000원의 반환청구채권(또는 돈 ________원의 반환청구채권 중 1,000,000원)

* 이는 대여금반환청구채권에 관한 것인바, 채무자의 반환청구채권이 신청인의 채무자에 대한 채권액에 미달하는 경우에는 채무자의 채권 전액에 대하여, 채무자의 채권이 신청인의 채권보다 많은 금액인 경우에는 신청인의 채권액만을 신청한다.

(매매대금채권)

돈 1,000,000원

채무자가 제3채무자에게 2014. . . 매도한 _______에 대한 돈 1,000,000원의 매매대금 채권

(임금채권)

돈 10,000,000원

채무자가 제3채무자로부터 매월 지급받는 임금(본봉 및 제 수당) 및 매년 지급받는 기말수당(상여금) 중 제세공과금을 공제한 잔액의 2분의1씩 위 청구금액에 이를 때까지의 금액 및 위 청구금액에 이르기 전에 퇴직한 때에는 퇴직금 중 제세공과금을 공제한 잔액의 2분의1씩 위 청구금액에 이를 때까지의 금액

* 이는 통상임금과 퇴직금에 대한 압류이다.

(공탁금출급청구채권)

돈 1,000,000원

채무자가 제3채무자에 대하여 갖고 있는 2013. . . 공탁자 홍길동이 서울동부지방법원 2013금 제00호로 공탁한 돈 5.000,000원의 출급청구권 중 돈 1,000,000원

* 이는 공탁금출급청구권에 대한 압류이다. 공탁금의 일부출급이 허용된다.

10. 채권압류의 경합 · 공탁 · 배당

1) 압류의 경합

채권의 일부가 압류된 뒤에 그 나머지 부분을 초과하여 다시 압류가 된 경우에는 각 압류의 효력은 채권 전부에 미친다. 가령 A의 B에 대한 채권 1천만 원에 대하여 A의 채권자 甲이 600만 원을 B에게 압류한 뒤에 A의 다른 채권자 乙이 500만 원을 B에게 압류를 한 경우이다. 이러한 경우에는 甲과 乙은 각각 1천만 원에 대하여 일정한 권리를 갖게 된다.

채권의 전부가 압류된 뒤에 그 채권의 일부에 대하여 다시 압류가 된 때에도 위와 같다. 甲이 1천만 원을 압류한 뒤에 乙이 100만 원을 압류한 경우에도 甲과 乙은 각각 1천만 원에 대하여 일정한 권리(안분배당을 받을 권리)가 있다.

「민사집행법」 제235조는 압류에 관하여만 규정하고 있으나 대법원은 압류와 가압류가 경합하는 경우에도 같이 보고 있다.

압류가 경합하는 때에는 이때부터는 전부명령(轉付命令)은 금지되며, 제3채무자는 일정한 경우에는 의무적으로 공탁을 해야 한다. 그리고 이 효과라고 할 수 있는 또 하나는 배당을 하게 된다는 것이다.

2) 제3채무자의 채무액 공탁

제3채무자는 압류 · 가압류에 관련된 금전채무의 전액(全額)을 공탁할 수 있다. 이를 "권리공탁"이라고 한다. 제3채무자의 입장에서는 자기의 채권자에게 변제하여야 할 채무의 일부만이 압류 · 가압류가 된 경우에는 나머지 부분을 별도로 자기의 채권

자에게 변제하여야 하는 번거로움이 있다. 그리고 압류가 경합하는 때에는 누구에게 변제하는 것이 정당한 것인지를 판단하는 것이 쉽지 아니한 경우도 있으므로 이를 허용하는 것이다.

금전채권에 관하여 배당요구서를 송달받은 제3채무자는 배당에 참가한 채권자의 청구가 있으면 압류된 부분에 해당하는 금액을 공탁하여야 한다. 금전채권 중 압류되지 아니한 부분을 초과하여 거듭 압류명령이나 가압류명령이 내려진 경우에, 압류나 가압류채권자의 청구가 있으면 제3채무자는 자기의 채무 전액을 공탁하여야 한다. 이자와 지연손해금도 함께 공탁하여야 한다. 공탁을 한 제3채무자는 집행법원에 공탁사유신고를 하여야 한다.

3) 배당요구

민법, 상법, 그 밖의 법률에 의하여 우선변제청구권이 있는 채권자와 집행력 있는 정본을 가진 채권자는 다음 각 시기까지만 배당요구를 할 수 있다.

우선변제청구권이 있는 채권자라고 함은 임금 및 퇴직금의 채권자, 국세 및 지방세의 채권자 등을 말하고, 집행력 있는 정본은 판결, 확정된 지급명령, 공정증서, 화해조서 등을 말한다.

① 제3채무자가 공탁사유신고를 할 때까지

채권자가 배당을 요구한 때에는 법원은 제3채무자에게 그 사실을 통지한다. 배당을 요구한 채권자는 제3채무자에게 공탁할 것을 청구할 수 있다. 이 경우에 제3채무자는 공탁을 해야 할 의무가 있다. 공탁한 제3채무자는 공탁사유신고를 해야 한다. 이때부터는 배당요구는 허용되지 않는다.

② 채권자가 추심의 신고를 할 때까지

압류 및 추심명령을 받은 채권자는 채권을 추심한 경우에 법원에 신고를 하여야 한다. 이 신고에 의하여 환가절차는 끝이 나고 배당절차로 들어가게 된다. 따라서 추심의 신고를 할 때까지는 다른 채권자도 압류나 가압류를 할 수 있고, 이들은 배당요구를 한 것과 같이 취급된다.

③ 집행관이 현금화 한 금전을 법원에 제출할 때까지

압류한 채권이 조건부·기한부채권 또는 반대급부의 조건이 붙어 있는 경우 등 추심명령에 적합하지 아니하여 법원이 집행관에게 매각을 명한 경우이다.

④ 전부명령이 제3채무자에게 송달 될 때까지

전부명령이 제3채무자에게 송달되기 전에 압류가 경합하는 경우에는 전부명령은 효력이 없다. 따라서 전부명령을 신청한 채권자도 다른 채권자와 함께 안분비례(按分比例)하여 배당을 받게 된다.

배당요구서에는 우선변제청구권자는 우선변제권이 있다는 사실을 증명하는 서류를, 집행력 있는 정본에 의하여 신청하는 경우에는 집행개시의 요건을 증명하는 서류(집행문이 있는 것)를 배당요구서에 붙여야 한다. 가압류를 신청한 채권자에게 배당할 금전은 법원이 공탁을 하므로 가압류채권자는 나중에 집행개시의 요건을 갖추어 공탁금을 출급청구 할 수 있다.

(배당요구신청서)

배 당 요 구 신 청

채권자	김 길 수
	서울 강남구 신사동 000-00
채무자	이 한 구
	서울 동대문구 신설동 00-000
제3채무자	박 상 로
	서울 강남구 삼성동 000-00 성지연립 3동 302호
배당요구채권자	원 상 도
	안양시 동안구 비산2동 000-00

배당채권의 표시

돈 25,000,000원(서울중부지방법원 2012가단 제0000호 매매대금청구사건의 집행력 있는 판결 정본에 의한 원금)

돈 1,723,000원(위 돈에 대한 2012. 7. 12.부터 2013. 11. 5.(배당일)까지 연 20%의 비율로 계산한 지연손해금)

합계 돈 26,230,000원

배당요구채권의 원인

귀원 2013 타기 제000호 채권압류 및 추심명령사건에 관하여, 배당요구채권자는 채무자에 대한 집행력 있는 판결 정본을 가진 채권자이므로 추심채권에 대하여 배당을 요구합니다.

소명자료 및 첨부서류

1. 집행력 있는 판결 정본 1통.
1. 송달증명원 1통.
1. 송달료납부서 1통.
1. 배당요구서 부본 1통.

2013. 11. 1.

위 배당요구채권자 원 상 도 (인)

서울중앙지방법원 귀중

* 이 신청서에는 500원짜리 인지를 붙인다.

Ⅲ. 민사 · 가사집행절차의 각종 청구취지 및 신청취지

1. 강제집행 통칙

(승계집행문 - 원고의 승계)

> **승계집행문 부여신청**
>
> 원고　　　○ ○ ○
> 원고승계인 ○ ○ ○
> 　　　　　(주소 기재)
> 피고　　　○ ○ ○
>
> 위 당사자 사이의 2013가단 제000호 물품대금청구사건에 관하여 2013. . . 선고한 판결의 집행력 있는 정본을 원고 000이 부여받았으나, 위 000은 2014. . . 사망하였으므로 위 000의 승계인에게 집행력 있는 정본을 부여하실 것을 신청합니다.
>
> 첨부 : 가족관계증명서

(승계집행문 - 피고의 승계)

> **승계집행문 부여신청**
>
> 원고　　　○ ○ ○
> 피고　　　○ ○ ○

피고승계인　　○ ○ ○
　　　　　　(주소 기재)

위 당사자 사이의 2013가합 제000호 대여금청구사건에 관하여 2013. . . 선고한 판결에 표시된 피고 000는 2014. . . 사망하였고, 이에 대하여 김00가 상속하였으므로 위 김00에 대하여 집행문을 부여하여 주시기 바랍니다.

첨부서류 : 가족관계증명서

(즉시항고)

위 항고인은 00지방법원 2014카 제00호 강제집행의 방법에 관한 이의신청에 대하여 위 법원에서 2014. . . 각하결정을 하였으나, 이에 불복하므로 다음과 같이 즉시항고를 합니다.

(집행문 여러 통 부여신청)

집행문 여러 통 부여신청

원고 ○ ○ ○
피고 ○ ○ ○

위 당사자 사이의 2013가소 제000호 구상금청구사건에 관하여 2013. . . 선고한 판결 정본을 송달받았으나, 피고는 여러 곳에 재산이 있으므로 여러 통의 판결 정본에 집행문을 부여하여 주시기 바랍니다.

(집행에 관한 이의신청)

위 당사자 사이의 귀원 2013가단 제000호 매매대금청구사건의 집행력 있는 판결 정본에 의하여 귀원에서 2013. . . 집행관 000로 하여금 실시하게 한 별지 목록 물건에 대한 강제집행은 이를 불허한다. 라는 재판을 구합니다.

(청구이의의 소)

1. 원고가 피고에 대하여 00지방법원 00지원 2013가합 제0000호 집행력 있는 판결 정본에 의하여 실시한 강제집행은 이를 불허한다. 2. 소송비용은 피고의 부담으로 한다. 3. 제1항은 가집행 할 수 있다. 라는 판결을 구합니다.

2. 부동산경매

(강제경매개시결정에 대한 이의신청)

1. 위 당사자 사이의 귀원 2014타경 제00호 부동산강제경매사건에 관하여 2014. . . 귀원에서 한 강제경매개시결정은 취소한다. 2. 채권자의 이 사건 강제경매신청을 각하한다. 라는 재판을 구합니다.

(경매신청취하)

위 사건에 관하여 당사자는 원만히 합의하였으므로 채권자는 이 사건 담보권 실행을 위한 경매신청을 취하합니다.

(매각기일연기신청)

사 건 2014 타경 제00호 부동산강제경매
채권자 ○ ○ ○
채무자 ○ ○ ○
소유자 ○ ○ ○

위 사건의 매각기일이 2014. . . 10 : 00로 지정되었으나, 아래와 같은 사유로 매각기일의 연기신청을 하오니 허가하여 주시기 바랍니다.

(매각허가결정에 대한 이의신청)

위 당사자 사이의 귀원 2013타경 제00000호 부동산강제경매사건의 별지 목록 기재 부동산에 대한 매각은 이를 불허한다.
라는 재판을 구합니다.

(매각허가결정에 대한 즉시항고)

위 당사자 사이의 귀원 2013타경 제00000호 부동산강제경매사건의 별지 목록 기재 부동산에 대한 매각은 이를 불허한다.
라는 재판을 구합니다.

(매각허가결정에 대한 취소신청 - 매수인)

위 당사자 사이의 귀원 2013타경 제0000호 부동산강제경매사건에 관하여 2014. . . 매수인에 대한 매각허가결정이 확정되었으며 아직 대금의 납부전인바, 매수인이 책임 질 수 없는 사유로 목적 부동산이 현저하게 훼손되었으므로 이 사건 매각허가결정을 취소하여 주시기 바랍니다.

(배당이의의 소)

1. 위 당사자 사이의 귀원 2014타경 제00호 부동산강제경매사건의 배당에 관하여 법원이 작성한 배당표를 변경하여 원고에게 돈 35,000,000원을 배당한다. 2. 소송비용은 피고들의 부담으로 한다. 라는 판결을 구합니다.

(배당절차정지신청 - 배당이의의 소제기)

1. 귀원 2013타경 제0000호 부동산강제경매사건에 관하여 신청인은 2013. . . 배당기일의 배당표에 대한 이의신청을 하였으며, 위 배당기일이 완결되지 아니하므로 2014. . . 귀원에 배당이의의 소를 제기하였습니다. 2. 따라서 배당절차에 관하여 위 소송이 완결될 때까지 배당절차의 정지명령을 하여 주시기 바랍니다. 첨부 : 소제기증명원

(부동산임의경매신청)

채권자 ○ ○ ○ 주소 채무자 ○ ○ ○ 주소 청구금액 : 원금 ________원 및 이에 대한 2014. . .부터 다 갚는 날까지 연 %의 비율에 의한 금원 경매할 부동산의 표시 : 별지 부동산목록 기재와 같음

담보권과 피담보채권의 표시

채권자는 채무자에게 2012. . . 돈 ________원을, 이자는 연 %, 변제기일은 2014. . .로 정하여 대여하였고, 위 채무의 담보로 별지 목록 부동산에 대하여 00지방법원 00등기소 접수 제00호로 근저당권설정등기를 마쳤는데, 채무자는 변제기가 경과하여도 아직까지 변제하지 아니하므로, 위 청구금액에 충당하기 위하여 위 부동산에 대한 담보권실행을 위한 경매절차를 개시하여 주시기 바랍니다.

* 나머지 기재사항 및 절차의 비용 등에 관하여는 Ⅱ. 민사집행 관련서류의 작성 중 강제경매 부분 참조

(유치권권리신고)

사건
채권자
채무자
소유자
권리신고인 성명 ○ ○ ○
주소

권리신고인은 이 사건 경매절차에서 별지 목록 기재 부동산에 대한 유치권(3층의 증축)을 아래와 같이 신고하오니 채권을 변제받을 수 있도록 조치하여 주시기 바랍니다.

아 래

건물의 증축공사 기간 :
건물의 증축공사 비용 :
유치권 신고금액 :
건물의 공사 개요 :

3. 유치권

1) 의의

유치권은 남의 물건이나 유가증권을 점유(占有)한 사람이 그 물건이나 유가증권(有價證券)에 관하여 생긴 채권이 변제기에 있는 경우, 변제를 받을 때까지 그 물건 또는 유가증권을 유치함으로써 변제를 간접적으로 강제하는 법정담보물권(法定擔保物權)이다.

다만, 유치권은 물권(物權)이지만 우선변제권과 물상대위(物上代位)가 인정되지 않는다. 여기의 우선변제권이라고 함은 경매절차의 배당에서 일반채권보다 우선순위로 배당받는 것을 말하고, 물상대위는 유치권을 행사하는 목적 물건이 수용, 경매 등의 사유로 그 소유자가 소유권을 잃게 되는 경우에 소유자가 그 소유권상실을 원인으로 하여 얻게 되는 대가(代價, 즉 금전)에 대하여 채권자가 그 금전을 압류함으로서 채권의 만족을 얻을 수 있는(변제를 받는) 권리를 말한다.

2) 유치권의 성립요건

가. 타인의 물건 또는 유가증권일 것

여기의 "타인의 물건"은 소유권이 채무자에게 있어야 한다는 의미는 아니다. 채무자가 그 물건에 대하여 인도청구권이 있는 물건이면 유치권의 목적물이 된다. 가령 채무자 乙이 甲으로부터 대여 받은 자동차를 채권자 丙에게 수리를 맡긴 뒤에 그 수리비를 지급하지 않는 경우에는 丙은 그 자동차를 유치할 수 있다.

나. 채권과 물건 사이에 견련성(牽聯性)이 있을 것

견련성 또는 견련관계라고 함은 채권이 물건 자체에서 생긴 경우와 채권이 물건의 반환청구와 동일한 법률관계 내지 사실관계에서 발생된 것을 말한다. 채권과 목적물의 견련성을 말하는 것이므로 채권과 목적물의 점유 사이에 견련성이 있어야 하는 것은 아니다. 즉 그 목적물이 없었더라면 채권이 생기지 않았을 관계에 있으면 유치권을 행사할 수 있는 것이다.

다. 채권이 변제기에 있을 것

변제기에 있어야 한다는 요건은 유치권의 성립요건이다. 임차인 등의 유익비(목적물의 점유자가 그 목적물의 가치를 증가시키는 데 들어간 비용) 상환청구에 대하여 법원은 채무자에게 상당한 기간을 정하여 변제기한을 허여할 수 있는데, 이러한 경우에는 변제기에 차지 아니한 것으로 되므로 유치권은 소멸한다.

라. 유치권자가 물건을 점유하고 있을 것

유치권의 성립요건인 유치권자의 점유는 직접점유이든 간접점유이든 관계없지만 남의 부동산을 점유하는 사람이 그 부동산의 소유자로부터 승낙을 받지 않고 그 부동산을 임대한 경우에, 그 임대행위는 소유자의 처분권한을 침해하는 것으로써 소유자에게 그 임대의 효력을 주장할 수 없고, 따라서 소유자의 동의 없이 유치권자로부터 유치권의 목적물을 임차한 자의 점유는 경락인에게 대항할 수 있는 권원(權原)에 의한 점유라고 할 수 없다(2002마3516).

이 판례는 甲의 부동산에 대하여 유치권을 행사하고 있는 乙이 이를 甲의 승낙을 받지 아니한 채 丙에게 임대하였고, 그 뒤에 이 부동산이 경매절차에서 경락인 丁이 이를 매수하자 丙이 「민사집행법」의 근거규정에 터 잡아 점유할 정당한 권원이 있다고 주장하였으나 받아들여지지 않았다.

「민사집행법」 제136조는 매수인이 경락대금을 완납한 후 6개월 안에 부동산의 인도청구(引渡請求)를 할 수 있고, 법원은 이에 대하여 인도명령을 할 수 있도록 규정하면서 매수인에게 대항할 수 있는 권원에 의하여 점유하는 사람은 예외로 하도록 규정하고 있다.

채무자 소유의 건물 등 부동산에 강제경매개시결정의 기입등기가 경료 되어 압류의 효력이 발생된 후에 채무자가 위 부동산의 공사대금의 채권자에게 그 점유를 이전함으로써 그로 하여금 유치권을 취득하게 한 경우, 그와 같은 점유의 이전은 목적물의 교환가치를 감소시킬 우려가 있는 처분행위에 해당하여 「민사집행법」 제92조 제1항 및 제83조 제4항에 따른 압류의 처분금지 효력에 저촉되므로, 점유자로서는 위 유치권을 내세워 그 부동산에 관한 경매절차의 매수인에게 대항할 수 없다(2005다22688).

이와 관련하여 대법원은 공사대금의 채권자가 경매개시결정등기가 실행되기 이전에 건물을 인도받아 점유를 하더라도 위 등기 이후에 건물이 완성된 경우에는 유치권의 성립을 인정하지 않았다(2011다55214). 경매개시결정등기 당시에는 건물이 아니므로(토지의 부합물에 불과하므로) 남의 부동산을 점유한 것이 아니기 때문이다.

마. 점유자가 불법행위로 취득한 것이 아닐 것

유치권자의 점유는 불법행위로 취득한 것이 아니어야 한다. 유치권의 점유는 효력발생요건이기도 하지만 효력존속요건이기도 하다. 따라서 점유를 계속하던 중에 점유권원을 상실하면 유치권도 소멸한다.

바. 유치권 배제의 특약이 없을 것

건물의 임차인이 임대차관계가 종료하면 건물을 원상으로 복구하여 임대인에게 명도(明渡)하기로 약정한 것은 건물에 지출한 각종 유익비 및 필요비의 상환청구를 미리 포기하기로 한 특약이라고 볼 수 있으므로, 임차인은 유치권을 주장할 수 없다(73다2010).

3) 유치권의 효력

가. 유치권자의 권리

① 경매신청권

유치권은 물권이므로 제3자에게도 대항력(對抗力)이 있다. 유치권자는 변제를 받기 위하여 유치물을 경매할 수 있다(제322조 제1항). 그러나 경매에서 우선변제권은 인정되지 아니한다. 우선변제권이 없으므로 (근)저당권자 등 물권자보다는 후순위가 되어 담보권이 없는 일반채권자가 같은 순위가 되어 배당에 참가하게 되는 것이다. 경매절차에서 목적물의 매수인(경낙인)은 유치권에 의하여 담보되는 채무를 인수한다. 즉 유치권은 같은 부동산 위에 존속하면서 채무자가 교체되는 결과이다.

② 간이변제충당권

정당한 이유가 있는 때에는 감정인의 평가에 의하여 유치물로부터 직접 변제에 충당할 것을 법원에 청구할 수도 있다. 이 경우에는 채무자에게 미리 통지를 하여야 한다. 이를 간이변제충당권(簡易辨濟充當權)이라고 한다. 이 권리는 성질상 부동산에는 적용될 수 없다고 보아야 한다.

③ 과실수취권

유치권자는 유치물의 과실(果實)을 수취(收取)하여 다른 채권자보다 먼저 그 채권의 변제에 충당할 수 있다. 이 경우 과실이 금전이 아닌 때에는 경매를 하여야 한다. 과실은 먼저 채권의 이자에 충당한 다음 남음이 있으면 원본에 충당한다. 과실은 천연과실이든 법정과실이든 가리지 않는다. 이를 과실수취권(果實收取權)이라고 한다. 그러나 유치권자가 목적물을 점유하면서 사용하는 것은 그 부동산의 보존행위가 되므로 소유자에게 임료(賃料)를 주지 않아도 무방하다. 이 사용의 대가인 임료 상당의 이득은 과실이 아니라고 보는 것이 대법원의 입장이다.

④ 비용상환청구권

유치권자는 유치물에 대하여 지출한 필요비(必要費)와 유익비(有益費)의 상환을 청구할 수 있다. 다만, 유익비에 관하여는 채무자가 그 가액의 증가가 현존하는 경우에 한하여 유치권자가 지출한 금액이나 증가액을 선택하여 지급할 수 있다. 법은 "그 가액의 증가가 현존하는 경우"라고 규정하고 있는데, 이는 유치권자가 유치물에 대하여 유익비를 지출한 결과 유치물의 가액이 증가하였고, 그 증가한 가액이 남아있는 경우라고 이해하여야 한다.

「민법」 제325조는 유익비의 상환에 관하여 법원은 상당한 기간을 허여(許與)할 수 있다고 규정하였다. 이 경우에는 유익비에 관하여는 유치권이 소멸하게 된다. 유치권의 행사는 채권의 소멸시효 진행에 영향이 없다.

나. 유치권자의 의무

유치권자는 선량한 관리자의 주의로써 유치물을 관리하여야 하며, 채무자의 승낙 없이 유치물의 사용·대여·담보제공을 할 수는 없다. 이를 위반한 경우에 채무자는 유치권의 소멸을 청구할 수 있다. 이 소멸청구권은 형성권이므로 청구 즉시 효력이 생긴다. 다만, 유치권자는 유치물의 보존에 필요한 범위 안에서는 유치물을 사용할 수 있음은 앞에서 설명하였다.

4) 유치권의 소멸

유치권은 일반적인 물권의 소멸원인에 의하여 소멸하는 것은 당연하고, 다음과 같은 유치권만의 소멸원인이 있다. ① 유치권자가 유치물을 보관함에 있어 선량한 관리자의 주의의무를 위반한 때에는 채무자는 유치권의 소멸을 청구할 수 있다는 점에 관하여는 앞에서 보았다. ② 채무자는 상당한 담보를 제공하고 유치권의 소멸을 청구할 수 있다. ③ 유치권자가 유치물의 점유를 상실하면 유치권은 소멸한다. 판례에 의하면 유치권자로부터 점유를 승계한 사람은 유치권자를 대위하여 유치권을 주장할 수 없다. 이는 유치권자가 이미 유치권(점유)을 상실하였기 때문이다.

5) 상사유치권(商事留置權)

「상법」 제58조에서는 "상인간의 상행위(商行爲)로 인한 채권이 변제기에 있는 때에는 채권자는 변제를 받을 때까지 그 채무자에 대한 상행위로 인하여 자기가 점유하고 있는 채무자 소유의 물건 또는 유가증권을 유치할 수 있다. 당사자 사이에 다른 약정이 있으면 그러하지 않다."라고 규정하고 있다. 상사유치권(商事留置權)은 민법상의 유치권과 비교하여 채권의 발생 원인이 "상행위로 인한 채권"이라는 점이 다른 점이다.

상인이라고 함은 세무서에 사업자등록이 된 사람(법인은 물론)이라고 이해하면 된다.

(채무인수신청)

위 당사자 사이의 귀원 2013타경 제0000호 부동산강제경매사건에서 신청인은 2014.   .   . 위 부동산의 매수인으로 결정되었는바, 신청인이 위 매각대금을 납입함에 있어 채권자 000의 채권에 대하여 채무인수를 하기로 위 000로부터 채무인수승낙을 받았으므로, 매각대금의 납입에 갈음한 채무인수신청을 합니다.

첨부 : 채무인수승낙서

4. 유체동산 및 자동차경매

(배우자의 매득금지급요구)

> 채권자
> 채무자
> 지급요구채권자 : (성명 및 주소)
>
> 위 채무자의 채무로 인하여 귀원 2013본 제000호 동산압류사건이 경매 진행 중에 있는바, 이 사건 압류물건은 채무자의 배우자인 신청인에게 그 소유권의 2분의1에 대한 공유지분이 있으므로, 동 지분에 대한 매각대금은 신청인에게 지급하여 주시기 바랍니다.

(압류자동차 운행허가신청)

> 귀원 2013타경 제0000호 자동차강제경매신청사건에 관하여 신청인 소유 별지 목록 기재 자동차가 압류되어 귀원 소속 집행관이 2014. . . 인도집행을 하였는바, 신청인은 위 자동차로 행상을 하여 가족들과 생활하고 있으며, 위 사건의 채무는 조만간 마련하여 변제할 계획입니다. 따라서 이 사건 자동차를 운행할 수 있도록 허가하여 주시기 바랍니다.

(자동차강제경매신청)

청구금액 : 돈 ___________원(00지방법원 2013가단 제00000호 집행력 있는 확정판결에 의한 대여금) 및 위 금원에 대한 2014. . .부터 다 갚는 날까지 연 20%의 비율로 계산한 지연손해금

경매할 자동차의 표시 : 별지 목록과 같음

(별지)

자동차 목록

자동차등록번호 :
자동차명 :
형식 및 연식 :
차대번호 :
원동기형식 :
사용의 본거지 :
등록연월일 :
등록원부상 채무자의 주소 :

(자동차인도명령신청)

1. 신청인은 피신청인에 대하여 00지방법원 2013가단 제0000호 어음금청구사건의 집행력 있는 판결 정본에 의한 채권 돈 20,000,000에 터 잡아 피신청인 소유인 별지 목록 기재 자동차에 대한 강제경매신청을 하려고 합니다.
2. 그런데 이 자동차를 미리 집행관에게 인도하게 하지 아니하면 피신청인이 채무 관계 등으로 도주의 우려가 있으므로 나중에는 자동차의 인도집행이 곤란할 우려가 있습니다.
3. 따라서 채무자로 하여금 위 자동차를 집행관에게 인도할 것을 명하는 결정을 하여 주시기 바랍니다.

5. 채권의 강제집행 · 대체집행

(공탁사유신고 - 제3채무자)

위 당사자 사이에 귀원 2013타기 제0000호 채권압류 및 추심명령사건에 관하여 제3채무자는 채무자의 채권자인 신청외 김00가 신청한 00지방법원 2013카단 제00호 가압류결정을 송달받았고, 채무자의 또 다른 채권자인 신청외 이00가 신청한 00지방법원 00지원 2013카단 제00호 채권압류명령을 2013. . . 송달받았는바, 이에 제3채무자는 채무액을 공탁하고 공탁서를 첨부하여 그 사유를 신고합니다.

(대체집행신고)

채권자는 그가 위임하는 00지방법원 소속 집행관으로 하여금 00시 00동 111-11 대 111.11㎡ 중 별지 도면 1, 2, 3, 4, 5, 6, 1의 각 점을 차례로 연결한 선 안의 ㉮부분 경량철골조 함석지붕 주택 1동 75.5㎡를 채무자의 비용으로 철거하게 할 수 있다. 라는 재판을 구합니다.

(대체집행비용 선지급신청)

피신청인은 신청인에게 귀원 2014타기 제00호 대체집행결정에 터 잡은 대체집행비용 돈 5,550,000원을 지급하라. 라는 재판을 구합니다.

(추심금공탁사유신고 - 채권자)

채권자 채무자 제3채무자 압류채권자 위 당사자 사이의 귀원 2013타기 제0000호 채권압류 및 추심명령사건에 관하여 채권자는 2013. . . 채권추심명령을 얻어 아래와 같이 채무자로부터 채권을 추심하였으나, 추심신고를 하기 전에 다른 압류가 경합되어 추심금을 공탁하고 그 사유를 신고합니다.

(추심신고 - 채권자)

채권자 채무자 제3채무자 위 당사자 사이의 귀원 2013타기 제000호 채권압류 및 추심명령사건에 관하여 채권자는 다음과 같이 채권추심 사실을 신고합니다. 다 음 1. 추심일 : 2. 추심의 상대방 : 3. 추심금액 :

Ⅳ. 채권의 만족을 얻는 절차 일람표

구분	절차명	절차의 내용
보전처분	가압류	채권이 있고 소송 등을 통하여 집행권원을 얻더라도 강제집행을 할 수 있는 상대방의 재산이 없으면 채권의 만족을 기대하기 어렵다. 따라서 소송을 시작하기 전에 상대방의 재산(채권, 동산, 부동산, 무체재산권)을 가압류 할 필요가 있다. 이와 관련한 내용은 제3장 제6절에 있다.
	가처분	가처분은 주로 일반채권(금전채권)이 아닌 특정채권(부동산 등)의 처분을 금지하는 것을 목적으로 하는 본안소송 전의 사전처분이다. 이와 관련한 내용도 제3장 제6절에 있다.
특별절차	지급명령	지급명령은 상대방이 이의신청을 하지 아니할 것이 분명한 때에만 이용해야 하는 절차이다. 상대방이 이의를 하는 때에는 정식의 절차로 바뀌게 되므로 시간낭비가 될 수 있기 때문이다.
	소액절차	소액사건은 소송목적의 값이 2천만 원 이하인 금전이나 유가증권(어음, 수표)에 관하여만 허용되는 간이소송절차이다. 시 · 군법원에도 소를 제기할 수 있다. 이와 관련한 내용은 제5장 Ⅰ.의 17.에 있다.
	배상명령	배상명령은 형사사건의 피해자가 상대방의 형사소송절차에 손해배상을 신청하는 특별한 민사절차이다. 이와 관련한 내용은 제5장 Ⅰ.의 9.에 있다.
	범죄피해자구조	범죄피해자구조(형사보상)는 범죄의 피해자가 중장해 이상의 피해를 입은 경우에 소송절차가 아닌 검찰청의 심사에 의해 손해배상 등을 받는 절차이다. 이와 관련한 내용은 제5장 Ⅰ.의 10.에 있다.
	제소전화해	제소전화해는 일정한 권리 · 의무에 관한 사항에 관하여 합의한 당사자가 법원에 출석하여 단독판사의 앞에서 그 사실에 관하여 진술하고, 법원으로 하여금 조서를 작성하게 하는 절차이다. 이렇게 작성된 조서는 확정된 판결과 같은 효력이 있다. 이와 관련한 내용은 제5장 Ⅰ.의 22.에 있다.
	공정증서	당사자가 공증인사무실에 출석하여 일정한 사항의 합의내용을 적은 문서에 공증인의 인증을 받음으로써 훗날 판결과 같은 효력이 생기게 하는 절차이다. 제소전화해와 다른 점은 변호사의 앞에서 확인을 받는 다는 점이다.

정식소송	① 소장 제출	소송은 원고가 소장을 제출함으로써 시작된다. 소장은 소액사건이 아니면 지방법원 또는 지방법원 지원에 제출하며, 여기에는 인지를 붙이고 송달료를 미리 내야 한다. 이와 관련한 내용은 제4장, 제5장 Ⅰ.의 1. 및 18.에 있다.
	② 소장 부본 송달	소장을 접수한 법원은 피고에게 소장의 부본을 송달한다. 이 과정에서 인지 또는 송달료가 부족한 때에는 법원이 그 보정을 명령한다.
	③ 답변서 제출	소장 부본을 송달받은 피고는 30일 안에 답변서를 제출하여야 한다. 이를 제출하지 아니하면 원고의 주장(청구)을 인정하는 것으로 취급되어 변론 없이 판결이 선고된다. 이와 관련된 내용은 제5장 Ⅰ.의 6.에 있다.
	④ 답변서 부본 송달	피고가 제출한 답변서의 부본은 원고에게 송달이 된다. 피고의 답변서에 적힌 내용에 대하여 반박할 내용이 있는 때에는 원고가 준비서면을 제출한다.
	⑤ 서면 쟁점정리	법원은 원고와 피고가 답변서와 준비서면을 주고받는 과정에서 사건의 쟁점을 정리한다. 이 기간은 원칙적으로 4개월을 넘기지 않도록 하고 있다.
	⑥ 변론준비기일	원고와 피고가 준비서면을 주고받는 과정에서 쟁점이 복잡하거나 당사자들에게 맡겨두어서는 쟁점이 쉽게 정리되지 않는다고 판단하면, 법원은 변론준비기일을 지정하여 당사자를 소환한다. 본격적인 변론기일에 앞서 쟁점을 정리하거나 화해를 권고하기 위한 절차이다. 「민사소송법」은 서면쟁점정리와 변론준비기간을 합하여 원칙적으로 6월을 넘기지 않도록 규정하고 있다. 이 절차는 변론의 절차에 관한 대부분의 규정을 준용한다.
	⑦ 변론기일	위 ⑤와 ⑥은 반드시 거쳐야 하는 절차는 아니다. 피고의 답변서만을 받아 본 상태에서 변론기일을 열 수도 있다. 그러나 ⑥의 절차를 거치면 변론기일은 1회로 마무리하는 것을 원칙으로 한다. 그렇지만 변론기일이 여러 차례에 걸쳐 열리는 경우도 많다. 여기까지의 과정에서 당사자들이 증거(증인신청, 증거서류의 제출 등)를 모두 제출하였다고 판단되는 때에는 법원은 변론을 종결하고, 판결의 선고기일을 지정한다. 그러나 반소의 제기, 청구의 변경 등 특별한 사정이 있는 때에는 다시 변론준비기일로 회귀할 수도 있다.
	⑧ 판결의 선고	판결의 선고기일에는 당사자가 출석하지 않더라도 판결은 선고된다. 판결서에 "가집행 할 수 있다"는 선고가 있는 경우에는 그 부분에

		대하여는 강제집행에 착수할 수 있다. 즉 그 부분에 한하여 집행권원이 된다.
	⑨ **판결 정본 송달**	판결을 선고한 법원은 당사자에게 판결의 정본을 송달한다. 소송서류를 공시송달에 의하여 송달한 피고에게는 판결도 공시송달의 방법으로 송달한다. 이러한 판결에 대한 피고의 구제수단으로는 추후보완항소가 있다. 이와 관련한 내용은 제5장 Ⅰ.의 27.에 있다.
	⑩ **항소**	판결에 대하여 불만이 있는 당사자는 판결 정본을 송달받은 날부터 14일 안에 한하여 항소할 수 있다. 이 기간 안에 당사자 모두가 항소하지 아니하면 그 판결은 확정되어 집행권원이 된다.
	⑪ **상고**	만약 어느 당사자가 항소를 한 결과 항소심 판결이 선고된 때에는 역시 판결 정본을 송달받은 날부터 2주일 안에 대법원에 상고를 할 수 있다. 상고심 판결은 선고와 동시에 확정된다.
	⑫ **재심절차**	재심(再審)은 확정된 판결이 일정한 요건에 해당하여 공정한 재판이 아니었음에 대한 분명한 증거가 있는 경우에 제기할 수 있다. 그 요건 및 절차 등에 관하여는 「민사소송법」 제451조 내지 461조에서 규정하고 있다.
	⑬ **소송비용 회수**	위 ① 부터 ⑫ 까지의 절차가 진행되면서 지출한 비용에 대하여는 법원이 판결에서 누가 부담하여야 할 것인지를 반드시 선고한다. 이 비용을 상대방으로부터 받아내기 위해서는 비용액확정결정신청을 하고, 법원이 그에 대한 확정결정을 해주면 이를 가지고 판결내용의 강제집행과 같은 방법으로 강제집행을 할 수 있다. 이와 관련한 내용은 제5장 Ⅰ.의 16.에 있다.
강제집행	**공통절차**	강제집행을 하기 위해서는 집행권원이 있어야 한다. 집행권원의 종류 등에 관한 내용은 제5장 Ⅱ.의 5.에 있다. 강제집행을 하기 위해서는 배상명령과 확정된 지급명령을 제외한 모든 집행권원은 우선 집행문을 받아야 한다. 집행문과 관련한 내용은 제5장 Ⅱ.의 6.에 있다.
	채권압류 · 추심명령	집행문을 받은 채권자는 채무자가 제3자에 대하여 갖고 있는 채권을 압류함과 동시에 추심할 수 있는 명령을 법원에 신청하고, 이를 근거로 제3자로부터 채무자가 갖는 채권을 직접 청구하여 변제받을 수 있다. 이와 관련한 내용은 제5장 Ⅱ.의 9.에 있다.
	채권압류 · 전부명령	전부명령도 위 추심명령과 같은 절차에 따르는 것이지만, 결정적으로 다른 점은 채무자가 제3자에 대하여 갖고 있는 채권이 신청인에

		게 이전한다는 점이다. 이와 관련한 내용은 제5장 Ⅱ.의 8.에 있다.
	유체동산경매	유체동산이라고 함은 부동산, 등록의 방법으로 공시되는 동산(자동차 · 선박 · 항공기 · 공장저당물 등), 채권 및 지식재산권을 제외한 물건을 말한다. 이 절차를 위해서는 집행문이 붙은 집행권원과 경매신청서를 법원 안에 있는 집행관에게 제출하면 된다.
	부동산경매	부동산경매절차에 관한 내용은 제5장 Ⅱ.의 4.에 있다.
	자동차 · 선박경매	자동차와 선박에 대한 경매절차는 부동산경매에 관한 절차를 준용한다.
	집행비용 회수	민사소송의 절차비용 회수방법과는 달리 집행비용의 회수는 당해 강제집행절차의 매각대금을 지급(배당)하는 절차에서 최우선적으로 집행비용을 지급한다. 신청인은 그 집행절차에서 비용계산서만을 제출하면 된다.

Ⅴ. 부록(조상 땅 찾는 법)

1. 서설

"조상 땅 찾기"라는 신조어가 만들어진 것은 그리 오래 전의 일이 아니다. 조상이 남긴 땅이 있을 것이라는 확신을 갖고 있는 사람이라고 할지라도 조상이 소유하던 땅이 지금은 어떤 상태로 남아있는지를 알아야만 상속인이라는 사실을 입증(立證)하여 소유권을 회복할 수 있는데, 과거 우리의 국가기관과 지방자치단체에서는 국민에게 필요한 자료(문서 등)를 공개하는 데에 인색하였다.

사정이 이럴 때에 헌법재판소가 나서서 일반 국민들에게 과거의 자료들을 찾을 수 있는 길을 열어주었다. 1990년대 후반이다. 조상의 땅을 추적하기 위하여 일본제국의 강점기 시대에 만들어진 토지조사부, 지적도, 임야조사서 및 지세명기장(地稅明記帳) 등의 열람과 등사를 신청한 민원인이 군수로부터 거부처분을 받았고, 이에 대하여 헌법소원심판을 청구하자 헌법재판소는 군수의 부작위(정보공개청구에 대한 거부처분)에 대하여 국민의 알권리를 침해한 처분이므로 위헌이라는 결정을 하였다. 그로부터 10여 년이 지난 1998. 1. 1.「공공기관의 정보공개에 관한 법률」이 시행되면서 비로소 조상이 소유했던 땅을 찾을 수 있는 길이 열리게 되었다고 하여도 과언이 아니다.

그 후 서울특별시를 비롯한 각 지방자치단체에서 조상 땅 찾기라는 사업을 진행하기 시작하였다. 그런데 이 사업이 반드시 좋은 결과만을 가져다 준 것은 아니었고, 현재도 그렇다. 그 이유를 이해하기 위해서, 그리고 조상 땅을 찾을 가능성을 판단하기 위해서는 우선 우리 땅의 소유자 공시방법(公示方法) 등에 관한 변천사(變遷史)를 알아보아야 한다.

2. 토지조사사업

토지조사사업(土地調査事業)이란 일제 강점기에 일본이 조선을 영구적 식민지로 만들 목적과 조선인들의 토지를 수탈할 목적 등의 이유로 조선의 전 지역에 걸쳐 있는 토지의 소유관계·면적·등급 등을 조사한 것을 이르는 말이다. 이를 "사정(査定)"이라고 한다.

일제의 강점이 시작되기 전의 조선에서는 "마지기", "두락(斗落)" 등의 단위를 사용하였으므로 토지의 면적을 세는 단위로는 적합하지 못했던 것은 사실이다. 세부적인 측량기술이 없었기 때문에 그랬다.

이에 일제는 토지의 소유관계를 명확히 하여 분쟁을 조정한다는 등의 명분을 내세워 토지조사사업을 시작하였던 것이다. 이 사업을 주관하였던 주체는 "조선총독부 임시토지조사국"이었다. 토지조사사업은 1910년부터 1917년 사이에 이루어졌으며, 이 시기에 이완용(李完用) 등은 전국에 걸쳐 많은 땅의 소유자가 되었다. 이 사업이 끝나던 때에는 일본의 농업회사인 동양척식 주식회사 등이 소유한 일본인의 토지가 무려 전국토의 40% 이상이었다고 한다. 임야(林野)에 대한 조사사업은 1917년부터 1924년까지 실시되었다. 재결(裁決)이 마무리 된 때는 1935년이다. 재결이라고 하는 제도는 사정에 대하여 승복하지 않는 토지 소유자 등의 신청에 의하여 다시 조사하거나 심사하는 절차를 말한다.

이 시기에 만들어진 문서로는 지적도(현재는 "지적원도"라고 부름), 토지조사부, 토지대장, 지세명기장(地稅明記帳), 임야조사서, 임야도 등이 있다. 이 서류들에는 당시 소유자의 이름 등이 기록되어 있으므로 위 서류들은 조상이 소유하던 땅을 파악하는 데에 있어 매우 중요한 가치가 있다. 그런데 위 서류들 중 많은 것들이 한국전쟁(6·25) 중에 소실(燒失) 등의 사유로 없어졌다고 한다. 현재 보관중인 것들은 국가기록원(구 정부기록보존소)에서 마이크로필름 형태로 관리하면서 열람이 편리하도록 정보공개청구자에게 제공하고 있다.

이때 만들어진 법령(法令)으로는 "조선민사령(朝鮮民事令)", "조선부동산등기령", 토지조사령, 조선임야조사령, 지세령(地稅令) 등이 있다.

조선민사령은 우리의 「민법」이 시행된 1960. 1. 1. 이전까지 시행된 민법이었다. 이 조선민사령은 "의용민법(依用民法)"이라고도 하는데, 일본의 민법을 적용·시행하는 것이 그 골자였다. 의용민법이 현행 민법과 크게 다른 부분은 현행 「민법」 제186조에서 규정하고 있는 부동산물권변동의 "형식주의(形式主義)"를 채택하지 아니하고 있었다는 점이다. 즉 현행 민법은 부동산 물권변동은 등기하여야 효력이 발생하는 것을 원칙으로 하고 있으나, 의용민법에서는 "의사주의(意思主義)"를 채택하고 있었으므로 등기 없이도 부동산에 관하여 물권변동이 이루어졌다.

부동산등기령은 「부동산등기법」의 모태가 되었다. 부동산등기제도도 1960. 1. 1. 부동산등기법이 시행되기 이전에는 일본의 부동산등기법이 적용되었다.

3. 토지 소유권의 변천(變遷)

조선민사령에서는 조선총독부가 조사하여 소유자로 확정한 내용을 토대로 소유자를 인정하였고, 이 소유자의 토지는 호주상속인(戶主相續人)인 장남(長男)이 단독으로 상속을 하였다. 따라서 1959. 12. 31.까지는 피상속인(被相續人)의 배우자, 차남 등에게는 재산상속이 인정되지 않았다.

민법이 시행되는 1960. 1. 1.부터는 피상속인의 배우자는 물론 모든 아들과 딸이 상속인이 되었다. 다만, 그 법정상속분(法定相續分)에 있어서는 남자와 여자, 출가(出家)한 여자와 미혼자가 각각 달랐다.

일제 강점기에 일본인의 소유였던 토지는 일본이 제2차 세계대전에서 패전한 뒤에는 대한민국이 미국에 의해 신탁통치(信託統治)가 되면서 미군정(美軍政)의 소유가 되었고, 그 후 대한민국이 개국(開國)하면서 모두 대한민국의 소유가 되었다. 따라서 대한민국은 아직도 소유자가 없는 것으로 보이는 토지가 발견되면 국유로 보존등기를 하고 있다.

4. 조상이 소유하던 땅의 현재 모습

조상이 소유했다는 소문이 있고, 그 근거가 될 수 있는 일부 자료를 갖고 있으면서도 아직도 그의 상속인이라는 사실을 증명하여 소유권을 행사하지 못하고 있는 사람의 땅은 아래의 사례 중 어느 하나에 해당할 것이다.

1) 사정명의인(査定名義人)이 등기하지 아니한 경우

조선총독부 임시토지조사국의 사정(査定)에 의해 소유자임이 문서 위에 기록되었으나 등기를 하지 아니한 경우에는 ㉮현재 미등기 상태의 무주물(無主物)처럼 남았거나, ㉯국가에서 국유(國有)로 소유권보존등기를 하였거나, ㉰과거 여러 차례에 걸쳐 시행된 적이 있는 「부동산소유권이전등기등에관한특별조치법」에 의하여 지역연고자 등의 확인서 등에 터 잡아 누군가가 자기의 소유로 등기를 하였다.

2) 사정명의인이 등기를 한 경우

일제 강점기에 자기의 이름으로 사정(査定)을 받았던 조상이 등기를 하고 땅을 점유했으나, 그 후 어떤 사정(事情)으로 인하여 상속인이 자기의 소유권을 잃은 경우에는 ㉮폐쇄등기부(閉鎖登記簿)에는 조상의 소유임이 나타나 있지만, 그 상속인인 현재의 소유자들이 그 토지를 찾지 못하고 있을 뿐이거나, ㉯어느 시기에 국가 또는 지방자치단체 등에 의하여 그 토지가 수용(收用)되면서 그 토지의 수용보상금이 소유자불확지(所有者不確知) 내지 상속인불명(相續人不明)을 원인으로 공탁이 되었다. 이 공탁금의 소멸시효는 10년이다.

3) 사정(査定)에서 빠진 경우

조상이 소유했던 땅임에도 그 조상이 어떤 이유로(주로 조세의 부담을 회피하려는 의도였을 것임) 일제가 토지조사사업을 하던 때에 신고를 하지 않았기 때문에 일본인의 소유 또는 이완용과 유사한 조선인의 소유로 사정이 된 토지가 있다.

4) 분배농지에 편입된 경우

조상의 명의로 등기가 되어 있었던 토지가 「농지개혁법」에 의하여 분배농지(分配農地)에 편입된 경우에는 대부분 다른 사람이 소유권을 취득하였다.

5. 땅을 찾을 가능성 및 찾는 방법

앞에서 살펴본 내용에 따르면 현재 그 땅의 실질적인 소유자(상속인)임에도 어떤 사정으로 인하여 자기의 소유권을 행사하지 못하는 경우가 있다면, 어떤 방법으로 실질적인 소유자가 될 수 있는지를 검토해 볼 필요가 있다.

실질적인 소유자가 될 가능성이 있고, 경제적으로도 찾을 실익(實益)이 있는 경우라면 조상 땅 찾기에 나서야 할 것이다. 그러나 그 가능성이나 실익이 없다면 그 일을 시작하지도 말아야 할 것이다. 상속인이라는 사실을 입증할 수 있음을 전제로 위의 사례별로 방법을 모색해본다.

여기서 말하는 "입증(立證)"이란 조상이 소유했던 땅을 나의 땅으로 만들기 위해서 재판절차에서 ① 조상의 소유였다는 사실(사정명의인이 조상과 동일인이라는 사실), ② 상속인이라는 사실, ③ 현재 다른 사람(국가 등 포함)의 명의로 등기된 경우에는 그 등기가 적법한 등기가 아니라는 사실 등을 주장하여야 하므로, 이 주장에 대하여 증명하는 것을 뜻한다. 민사소송은 주장하는 사람이 주장한 사실을 입증하지 못하면 재판에서 불이익을 받는다.

1) 사정명의인이 등기하지 아니한 경우

⑴ 미등기 토지

아직도 무주물(無主物)처럼 소유권보존등기를 마친 사람이 없는 경우에는 토지조사사업 당시에 작성된 여러 종류의 문서 중 어느 하나의 문서에 조상의 이름과 주소가 기록되어 있다는 사실과 그 조상의 소유 토지는 본인에게 상속이 되었다는 사실을 입증하여, 소유권보존등기를 할 수 있다. 이 경우 상속인이 여러 명인 때에는 전원이 공동으로 상속지분에 따라 등기하여야 함은 물론이다. 이러한 땅은 현재의 토지대장 및 임야대장에는 "소유자복구대상" 토지라는 기재만 있을 뿐 소유자의 기재는 없다. 따라서 토지대장 또는 임야대장에 소유자복구를 하고, 그에 터 잡아 소유권보존등기를 신청함으로써 완전한 소유권자로 인정받게 된다.

⑵ 국가가 소유권보존등기를 한 경우

국가가 소유권보존등기를 마친 경우 그 이유는 여러 가지가 있을 것이다. 어떤 필요에 의하여 그 소유자를 찾았으나 미등기인 사실을 확인하게 되어 국가가 소유권보존등기를 한 경우가 많을 것이다. 그렇다고 하여 대한민국의 소유가 되는 것은 아니다. 진정한 상속인들은 대한민국을 피고로 소유권보존등기의 말소를 구하는 소송을 제기하여 진정한 권리를 찾을 수 있다. 이 경우에는 부동산등기부의 보존등기 명의인이 "국(국방부)"처럼 기재되어 있다. 그 뒤에 다른 사람에게 이전등기가 된 것은 그것이 몇 차례인지를 불문하고 문제되지 않는다. 모든 등기가 말소대상이기 때문이다.

(3) 특별조치법에 의한 등기가 된 경우

과거 한시법(限時法)이던 「부동산소유권이전등기등에관한특별조치법」에 의하여 다른 사람의 명의로 소유권이전등기가 마쳐진 경우에는 이 땅을 찾는 것은 어려운 점이 많다. 왜냐하면 특별조치법에 의하여 소유자로 등기된 사람에게는 대법원이 등기위의 소유자에 대하여 강한 추정력(推定力)을 부여하고 있기 때문이다. 다시 말하자면 특별조치법에 의하여 등기된 사람(또는 그 상속인)을 상대로 진정한 소유자가 아니라고 주장하기 위해서는 특별조치법에 의하여 등기를 할 수 있었던 원인, 즉 당시 연고자 등의 확인서 또는 보증서가 위조된 것이라는 점 등을 입증하여야 하는데, 그 입증(立證)은 사실상 불가능에 가깝기 때문이다. 이 경우에는 폐쇄등기부에 등기원인이 특별조치법에 의하여 소유권이전등기가 이루어진 사실(법률의 호수)이 적혀있다.

「구 부동산소유권이전등기등에관한특별조치법(1982. 4. 3. 법률 제3562호)」에 의하여 경료 된 등기는 실체적 권리관계에 부합하는 등기로 추정(推定)되고, 특별조치법 소정의 보증서나 확인서가 허위 또는 위조된 것이라거나, 그 밖의 사유로 적법하게 등기된 것이 아니라는 입증(立證)이 없는 한 이전등기(移轉登記)의 추정력은 깨지지 않는 것이며, 또 특별조치법에 따라 등기를 마친 자가 보증서나 확인서에 기재된 취득원인이 사실과 다름을 인정하더라도, 그가 다른 취득원인에 따라 권리를 취득하였음을 주장하는 때에는 그 주장 자체에서 특별조치법에 따른 등기를 경료 할 수 없음이 명백하거나, 그 주장하는 내용에 구체성이 전혀 없다든지 그 자체로서 허구임이 명백하다는 등의 특별한 사정이 없는 한, 위와 같은 사정만으로는 특별조치법에 의하여 경료 된 등기의 추정력(推定力)이 깨진다고 할 수 없다(2011다59025).

「구 부동산소유권이전등기등에관한특별조치법(2006. 12. 26. 법률 제8080호로 개정되기 전의 것)」과 그 시행령에다가 구법이 이 법의 시행 당시 소유권보존등기가 되어있지 아니하거나, 등기부의 기재가 실제의 권리와 일치하지 아니하는 부동산을 용이한 절차에 따라 등기할 수 있게 할 목적으로 제정된 것이라는 점 등을 더하여 보면, 구법에서 정한 보증인은 보증의 대상이 되는 부동산에 관하여 실제의 권리관계를 공정・성실・신속하게 확인하여 작성할 주의의무가 있다. 甲이 개정 전의 특별조치법에 따라 3인의 보증인에게서 "甲이 조부(祖父)한테서 상속받아 사실상 소유하고 있음을 연대하여 보증한다."는 내용의 보증서를 교부받은 다음 대장 소관청에서 확인서를 발급받아 위 토지를 자신 명의로 소유권이전등기를 하였는데, 사실은 甲의 조부인 乙은 한자 이름이 토지대장상 소유자와 같은 이름일 뿐 위 토지와 아무런 관련이 없는 사람이었고, 보증인들도 보증서를 작성하기 전에는 甲과 乙을 전혀 몰랐던 사안에서, 보증인들은 보증서 발급신청인과 공부상(公簿上) 소유자에 관하여 보증서발급신청인이 제시한 서류뿐만 아니라 자신들이 지역적 연고와 인적관계 등에 터 잡아 알고 있는 사실을 토대로 발급신청이 사실과 일치하는 것으로 판단한 때에만 보증서를 작성하고, 실제의 권리관계가 확인되지 않는다면 보증서 작성을 거절하여야 함에도, 보증서 작성 전에는 토지대장상 소유자가 누구인지, 토지대장상 소유자와 보증서발급신청인인 甲이 어떤 관계인지 등에 관하여 전혀 알지 못한 상태에서 甲이 제시하는 제적등본에 기재된 乙의 한자이름이 토지대장상 소유자와 동일하다는 점만을 들어 보증서를 작성한 것이 분명하므로, 보증인들은 보증서 작성 시 주의의무를 위반한 과실이 인정된다. 따라서 보증인들은 그 허위로 작성된 보증서에 터 잡아 이루어진 등기를 믿고 거래한 제3자에 대하여 손해를 배상하여야 한다(2011다35210).

이 사례의 경우에는 특별조치법에 의한 등기상 소유자의 권리추정이 깨졌다. 매우 드문 일이다.

2) 사정명의인이 등기를 한 경우

(1) 조상 명의로 등기되었으나 모르는 경우

조상 명의로 등기는 되었지만 그 소재 및 지번 등을 알지 못하여 토지를 찾지 못하는 경우에는 조상의 연고지를 알고 있다면 토지조사사업 당시에 작성된 문서를 기초로 그 소재와 지번을 찾은 다음 (1)의 경우에는 상속등기를 하면 되고, (2)의 경우에는 국가를 상대로 소송을 하면 되며, 그 땅이 국가나 지방자치단체 등에 의하여 수용된 경우에는 공탁금출급청구권의 소멸시효기간 10년이 지나지 아니한 경우라면 상속인임을 증명하는 자료를 첨부하여 공탁금을 수령(출급)할 수 있고, 공탁일로부터 10년이 지났으면 단념하여야 한다.

(2) 사정에서 빠진 경우 및 분배농지에 편입된 경우

어떤 사정(事情)으로 조상의 이름이 사정(査定) 당시에 빠진 경우에는 조상의 소유였다는 사실을 입증할 가능성이 없기 때문에 소유권을 회복할 수는 없다. 분배농지에 편입되었던 농지의 경우에는 상환을 완료한 사람이 정당하게 소유권을 취득하였다. 따라서 이 경우에 해당하면 단념하여야 한다.

6. 조상 땅 찾아주기 사업의 한계

지방자치단체에서 조상 땅을 찾아주는 방법은 전산시스템을 활용하는 방법이다. 즉 조상과 상속인의 성명 및 주민등록번호를 근거로 부동산등기부나 도지대장·임야대장의 검색을 통하여 찾는 방식이다. 그런데 이 방법은 조상이 일제 강점기에 사정(査定)을 받은 땅이어야 함은 물론이고, 등기된 토지인 경우에만 가능하다. 그 뒤에 상속등기가 누락된 경우에는 전산에 의한 검색이 되지 않는다.

그렇다면 앞에서 살펴본 땅 중 일부만 검색이 가능하다는 사실을 알 수 있다. 검색이 불가능한 경우로는 ① 조상이 등기한 사실이 없는 경우, ② 사정받은 조상은 등기를 하였으나 그의 상속인이 상속등기를 하지 아니한 경우, ③ 국가 등이 정당한 권원 없이 자기명의로 등기한 경우일 것이다. 지방자치단체에 의뢰하여 조상이 소유하던 땅을 찾은 사람은 ① 사정받은 조상이 등기를 하였을 것, ② 그 조상의 상속인이 상속등기를 하였음에도 현재 이 땅을 찾고 있는 사람만 그 소재(所在)와 지번(地番) 등을 알지 못할 것이라는 조건이 갖추어진 경우뿐이다. 이것이 지방자치단체가 하는 조상 땅 찾아주기 사업의 한계인 것이다.

7. 친일반민족행위 관련자 부동산의 국가귀속

「일제강점하 반민족행위 진상규명에 관한 특별법」이 규정하는 반민족행위자(反民族行爲者)가 취득했던 부동산은 「친일반민족행위자 재산의 국가귀속에 관한 특별법」의 규정에 의하여 반민족행위자가 그 부동산을 취득한 당시로 소급(遡及)하여 국가에 귀속한다. 따라서 상속이 허용될 수도 없다. 다만 제3자가 선의로 취득하였거나 정당한 대가를 지급하고 취득한 경우에는 그 제3자는 보호를 받는다.

반민족행위자가 취득한 재산이라고 함은 러일전쟁이 시작된 때부터 1945. 8. 15.까지 반민족행위의 대가로 취득한 경우를 말하고, 그가 취득한 재산은 일단 반민족행위로 취득한 것으로 추정(推定)한다.

그렇지만 창씨개명(創氏改名)을 한 사실만으로는 반민족행위라고 할 수 없는 것은 당연하다.

8. 관련 판례

「친일반민족행위자 재산의 국가귀속에 관한 특별법」 제2조 제2항의 추정력(推定力)을 번복(飜覆)하기 위해서는 재산의 취득시기가 러일전쟁의 개전시(開戰時)부터 1945년 8월 15일 사이라는 전제사실에 대하여 법원의 확신을 흔들리게 하는 반증(反證)을 제출하거나 취득한 재산이 친일행위의 대가가 아니라는, 즉 추정사실에 반대되는 사실의 존재를 증명하여야 한다(2011두31390).

토지조사부에 소유자로 등재되어 있는 자는 재결(裁決)에 의하여 사정내용이 변경되었다는 등의 반증이 없는 이상, 토지의 소유자로 사정(査定)받아 그 사정이 확정된 것으로 추정되어 그 토지를 원시적으로 취득하고, 소유권보존등기의 추정력은 그 보존등기의 명의인 이외의 자가 그 토지를 사정받은 것으로 밝혀지면 깨지는 것이다(2012다10355).

토지조사부나 임야조사부에 소유자로 등재된 자는 재결에 의하여 사정 내용이 변경되었다는 등의 반증이 없는 이상, 토지의 소유자로 사정을 받았으며 그 사정이 확정된 것으로 추정되며, 토지를 사정받은 자는 그 토지를 원시적으로 취득하는 것이고, 1975. 12. 31. 지적법 개정 전에 복구된 구 토지대장상에 이름이 기재되어 있다고 하더라도, 그 기재에는 권리추정력(權利推定力)을 인정할 수 없다(2009다18472).

구 토지조사령(舊 土地照査令)에 의한 토지의 사정명의인(査定名義人)은 당해 토지를 원시취득 하므로 적어도 구 토지조사령에 따라 토지조사부가 작성되어 누군가에게 사정되었다면 사정명의인 또는 그 상속인이 토지의 소유자가 되고, 설령 국가가 이를 무주부동산(無主不動産)으로 취급하여 국유재산법령의 절차를 거쳐 국유재산으로 등기를 마치더라도 국가에게 소유권이 귀속되지 않는다(2002다43417).

임야조사서상의 소유자란에 소유자로 등재된 자는 반드시 임야의 사정을 거쳐 소유권이 확정된 것이라고 단정할 수는 없으나, 재결에 의하여 사정내용이 변경되었다는 등의 반증이 없는 한 그 임야를 사정받았으며, 그 사정이 확정된 것으로 추정된다(99다35911).

구 조선임야령의 시행 이전에 작성된 임야조사부(林野照査簿)가 그 명칭 및 서식이 구 임야조사령 및 동 시행수속에 기재된 것 [명칭이 임야조사서(林野照査書)이고 소유자란과 연고자란이 구별되어 있음] 과 다소 다르다고 하더라도, 해당 임야가 조선총독이 지정한 위치에 있는 이상 이는 구 조선임야령에 의하여 작성된 것과 동일한 의미를 갖는다고 보아야 할 것이므로, 그와 같은 임야조사부의 국유 및 사유 구분란에 "국(國)"으로, 그 소유자 또는 연고자란에 특정 개인의 씨명(氏名)과 주소가 기재되어 있고, 비고란이 공란(空欄)으로 남아있는 경우에, 이는 임야가 국유(國有)로 사정(査定)된 토지인데 특정 개인이 연고자라는 뜻을 나타낸 것으로서, 그 후 국자(國字)가 적법하게 주말(朱抹)되고 사자(私字)로 정정되었다는 사정이 없는 한 조사령이 시행된 이후에 작성된 임야조사서의 소유자란에 국으로, 그 연고자란에 특정 개인의 씨명, 주소가 기재되고 비고란이 공란으로 되어있는 경우와 그 해석을 달리할 수 없다(99다18619).

이 판례의 의미는 임야조사령이 만들어지기 이전에 작성된 "임야조사부"이든 위 임야조사령의 시행 뒤에 작성된 "임야조사서"이든 구별할 것 없이, 소유자란에 "國"이 있는 경우에는 이 "國"자가 삭제되지 아니한 것이면 개인의 소유가 아니었다는 뜻이다. 그 소유자란에 개인의 성명이 적혀 있다면 당연히 개인의 소유로 인정된다.

6·25전쟁 중 멸실되었다가 <u>구 지적법(1975. 12. 31. 개정되기 전의 것)</u> 시행 당시 당사자의 신고에 의하여 복구된 임야대장의 소유자란에 기재된 자에게 그 기재 자체만으로 소유권이 귀속되었다고 추정할 수 없다고 하더라도, 그 임야대장에 갑이 사정받은 것으로 기재되어 있다면 그 명의로 사정받았다고 인정할 자료의 하나라고 할 수 있지만, <u>구 지적법의 시행 당시에는 멸실된 임야대장의 복구에 관한 절차가 전혀 없었다는 사정</u>을 감안할 때, 그 임야에 대한 임야조사서에 갑이 단지 국유임야의 연고자로 기재된 것일 뿐임이 밝혀진 경우에는 그 임야대장의 작성 당시 갑이 사정받은 것으로 기재하게 된 구체적인 근거나 경위가 밝혀지지 아니하는 한, 그러한 임야대장을 가지고 갑이 그 임야를 사정받았다고 인정할 수는 없다(99다18619).

이 판례의 의미는 1950. 6. 25.부터 1975. 12. 31. 사이에 만들어진 임야대장은 전쟁 당시에 멸실(滅失)되었다가 다시 만든 것이고, 만들 수 있는 법적 근거가 없었기 때문에 여기에 소유자로 기재된 것은 소유자로 추정 받을 수 없는 것이 원칙이지만, 여기에 소유자로 기재된 사람이 조선총독부가 임야조사를 하던 당시에 소유자로 사정(査定)을 받은 사람이라고 기재된 사실이 있는 경우에는 그 임야의 소유자임을 추측하게 하는 하나의 자료는 될 수 있지만, 임야조사서에 “연고자(緣故者)”로 기재된 사실이 나타난 경우에는 더욱이나 소유자로 인정할 수 없다는 것이다.

특정인 명의로 사정된 토지는 특별한 사정이 없는 한 사정명의자나 그 상속인의 소유로 추정된다. 또 토지소유자가 행방불명이 되어 생사를 알 수 없다고 하더라도 그가 사망하고 상속인도 없다는 점이 입증되거나 그 토지에 대하여 「민법」 제1053조 내지 제1058조에 의한 국가귀속절차가 이루어지지 아니한 이상, 그 토지가 바로 무주부동산이 되어 국가소유로 귀속되는 것은 아니다.

그러므로 무주부동산이 아닌 한 「국유재산법」 제8조에 의한 무주부동산의 처리절차를 밟아 국유재산으로 등록되었다 하여 국가소유로 되는 것은 아니다(98다59132).

「민법」 제1053조 내지 제1058조는 피상속인(사망한 사람)에게 상속인이 없는 경우에 상속인수색공고 등을 거쳐 최종적으로 상속인이 없는 것으로 확인되면 국가의 소유로 귀속하는 절차를 규정하고 있다.

(용어의 뜻)

* 지적도 : 토지의 소재(所在), 지번(地番), 지목(地目), 면적, 경계를 나타내기 위해서 만든 평면지도(平面地圖). 이것을 최초로 만든 주체는 조선총독부이며, 이때 만들어진 것을 지적원도(地籍原圖)라고 하는데, 이 지적원도에는 당시 사정받은 사람(소유자)의 성명이 적혀 있다. 다만, 이 성명은 연필로 적혀 있어 변개((變改)를 방지할 조치가 없을 뿐만 아니라, 주소 등은 적혀 있지도 않기 때문에 소유자 추정력은 인정할 수 없다는 것이 대법원의 입장이다.

* 지세명기장 : 일제가 토지조사사업을 실시할 당시에 조세(租稅)의 부과(賦課)를 목적으로 작성한 것으로, 세무서에서 보관하다가 1962년 지적사무가 재무부에서 내무부로 변경되면서 현재의 국가기록원으로 이관이 되었다. 대법원은 이 문서에 소유자 명의(名義)가 적혀 있더라도 권리추정을 하지 않고 있다. 이 문서는 한국전쟁 당시 소실된 경우가 많았고, 세무서에서는 조세부과의 목적으로 법령의 근거도 없이 임의로 만든 경우가 있었기 때문이다. 그리고 이 문서는 남아 있는 것이 그리 많지 않다고 한다.

* 토지조사부(土地調査簿) : 조선총독부에서 작성한 토지 관련 문서로, 여기에는 지번(地番), 지적(地籍), 지목(地目), 소유자의 주소 및 성명, 신고자 등이 적혀 있어 부동산등기부처럼 권리추정력(權利推定力)이 인정된다.
* 임야조사서(林野調査書) : 이것도 토지조사부와 거의 같다. 다만, 작성 시기는 약간 늦었다.
* 사정(査定) : 조선총독부에서 토지의 지번, 지목, 소유자 등을 조사하여 이를 토대로 등기부를 만들었는데, 이 조사를 사정이라고 한다. 사정을 받은 사람은 등기를 하지 않더라도 소유자로 인정이 되었다. 이 사정의 절차 또는 내용에 대하여 이해관계인이 이의를 제기하면 다시 조사를 하거나 이의신청의 타당성 여부를 심의하였는데, 이를 "재결(裁決)이라고 하였고, 재결에 의하여 소유자는 확정되었다.
* 부동산소유권이전등기등에관한특별조치법 : 이는 일정한 기간 동안만 효력을 갖는 한시법(限時法)으로, 부동산의 실질적인 소유자와 부동산등기부의 명의자가 다른 경우 또는 보존등기(保存登記)가 되어 있지 아니한 부동산 등에 관하여 간편한 절차에 의하여 등기관계를 정리하게 하던 법률이다. 간편한 방법이란 그 지역에 일정한 기간 동안 거주한 사람 3명의 확인서만 있으면 등기를 받아주는 것 등을 말하는데, 이로 인하여 실질적인 소유자이면서도 소유권을 잃는 경우가 많았다.
* 폐쇄등기부 : 과거에는 유효한 등기부였으나 현재의 등기부에 이기(移記)한 후에는 폐쇄한 등기부로 과거의 권리관계에 관한 다툼이 있는 경우 등에는 유용한 등기부이다. 현재 유효한 등기부와 마찬가지로 열람과 등사가 가능하다. 폐쇄등기부도 여러 종류가 있다. 한자로 기재하던 것은 한글만으로 기재하게 되면서 폐쇄되었고, 2011. 4. 12. 부동산등기법이 전면개정 되면서 전산등기부로 개편되어 다시 한 번 폐쇄등기부가 만들어졌다. 폐쇄등기부는 영구보존문서이다.
* 농지개혁법(農地改革法) : 1949년에 제정된 법률로, 실제로 농업에 사용되는 토지로서 1가(一家) 당 3정보(약 9천 평)를 넘지 아니하는 범위 안에서 농지를 분배하는 것 등을 주된 목적으로 제정되었다.
* 분배농지(分配農地) : 국가가 소작농가(小作農家) 등에게 농지를 유상(有償)으로 나누어주고, 일정한 기간을 정하여 그 농지의 대금을 납부하게 한 다음(상환), 상환(償還)을 완료한 농가에는 그 농지의 소유권을 인정하던 「농지개혁법」에 따른 농지의 소유관계를 조정하는 과정에서 소작농에게 나누어 주던 농지를 말한다.
* 등기의 추정력 : 이는 등기부에 기재된 사항은 그에 따른 실체적 권리관계가 있다고 추정(推定)하는 힘을 말한다. 우리의 등기는 공신력(公信力)을 인정하지 않기 때문에 등기에 기

재된 사항일지라도 그 자체가 권리를 확정하는 힘이 없다. 따라서 대법원은 권리의 추정력이라는 것을 판례로 확립하였는데, 확정력(간주)은 반증(反證)으로 뒤집을 수 없는 힘이지만, 추정력은 반증으로 뒤집힐 수 있는 정도의 힘만 있다. 그러나 이 추정은 강력한 것이어서 쉽게 깨지지 않는다.

서식 찾아보기

(ㅅ)

찾아보기

참고서적

김용한. 친족상속법. 박영사

김응용. 민사집행법의 조문·판례. 법률&출판

김형배. 채권각론. 박영사

배경숙·최금숙. 친족상속법강의. 제일법규

백태승. 민법총칙. 법문사

오시영. 친족상속법. 학현사

윤철홍. 채권총론. 법원사

이시윤. 신민사소송법. 박영사

이시윤. 신민사집행법. 박영사

이종훈. 단권화 민사소송법. fides 도서출판

이태섭. 물권. 아홉

장종운. 민사일반부터 강제집행까지. 진원사

정동윤. 민사소송법. 법문사

정우형. 부동산등기법. 법우사

조성민. 신민법강의. 동방문화사

이혼 · 재산분할 · 위자료 및 상속 소송

2014년 3월 15일 1판 1쇄 인쇄
2014년 3월 20일 1판 1쇄 발행

저　　자 / 최 종 배
발 행 인 / 김 용 성
발 행 처 / 법률출판사
/ 서울시 동대문구 휘경동 187-20 오스카빌딩 4층
/ ☎ 02)962-9154 / 팩스 02)962-9156

등록번호 / 제1-1982호
ISBN 978-89-5821-235-5 13360

값 38,000원

저자와의 협의 하에 인지는 생략합니다.

e-mail : lawnbook@hanmail.net